Suchund eigentlichen Ich

Europäische Hochschulschriften

Publications Universitaires Européennes
European University Studies

Reihe I
Deutsche Sprache und Literatur

Series I   Série I

German Language and Literature
Langue et littérature allemandes

Vol. / Band 1327

PETER LANG
Bern · Frankfurt a. M. · New York · Paris · Wien

Susanne Breier

Suche nach dem wirklichen Leben und eigentlichen Ich im Werk von Max Frisch

PETER LANG

Bern · Frankfurt a. M. · New York · Paris · Wien

Die Deutsche Bibliothek — CIP-Einheitsaufnahme

Breier, Susanne:
Suche nach dem wirklichen Leben und eigentlichen Ich im
Werk von Max Frisch / Susanne Breier. — Bern; Frankfurt a. M.;
New York; Paris; Wien: Lang, 1992
  (Europäische Hochschulschriften: Reihe 1, Deutsche Sprache
  und Literatur; Bd. 1327)
  ISBN 3-261-04544-2
NE: Europäische Hochschulschriften / 01

Gedruckt mit freundlicher Unterstützung des Budapester Geramanistischen Instituts.

Inhalt

Einleitung

Die Intentionen der vorliegenden Arbeit lassen sich leicht umreißen: als Ausgangspunkt zu dieser Studie diente das Gesamtwerk
von Frisch. Die Themenstellung ist subjektiv: im Mittelpunkt
stehen Fragen, die das Gesamtwerk durchziehen und die meiner Ansicht nach den Kern des Denkens von Frisch bilden. Es geht aber
keinesfalls um die Einengung des trotz seiner unübersehbaren
Einheit und Kontinuität auch Vielfalt aufweisenden Werkes. Es
wird eher versucht, trotz der teils selbstverständlich subjekti-
ven oder gar eigenwilligen Akzentsetzung, sich nicht einseitig
auf einen einzigen Aspekt zu konzentrieren und dabei andere außer acht zu lassen, sondern eher auf die Vielfalt des Werkes
hinzudeuten, die aber offenbar stark von einem Frisch-eigenen
Denken bestimmt wird. In fast allen seinen Äußerungen - sowohl
in den literarischen als auch in den politischen - ist eine
grundsätzliche Triebkraft nicht zu verkennen: der das Lebendige
erstickenden Erstarrung entgegenzuwirken; sich nicht mit dem
Fertigen abzufinden, sondern ständig nach dem "wirklichen Leben"
zu suchen. Spuren dieses Grundstrebens sind vom Frühwerk bis
ganz zu späteren Äußerungen des Autors im gesamten Werk aufzu-
finden. Absicht der Arbeit ist es, mit der Untersuchung des genannten für Frischs Oeuvre relevanten Problemkreises im
Gesamtwerk Entwicklungslinien und Ergebnisse dieses Denkens vorzuzeigen bzw. damit zu der umfangreichen Frisch-Forschung - die
sich meiner Beurteilung nach mit diesem Aspekt des Werkes jedoch
nicht seiner Bedeutung gerecht auseinandersetzt - einen Beitrag
zu leisten.

Verständlicherweise konzentrieren sich die Frisch-Interpreta-
tionen der letzten Jahre auf den Gesellschaftsbezug in Frischs
Schaffen: sein letzterschienenes Werk "Schweiz ohne Armee? Ein
Palaver"[2] das nicht nur eine Auseinandersetzung mit der Schweizer Armee, sondern überhaupt eine kritische Auseinandersetzung
mit der Schweiz, mit der schweizerischen Demokratie darstellt,
brachte einen für ein schweizer Buch außergewöhnlichen, raschen
Verkaufserfolg. Es ist Frischs erstes Buch, welches in kurzer
Zeit in allen vier Landessprachen erschien. Max Frisch ist in

den letzten Jahren nicht zuletzt auch durch seine aktive Teil-
nahme am politischen Leben einer der populärsten Staatsbürger
seines Landes geworden. Wohl kann damit auch zusammenhängen, daß
1990 ein Sammelband erschien mit dem Titel "Schweiz als Heimat?
Versuche über 50 Jahre" betitelt ist und eine Auswahl aus
Frischs ausgesprochen gesellschaftsbezogenen Schriften beinhaltet.[3]

Trotz der Tatsache, daß also Frischs Interesse in letzter Zeit
fast ausschließlich gesellschaftspolitischen Ereignissen gilt,
wäre es nicht dem gesamten Schaffen des Autors gerecht, wenn es
nur noch von diesem Gesichtspunkt aus beurteilt würde. Die Richtigkeit des genannten Anliegens der vorliegenden Arbeit hat
Frisch selbst in einem Gespräch mit der Verfasserin der Arbeit
bestätigt, indem er meinte, auch ihm selbst sei sein literari-
sches Schaffen lieber und mehr wert, als seine in den letzten
Jahren tatsächlich verstärkte politische Aktivität, mit der er
vor allem die Verfallserscheinungen der Schweizer Demokratie zu
enthüllen beabsichtigt, also eigentlich auch auf diesem Gebiet
einer Versteinerung entgegenzuwirken versucht. Er fühle sich als
Schweizer Staatsbürger, der als Schriftsteller mit seiner Stimme
wohl einiges bewirken könne, zu dieser ihm eher unangenehmen Aktivität verpflichtet, auch wenn ihm diese seine Tätigkeit mehr
Zeit und Energie koste, als er es sich als Schriftsteller eigentlich erlauben könne. Auch seine Ohnmacht, daß er also trotz
jahrelangem Kampf mit dem "Schnüffelstaat" immer noch keine Umkehr des Verfallsprozesses der Schweizer Demokratie beobachten
könne, mache ihn sehr skeptisch.[4]

Es gibt aber natürlich auch zahlreiche Interpretationen, die
sich eher auf die moralischen Aspekte konzentrieren - eine Auseinandersetzung mit der umfangreichen, fast schon unüberblickba-
ren Sekundärliteratur würde aber wohl den Rahmen dieser Arbeit
sprengen; sie gehört ja auch nicht zu den Zielsetzungen dieser
Studie. So sei hier nur kurz bemerkt, daß die anhand des Frisch-
Werkes oft behandelte Identitätsproblematik auch in der Konzeption dieser Untersuchungen seinen Platz hat, sie wird aber nicht
als Grundthema des Autors schlechthin bewertet, sondern als im-
manenten Teil der Suche nach dem "wirklichen Leben".

Da Frischs Schaffen nicht ausschließlich aus literarischen
Werken im engeren Sinne besteht - wie darauf eben hingewiesen

wurde - sei der Arbeit ein kleines Kapitel vorangestellt, das die Beziehung des Autors zur Literatur zum Thema hat. Es versucht Frischs Auffassung über Aufgaben und Möglichkeiten der Literatur zu vermitteln und auch damit vorzuzeigen, wie das genannte Grundprinzip des ständigen Kampfes gegen Erstarrung bzw. die Suche nach "Leben" in allen Bereichen seines Schaffens wirksam ist. Die darauf folgenden zwei Kapitel setzen sich mit der Problematik auseinander, was einen am Erkennen bzw. Realisieren eines "wirklicheren Lebens" hindert bzw. wie man aus seinem sinnlosen Dasein herauszubrechen versucht; welche Schritte Frischs Helden auf dem Wege zum "wirklichen Leben" tun, wohin sie ihre Suche führt.

Zum Abschluß möchte ich Herrn Dr. JANOS SZABO für die Betreuung meiner Arbeit danken. MAX FRISCH gilt mein Dank, da er bereit war, mit mir ein Gespräch zu führen; dadurch gab er weitere Anregungen zu dieser Studie. Gedankt sei außerdem dem DAAD für das Stipendium, das mir ein Kurzzeitstudium im Wintersemester 1988/89 an der Heidelberger Ruprecht-Karls-Universität und zugleich den Beginn der Arbeit an der Dissertation ermöglichte. Das Studieren der Sammlung des von Herrn Walter Obschlager geleiteten Zürcher MAX FRISCH - ARCHIVs wirkte fördernd auf die Vollendung der vorliegenden Dissertation. Auch den Mitarbeitern der Bibliothek des BUDAPESTER GOETHE INSTITUT gilt mein Dank, die mir freundlicherweise all die erwünschten Materialien zu meiner Arbeit zugänglich machten. Gedankt sei noch RICE MICHAELIS für die grammatikalisch-stilistische Korrektur.

Die Dissertation sei meiner Familie - meinem Mann und unseren drei Kindern gewidmet, als Dank für ihre Geduld und Hilfe.

1. Frischs Überlegungen zum Thema 'Möglichkeiten der Literatur'

1.1. Schreiben als Notwehr oder aus Bedürfnis nach Kommunikation

Wie Max Frisch zur Literatur kam, was ihn zum Schreiben anreg-
te, wie er seiner Meinung nach Literatur wirken kann und sollte,
was er von seinem Schreiben erwartet hat, wie er über die Verantwortung der Kunst dachte - über all diese Fragen äußerte sich
Frisch mehrmals in essayistischen Beiträgen, in Reden und Vorträgen, in Interviews und nicht zuletzt in seinen belletristi-
schen Werken. Die Grundposition ist bei Frisch von Anfang an
eindeutig: die Eigenerfahrung als Ausgangspunkt. "Ich komme nämlich nicht von der Literatur, sondern von der Eigenerfahrung
her..."[5] Diese Art Schreiben, dessen zentraler Impuls nicht in
der Absicht die Welt aufzuklären oder die Menschheit zu belehren
besteht, sondern ganz und gar aus der eigenen Person, aus den
Bedürfnissen der eigenen Person abzuleiten ist, wurde immer wieder heftig diskutiert. Man sprach von "autobiographischen Ver-
schlüsselungen", von "extrem individualistischen Perspektiven"[6],
von einer "Flucht in die Innerlichkeit"[7], von einer "Identitäts-
manie, und zwar ausschließlich in der Privatheit"[8], von einem
"Rückzug ins Private"[9]. Da die Frage, was Kunst zu verändern
vermag, wenn sie überhaupt eine Veränderung zu bewirken fähig
ist, eng mit unseren Hauptanliegen, dem Problemkreis "Auf der
Suche nach dem wirklichen Leben" zusammenhängt, sei nun hier
versucht, anhand Frischs diesbezüglichen Aussagen und Überlegungen seinen Standpunkt aufzuzeigen.

1.2. L'art pour l'art oder la poesie engagée?

Als Ausgangspunkt zur Behandlung dieses Themas sollen hier
zwei Beobachtungen stehen, die im großen und ganzen auch von der
Kritik für beachtenswert befunden wurden.

1.2.1 Frischs Denkweise erwies sich im Laufe seines Lebens als
sehr flexibel. Seine Angst vor Erstarrung bzw. sein damit
wohl zusammenhängendes bewußtes Bemühen um Offen-Bleiben,
sein Kampf gegen Gewöhnung, die ständige Suche nach seinem
Ich und nach dem "wirklichen Leben" waren Voraussetzungen
für seine geistig-künstlerische Entwicklung. Um über seine
Kunstauffassung Aufschluß zu erhalten, sollen also die verschiedenen Stufen dieser Entwicklung berücksichtigt werden.

1.2.2. In Bezug auf die Frage, was Literatur zu bewirken vermag, zeigen die epischen Arbeiten und die Bühnenstücke bzw. die Intentionen des Autors wesentliche Unterschiede. Frischs epische Werke scheinen im allgemeinen stärker autobiographisch zu sein als die dramatischen. Diese Beobachtung gilt aber nur mit der Einschränkung, daß diese Unterscheidung auf die Spätwerke nicht mehr zutrifft.

1.2.1. *Keine Wandlung - aber Reifeprozeß mit Bewußtseinsveränderung*

Zu der ersten Beobachtung: Diese flexible Denkweise des Autors spiegelt sich natürlich sehr stark in seinen Werken wider. Im positiven Sinne: er beharrte nie krampfhaft auf solche Thesen oder Überlegungen, von deren Richtigkeit er früher einmal fest überzeugt war, wenn er zu einem neuen Gesichtspunkt gelangte.[10] Im Gegenteil: dadurch, daß dem Autor sein subjektiver Standort bewußt ist, daß er sich nicht als Philosoph ausgibt, sondern als einen offenen Autor, der ständig sucht und zur Wandlung bereit ist, verstehen sich seine Äußerungen nie als Dogmen, als unabänderliche Thesen, sondern als seine subjektive Überzeugung, die gegebenenfalls gerade zur Gegenmeinung provoziert. Andererseits aber gibt es trotzdem eine - wenn auch nicht gerade - Linie, an der die Entwicklung seines Denkens, die verschiedenen Stationen auf dem Wege dieser Suche abzulesen sind. So findet man keine radikale Wandlung in seinem Werk: "Bei jeder neuen Arbeit hatte ich das naive Gefühl, daß ich jetzt, Gott sei Dank, ein radikal anderes Thema angehe - um früher oder später festzustellen, daß alles, was nicht radikal mißlingt, das radikal gleiche Thema hat."[11] Von radikaler Wandlung können wir also bei Frisch nicht sprechen. Er gilt damit übrigens in der Literatur nicht als Ausnahme. Eine Entwicklung, Entfaltung ist aber seinem Werk zweifellos eigen. "Die Zeit verwandelt uns nicht, sie entfaltet uns nur"[12] - heißt es im Tagebuch II. Um uns über Frischs Kunstauffassung Klarheit zu verschaffen, muß man die wichtigsten Etappen dieser Entwicklung ins Bild bringen, mit besonderer Beachtung derjenigen Äußerungen und Überlegungen, die über Wesen und Wirkungsmöglichkeiten der Literatur nachdenken.

Max Frisch gehört zu den Schriftstellern, die "keinerlei Berufung empfinden, sondern den Beruf des Schriftstellers ausüben,

weil ihnen Schreiben noch eher gelingt als Leben und weil für
diesen Versuch, das Leben schreibend zu bestehen, der Fejerabend
nicht ausreicht ..."[13] Zahlreiche ähnliche Aussagen von Frisch
finden wir, die alle betonen, daß der eigentliche Anlaß zum
Schreiben, auch wenn es gut klingen würde, nicht die Absicht
war, die Welt zu verändern. Den eigentlichen Anlaß findet selbst
Frisch viel "geheimnisvoller"[14]. Ein wesentlicher Grund dafür,
warum er anfing zu schreiben, ist jedoch leicht aufzudecken: das
erste große Werk, "Jürg Reinhart"(1933-34) und seine Fortsetzung
"Die Schwierigen oder J'adore ce qui me brule" (1942-57) bzw.
die meisten von den "Kleinen Prosaschriften" geben Auskunft darüber, was den Autor, Max Frisch am meisten "brennt". Das "Sich-
selbst-Ausdrücken", der Wunsch, über die eigene Person und Leben
Klarheit zu schaffen, führten ihn offensichtlich zum Schreiben.
Im Besitz dieser Kenntnis über sein Herangehen an die Literatur
wundert es nicht mehr, daß seine Werke fast alle sehr subjektiv
sind. Die ersten sogar stark autobiographisch geprägt. Auch als
er anfangs Journalismus betrieb, um seinen Lebensunterhalt zu
verdienen, war er einfach nicht fähig, sich an eine der Grundre-
geln von Journalismus zu halten, nämlich Sachen möglichst objektiv zu vermitteln. Die Arbeit bei der Zeitung bot ihm die
Möglichkeit, "sich selbst auszudrücken, sich literarisch zu ar-
tikulieren"[15].

"Was bist du eigentlich, Max? Wozu taugst du denn, Max? Kann
man dich überhaupt brauchen auf dieser Welt, Max?"[16] - beginnt
Max Frisch die Selbstforschung, die Fragerei, die ihn dann ein
Leben lang nicht in Ruhe läßt und ihn immer wieder zum Schreibtisch treibt. Der Ausgangspunkt bei Frisch ist immer eine subjektive Erfahrung, meistens die eigene Not, die Unzufriedenheit
mit sich selbst bzw. mit der Welt. So ist ihm die Frage, warum
der Schriftsteller eigentlich schreibt, "peinlich". Denn die
Antwort ist nicht die wohlklingende "Um die Welt zu verändern",
sondern einfach "Um die Welt zu ertragen, um standzuhalten sich
selbst, um am Leben zu bleiben. [...] Man fängt einfach an.
[...] ohne einen Schatten von Verantwortung"[17]. Die Anfänge, die
vor allem die intensive Beschäftigung mit der eigenen Not wider-
spiegeln, brachten dem Autor doch nicht die gehoffte Erlösung
von den eigenen Nöten. Im Gegenteil: Es kam eine große Enttäuschung, das Ungenügen am Geschriebenen, die Resignation, die
bittere Einsicht, daß das Geschaffene nichts Großartiges sei,

der Zweifel, ob er Literatur zu schreiben überhaupt fähig ist. Die radikale Entscheidung nicht mehr zu schreiben und das Geschriebene zu vernichten (1937 verbrannte Frisch alle Manuskripte und bereitete sich auf den Architekten-Beruf vor) wurde einige Zeit eingehalten, nach der Mobilmachung der Schweiz erfolgten jedoch neue schriftstellerische Versuche. Er hat sich seine Notizen gemacht ("Blätter aus dem Brotsack", 1939) und auf "Frisch'e Art", also ganz intuitiv, ohne viel Bewußtsein, sich eine sehr eigene Form, die Tagebuchform entdeckt.

Zur Feder greift er also teils wieder aus eigener Bedrängnis: er wurde einberufen, fühlte sich bedroht, wagte kaum auf die Entlassung zu hoffen - teils aber aus einer mit vielen gemeinsamen Not: der Krieg, die Drohung des Krieges in ganz Europa. "Unter diesen Notumständen habe ich mir wieder erlaubt zu schreiben"[18]. Als dann später das persönliche Bedrohtsein-Gefühl nachließ, war der wegen des Krieges fast unbeschäftigte Ingenieur schon wieder beim Schreiben. Er hatte Zeit genug, sich ganz seiner Jugendliebe zu widmen, nämlich dem Theater. Außerdem war es Zeit zu entscheiden, wie es weitergehen soll. Der Architekt-Schriftsteller entschied zugunsten seiner Schriftstellerei. Es kam ja auch daher, daß ihm zwei Stücke gelangen, mit denen er Erfolg hatte, auch materiellen; größeren, als mit seiner Architektur. Das erste Stück, "Santa Cruz"(1944) ist noch nicht von den schrecklichen Ereignissen des Krieges berührt worden: es ist eine Bühne "unseres seelischen Erlebens"[19] Statt den Zeitereignissen finden wir hier Themen - wie Erleben, Schicksal, eigene Erfahrung, Wiederholung, Erinnerung, das wirkliche Leben, der "Andere" etc., die Frisch in den meisten seiner Werken stark beschäftigt. Das Stück spielt "in der eigenen Erfahrung", im Gegenteil zu dem anderen Bühnenwerk "Nun singen sie wieder" (1945) womit das erste Mal ein Versuch unternommen wird, sich zu den Zeitereignissen zu äußern. Die "Versuch-Artigkeit" des Stückes wird betont (Versuch eines Requiems) denn Frisch ist nicht sicher, ob er die Kompetenz hat, von Ereignissen zu sprechen, die er nicht am eigenen Leib erlitt. Andererseits aber ist ihm zu dieser Zeit schon klar geworden, daß er wenn er schon schreibt, zu den Ereignissen, die ihm zur Kenntnis gekommen sind, nicht schweigen darf.[20]

Diese Erkenntnis entstand wohl unter dem Einfluß der bereits gegen Kriegsende von Sartre verkündeten "litterature engagée",

die die notwendige Gebundenheit des Schriftstellers an die Realität, an die Ereignisse seiner Zeit proklamierte bzw. auf die
Verantwortlichkeit des Schreibenden große Betonung legte, wobei
man von der These ausging, daß die Sprache des Schriftstellers
zur Erkennung und Bearbeitung der Welt, zum Enthüllen und Verändern dient. Dieses Modell drängt Frischs Zweifel immer mehr in
den Hintergrund, nämlich inwieweit er als Schweizer, als "Ver-
schonter", als "Privilegierter" zur geistigen Bewältigung des
zweiten Weltkrieges beizutragen kompetent und fähig ist. Er
kommt sogar zu der Überzeugung, daß der Krieg auch diejenigen im
höchsten Grad angeht, die er verschont hat, denn sie haben, "im
Gegensatz zu allen Kriegführenden, stets einen zwiefachen An-
blick, der erst die ganze Weite dieses apokalyptischen Gesche-
hens erfassen könnte. [...] aber wir haben nicht die un-
vermeidliche Verengung des Blickes und des Gefühls, die erst einen Kämpfer macht. Wir haben eines nicht: die elementäre Versuchung zur Rache. [...] Wir haben die selten gewordene Freiheit,
gerecht zu bleiben ... und allein von hier aus, scheint uns,
könnte allenfalls auch eine künstlerische Aussage zum Zeitereignis möglich werden."[21].

Ähnliche Überlegungen finden wir in den essayistischen Schriften der Nachkriegsjahre nicht nur so rein theoretisch behandelt,
nicht nur so abstrakt formuliert; sie bilden den Ausgangspunkt
bei der Beurteilung der literarischen Zeugnisse des Krieges. Von
dem Zweifel, ob es überhaupt Stimmen eines "anderen" Deutschland
geben kann, von dem Protest gegenüber der Tendenz, das Geschehe-
ne zu vergessen, und von der Hoffnung auf die Möglichkeit eines
"demokratischen und europäischen Deutschland" ist die Rezension
"Stimmen eines anderen Deutschland?" geprägt. Diese Rezension,
in der enthüllt wird, wie tief der Gedanke von kollektiver
Schuld der Juden, die Vorurteile ihnen gegenüber, das Bildnis
von ihnen auch in solchen Deutschen verankert sind, die keine
Mitläufer waren, sondern Widerständer - was ist denn sie, wenn
nicht ein Beispiel, ein Zeugnis von gesellschaft-politischen Engagement? "Auch für Wichert, den Widerstandsdeutschen, den man
bei uns ohne Zögern als Stimme des edlen Deutschland begrüßt und
in Mengen liest, steht es also fest, daß es das Phänomen einer
kollektiven Schuld gibt. Wenigstens solange es das jüdische Volk
betrifft. [...] Und daß dieses sein eigenes Denken vielleicht
schon eine Mitschuld sein könnte an alledem, was er mit Ekel und

Entsetzen sieht, wird nicht erwogen"[22]. An einer anderen Stelle kann Frisch sein Mißtrauen gegenüber den Deutschen nicht verschweigen, besonders dann nicht, wenn die Schweiz als "Schlaraffenland", die Schweizer als glücklich - reiche Verschonte beneidet werden, und wenn man vergißt oder großzügig übersieht, wer eigentlich den Krieg in den Gang gesetzt hat; es wird nur die eigene Not: Hunger und Elend und die aus mehreren Gesichtspunkten unangenehme Lage des Kriegsverlierer-Deutschland und seiner Bewohner gesehen. Obwohl Frisch das Nachkriegs-Deutschland ziemlich kritisch betrachtet, sind seine Überlegungen nie feindlich. Die Beschäftigung mit der deutschen Frage erscheint ihm dem Schweizer als eine Notwendigkeit. "Es gibt, darüber können wir uns nicht hinwegtäuschen, keine Schweiz ohne Deutschland"[23] - schließt sich Frisch an die Kellersche Linie in der vieldiskutierten Debatte darüber, ob es eine schweizerische Nationalliteratur gebe, oder aber gehöre die deutschsprachige Literatur der Schweiz eher dem deutschen Sprachraum und dessen Literaturproduktion an. Auch wenn Nationalsozialismus und Barbarei des Krieges keine günstigen Voraussetzungen für die Zugehörigkeit der deutschsprachigen Literatur dem "großen Sprachgebiet" schufen, war Spittelers "Schweizer Standpunkt"[24] gleich unhaltbar. In diesem Zusammenhang scheint es wohl nicht übertrieben, wenn das Entsagen der Deutschschweizer Literatur auf die "Einigelung", ihre Rettung aus der drohenden Provinzialität, ihre nach dem zweiten Weltkrieg erreichte internationale Gültigkeit vor allem Max Frisch[25] und seinem "mutigen Anschluß an deutsche Themen der unmittelbaren Gegenwart"[26] verdankt wird. "Wenn Menschen, die gleiche Worte sprechen wie ich und eine gleiche Musik lieben wie ich, nicht davor sicher sind, Unmenschen zu werden, woher beziehe ich fortan meine Zuversicht, daß ich davor sicher bin?"[27] -stellte Frisch 1949 die Frage. Bei genaurem Lesen dieses vielzitierten Frisch-Satzes, den man immer wieder als Beweis für Frischs politisches Engagement heranzieht, ist jedoch nicht zu verkennen, wie stark sein politisches Interesse auch diesmal in seiner persönlichen Betroffenheit wurzelt.

An herausgegriffenen Beispielen ist gezeigt worden, wie der anfangs eindeutig subjektive, oft private Triebkraft zum Schreiben unter dem Einfluß der Zeitereignisse bzw. gewisser Persönlichkeiten der Zeit (Sartre, Brecht etc.), die von der Kunst aktives Handeln fordern, in Richtung eines politischen Engagement verschoben ist, wie sein Interesse an den Zeitereignissen langsam erwacht, zu welchen Nachdenken und Überlegungen ihn die in der Nachkriegszeit wirbelnden Emotionen treiben. Jedoch ist in dieser Hinsicht ein klarer Unterschied zwischen den essayi-stischen und poetischen Werken aufzudecken. Frisch fühlt sich genötigt, sich auch mit seinen Dramen zu den Zeitereignissen zu äußern. Er ist bemüht, ein historisches Stück zu schreiben, das anhand authentischen Angaben, photographischen Dokumenten und Aussagen politischer Zeitgenossen Ereignisse des Krieges mög-lichst wirklichkeitsgetreu auf die Bühne bringt. Trotz dieser Bemühungen kann er seine Art zu schreiben nicht leugnen. "Als der Krieg zu Ende war" (1947-48) handelt zwar vom Krieg, aber nur als Hintergrund einer Geschichte, die das Bildnis-Thema in den Vordergrund rückt. "Im Vordergrund [...] steht eine Liebe, die [...] insofern heilig ist, als sie das Bildnis überwin-det."[28]. Der Hintergrund und die eigentliche Geschichte sind aber eng verflochten: es entsteht nämlich eine reine Liebe (die ja auch als Selbstverwirklichung zu deuten ist) eben durch die Überwindung des Bildnisses. Im Gegenteil zu dem Krieg: der Haß, die Verständigung entstand, weil man sich von Anderen ein Bildnis gemacht hat - das ist ein Gegenpol zu der Liebe. Dieser eigenar-tige, typische Frisch-Beitrag zu der Behandlung der Zeitereig-nisse zeigt ja, daß Frisch die Fragen, die ihn ewig brennen, auch dann nicht fallen läßt, wenn die Zeit eine kämpferische Zeitgenossenschaft von den Schriftstellern fordert, auch wenn er selbst die Absicht hat, sich zu den Zeitereignissen zu äußern. Auch Frischs meistgespielte Stücke[29] "Biedermann und die Brand-stifter" und "Andorra", die von der Kritik oft als Musterstücke für politisches Theater interpretiert wurden, befassen sich zwar tatsächlich mit gesellschaftlichen Problemen, wollen jedoch nachdrücklich keine Lehre vermitteln, lediglich "durch Darstel-lung bestimmter Mißstände an die Einsicht der einzelnen Menschen appellieren"[30].

Das in den essayistischen Werken und Tagebüchern zweifel- los vorhandene politische Engagement dürfte wohl auch nicht als rei-ne politische Essayistik betrachtet werden, auch wenn es Frisch so gemeint hatte. Er hält nämlich sein "Tagebuch 1946-1949" für "Aufzeichnungen und Skizzen eines jüngeren Zeitgenossen, dessen Schreibrecht niemals in seiner Person, nur in seiner Zeitgenos-senschaft begründet sein kann ..."[31] Es scheint mir aber, daß auch in diesem Tagebuch die schon erwähnte "Frisch-Methode" fortgesetzt wird: es werden Mängel und Widersprüche aufgedeckt. Auf Probleme, mit denen man nicht fertig wird, reflektiert der Autor durch Darstellen, Aussprechen und Überlegen. Während im frühen Werk vor allem jungen Menschen eigene Verhalten dargestellt wurden, die deutlich Protest gegen das bestehende Erwachsenen-Welt ausdrückten, indem Frischs erste Protagonisten von Sehnsucht und Hoffnung auf ein besseres Leben als das vorgegebene erfüllt waren, sind die späteren Menschen-Modelle zwar auch willens, für das Leben neue Maßstäbe zu finden, jedoch mit der Erkenntnis, daß Stäbe und Gitter der äußeren Welt genauso unmöglich abzuschaffen sind wie zu einer inneren Freiheit zu gelangen. Jürg Reinhart plagt sich noch mit Problemen seines Mann-Werdens herum, während eigentlich schon ab "Bin oder die Reise nach Peking" Spuren eines durch Krieg und Graumsamkeiten geformtes Realitätsbewußtseins zu entdecken sind: keine karsse Zäsur, jedoch eine Art Reifeprozeß. Immer mehr wird ein neuer Aspekt auch in das Blickfeld mithineingezogen: nämlich wie Vieles auch an der engeren und weiteren Umgebung des "Ichs" auszusetzen ist. Die Entdeckung von Mängeln und Widersprüchen in der Welt, die das "Ich" umgeben, charakterisiert das Tagebuch. Es ist kein privates Tagebuch, sondern eine literarische Form, die für die Öffentlichkeit gedacht ist. Es gehört aber andererseits auch nicht zu der dokumentarischen Literatur. In Frischs Tagebüchern treffen Fiktion, Faktum und persönliches Leben aufeinander[32]. Die Fakten aber sind auch hier - genau wie am Anfang seines Schreibens, als er als Journalist tätig war - durchaus subjektiv dargestellt, denn "man ist, was man ist. Man hält die Feder hin, wie eine Nadel in der Erdbebebenwarte, und eigentlich sind nicht wir es, die schreiben; sondern wir werden geschrieben. Schreiben heißt: sich selber lesen. [...] Wir können nur, indem wir den Zickzack unsrer jeweiligen Gedanken bezeugen und sichtbar machen, unser Wesen kennenlernen..."[33] Ein gesellschaftspolitisches Engagement ist also bei Frisch nie Ausgangspunkt zu seinem Schreiben. Es ist zwar oft vorhanden, aber eher als eine erst nach dem Schreiben bewußt werdende Verantwortung der Literatur der Gesellschaft, der Welt gegenüber. Kunst habe nach Frischs Auffassung eine "Gegenposition zu der Macht. Ihr Wesen und ihre Aufgabe ist es, subversiv zu sein"[34]. Wenn Frisch nach der Aufgabe der Literatur gefragt wird, nennt er zuerst immer seinen zentralen Impuls, den Spieltrieb und die Notwehr: "Was ist die

Aufgabe der Literatur? Neben [...] dem Sich-selbst-Ausdrücken,
sich selbst in dieser Welt durch Darstellen zu retten, liegt die
Aufgabe der Literatur [...] darin, Ideologie zu verunsichern,
indem sie immer wieder versucht, die sich verändernde Realität
ins Bild zu bringen, zur Darstellung zu bringen; und da zeigt
sich dann die Diskrepanz zwischen dem Vokabular der Ideologie
und der mit ihr verbundenen Realität"[35]. Diese Konzeption zeigt
aber auch Parallele zu einer der großen immerwährenden Fragen
von menschlichen Beziehungen: zu der Frage der Gewöhnung, der
Wiederholung, der Routine des Alltags, die das Leben langsam
aber unaufhaltsam ersticken. Diese Flucht vor der Erstarrung,
vor der Verfestigung ist ein immer wiederkehrendes Motiv des
Werkes von Frisch, und dieses Motiv ist auch in seiner Konzeption über die Aufgabe der Literatur zu erkennen: Literatur sollte
nämlich dieser Versteinerung entgegenwirken - indem sie die Realität, die sich hinter der Gewöhnung verbirgt, aufdeckt, indem
sie die "Wirklichkeit", "das Lebendige" sucht. Nicht nur private
Beziehungen sind durch diese Erstarrung gefährdet, sondern auch
die Gesellschaft - erst nach dem Aufzeigen dieses Zusammenhanges
ist es dem Frisch-Werk sicher gerecht, von einem gesellschaftspolitischen Engagement zu sprechen. Jedoch glaubt Frisch an eine
direkte Wirkung der Literatur nicht: "Sicher gibt es Notstände,
wo alles erforderlich und erlaubt ist - also dass man etwa mit
der Gitarre kämpft. In sogenannten normaleren Zeiten - also in
den kürzeren oder längeren Epochen vor oder nach Katastrophen -
zweifle ich an der Direktwirkung der Literatur. [...] ich meine
aber, dass es eine Wirkung auf lange Distanz gibt, eine Bewußt-
seinsveränderung;"[36]

Die Themen und Grundprobleme sind also in Frischs Werk ziemlich konstant; der Grund dafür, warum sie trotzdem immer neu
wirken, ist wohl mit seinem Entwicklungsweg zu erklären: es än-
dert sich nämlich immer die Art und Weise, wie diese Themen her-
vortreten. So erkennen wir in den meistgelesenen und auch von
der Kritik fast eindeutig hoch geschätzten Werken des Autors[37]
zwar im Grunde genommen immer die schon behandelten Problemkrei-
se, die aber immer neu angegangen werden. Das Kernthema von
"Stiller" bildet die Frage nach dem Wesen des Menschen, nach der
Identität des Individuums; es ist aber nicht zu übersehen, daß
der Roman auch einen gesellschaftskritischen Aspekt hat. Dies
aber bedeutet wieder nicht - wie es oft interpretiert wurde-,

daß der Autor endlich mit der Selbstdarstellung aufgehört und von persönlichen Problemen zu den "wichtigeren" gesellschaftlichen gelangt sei. Es geht im gewissen Sinne auch hier um "Selbstdarstellung"[38] Die "politische Seite", das Urteil über die Schweiz entspricht der Anlage des Werkes und dem in ihr enthaltenen Menschenbild[39]. "Homo faber" wirkte zwar ähnlich wie "Biedermann" und "Andorra" sicher vor allem deshalb so rasch, weil seine Thematik aktuell empfunden wurde - sie bleibt nicht so stark im Bereich des Privaten, wie man es sonst von Frisch gewohnt war. Das Problem einer technisierten Welt kommt ohne Zwiefel im "Homo faber" prägnant zum Vorschein, und kann sicher mit dem Zeitalter der Atombombe in Zusammenhang gebracht werden. Letzten Endes geht es aber auch hier um den Einzelnen, inwieweit es ihm gelingt, sich in dieser Welt selbst zu finden. Es geht nämlich um Fabers Auseinandersetzungen mit sich selbst, um das Überholen seines Standpunktes des objektiven, vernünftigen Technikers unter dem Einfluß des Erlebens, der Erfahrung der Liebe. Im Mittelpunkt des Romans "Mein Name sei Gantenbein" steht wieder das Ich, die Möglichkeiten, die Varianten des Ichs. Als dann "Montauk" erschien, wurde dessen Aufrichtigkeit, die Selbstpreisgabe von vielen peinlich empfunden. Man war enttäuscht, daß Frisch, der sich ja doch auch als Zeitgenosse bewies, in seinem Spätwerk wieder auf das Ich "zurückfiel". Auch bei "Biographie" sprach man von "Reprivatisierung". Während aber "Montauk" trotz seiner oft als Mangel empfundenen Bekenntnis-Prosa-Artigkeit doch heftige Debatten auslöste, wurde "Triptychon. Drei szenische Bilder." wenn auch nicht verschwiegen, so doch für ein Max Frisch-Stück ungewöhnlich wenig diskutiert[40]. Die das ganze Stück durchziehende Vergänglichkeits-bzw. Todesproblematik wurde als Rückfall in die existenzialistische Thematik der Frühwerke empfunden. Während die großen Frisch-Konstante, wie etwa die Problematik der Wiederholung, der Klischees, der Erstarrung etc., die eigentlich auch in den gefeierten "engagierten" Werken ihren Platz haben, übersehen wurden. Auch im Fall des letzten Romans "Der Mensch erscheint im Holozän", den Frisch selber für ein gelungenes Werk hält und dessen relativen "Mißerfolg" beim Publikum im Verhältnis zu dem raschen und außergewöhnlichen Erfolg seiner gesellschaftskritisch geprägten Schriften der Autor sehr bedauert[41] , beachtete man übermäßig das für den ästhetischen Wert der Erzählung eigentlich höchst irrelevante Autobiographische. In Anbetracht dessen dürfte es eigentlich kaum

überraschen, wie rasant die erneute Hinwendung zu einem brennend
aktuellen, jeden Schweizer betreffenden Problem, nämlich Frischs
Beitrag zur Diskussion um die Armeeabschaffung mit seinem Palaver "Schweiz ohne Armee?" zum Erfolg wurde. Wieder neigte man
dazu, im "Palaver" bloß eine Art Einmischung in eine politische
Schlüsseldebatte zu sehen, den Versuch der Beeinflussung der öffentlichen Meinung. Daß sich Frisch mit diesem Werk nicht nur zu
einer tagespolitischen Aktualität geäußert hat und nicht erneut
Kritik an Mängel und Widersprüchen der Schweizer "Pseudodemokra-
tie der Besitzenden" geübt hat, sondern auch zugleich sein großes Thema: Selbstverwirklichung, lebendiges, offenes Denken
contra Erstarrung, Menschsein für sich neu thematisiert, wurde
weitgehend übersehen.

Während also die Rezeption Frischs Werke ständig die Frage
diskutierte, ob sich Frischs Werke gesellschaftsbezogen, poli-
tisch relevant, tauglich zur konkreten Veränderung der Gesellschaft, als Darstellung öffentlicher Belange oder aber autobiographisch, peinlich privat und indiskret, als radikale Verinnerlichung, als Bekenntnis-Prosa interpretieren läßt, verkannte man
die immer anders, mal versteckt mal offen hervortretende, sich
zwar ständig wandelnde jedoch nie gänzlich verschwundene thema-
tische Konstante des Werkes: nämlich die unermüdete Suche nach
einem wirklicheren Leben, das sich nicht durch Gewöhnung, Erstarrung, Vorurteile und Feindbildern auszeichnet, sondern durch
Offenheit, ständiges Umdenken-Können und Lebendigkeit. Obgleich
Frisch eindeutig nicht mit aufklärerisch - didaktischen Absich-
ten zur Literatur kam, steckt in seinem Oevre doch ein didakti-
scher Zug. Indem er nämlich versucht, das Leben schreibend zu
bestehen, werden seine Erfahrungen und seine Reflexionen zum Ge-
meingut seiner Leser; und indem seine Protagonisten trotz ihres
Scheiterns bei den Realisierungsversuchen ihrer ideellen Lebens-
und Selbstverwirklichungsvorstellungen ständig neue und neue Ansätze zum wirklichen Leben wagen, wird damit doch auch dem Leser
suggeriert: es muß ständig neu versucht werden, das Leben zu bestehen - human, authentisch, lebend-denkend.

1.2.2. Engagiertes Theater - aber keine revolutionäre Wirkung

Frischs erste Publikationen waren zwar Prosaschriften,trotz-
dem ist er eindeutig vom Theater zum Schreiben angeregt worden:
"Ich bin zur Literatur ganz eindeutig nicht vom Roman oder vom

Gedicht her gekommen - Gedichte habe ich versucht, das war gar
nichts -, sondern durchs Theater." Der sechzehnjährige vom Theater entzückte Max Frisch versuchte selbst Theaterstücke zu
schreiben, hat sogar einige an die großen Bühnen geschickt, kei-
nes von ihnen wurde aber angenommen. "Die Enttäuschung war zu
groß. Ich fand, es sei schon zu spät: Schiller hat immerhin
schon mit 18 Jahren seine "Räuber" abgeliefert, und ich war
schon 21 [...] Das war also die Resignation - und ich habe dann
eben mit der Kleinarbeit angefangen, mit Zeitungsarbeiten usw."
Der große Wunsch, "die Herausforderung, jetzt also in die Arena
zu treten und sich vor dem Publikum zu produzieren und die Reaktionen des Publikums aufzunehmen"[42], wurde aber nie
aufgegeben.Es entstanden abwechselnd epische Werke und Theaterstücke. Der häufige Wechsel des literarischen Genres ist ein Wesensmerkmal seines Werkes. Ebenso die unbewußte Wahl der Formen:
"Ich muß das Gelingen nehmen, wo ich es finde" - sagt Frisch in
diesem Zusammenhang. Grund zum häufigen Genre-Wechsel bei Frisch
ist wohl auch seine Angst vor Wiederholung: "Ich will doch nicht
ein Leben lang dieser Max Frisch sein! Bei jeder neuen Arbeit
hatte ich das naive Gefühl, daß ich jetzt, Gott sei Dank, ein
radikal anderes Thema angehe - um früher oder später festzustellen, daß alles, was nicht radikal mißlingt, das radikal gleiche
Thema hat".Die epischen Arbeiten haben ein Gefälle zum Autobio-
graphischem hin. Um diesem Gefälle entgegenzuwirken und etwas
Neues zu schaffen, wendet sich Frisch zu der Bühne, die die Ich-
Position weniger zuläßt, die eine "politische Anstalt", eine
"unverborgene, sichtbare, öffentliche Konfrontation eines Werkes
mit seiner Zeitgenossenschaft"[43] ist, die den Autor nötigt, sich
mit den öffentlichen Problemen zu befassen. Es ist augenfällig,
wie stark Frisch anfangs an eine illusion-erweckende, tief er-
schütternde Wirkung des Theaters glaubte: deshalb hat er ja
selbst zur Feder gegriffen, um mit seinem Schreiben eine solche
Wirkung auszulösen: "In jener Zeit, erinnere ich mich, stellte
ich an das Theater durchaus den Anspruch, daß es Illusion zustandebringe. [...] Ich nahm, was ich erblickte, als wirkliches
Leben." Ein Erlebnis solcher Art ist aber wohl auch altersbe-
grenzt: in dieser Hinsicht zieht Frisch schon ziemlich früh Bi-
lanz, indem er sich zum "Theater ohne Illusion" bekennt. Er
rechnet mit dem eigenen früher an das Theater gestellten Anspruch, daß es Illusion zustandebringe radikal ab, und kommt zur
Überzeugung, daß das "Leben" selbst auf der Bühne zu erleben un-

möglich sei und daß das Streben der Kunst nicht auf die Nachahmung der Realität, sondern auf eine Deutung des Lebens gerichtet
werden müßte, wobei nicht die Geschehnisse gezeigt wären, sondern das Erlebnis, die "Wirklichkeit": "Die einzige Glaubwürdig-
keit, die im Theater möglich ist und überhaupt in der Kunst,
ergbt sich nie und nimmer aus einer lebensähnlichen Erscheinung, die ebenso unmöglich wie überflüssig und ketzerisch ist,
sondern aus der Überzeugungskraft einer Deutung..."[44]

Inwieweit Frisch unter dem Einfluß von Brecht zu diesen Erkenntnissen kam, ist schwer zu sagen. Einerseits gesteht er, daß
das Theoretische nie seine Stärke gewesen ist[45]. Andererseits
meint er aber: "Man lernt genausoviel, als man selber kann"[46] Er
leugnet also nicht den Einfluß des Brechtschen Prinzips der Ver-
fremdung, die besonders im "Biedermann"- bzw. im "Andorra"-Stück
auffallen; er betont jedoch, daß es nicht um eine Übernahme der
Brechtschen Theorie handelt; Brecht habe lediglich bewußt gemacht und verschärft, was man vorher selbst wußte. Brecht wirkte
auf ihn weniger mit seiner Theorie vom Epischen Theater, sondern
er überzeugte ihn mehr mit der erschütternden Wirkung, die von
seinen Stücken ausgeht[47]. Den wohl wesentlichsten Unterschied
zwischen der Theaterauffassung der beiden Autoren machten die
unterschiedlichen Erwartungen an Wirkung vom Theater aus. "...
der Unterschied zu Brecht: was ich geschrieben habe, ist zwar
[...] engagiertes Theater, aber es erwartet nicht, daß es eine
revolutionäre Wirkung habe. Wenn das also nur ein Theatererzeug-
nis bleibt, so ist das eigentlich im Rahmen dessen, was der Autor sich hat erhoffen können." Wenn sein Stück zu Be-
wußtseinsklärungsprozessen führt, hat Frisch sein Ziel erreicht.
Auf diese Konzeption ist wohl auch die bekannte Tatsache zurück-
zuführen, daß Frisch nach kurzer Zeit starkes Ungenügen an
seinen Parabelstücken empfunden hat: "Nachher habe ich mit der
Parabel nicht weitermachen können, weil ich entdeckt habe, daß
die Parabel unweigerlich einen didaktischen Trend hat, d.h. eine
Parabel lehrt etwas; [...] ich habe einfach festgestellt, daß
ich durch die Form der Parabel mich nötigen lasse, eine Botschaft zu verabreichen, die ich eigentlich nicht habe. [...] Ich
komme zu einer Credo aus Formzwang"[48].

So kommt Frisch zu einer neuen dramaturgischen Konzeption: zum
Variationsprinzip auf der Bühne. Er nennt es "Dramaturgie der
Permutation". Während des Erarbeitens dieser Konzeption setzt er

sich noch einmal mit der Frage nach Wirkungsmöglichkeiten des Theaters, bzw. der Kunst überhaupt auseinander, u.a. in seiner Rede auf der Frankfurter Dramaturgentagung 1964 "Der Autor und das Theater". Die schon früher formulierte Feststellung, daß ein politisches Engagement unbedingt zur Bühne gehört, da man in der Öffentlichkeit spielt, wirft eine nächste Frage auf, nämlich die der Verantwortung. Man muß dabei wahrnehmen, daß es eine Verantwortung gegenüber der Gesellschaft gibt, die zwar nicht vorgesehen wurde, aber auch nicht zu übersehen oder vergessen ist. Es wäre trotzdem naiv zu glauben, daß Theater immer einen Effekt über den Kunstgenuß hinaus habe: "Millionen von Zuschauern haben Brecht gesehen und werden ihn wieder und wieder sehen; daß einer dadurch seine politische Denkweise geändert hat oder auch nur einer Prüfung unterzieht, wage ich zu bezweifeln." Es bleibt aber neben der Skepsis auch eine kleine Hoffnung: "Gäbe es die Literatur nicht, liefe die Welt vielleicht nicht anders, aber sie würde anders gesehen, nämlich so, wie die jeweiligen Nutznießer sie gesehen haben möchten: nicht in Frage gestellt. Die Umwertung im Wort, die jede Literatur um ihrer selbst willen leistet, nämlich um der Lebendigkeit des Wortes willen, ist schon ein Beitrag, eine produktive Opposition"[49].

2. SUCHE NACH DEM WIRKLICHEN LEBEN BZW. DEM EIGENTLICHEN ICH

2.1. Faktoren, die Erkenntnis und Realisieren des "wirklichen Lebens" verhindern

2.1.1. ALLTAG ALS ERSATZ FÜR DAS LEBEN. ZWANG DES ALLTAGS

"Alltag ist nur durch Wunder erträglich" - sagt Gantenbein[50]
Der Alltag als Thema, die Angst davor, daß man sich verliert,
wenn man nichts außer seinem grauen Alltag hat, ist ein Gedanke,
der sowohl den jungen Max Frisch, als auch den reifen Mann bzw.
Schriftsteller stark beschäftigt. Alltag ist langweilig, öde und
banal.Alltag ist etwas, was sich ein Leben lang wiederholt und
daher keinen Reiz haben kann; Alltag macht bequem und stumpf,
wenn man sich seiner Mechanik ergibt; Alltag heißt Arbeit und
Pflichten. Man weiß oft nicht mehr so recht, ob es überhaupt einen Sinn hat, was man tagtäglich unternimmt; Man fragt sich ja
gar nicht, ob man glücklich ist oder nicht:

> "... man ist da, man hat Kinder, man hat einen Haushalt
> und Pflichten, die täglich erfüllt sein müssen. [...] so
> ist das Leben ein endloser Wechsel von Dingen, die uns er-
> fordern. Man tut seine Pflicht, so gut es gelingt, einmal
> schlechter, einmal besser; man tut sie, ohne viel zu wis-
> sen, warum und wieso ..."[51]

Das Leben bestehe also aus dem Alltag. Der Alltag aus Arbeit
und Pflichterfüllung - wo bleibt denn das Glück? Der Alltag der
Liebe ist eigentlich keine Liebe mehr: tägliches Einerlei, das
verstumpft, das ein Verwirklichen des eigentlichen Ichs bzw. eines sinnvollen Lebens verhindert. Vorgeführt werden in Frischs
Werken Personen, die durch die Alltagsmisere bzw. durch eine
ständige Bemühung ihr zu entkommen geprägt sind. Ist etwa der
durchschnittliche gleichförmige Ablauf des Lebens gesetzmäßig
oder aber vermeidbar? Ist es möglich, aus der Öde des Alltags
auszubrechen oder aber gelangt man immer wieder zu neuen Abhängigkeiten und Zwängen? Eine Antwort hierauf muß anhand der
Interpretation diesbezüglicher Aspekte des Frisch-Werkes
versucht werden. Im Folgenden soll im Einzelnen untersucht werden, welche Rolle der Alltag im Leben der Helden Frischs bekommt
bzw. wie er eingeschätzt, was für ein Wert ihm beigelegt wird.
Angesichts der Vielfältigkeit und der komplizierten Verflechtung

der einzelnen Aspekte dieser Thematik wird auch auf die zahlrei-
chen Überdeckungen der oft leitmotivisch zurückkehrenden Kategorien geachtet.

»GELD, DAS GESPENSTISCHE«

»Ich muß Brot verdienen; aber ich will mich nicht lebendig begraben.«52 – heißt es in einer der ersten Schriften. Schon ganz
am Anfang des Frisch-Werkes ist die Angst davor, daß man unter
dem Druck des Zwangs vom Alltag erstickt, auffallend oft formuliert. Zwang des Alltags bedeutet in dieser Phase vor allem den
Zwang des Geldverdienens. Die Ordnung der Welt ist, daß Erwachsene einen Beruf ausüben, mit dem sie Geld verdienen, um sich
bzw. die Familie zu unterhalten. Wie es aber in der Praxis funktioniert, findet der junge Autor nicht nachahmenswert; eher ein
wenig komisch und sehr traurig:

»Da kenne ich Leute, die leben nur, um Geld zu verdienen;
und das Geld verdienen sie, um leben zu können; und leben
tun sie wiederum, um Geld zu verdienen. Ein Witz. Ich will
aus meinem Dasein nicht einen Witz machen. Beruf soll
nicht Zwangsjacke sein, scheint mir, sondern
Lebensinhalt.«53

Eines steht schon für Frisch von Anfang an fest: das
Geldverdienen, die mechanische und lustlose Ausübung einer Tätigkeit, die darauf ausgerichtet ist, Geld zu verdienen, sicherlich nicht des Namens »Leben« »Lebensinhalt« würdig ist. Jugend
heißt in Frischs Jugendwerken: Glück. Jedoch mit einem melancho-
lischen Unterton, denn Jugend vergeht. All die Träume, all die
Wünsche, all die Hoffnungen, die also dem menschlichen Leben einen Sinn geben könnten, werden vergessen oder gehen verloren.
»Gnade der Jugend« nennt es Frisch, daß man als Jugendlicher
»noch voll Ahnung des Schönen« war, »das jenseits aller Dinge
und Menschen ist und uns mit allen Menschen und Dingen verei-
nigt.« Das LEBEN, das wirkliche, ist in den frühen Werken oft
mit der unschuldigen Jugend gleichgesetzt. Es ist die Zeit, »wo
jeder Mensch einmal die großen, einfachen und endlosen Fragen
stellt, was der Sinn des Todes wäre, der Liebe und des
Lebens.«54. Gedanken, die den Autor Frisch ein Leben lang be-
schäftigen. Hier noch sehr geheimnisvoll, eher auf der Ebene der
Ahnungen und daher oft pathetisch-sentimental klingend formu-

liert. Jedoch sind damit wichtige Aspekte vorgezeichnet, die dem ganzen Werk immanent sind. Diese Fragen brennen Frisch ja umso mehr, denn er muß ja verzweifelt sehen und erfahren, wie "das wirkliche Leben", wie dieses unschuldige, jugendliche Suchen, sogar der Glaube selbst an einen Sinn unseres Daseins langsam aber unaufhaltsam verlorengeht:

> "Nachher verzichten sie auf den Sinn, sie geben das menschlich gemeinsame Suchen auf und brauchen keine Kunst mehr, sie verdienen Geld, um leben zu können, und leben, um Geld zu verdienen."[55]

Der Übergang von einem sinn- und glücksuchenden Leben in ein geldverdienendes ist fast bei jedem früher oder später vollzogen, ohne daß man darauf aufmerksam wird. Einmal merkt man plötzlich, daß sein Leben von dem Wunsch, reich zu sein bzw. von der Angst sein Haben nicht zu verlieren beherrscht ist. Wohlstand gibt Sicherheit in der Welt, nicht aber Glück. Interessanterweise wird dieser für das Frühwerk sehr kennzeichnende Gedanke viele Jahre später in einem ganz anderem Zusammenhang explicit formuliert: der mit der Zeit zu Weltruhm gekommene Max Frisch hält 1976 in der Frankfurter Paulskirche eine "Rede zur Verleihung des Friedenspreises der deutschen Buchhandlung", wobei er die Unzulänglichkeit des Wohlstandes zur Selbstverwirklichung in seine Überlegungen betreffs Frieden und Freiheit mit hineinbezieht:

> "...wenn wir (einfach gesprochen) glücklich sind oder zumindest lebendig-zum Beispiel durch eine Art von Arbeit, die nicht nur Lohn einbringt, sondern Befriedigung [...] Selbstverwirklichung; sagen wir: wenn es möglich ist, kreativ zu leben. [...] Das ist durch Wohlstand allein noch nicht gegeben..."[56]

Durch die Gegenüberstellung der "suchenden" und der alltäglichen Figuren, durch die von den Protagonisten verübte Kritik an Lebensklischees verweist Frisch auf einen die Möglichkeit eines glücklichen Lebens allzu oft störenden Faktor: derjenige, der dem Geld, dem Geldverdienen verfallen ist, wird von Frisch als "armer Teufel" bezeichnet. Den Ausdruck "armer Teufel" in diesem Zusammenhang finden wir mehrmals: in der "Skizze"[57], wo der "arme Teufel" im Sinne bedauernswert-unglücklich arm ist, da er, obwohl nicht mittellos, genauso Angst darum hat, was er haben möchte, wie der Reiche darum, was er hat. Marion, der Poet im Tagebuch 1946-49 nennt sich einen "armen Teufel", weil er nichts besitzt. Man findet ihn deshalb aber nicht erbarmenswert, son-dern beneidenswert. Denn er kann, was die Erhabenen nicht mehr können: "die Wahrheit denken, sogar die Wahrheit sagen"[58]. Doch begnügt sich Frischs Kritik nicht mit diesen Feststellungen, denn es geht ihm primär nicht um eine Kritik an den Besitzenden. Vielmehr interessiert ihn die Frage der Freiheit des Menschen: deshalb wird von ihm ein Armer, der nichts besitzt, jedoch ver-krampfte Angst hat darum, was er alles haben möchte genauso un-glücklich wie ein Reicher, der gleich Angst hat um seine Habe. Frischs Mißtrauen gilt ausschließlich dem Menschen, der sich durch Geld seiner Freiheit beraubt, der dem Lebenskitsche 'Geld mache glücklich' verfallen ist.

Die betonte Auseinandersetzung Frischs mit der zersetzender Rolle des Geldes könnte den Anschein erwecken, als ob Armut Grundvoraussetzung eines wirklichen Lebens wäre oder als ob sie allein schon zur Erkenntnis der Wahrheit führen würde. Darum geht es aber Frisch nicht. Wenn er später den gleichen Gedanken-gang wieder zu formulieren versucht, zeigt sich: es geht nicht einfach um das Geld, um Reichtum oder Armut - es geht um Verhal-tensweisen, wie man sich u.a. zum Geld verhält, wie man sein Le-ben einrichtet, was einem wichtig ist, was einen in seinem Bestreben um Selbstverwirklichung hilft oder hindert: "Ich finde Komfort nicht unmoralisch, nur langweilig" - sagt Frisch 1957 in einer Rede an junge Lehrer - "Wenn er unser ganzes Interesse verschlingt". Wiederum tritt also Frisch als Mahner, als warnen-der Moralist hervor: wenn man ständig Angst hat, "der Komfort könnte einmal zusammenbrechen - das ist keine schöpferische At-mosphäre..."[59] Und wofür opfert man die Möglichkeit einer krea-tiven Atmosphäre. Für etwas absolut "Unwirkliches", das bloß "ein Spuk" ist[60]. Der Kenner des Frischen Lebenswerkes, das durch ein betont aufklärerisches Moment geprägt ist, kann die anhand der Geld-Problematik ins Bewußtsein tretende Reflexion über wirkliches Leben wohl nicht als irrelevant übersehen: Auf Frischs Wertskala stehen Glück und Lebendigkeit, Kreativität und schöpferisches Denken gleich hoch.

Frisch wehrt sich also nicht gegen Geld an und für sich, wie man seinen früheren Aussagen über Geld entnehmen könnte, sondern

gegen die allgemein akzeptierte Auffassung von der wohltätigen
Rolle des Geldes. Um dieses Klischee abzubauen, zeigt er Gegen-
beispiele: wie Geld Unheil anrichten kann. Eine Grunderkenntnis
ist schon an den zitierten frühen Skizzen abzulesen: Reichtum
kann Angst heißen. Es ist schwierig, von dieser Angst frei zu
bleiben. Diese Freiheit können sich nur wenige leisten. Obzwar
Frisch meistens - wie es den vorangegangenen Beispielen zu entnehmen war - mit der Darstellung des negativen Modells warnt,
schildert er in diesem Falle auch ein positives Beispiel, und
zwar unter Einfluß einer Lebenserfahrung: Ingeborg Bachmanns un-
gezwungenes, angstloses Umgehen mit dem "Gespenst" Geld scheint
ihn bezaubert zu haben:

> "Geld ist zum Verbrauchen da. [...] Ich erinnere mich
> nicht, daß je eine Ausgabe sie reut, eine hohe Miete, eine
> Handtasche aus der RUE RIVOLI, die sie am Strand verloren
> hat. Geld verläßt uns so oder so. Wenn jemand, den sie
> liebt, an sich selber spart, so verletzt es ihre Liebe.
> [...] Wenn sie rechnet, dann rechnet sie mit Wundern. Wie
> bei manchen Frauen: Geldscheine ihrer Tasche sind meistens
> zerknüllt, sie wollen verloren oder in Schöneres verwan-
> delt werden..."[61]

Im Vergleich zum Frühwerk ist dieser Problemkreis in "Stiller"
differenzierter enthalten. Das Herangehen ist aber hier umgekehrt: Armut eines Menschen mit Frau und Kinder heißt nicht
Freiheit des Denkens wie bei dem Poet; im Gegenteil -Unfreiheit:

> "...wer kann es sich denn leisten, Frau und Kinder zu ha-
> ben, eine Familie mit Zubehör, wie es sich gehört, und zu-
> gleich eine freie Meinung nicht bloß in Nebensachen? Dazu
> braucht man Geld, so viel Geld, daß einer keine Aufträge
> braucht [...] Wer aber so viel Geld beisammen hat, daß er
> sich wirklich die freie Meinung leisten könnte, ist ohne-
> hin mit den herrschenden Verhältnissen meistens einver-
> standen."[62]

Hier wird das dem Frühwerk eigene Nachdenken, über die destruktive Rolle des Geldes, durch Ironie relativiert. Frischs
Mißtrauen gilt dem das menschliche Leben bestimmenden Faktor,
dem völlig unverdient eine unwahrscheinlich große Rolle zugeschrieben wird. Diese Rangordnung ist jedoch von der Welt sank-

tioniert: demnach hat Geld über Menschenleben zu entscheiden, über Glück oder Unglück des menschlichen Daseins. Diese feste Ansicht über Geld als Macht manipuliert die Menschen: sie nehmen sie als Wirklichkeit.

Der Slogan 'Geld macht glücklich' ist in Frischs Werk mehrfach widerlegt: dadurch wird zugleich jeweils das Scheitern menschli-cher Versuche bloßgelegt, mit Hilfe des Reichtums zum Glück zu gelangen. Denkt man dabei an den Gantenbein-Roman: wie verzwei-felt man versucht, seinen "verräterischen" Reichtum vor dem blinden Gantenbein zu verstecken. Und im Prinzip müßte es mög-lich sein, die die heidelbeerblauen Spannteppiche, den Chinesi-schen Porzellan-Aschenbecher, das Sofa aus weißem Hirschleder, den Kamin aus einem toskanischen Palazzo, den Schmuck der Frau, seine Wildlederjacke, seine Baskenmütze, seine Manschettenknöpfe aus Gold, etc. - jede Kleinigkeit allererster Qualität vor Gan-tenbein zu verstecken, da er ja blind sei. Das Groteske der Si-tuation läßt jedoch spüren, wie peinlich es eigentlich dem "an-gekommenen" Teil des gespaltenen Ichs bei der Konfrontation mit dem seine frühere Ansichten vertretenden Ich ergangen ist: er schämt sich; er hat Angst sein Reichtum könnte gehört oder ge-spürt werden; Er zittert, entdeckt zu werden. Er hat das Gefühl, ertappt geworden zu sein. Und so kann natürlich kein Gespräch zustandekommen, auch ihre alte Freundschaft ist nicht aufrecht-zuerhalten. Gantenbein, der den Blinden spielt, tut so, als ob er nichts merke, und damit zwingt er den Gastgeber, alles zu se-hen, was er zu verschweigen bemüht ist:

"Ich rede aber zu Gantenbein, damit er auch verstehe. War-um sage er nichts? Er zwingt mich nur, daß ich selber al-les sehe, was ich verschweige. Warum sagt er nicht, daß er das Ganze hier, vom Matisse in der Halle bis zur Platin-Uhr an meiner Gattin, zum Kotzen findet? Wir sind keine Freunde mehr."[63]

Das eigentlich Tragische an dieser Rechenschaft ist nicht das Wohlhaben an und für sich, sondern der damit wohl verbundene Verlust der Chance ehrlicher, spontaner, angstfreier menschlicher Kommunikation: "Es sind nicht Einsichten und Ansichten, die uns trennen, nur dieser Aschenbecher..."[64] Der Umgang miteinander bzw. eigentlich mit sich selbst, da es um eine Spaltung des Ichs geht, ist in dieser Atmosphäre von anfang an zum Scheitern verurteilt: Ein schizophrener Zustand.

Die Konstellation erinnert wiederum an bereits Geäußertes: was man für das unwirkliche "Gespenst" opfert, ist die Chance des wirklichen Lebens: nämlich menschliche Kontakte, Selbstverwirklichung. Was man gewinnt, ist außer Spannteppichen und Wildlederjacken ohne verschwitzten Kragen eigentlich nichts. Noch im Gantenbein-Roman wird das Modell des glücklichen Paares erwähnt: das Paar, "das zu wenig Geld hat", als Gegenpol zu dem Fall, wenn die ungelöste Geldfrage an dem Scheitern der Liebesbeziehung Schuld trägt.[65]

Gottlieb Knoll, bei dem der bloße Gedanke des Reichtums ausschließlich Assoziationen auf Glück auslöst, auch wenn er von Anfang an weiß, daß er dafür mit seiner Unterschrift den Mandarin töten muß, ist kein Sonderfall.[66] Frisch konzipiert eine märchenhafte Fabel, indem er das beliebte Märchen-Modell vom plötzlichen Reichwerden, den Niederschlag immerwährender Wunschträume menschlichen Bewußtseins aufgreift. Frisch erzählt jedoch kein Märchen: sein Knoll ist kein unglücklicher Armer, der durch ein zufälliges Treffen mit einer gütigen Fee oder aber als verdienten Lohn für eine Wohltat plötzlich zum Reichtum und dadurch zum Glück kommt. Frischs Erzählung ist als bewußter Gegensatz zu diesem Märchenklischee und zugleich zu der Geld-Anbeterei der Welt konzipiert. Denn Knoll tötet, wird jedoch angesichts seines Reichtums vom Recht der Welt nicht bestraft, sondern im Gegenteil: er, der Verbrecher kann Andere (Unschuldige, jedoch Arme) bestrafen, wenn sie ihm nicht gehorchen. Nicht Moral, sondern Geld und Macht waltet. Als Protest gegen diese Vorherrschaft des Unmoralischen wird jedoch vom Erzieher Frisch doch der reiche,verbrecherische Machthaber bestraft: er verliert alle, die er lieb hatte, dazu kann auch auf neue Beziehungen keinesfalls hoffen, denn "...wenn man einmal mächtig ist, gewinnt man keine Freunde mehr"[67]. Glücksbringende menschliche Kontakte werden ihm ebenso verweigert wie sein eigener innerer Friede.

Der didaktische Zug ist unübersehbar: sich nicht mit der Ordnung der Welt abzufinden, sondern jeweils die Frage zu stellen, ist es so recht, muß es so sein? Obzwar in diesem Falle wie gesagt Frischs Antwort eindeutiges Auflehnen, also ein klares Nein gegenüber der vorherrschenden Ordnung der Welt ist, wird jedoch

nie eine fertige Lösung vorgegaukelt. Worauf es ihm ankommt: erstarrte Klischees abzubauen, indem man zweifelt, indem man Fragen stellt. Es wird Marion nicht gut angerechnet, wenn er
»Keineswegs die Frage stellt, warum es Arme gibt und andere; ob
darin ein Unrecht liegt oder nicht.«[68]

Wenn die Frage von Marion - und von den meisten - nicht gestellt wird, so ist sie doch zu stellen. Frisch beschäftigte ein
Leben lang u.a. diese Frage sehr intensiv, auch in bezug auf
seine Heimat. Er fand sich nicht ab mit der Tatsache, daß - wie
er in dem Gespräch mit der Verfasserin dieser Studie formulierte
- die schweizerisches Reichtum symbolisierende große Torte so
verteilt wird, daß die Hälfte einer zahlenmäßig verschwindenden
Minderheit gehört, während die andere Hälfte die übrigen Millionen untereinander zu teilen haben. Dabei irritiere Frisch vor
allem, daß diese Verteilung als eine »gerechte« ausgegeben wird,
so daß selbst diejenigen zufrieden sind, die nur ein Bruchstück
dessen bekommen, was der auf der anderen Seite stehende Eidge-
nosse.[69] Im »Palaver«, das eine Art Abrechnung mit der Pseudode-
mokratie in der Schweiz darstellt, werden in bezug auf diese
»Gerechtigkeit« Zahlen und Fakten angegeben, mit der anschlie-
ßenden Feststellung: »Eine halbe Million, also zehn Prozent der
Eidgenossen, lebt heute unterhalb der Armutsgrenze; zwei Drittel
davon sind erwerbstätig.«[70]. Da erinnert man sich unbewußt an
Stillers sarkastische Bemerkung: »Wie man das Geld verdient« -
sagt Stiller zu seinem Verteidiger -»jedenfalls nicht mit eigener Arbeit.«[71].

Die Frage nicht zu stellen, heißt sich abzufinden, sich den
Automatismen der Welt zu ergeben. Für den Aufklärer Frisch heißt
jedoch die Überzeugung: aus dem Zustand der Erstarrung aufzurütteln, zum authentischen Nachdenken und Infragestellen anzuregen.
So fragt sich Marion, wieso die reiche Andorranerin, die be-
kanntlich ein gutes Herz hatte und sehr viel Wohltaten erwies,
Anfälle vom schlechten Gewissen hatte. Sie hat doch nie ein Verbrechen begangen, wenn man Geldverdienen ohne dafür zu arbeiten
nicht als Verbrechen bezeichnet. Und man bezeichnet es nicht
so.[72] Harlekin war auch kein Verbrecher. Er wollte nicht einmal
davon hören, daß er für Geld töten sollte. Er war doch ein rech-
ter Mensch. Zu seiner Untat kommt er jedoch trotzdem, ganz unbemerkbar, wobei er nicht seine Meinung von sich selbst verändert.
Es gibt jedoch Gründe, aus denen er handelt. Nicht aus purer

Geldsucht. Im Gegenteil: seine Gutherzigkeit ermutigt ihn. Er tötet zwar den Mandarin mit seiner Unterschrift, aber nicht aus böser Absicht, sondern aus Hilfsbereitschaft dem armen Ringer gegenüber. Er möchte ihm mit dem Geld aushelfen. Sein Vorhaben ist edel. Auch das Feindbild, das ihm dem Mandarin gegenüber eingeredet wurde, hilft seine anfängliche menschliche Hemmung abzubauen. Seine "Zimperlichkeit" ist mit "Hilfe der Technik" überwunden: er braucht nämlich nicht von Angesicht zu Angesicht zu töten, lediglich durch eine ganz einfache, "makellose" Unterschrift. Der Anfang der Geschichte ist also ganz märchenhaft-romantisch: Knoll ist das Glück hold: Er träumt, er hofft, er plant, er sehnt sich -lauter positiver Stichwörter, auch in Frischs Wörterbuch. Träumerei - etwas sehr Menschliches, etwas Positives; trotzdem ist die scharfe Ironie nicht zu überhören: Knoll will nicht nur dem Anderen helfen, er träumt von MACHT. In diesem Zusammenhang enthüllen sich seine Träume als von den Medien, von den Maßstäben der Welt manipulierte Wünsche: nicht nur das Leben ist Reproduktion, sondern selbst die Träume. Die Einordnung ins Klischee bereits im Unterbewußten beraubt den Menschen seiner Chance eines authentischen Lebens. Da der Traum bereits "falsch" war, kann auch die Erfüllung des Traumes kein Glück bringen: das erwünschte, von Alltagssorgen freie Leben erweist sich in der Wirklichkeit als Langeweile und Einsamkeit auf einer köstlichen Jacht und daher als tiefes Unglück. Die Parallele zu der Gantenbein-Figur ist auffallend:

> "Was hilft mir der Hügel im Tessin, den ich nur ein einziges mal besichtigt habe? Das Gras habe ich einem alten Bauern verschenkt, damit er's mäht, ebenso die Kastanien, die ich nicht brauche, und die Brombeeren. Was aber tut er, dieser Hügel ? Er hat seinen Wert verdreifacht. Dagegen ist mit dem schlichtesten Lebenswandel nicht anzukommen..."[73]

Frisch zeigt uns Opfer eines gängigen Klischees von der Macht des Geldes. Märchen von dem armen Menschen, der auf wunderbare Weise zu Geld kommt und dadurch aus einem armen Unglücklichen zu einem reichen Glücklichen wird, stärken unbewußt diesen Klischee. Gottlieb Knoll ist naiv, weil er an einem märchenhaften Reichtum bzw. an ein damit verbundenes Glück vollkommen blind glaubt. Frisch interessiert an der Geschichte jedoch nicht das Märchenhafte: wo die Märchen aufhören, beginnt erst recht seine

Geschichte: was fängt man mit dem vielen Geld an? Wie verändert das den Menschen? Wie verändert es die Umgebung? Wie gestaltet sich der "reiche" Mensch sein Leben? Kommt er näher zu seinem Ich, zu dem wirklichen Leben? Langeweile und Gewöhnung, Arbeit als Ersatz für das Leben sind mit Geld nicht zu vertreiben. In dieser Hinsicht bleibt alles beim Alten. Es ist trotz der festen Ansicht der Welt nicht der Mensch, der das Geld beherrscht, son-dern umgekehrt: das Geld, die fixe Idee, immer mehr Geld zu haben zu müssen, um zu seinem Glück zu kommen, beherrscht den Men-schen. Das bereits zitierte Ich im Gantenbein-Roman hat das Ge-fühl: nicht er verwaltet sein Haus und sein Leben, sondern das Geld. Er merkt gar nicht im Einzelnen, was ihm passiert, wie seine Lebensart durch das Geld verändert wird.

"Ich habe vergessen, wie meine Lebensart sich verändert hat, habe mich daran gewöhnt, komme nachhaus und pfeife so vor mich hin, stütze erst beim Aufhängen meiner Mütze: das ist meine, kein Zweifel, aber so neu. [...] Auch meine Jacke, sehe ich, kaum habe ich mich in meine pfeifende Laune zurückgefunden, ist neu: Wildleder, jedoch ohne ver-schwitzten Kragen. Offenbar besitze ich mehrere solche Jacken, die ohne mein Wissen gereinigt werden; [...] Ich sehe mich mit einer Leine in der Hand, Schweinsleder, ebenfalls neu. Das Gebell macht mich stutzig. Vielleicht haben wir neuerdings eine Dogge? [...] Als ich meine Wild-lederjacke, die liederlich hingeworfene, nochmals nehmen will [...] sehe ich trotz meiner Zerstreutheit: die Wild-lederjacke hängt bereits an einem Bügel. Offenbar gibt es Dienstboten..."[74]

Mit viel Humor zeigt Frisch, daß das Sich-Finden mit dem Zu-strom des Geldes eben nicht der Fall ist; es entsteht sogar ein fremdes Gefühl dem eigenen Ich gegenüber: man kann nicht mehr folgen, was alles mit der eigenen Person geschieht: man ähnelt einer Marionetten-Figur, deren Fäden vom Geld bewegt werden. Der Zustand des Reichtums ist nach einer Zeit ganz dem der Armut ähnlich: man gewöhnt sich daran. Und wo die Gewöhnung waltet, hat wirkliches Leben keine Chance.

"ORDNUNG MUß SEIN"

Die gewöhnliche Ordnung der Welt stellt sich in vielen Frisch-

Werken als -Barriere, als fast unüberwindliches Hindernis auf dem Weg zum wirklichen Leben dar. Ordnung heißt Sicherheit, denn gerade der Glaube an die Übersschaubarkeit der Dinge erweckt den täuschenden Anschein, daß die Welt vom Menschen, der sich an ihre Regeln hält, leicht bewältigt werden kann. Einerseits ist es also Angst vor dem Unsicheren und Unübersehbaren, was einen auf die Ordnung zu achten zwingt, andererseits ist es wohl auch Bequemlichkeit und Routine: riskant und mühsam ist es jeweils, statt den bewährten Durchschnittsmodelle nach einem eigenem Weg zu suchen.

"Ordnung muß sein" -sagt der Rittmeister der Romanze "Santa Cruz". Er wiederholt seinen Spruch tagtäglich, es beherrscht ihn ganz und gar. Ordnung ist für ihn das Sichere, das Feste, woran er sich immer hält und das er auch von Anderen erwartet. Er ist tief überzeugt, daß es nur eine Möglichkeit zu leben gibt, und zwar ständig auf die Ordnung der Welt bedacht zu sein. Dieses krampfhaftes Streben nach Einhalten der Regeln wurzelt in der Überzeugung, daß die Welt übersehbar sei bzw. daß die waltenden Verhältnisse, die vorgegebenen Maßstäbe des Einhaltens wert sind, ergo vollkommen, fehlerfrei sind. Viel Freude findet er zwar an seinem Leben nicht, auch dies verleitet ihn jedoch nicht zur Position des Zweifels: er beharrt lange auf dem, sein Dasein bestimmenden Grudprinzip: er ist "ein Mann der Ordnung", wie ihn die Leute nennen. Ein Mann von Vernunft und Anstand. Ein "Edelmann". Er trägt keine sonderbaren, nur ihn bestimmenden Charakterzüge: er ist genau so, wie alle anderen Rittmeister, er entspricht sogar in seinem Aussehen völlig dem Bild eines Rittmeisters. Er sieht genau so aus, "wie ein Adler, der eine Tabakpfeife raucht"[75] Er ist ein ehrlicher, mustergültiger Herr: er versorgt tadellos seine Wirtschaft, seine Frau, seine Leute. Er ist fast schon peinlich gerecht; als er erfährt, daß sein besserer Bursche achteinhalb Jahre lang jeden Tag von seinem Tabak gestohlen hat, entläßt er ihn sofort, nicht des Tabaks wegen, sondern aus dem Prinzip: "Ordnung muß sein".

Die Ordnungsliebe des Rittmeisters bestimmt sein Wesen so stark, daß er trotz seiner einmal plötzlich auftauchenden Sehnsucht nach der Ferne, nach einem anderen, "wirklicheren" Leben nicht fähig ist, die Sicherheit seines pflichterfüllenden Lebens zu verlassen. Frisch beabsichtigt jedoch nicht seine Leser mit lauter negativen Modellen zu mahnen: er ist im Grunde genommen

ein zweifelnder Optimist, der über das Infragestellen der waltenden Modelle bzw. über das Aufzeigen von Mängeln und Widersprüchen hinaus auch durchaus positive Ansätze vorführt: Die
Figur des Rittmeisters ist eben stark pointiert, denn die Tren-
nung eines Ichs in die Figuren des Rittmeisters und Pelegrins
verursacht diese Zuspitzung mit. Frischs "Helden" sind jedoch
immer die Suchenden: Rebellen, die sich gegen die vorherrschende
Ordnung auflehnen.

"Graf Öderland" hat das Gefühl, in der Ordnung der Welt zu er-
stikken. Er nennt die Welt einen "Dschungel von Grenzen und Gesetzen", ein "Irrenhaus der Ordnung", wo es außer "Früchte der
Arbeit", außer Pflichten nichts gibt; wo man die Freude nicht
kennt und jeder nur noch nach einem Ersatz für die Freude
sucht.[76]

Als die Stiller umgebende Welt von Stiller-Whites Identitäts-
krise schon längst Bescheid weiß oder aber sie auf jeden Fall
ahnt, will sie von ihm trotzdem das Geständnis erzwingen, sich
als Stiller zu bekennen, denn Stiller-White's Widerstand gegen
die Welt irritiert einen jeden von ihnen, der selber nicht das
Auflehnen wagt. Stiller meint dazu: "Sie wollen mich irrsinnig
machen, bloß um mich einbürgern zu können und Ordnung zu haben,
und scheuen vor nichts mehr zurück..."[77].

Schinz, der Rechtsanwalt der Erzählung "Skizze" merkt erst
nach seiner Begegnung mit dem Geist, wie der normale Lauf der
Welt dem wirklichen Leben im Wege steht. Sein tägliches Einerlei
ist von nun an eine "Hölle" für ihn geworden. Es geht alles nach
dem gewohnten, gewährten Fahrplan, alles ist in Ordnung, alles
läuft normal. Nur daß er sich bis zur Begegnung mit dem Geist
seiner Alltagsmisere nicht bewußt war. Erst durch diesen Anstoß
erkennt er die Banalität seines Lebens: die Veränderung hat er
sich schon immer gewünscht, jedoch war er absolut unfähig, an
seinem Leben zu ändern. Die Veränderung zeigt sich daran, daß er
plötzlich klar sieht. Er erkennt: die Welt kann auch anders erlebt werden, als man sie gewöhnlicherweise sieht. Unser Denken
ist sehr stark von Denkklischees vorgeprägt, die unsere Urteile
beeinflussen, und was noch schlimmer ist: die Antworten und Lö-
sungen sind schon von vornherein fertig in unserem Kopf. Man ist
mit fertigen Deutungen der Welt beliefert: so funktioniert man
ganz unbewußt und automatisch, wenn es zum Handeln kommt. Schinz

handelte auch so, indem er meinte, wenn jemand gestohlen hat,
muß er bestraft werden. Das ist nämlich die Ordnung,das Recht
der Welt. Das erwarten ja die Anderen, die in diese Ordnung hin-
eingewachsen sind. Erst das Gespräch mit dem Förster (dem Geist)
wirft ihm die Frage auf: und was denn, wenn man die Sache anders
- nicht wie gewohnt - sieht? Was passiert, wenn man sich nicht
an die Ordnung der Welt hält, weil man zu einer anderen Überzeugung gekommen ist? Diese Haltung wird geprüft, denn Schinz denkt
nach und wird davon überzeugt, daß das allgemeingültige, sank-
tionierte Recht diesmal doch nicht gerecht ist: er muß sich ein-
gestehen, daß sein noch unter dem Druck der Durchschnittsdenkens
gefälltes Urteil kein authentisches und daher kein richtiges
war: der Mann hat nicht gestohlen, er war in Not.

> "Man sieht die Dinge etwas anders, als die anderen sie
> lehren; man kann nichts dafür, daß die Zeitungen das Ge-
> genteil schreiben [...]. Komisch, wie anders man sieht,
> wenn einmal der gewohnte Umgang etwas nachläßt! Und wie er
> nachläßt, wenn man anders sieht;"[78]

Die Umwelt, die selbst nicht zu dieser Erkenntnis kommt, ahnt
etwas schlechtes: eine Krankheit, Gehirnstörung, Anteil an einer
politischen Verschwörung etc. Sie denken an alles, nur daran
nicht, daß Schinz eventuell recht haben könnte.Sie erleben von
Schinz Zustand nur so viel, daß er sich nicht mehr an die Ordnung der Welt hält, sondern einen Fall auf eine ungewohnte Weise
beurteilt. Daß er nach seiner plötzlichen Erkenntnis nicht mehr
fähig ist, sklavenartig die nun schon bestrittene Ordnung der
Welt zu bedienen, wird ihm als Schuld zugeschrieben. Das Gewohnte ist für die Umwelt die Sicherheit, der Schutz, das Allerhei-
lige. Für Schinz ist sie von seiner Erkenntnis an etwas, was
stört, was ihn zu seinem alten Leben zurückzieht, was ihn gefesselt hält, was ihn stumpf und bequem gemacht hat. Automatismen
wie Überfliegen der Morgenzeitung, Eiköpfen etc. bedeuten noch
nichts Schlechtes an und für sich:

> "am andern Morgen, als Schinz und seine Bimba zusammen
> frühstücken, scheint wieder alles in Ordnung; [...] Bimba
> [...] röstet die Brote wie immer am Montag, wenn das fri-
> sche Brot noch nicht da ist; Schinz überfliegt die Morgen-
> zeitung, indem er ganz seinen Händen überläßt, das Ei zu
> köpfen, kurzum, die Gewöhnung: -alle Worte stehen wieder

an ihrem Ort..."[79]

Jedoch ist die Ironie nicht zu überhören: Ordnung, die beruhigt, Gewöhnung, die einschläfert. Alltag als Ersatz fürs Leben.
Daran denkt wohl auch Stiller-White, wenn er sagt: "Man fragt
sich schlechthin, was der Mensch auf dieser Erde eigentlich
macht, und ist froh, sich um einen halben Motor kümmern zu müssen."[80] Arbeit als Decktätigkeit der Leere: Die immerwährende
Tätigkeit dient als Tarnkappe für das wirkliche Leben; solange
man beschäftigt ist, braucht man nicht nachzudenken, ob es überhaupt einen Sinn des menschlichen Daseins gibt. Man beruhigt
sich mit dem Wissen, daß man Vieles zu tun hat und daß man seinen Pflichten möglichst gewissenhaft nachgeht. Ordnung ist im
Frischen Oeuvre meistens Wesensmerkmal des alten, gewohnten, erstickenden Lebens, aus dem man herauszubrechen versucht. Wenn
man der Ordnung seines Lebens überdrüssig wurde, sucht man nach
etwas Neuem, Unordentlichem, Außergewöhnlichem. Nach etwas, was
anders ist, als das frühere Leben, was sich nicht in die Ordnung
der Welt hineinghaßt, was nicht langweilt, sondern reizt. Unwi-
derstehlich hingezogen fühlt sich die an Ordnung gewöhnte und
gerade vor den unlebendigen Mechanismen ihrer Ehe flüchtende Sybille zu Stiller, der für sie mit seinem Künstlertum, mit der
ihn umgebende Unordentlichkeit den Reiz des Ungewohnten und zugleich eine Art Lebendigkeit verkörpert:

"...alles, was es hier gab, hatte für Sibylle, wenn sie
aus ihrem ordentlichen Haushalt kam, den Zauber des Provi-
sortischen. Der Schlauch am Wasserhahn war stets nur mit
einer Schnur befestigt, ein Vorhang hing an Reißnägeln,
dahinter stand ein alter Koffer mit schweren Scharnieren,
jetzt als Wäschetruhe verwendet. Wohin man blickte, hatte
man in diesem Atelier das erregende Gefühl, jederzeit aufbrechen und ein ganz anderes Leben beginnen zu können, also genau das Gefühl, das Sibylle damals brauchte."[81]

Das Perfekte stößt ab, wenn man schon die Erfahrung gemacht
hat, wie das Fertige zugleich Erstarren bedeutet. Im Gegensatz
dazu aber reizt das Offene, das Provisorische, das Noch-nicht-
Angekommensein - verkörpert diesmal von Stiller. Das Neue reizt
besonders, wenn es als schreiender Kontrast zu der wohlgeordneten Langeweile, zu der lebenslose Öde gestellt wird. Und damit
sind wir zu einem neuen Schlüsselbegriff gekommen: Langeweile

als lebenerstickendes Element.

"ÖDERLAND" oder die "ENTSETZLICHE LANGEWEILE"

> "Arbeit als Tugend. Tugend als Ersatz für die Freude. Und
> der andere Ersatz, da die Tugend nicht ausreicht, ist das
> Vergnügen: Feierabend, Wochenende, das Abenteuer auf der
> Leinwand..."[82]

so bezeichnet Frisch das Leben in seinem Lieblings-Stück,
"Graf Öderland". Sein Urteil ist sehr abwertend: Langeweile beherrscht all die tagtäglichen Tätigkeiten des Menschen, nicht
nur die Arbeit, nicht nur die Pflichten, sondern alles, was man
unternimmt. Die Langeweile der Arbeit wird durch die Langeweile
der Freizeit absolut: Frisch Kritik gilt auch den Harmonielügen
am Feierabend. Wann wird eigentlich gelebt, wenn selbst das
"Vergnügen" nur Ersatz für das wirkliche Leben bedeutet? Wohl
erhielt Frisch manche Anregungen von Büchner, der sich in seinem
Werk auch mit dieser Problematik auseinandersetzte: Leonce in
Büchners Lustspiel "Leonce und Lena" gehört zu jenen, die das
Wissen um die zersetzende Kraft der Langeweile haben:

> "Was die Leute nicht alles aus Langeweile treiben! Sie
> studieren aus Langeweile, sie verlieben, sie verheiraten
> und vermehren sich aus Langeweile und sterben endlich aus
> Langeweile, und - das ist der Humor davon - alles mit den
> wichtigsten Gesichtern, ohne zu merken warum, und meinen
> weiß Gott was dazu."[83]

Frischs sich langweilende "Helden" "hocken an ihrem Pult" und
warten auf einen Zauber, der ihnen die Langeweile vertreibt. Mit
ihrer unsinnigen da untätigen Warterei versäumen sie das Leben,
da die Zeit nicht stehenbleibt: "Die Zeit ist noch nie stehenge-
blieben, bloß weil ein Mensch sich langweilt und am Fenster
steht und nicht weiß, was er denkt."[84]

Inge, die in einer einsamen Hütte eines Waldes lebt, hat die
Langeweile, die Öde ihres Lebens satt. Nur noch die Hoffnung
darauf, daß sie Graf Öderland aus der Eintönigkeit ihres sinnlosen Lebens rettet, vermag sie zu beleben:

> "So ist unser Leben
>
> Tag für Tag.

und so würde es sein, bis ich alt bin

und sterbe-

[...]

Aber einmal, wenn ich

die Hühner füttern soll

wie immer und immer

wenn alles von vorne beginnt,

und der Vater hat schon den Schlitten geschirrt,

ich soll ihm helfen im Wald

- wie immer und immer -

einmal:

Da steht er im Zimmer

plötzlich

der Graf von Öderland..."[85]

Dieses Lied wiederholt sich im Werk wie eine Art Refrain, dadurch wird nicht nur die Relevanz seiner Aussage verstärkt, sondern durch seine dunkle Monotonie, einschläfernde Eintönigkeit
kommt zugleich auch die tödliche Atmosphäre eines leeren, immerwährend aus reizlosen Beschäftigungen bestehenden Daseins zum
Ausdruck. Die immer lähmendere Langeweile wird nicht bloß als
lästig empfunden, sondern gibt ein Gefühl des Nichtausgefüllt-
seins, das bei allen drei Rebell-Figuren des Öderland - Stückes
als Triebkraft zu ihrem verzweifelten Ausbruchsversuch führt.

Obwohl das Thema der tödlichen Langeweile eigentlich in fast
allen Frisch-Werken in unterschiedlicher Intensität zwar, jedoch
ständig in engem Kontext mit anderen lebenserstickenden Momenten
menschlichen Lebens aufgegriffen wird, ist es am erschöpfendsten
meines Erachtens in dem den Autor lange Zeit sehr intensiv beschäftigenden mehrmals umgearbeiteten Öderland-Stoff behandelt.
Jedoch lohnt es sich - wenigstens als Vergleich - auch
aus anderen Werken heranzuziehen, um die Thematik in ihrer Komplexität erfassen zu können.

So bietet sich hier als Parallele und Kontrast zugleich, zu den Rebellen des Öderland-Stückes Stillers Seelenzustand, der sich durch eine ähnliche Erkenntnis der trostlosen Langeweile auszeichnet, jedoch mit dem relevanten Unterschied, daß Stiller im Gegensatz zu den tatkräftigen, mutigen, zu jeglicher Tat bereiten Ausbrecherfiguren nicht so entschlossen reagiert: er spürt genauso intensiv, wie tödlich diese Krankheit ist, wie lebenserstickend, jedoch leidet er lange untätig, willenlos und menschenscheu,[86] bis es bei ihm zu einem - wenn auch nicht radikalen Ausbruchsversuch so doch zu einer Art Fluchtversuch und einem Ansatz zu einem anderen Leben kommt.

Stiller ist ein zeitgenössischer, deprimierter Intellektuelle, der sich seiner Ohnmacht zwar bewußt ist, bei dem es aber zu einer umwälzenden Tat nur nach langem Zögern kommt. Der Frisch-Leser denkt dabei mit Sicherheit auch an die mit parodistischen Zügen versehene Hotz-Figur, die das bewußt zugespitzte Modell des ohnmächtigen Intellektuellen, der gerade wegen seiner Ohnmacht und Tatunfähigkeit eigentlich auf sich wütend wird, darstellt. Anders in "Blaubart", wo in bezug auf dieser Problematik der kriminalistischen Thematik des Stoffes entsprechend Langeweile als ein Moment ausgelegt wird, das "einen Zug von Grausamkeit" gibt.[87] Jedoch ist auch die Parallele etwa zu "Öderland" augenfällig: hier wie dort werden gleichfalls Mechanismen von den im tiefsten Innern vom Überdruß an Öde und unbefriedigtes Leben angehäuften Affekte dargelegt, die beim Explodieren den Menschen vor keiner Untat zurückscheuen lassen.

Ein in tödlicher Langeweile erstarrtes Leben - wie es in dem Öderland-Stück verdreifacht dargestellt wird - ist nicht mehr des Namens LEBEN wert. Gräßliche Langeweile waltet im Leben der Protagonisten, da ihre Tage alle gleich ablaufen. Man wacht jeden Tag mit dem Gefühl auf, daß der neue Tag genauso verlaufen wird, wie der gestrige und alle Tage. Frisch greift bei der Darstellung solches sinnlosen Daseins auf zwei zentrale Kategorien seines Gedankengutes zurück: auf die Hoffnung und Erinnerung. Grausam an dieser Öde ist nämlich vor allem, daß auf nichts Neues, also auf keine glücklichere Zukunft zu hoffen ist, zugleich gibt es auch keine Erinnerungen an das Glück, denn in diesem überdrüssigen Zustand bewertet man auch das Vergangene nur noch als lustlose und ermüdete Wiederholung der taglägichen Einerlei. Das Modell, was uns Frisch hier vorführt, ist offensicht-

lich zugespitzt, wenn nicht sogar vereinfacht-vergröbernd: ein
so unentwegt unglückliches, ohne jedes Erlebnis verlaufendes Leben ist kaum vorstellbar. Fragt man jedoch nach dem Wahrheitsge-
halt des dargestellten Seelenzustandes, so fällt die treffende
Veranschaulichung dieser Öde auf.

Dadurch, daß Frisch eine Parallele zwischen den drei zentralen
Figuren - dem Staatsanwalt, dem Mörder und Inge - zieht
beabsichtigt er offensichtlich nicht bloß eine Vervielfachung
und dadurch Betonung des dargestellten Modells, sondern eine Art
Variationsspiel: dieselbe Langeweile waltet in drei sonst ganz-
lich unterschiedlichen Leben: mag man gebildet und wohlhabend
wie der Staatsanwalt sein, oder aber ein Durchschnittmensch mit
einem Durchschnittslohn wie der Mörder; mag man in großer Gesll-
schaft, in der Stadt wohnen oder aber in der Idylle der Natur
wie Inge - keiner von ihnen gelangt zum Glück.

»Öde ist es hier. Immer.« -klagt Inge, die Bewohnerin der ab-
gelegenen Hütte. »Wenn Sie noch zehn Jahre in dieser Küche sitzen, da kommt nichts dazu, in einer halben Stunde wissen Sie
alles.«88

Die Öde hat aber mit der Hütte nur scheinbar etwas zu tun. Die
erschreckende Leere ist kein ausschließliches Kennzeichen der am
Rande der Welt gelegenen Hütte bzw. seiner Bewohner, denn der
Staatsanwalt erwidert ja auf Inges Worte:»Ich kenne das...« Ein
Staatsanwalt also, der nicht in einer einsamen Hütte lebt, sondern im Dickicht des Lebens, den Menschen umgeben, behauptet: er
kenne diese lebenserstickende Öde, die Inge in der Hütte, ab-
seits der Welt spürt. Er lebt - mit den Augen des oberflächlichen Betrachters gesehen - unter beneidenswerten Verhältnissen:
er hat alles, was man zu einem »normalen« Leben braucht. Als an-
erkannter, geschätzter Staatsanwalt hat er ein Zuhause, wo es
sich bequem leben läßt. Beschäftigung hat er auch ausreichend:
seine qualifizierte Arbeit könnte ihn befriedigen. Und trotzdem
findet er sein Glück nicht, obwohl er auch noch die Chance zum
Miteinander hat bzw. hatte: eine Frau lebt zwar nicht mehr »mit«
sondern lediglich neben ihm. Die dritte Schlüsselfigur, die auch
als Auslöser der »Lawine« funktioniert, ermutigt indirekt den
bis dahin sein unglückliches Durchschnittsdasein lebenden
Staatsanwalt zum mutigen Bruch mit seinem Öden, jedoch sicheren
Leben: der Staatsanwalt, der den Fall des Mörders aufzuklären

bzw. zu verurteilen hat, reflektiert über den Fall und konstatiert verblüffend, wie ähnlich unerfüllt sein Leben dem des Mörders ist. Wieder ein ohnmächtiger Intellektueller, der schon lange an Unglück und Unbefriedigtheit leidet, jedoch nichts dagegen unternimmt. Erst durch die Anregung von außen entschließt er sich zur Tat, statt der ÖDE des Alltags das LEBEN zu wählen, wie es eben der Angeklagte getan hat.

Die den Mörder umgebende Welt, seine sich ständig gleich mechanisch wiederholende Tätigkeit zeigte eine erschreckende Leere auf, die ihn in dem Maße verstumpfte, daß er außer Langeweile nichts mehr von der Welt wahrzunehmen vermochte. Dieses gefühllose Dasein erweckte in ihm den Eindruck, sein ganzes Leben "gewissermaßen auf dem besagten Ort"[89] (auf dem Abort) verbracht zu haben. Langeweile war also Auslöser der grausamen und für die Welt unverständlichen Taten bei allen Personen, die in diesem Stück als Symbol der radikalen Abrechnung mit ihrem bisherigen Leben die Axt ergreifen. Der Angeklagte scheint für das Gericht einen äußerst komplizierten, weil unverständlichen Fall zu verkörpern: denn er handelt nicht aus den sonst gewohnten Gründen heraus. Eifersucht, Raubmord, politisches Motiv kommen bei ihm nicht in Frage. Der einzige Schlüssel zu seiner Tat, nämlich daß er vor dem Mord und währenddessen nichts außer Langeweile empfand, klingt so unwahrscheinlich und befremdend, daß außer dem Staatsanwalt niemand sich dadurch Aufschluß über den Fall zu verschaffen glaubt. Daher steht das Gericht - am prägnantesten durch Doktor Hahn vertreten -, völlig ratlos vor diesm Mord, der nicht mit den üblichen Motiven zu erklären ist. Das Gericht operiert verständlicherweise mit streng festgelegten Kategorien und Urteilen, da es bestrebt ist alle Fälle aufzuklären und demnach zu verurteilen, Ohnmächtig ist es jedoch gegenüber eine in der Gerichthandlung unübliche Kategorie wie "pure Langeweile". Frisch versäumt auch bei dieser Angelegenheit nicht, seiner Scheu vor Festlegungen Ausdruck zu geben. Mit der Gestaltung der abstoßend wirkenden Doktor-Hahn-Figur gelang Frisch wieder eine überzeugende Darstellung der Arrivierten", die sich an den festgelegten Normen klammernd, an der Stabilität und ausschließlicher Gültigkeit dieser Maßstäben glaubend ohne tiefgründige Fragen zu stellen ständig vorwärtskommen. Durch die Gegenüberstellung der konformistischen Figur des Doktors und der rebellistischen des Staatsanwaltes, beide dazu noch dem gleichen Grun-

derlebnis, nämlich der Reflexion über die Tat des Mörders ausge-
setzt verweist Frisch nachdrücklich auf diese Problematik. Dabei
gruppieren sich eigentlich alle Personen um diese zwei Polen:
bezeichnenderweise gehört auch die Frau des Staatsanwaltes,
d.h. die verpaßte Chance zum Miteinander zu den Zufriedenen. Sie
bewerten das Verhalten der "Unzufriedenen" verachtend: die Ausbrecherfiguren stören ihre Ordnung, die ihrer Bequemlichkeit
dient. (Genau wie in der bereits erwähnten Schinz-Geschichte.)
Ein ihnen unbekanntes Gefühl, Motiv, Wunsch etc. befremdet si
oder aber existiert für sie überhaupt nicht. Daher sind sie unfähig zu erkennen, was der Staatsanwalt, Inge und der Mörder aus
eigener Erfahrung wissen, daß nämlich Langeweile eine TÖDLICHE
Macht ist, um mit Büchner zu sprechen: "Das ganze Leben [...]
besteht nur in Versuchen, sich die entsetzliche Langeweile zu
vertreiben..."90

Frisch stellt seine Öde der überdrüssig gewordenen Figuren vor
die Wahl zwischen zwei Extremitäten: entweder endgültig in der
tödlichen Langeweile zu erstarren oder aber sich mit einem radi-
kalem Ausbruchsversuch aus diesem Zustand herauszureißen, wie
etwa "ein Rasensprenger gegen die grüne Langeweile" zu handeln;
denn nur ein entschlossenes, "sprengartiges" Auflehnen vermag
die Unglücklichen aus der "entsetzlichen Langeweile" herauszu-
retten. Die Tat des Mörders, genauer die scheinbar unerklärbare
Motivation, daß man also jemanden aus purer Langeweile er-
schlägt, löst eine Art Kettenreaktion aus: Der Staatsanwalt,
fast schon unter dem Druck der tödlichen Langeweile seines Lebens erstickt, übernimmt den Axt-Mord als Lösungsmuster, als eine letzte Möglichkeit, der Langeweile und damit seinem
bisherigen Leben zu entkommen. Inge sieht, genauso wie der Mörder und der Staatsanwalt keinen anderen Ausweg aus der Öde ihres
Daseins als "Graf Öderland mit der Axt in der Hand", der sie befreit.

Stiller flüchtet vor seinem Leben in ein neues. Er fühlt sich
bedroht, in der Öde seines Daseins, zu ersticken. Er hat genug
von dem Leben, das er bisher hatte: seine Unzufriedenheit gilt
sowohl seinem künstlerischen Schaffen wie seinen menschlichen
Beziehungen: er leidet an der Vermutung, gänzlich unfähig zu
sein: weder durch seine Bildhauerei noch durch einen Versuch zum
Miteinander (mit Julika) vermochte er zu einer Erfüllung zu kommen. Als Bildhauer sah er sich gescheitert - ob er tatsächlich

untalentiert ist oder aber sich bloß auch in diesem Bereich nicht zutraut, bleibt ebenso offen wie der wirkliche Grund seines Liebe-Unglücks: weder mit Julika noch mit Sybille gelang es ihm, das von einem jeden Frisch-Held heißersehnte gegenseitige "Kennenlernen", die lebendige Liebe zu halten. So sieht er keinen anderen Ausweg, als die Flucht vor all den Dingen und Personen, die am Mißlingen seinens Lebens teilnahmen. Er flieht nach Amerika. Die Flucht ist aber nur äußerlich vollzogen. Stiller spürt schon während der Reise, daß er die "ungestörte Chance" endlich ohne die störenden Faktoren zu sich zu kommen nicht nutzen kann, denn "die Öde zwischen diesem Weib" (Julika) und ihm ist damit, daß er weggelaufen ist, noch längst nicht überholt.[91]

"OHNMACHT DER GEWOHNHEIT"

Die Ordnung der Welt sei langweilig, daher unerträglich und lebenserstickend, suggerieren Frischs davor flüchtende Protagonisten. Ihre "Gegner", die sich gerade durch diese Ordnung in Sicherheit fühlen und sie daher als Stabilitätsfaktor erleben, sind unter allen Umständen gegen die Aufhebung dieser Ordnung. In dieser Konstellation liegt ein grundsätzlicher, unaufhebbarer Widerspruch. Frischs Symphatie gilt offenkundig den Nonkomformisten, auch wenn er sie nicht zum absoluten Sieg führt. Seine "Suchende" verkörpern kein harmonisierendes Schema vom ideellen Menschenbild: sie sind Zweifler und Außenseiter und in dieser Hinsicht typische Produkte der zeitgenössischen Literatur.[92]

Frischs Rebellen empfinden die Ordnung der Welt als "Gitter", als umzustürzende Mauer, die ihnen auf ihrem Weg zum wirklichen Leben im Wege steht. Jedoch geht es ihnen nicht bloß um das Abbauen der äußeren Hindernisse, sondern zugleich um das Sich-Befreien von der Macht der Gewöhnung, die an die Stelle der Authentizität getreten ist und nur mühsam zu verdrängen ist, wenn überhaupt.

Frisch zeigt mit Vorliebe alltägliche Gewohnheiten des Menschen, die sehr viel dazu beitragen, daß das Lebendige in uns umfassender in der Welt zur Erstarrung kommt. Da man in eine fertige Ordnung der Welt hineinwächst, übernimmt man unbewußt ihre Gewohnheiten, ohne sie in Frage zu stellen oder nachzuprüfen, ob die "geerbte" Lebensart sich dafür eignet oder nicht, ein sinnvolles, erfülltes Dasein zu verwirklichen - konstatieren

diejenigen Protagonisten, die gegen die Erstarrung kämpfen. In
dem Frühwerk "Bin" erfindet Frisch zu der Welt unserer Gewohnheiten eine Gegenwelt als Kontrast, wo nicht die Gewöhnung ver-
wartet. Ein durchaus willkürliches Verfahren, es ermöglicht
jedoch dem Leser, Distanz zu unserer "abendländischen" Welt zu
gewinnen. Das ich gerät in eine fremde Welt, die nicht nach den
uns üblichen und daher oft als einzig möglich gehaltenen Normen
und Gewohnheiten funktioniert. Kilians fiktionale Reise ist eigentlich ein Versuch, mit sich und der Welt ins Reine zu kommen.
Welt entfernt von dem "Abendland", vertieft in der Welt der Wünsche und des ersehnten Glücks, frei von der Maschinerie des Alltags, herausgerissen aus der gewohnten Ordnung reflektiert er
über das abendländische Dasein. Den Endpunkt der Reflexion
stellt die Einsicht über die eigentlich schon von Anfang an ver-
muten Sinnlosigkeit unseres Lebens: "...Das ist ja ein Dasein,
das sich nicht lohnt...". Für schuldig an dieser Sinnlosigkeit
werden u.a. menschliche Gewohnheiten erklärt, die zwar eine Ordnung und Überschaubarkeit herstellen, jedoch jegliches Bedürfnis
nach freiem authentischem Handeln unterdrücken:

"...ich weiß nicht, wessen Sklaven wir sind. Wir leben,
wie die Ameisen, drüben im Abendland. [...] jeder Tag hat
seine Nummer und seinen Namen, und am siebenten Tage,
plötzlich, läuten die Glocken; dann muß man spazieren und
ausruhen damit man wieder von vorne beginnen kann, denn
immer wieder ist es Montag -"93

Kilians Selbstkritik, seine Formulierung wirkt herausfordernd:
sei man wirklich Sklave? Habe man so eine seelenlose und jegli-
chen Sinn vermissende Ordnung, deren man sich sklavisch unter-
stellt? Besteht unser Leben bloß aus Pflichterfüllung? Gibt es
nichts, was den Menschen von den Tieren unterscheidet? Eine Antwort hierauf wird nicht gegeben, wenn Kilians Streben nach dem
zwar unerreichbaren Glück selbst nicht die Antwort ist. Er jedoch tröstet sich mit dem ihm eben durch diese Suche zuteil gewordenen "bestürzenden Glück"94.

Die Vision des ewigen Herumdrehens, wobei es den
Menschen nicht einmal schwindlig wird, weil sie schon so sehr
daran gewöhnt sind, ist also die Kritik am eigenen Leben. Kilians Verdienst ist das In-Frage-stellen dieser Lebensweise, wobei
er selber zutiefst in dieser Welt integriert ist. Durch die Ge-

genüberstellung der trostlosen Realität mit der zwar ohne realen empirischen Hintergrund gezeichneten fiktiven Welt wird nicht nur auf eine mögliche Alternative zu unserer gewohnten Welt hingedeutet, sondern zugleich der Blindflug unseres Lebens, die Entsetzlichkeit unserer Gewohnheiten unterstrichen. Frisch läßt durch die Umsetzung unserer Träume und Wünsche in Realität die Mängel unserer Welt erkennen. Die Frage, was Kilian am meisten beschäftigt: worauf unser Dasein ausgerichtet ist. Ihn quält die Vermutung, es gebe keinen Sinn des menschlichen Lebens, denn was er am Beispiel des Abendlandes erfahren hat, scheint eben diese Vermutung zu bestätigen, daß man ohne viel Bewußtsein lebt, tierisch, "wie die Ameisen". Man lebt, man arbeitet, aber es gibt kein Ergebnis dieses Daseins:

> "Unsere Seele gleicht einem Schneeschaufler, sie schiebt einen immer wachsenden, immer größeren und mühsameren Haufen von ungestilltem Leben vor sich her, macht sie müde und alt. Das Ergebnis besteht darin, daß man dagewesen ist..."[95]

Die Gewöhnung beherrscht den Alltag dieses entsetzlichen Lebens. Alles, was man unternimmt, tut man aus Gewöhnung; man hat seinen bewährten Fahrplan, der vor allem aus Pflichten besteht:

> "Man stellt seinen Wecker, man wäscht sich, man schneidet den Fingernägel, man arbeitet, man ißt, man verdient. Es gibt zu vieles, was man immerfort muß, immerfort sollte..."[96]

Der Alltag besteht aus sich mechanisch und daher lust-und sinnlos wiederholenden Akten und während man sich nur darum kümmert, all die gewöhnlichen Tätigkeiten gewohnheitsmäßig zu verrichten, geht man an dem Leben vorbei und versäumt man Erlebnisse, die den Menschen aus diesem sinnlosen Herumdrehen herausführen könnten. Es ist faszinierend zu beobachten, wie Frisch in seinem reifen Erzählwerk auf dieses Bild zurückgreift, zwar in einem Kontext, der eine weit komplexere Auslegung ermöglicht, jedoch zugleich auch den Aspekt der Lächerlichkeit der tagtäglich mit großem Ernst verrichteten Tätigkeiten, denen eigentlich kein Sinn zugeschrieben werden kann, die aber offensichtlich dazu dienen, dem Leben auszuweichen:

> "Es war lächerlich: Ich erhebe mich, ich setze mich, ich

41

rauche, ich stehe, ich schlafe, ich erwache, ich erhebe
mich, ich gehe, ich setze mich, ich erhebe mich..."[97]

Hier geht es zwar nicht nur um die Klage, wie man sein Leben
versäumt, indem man sich nur mit seinem Alltag beschäftigt, sondern auch um den ohnmächtigen Seelenzustand Enderlins, der es
nicht wagt, eine bereits entstandene Liebe am Leben zu halten,
weil er Angst vor der Wiederholung, Angst vor der schon von
vornherein bekannten gewöhnlichen Liebesgeschichte hat. Trotzdem
drücken beide Zitate auch etwas Gemeinsames aus: die tödliche
Monotonie menschlicher Gewohnheiten, die erstickende Macht der
Gewöhnung.

Frischs Helden werden immer wieder vor die Frage gestellt: ist
es richtig, wie man lebt? Die Ahnung dessen, daß es etwas Ver-
nünftigeres, etwas Beglückendes geben muß, außer des Gewohnten,
schlägt oft in eine Angst um, etwas unwiderruflich versäumt zu
haben. "Mein Leben ist ein einziges Versäumnis!" - klagt sich
Stiller an.[98] Dazu knüpft sich wohl auch eine Schlüsselstelle
des Romans, namentlich das Märchen von Rip van Winkle, der sein
Leben verschlafen hatte. Dieser Kern des Romans verweist wohl
auch auf Stillers uneingestandene Angst: Rolf, der Staatsanwalt
und Freund mache ihm der Begrenztheit jegliches Selbstverwirkli-
chungsversuchens bewußt. Er erklärt sich Stillers Zurückkehr aus
der Flucht u.a. damit, daß es ja wegen der Endlichkeit der uns
zur Verfügung stehenden Zeit nicht so einfach sei, "auf ein anderes Leben hinüberwechseln [zu] können". Denn was einmal
schiefgeht, sei "unser allereigenstes und einmaliges Leben"[99].

Wie Rolf Stiller über die Begrenztheit unseres Daseins zu
überzeugen versuchte, so macht Hanna den zufrieden-unbekümmerten
Techniker Faber darauf aufmerksam, daß auch das verpfuschte Leben das einzige sei, und daß selbst Faber - ob er es wisse oder
nicht - nur ein einziges Leben habe.[100] Vielleicht doch nicht
ganz zufällig ist Öderland, im Gegensatz zu dem zögernden Intellektuellen wie Stiller oder etwa Hotz, und zu dem allwissenden
Techniker Faber, eine Figur, die nicht von einer anderen Person
auf sein mutmaßliches Versäumnis aufmerksam gemacht werden muß:
Anregungen zu seinem Entschluß hat er wohl genauso von außen erhalten, wie andere Frisch-Helden. Der Unterschied besteht meines
Erachtens jedoch darin, daß er im Stück den anderen Figuren
überlegen ist, während der Frisch-Leser sonst gewohnt ist, als

Kontrast zu der Ohnmacht Frischs männlicher Protagonisten eine
überlegene Frauengestalt zu haben, die nicht wie er sich ein Leben lang verzweifelt und vergebens um die Wiederherstellung des
gestörten Verhältnisses mit der Welt und mit sich selbst bemüht.
Letztenendes ist es Antoinette in der "Biographie", die im Gegensatz zu dem sich zu jeglicher wesentlicher Veränderung unfähig erweisenden Kürmann bereits bei der ersten Wahl-Möglichkeit
ein Leben ohne Kürmann wählen kann. Bezeichnenderweise wird jeweils der Mann in seiner Gespaltenheit aufgezeigt: die Frau (Elvira) gelangt zu der Erkenntnis, wie glücklich eigentlich das
Leben - als Liebe - gemeint sei.[101] Relativiert wird jedoch im
späteren Werk diese Rollenverteilung: auch die Frau fühlt ihr
Leben sei "verpfuscht" -denke man an Hanna; denn das beiderseits
ersehnte Miteinander kann nicht allein durch den einen Teil erreicht werden. Die Frischs weibliche Figuren kennzeichnenede Pa-
radoxie - daß sie nämlich einerseits glorifiziert und dem Mann
überlegen dargestellt sind, andererseits jedoch ebenfalls nicht
zum lebenserfüllenden Glück gelangt sind -, wurzelt wohl in der
Männer-Zentriertheit des Frisch-Werkes, das gezwungenermaßen und
verständlicherweise vor allem eine Welt aus männlichem Aspekt
gedeutet dem Leser vorführt. Primär wird jeweils die Suche des
Mannes gezeigt, die in jedem Fall u.a. aber wohl vor allem mit
Frauen-Erlebnissen gekoppelt ist. Auf seiner ständig zum Scheitern bedrohden verzweifelten Suche betrachtet der Mann, die ihm
auch im Vergleich mit seinem ungedeuteten Ich wohl rätselhafte
Frau, als Konkurrenz: als Nicht-Frau, als Außenseiter bewundert
er die Frau, was sie alles vermag - daher sein Unverständnis der
bewunderten und beneideten Frau gegenüber, die behauptet, sie
habe ihr Leben verpfuscht.[102]

Eine ausführlichere Analyse Frischs Männer -und Frauengestalten in ihrem Verhältnis zueinander, würde aber den Rahmen der
vorliegenden Studie sprengen.[103] Unserem Anliegen entspricht jedoch, die bereits anhand dieses kurzen Überblicks gewonnene Einsicht über ein Frischs Oeuvre durchziehendes generelles
"Ungenügen-Gefühl", das sich knapp als Thema des verfehlten bzw.
versäumten Lebens kennzeichnen läßt. Wie man damit fertig wird
ist wohl eine Grundfrage des Werkes.

"Was bleibt uns anderes übrig?" - heißt die sloganartige Reak-
tion auf Harlekins provozierende Feststellung, der Mensch "hok-
ke" ein ganzes Leben lang an seinem Pult, er habe "nichts als

arbeiten."104. Der Zweifel, der von einem Harlekin -also von einer teuflischen Gestalt - ausgeht, könnte ja auch einen von
Grund aus negativen Sinn haben: das Böse, das das Gute zu bekämpfen und damit den Menschen in Versuchung zu führen vorhat.
Harlekin aber, der nach dem Sinn eines völlig den monoton ausge-
führten Gewohnheiten verhafteten, nur um der Arbeit willen ge-
lebten Lebens fragt, gehört in dieser Hinsicht wohl zu Frischs
absolut positiven "Zweifler"-Figuren, die gerade durch das in-
Frage-Stellen des Gewohnten eine Chance auf ein lebenswerteres
Dasein erhalten. Denn der Zweifel gehört in Frischs Wertordnung
eindeutig zu dem "Guten": er läßt den (verstumpften) Menschen zu
neuen Erkenntnissen kommen, er spornt zum Denken an, er ist "Leben" im Gegensatz zu der Gewohnung, der mechanischen Wiederholung. Wenn man aber den aufkommenden Zweifel verdrängt - etwa
mit der Bemerkung: "Was bleibt uns anderes übrig" - so beraubt
man sich einer Möglichkeit wirklich leben zu können. Frisch
klagt oft darüber, daß man nicht das Neue wagt, daß man sich mit
dem Vorhandenen, mit dem Erreichten, mit dem Gewohnten zufrie-
dengibt. Man traut sich keine Veränderung zu. Man lebt seinen
Alltag und fragt nicht nach dem Sinn.

Als Kind träumt man zwar von einem völlig anderen Leben, in
dem es nicht um Pflichten geht, in dem Träume und Hoffnungen
weiterhin eine Rolle spielen, in dem man sich verwirklicht, und
zwar nicht wie es die anderen vorschreiben, sondern nach eigenen
Vorstellungen, die sich keinesfalls nach den gewöhnlichen Normen
der Umwelt, nach den Erwartungen und der Gesellschaft richten.
Man ist also anfangs voll mit Sehnsucht und Hoffnungen, trotzdem
findet man sich plötzlich inmitten eines Lebens, das genau das
Gegenteil dessen ist, was man sich vorstellte, was man zu verwirklichen versuchte. Das es so ist, merkt man nur ganz zufällig. Denn man war überzeugt, daß alles in Ordnung ist. Man hat
vieles erreicht. Man hat sich ganz schön eingerichtet. Man lebte
ganz gut. Und trotzdem kommt es einem plötzlich zum Bewußtsein,
daß doch etwas fehlt:

"...wir haben nun endlich eine Wohnung [...]. Sogar Garten
haben wir nun, nicht viel, Blumen, Ausblick in die Bäume
der Nachbarn, in Kirschen und Birnen, die nicht uns gehören, und im Herbst, mitten in der blauen Stille, hört man
sie plumpsen. Nun haben wir auch bald ein Kind. Wir sind
in einer Weise glücklich, die uns kaum noch ein Recht läßt

auf Sehnsucht; das ist das einzig Schwere..."[105]

Was ja eigentlich fehlt, was trotz des "in einer Weise glücklich"-en Lebens vermißt wird, ist bezeichnenderweise nie ausge-
prochen. Frisch reizt offenbar die Unsicherheit des suchenden
Unwissenden: der Zweifel an dem scheinbaren Geordnetsein, die
Ahnung dessen, daß es etwas Höheres geben muß, die verzweifelte
Suche selbst sind repräsentativ für Frisch. Einem ungarischen
Leser drängt sich dabei unwillkürlich eine Assoziation hervor,
und zwar auf das Gedicht eines ungarischen Dichters "Boldog,
szomorú dal" von Kosztolányi Dezsö:

"Van már kenyerem, borom is van,

van gyermekem és feleségem.

Szivem minek is szomoritsam?

Van mindig elég eleségem.

Van kertem, a kertre rogyó fák

suttogva hajolnak utamra,

és benn a dió, mogyoró, mák

terhétöl öregbül a kamra.

[...]

De néha megállok az éjen,

gyötrödve, halálba hanyatlón,

ugy ásom a kincset a mélyen,

a kincset, a régit, a padlón,

mint lázbeteg, aki föleszmél,

álmát hüvelyezve, zavartan,

kezem kotorászva keresgél,

hogy jaj, valaha mit akartam.

Mert nincs meg a kincs, mire vágytam,

a kincs, amiért porig égtem.

45

Itthon vagyok e világban,

s már nem vagyok otthon az égben."[106]

Über die sehr an Frischs erinnernde Klage, über das versäumte
Glück hinaus ist faszinierend zu beobachten, wie ebenfalls das
Motiv des Verlorens des einmal geahnten, jedoch unbemerkbar ver-
gessenen Glücks in beiden Werken zum Ausdruck kommt. Auch auf
den bereits behandelten Zusammenhang zwischen dem dem Glückli-
sche der Welt verhafteten "Angekommensein" und dem sich hinter
der Maske dieser Zufriedenheit versteckenden Unglück ist wohl
nicht fehl am Platz auch in bezug auf dieses Gedicht zurückzu-
weisen.

Völlig ratlos stehen auch Frischs Helden vor der plötzlichen
Erkenntnis ihres verfehlten Lebens. Auch wenn sie sich dann ent-
schlossen um einen Bruch mit der offenbar an ihrem Auf-Abweg-Ge-
raten-sein schuldhaften Gewöhnung bemühen, erweist sich ihr
Ansatz zu einem nicht der Gewöhnung verfallenem Leben oft als
Zumutung, denn, wie es im "Stiller" heißt:

"die Gewöhnung, die sich bei jedem natürlichen Nachlassen
unserer Kräfte einstellt, die Gewohnheiten, die sich auf
Schritt und Tritt anbieten, können teuflisch sein. Sie
sind etwas wie Schlingpflanzen für die Schwimmer..."[107]

In Frischs Oeuvre finden wir zahlreiche Ansätze zur Analyse
dieses Teufelkreises, wie man nämlich von seinen Abhängigkeiten
wegzukommen bemüht ist, jedoch ständig zu neuen Abhängigkeiten
gerät. Einige Beispiele mögen dies verdeutlichen: Wird der an
ständige Arbeit gewohnte Walter Faber vor eine ihm ungewohnte
Situation gestellt, in der er zur Untätigkeit gezwungen wird,
stellt er sich ratlos. sein kann, ist er völlig ratlos. Wird er
in dem Flugzeug angeredet, stört ihn das: er hat "keinerlei Bedürfnis nach Bekanntschaft."[108]. Dies ist jedoch sehr bezeichnend
für ihn. Frisch gestaltete mit Faber eine Figur, an der er zeigen kann, wie die für den modernen, entfremdeten Menschen wohl
charakteristische Scheu vor dem Miteinander der Menschen die
Möglichkeit eines wirklichen Lebens raubt. "Kennenlernen" ist
offensichtlich ein Schlüsselbegriff im Frischs Werk: es geht eigentlich um das wahre Kennenlernen einander und des eigenen
Ichs. An Fabers Figur wird an einer Haltung Kritik geübt, die
den wahren Belang menschlicher Kontakte verkennt.

Gewöhnung macht blind, indem sie die Illusion erweckt, daß alles, was gewohnt ist, auch das Rechte sei und daher uneingeschränkte Geltung haben müsse. Um bei Faber zu bleiben: ein "Tätiger", der für die Menschheit, für den Fortschritt arbeitet, zweifelt nicht einen Augenblick - auf jeden Fall nicht bevor er durch seine Aufzeichnungen über das eigene Leben zu reflektieren versucht, an der Richtigkeit seiner gewohnten Lebensweise. Die Rolle des "Tätigen" wird auch im Gantenbein-Roman als eine mögliche Variation des männlichen Ich dargestellt und zugleich karikiert:

> "Und Philemon ist ein Mann, der sich wieder sehen lassen
> darf, Mann unter Männern, ein Zeitgenosse zwischen Ost und
> West, ein Staatsbürger, der sich gegen die Atomwaffe aus-
> spricht, wenn auch erfolglos, [...] ein Glied der Gesell-
> schaft, deren Veränderung ihm unerläßlich erscheint, ein
> Arbeiter von Morgen bis Abend, ein Tätiger, [...] ein
> Mensch, den die Fragen der Welt beschäftigen, die Not der
> Völker, die Lügen der Machthaber, die Ideologien, die
> Technik, die Geschichte und die Zukunft..."[109]

Die sarkastische Bemerkung betreffs der Ohnmacht des engagierten Zeitgenossen ist die eine Aussage des Zitats: es steckt wohl auch eigene - bittere - Erfahrung dahinter. Zugleich kann diese Haltung aber auch als eine Gegenposition zu der den Zeitereignissen umfassender der Umwelt gegenüber Gleichgültigkeit aufweisenden Haltung gedeutet werden. Letztere kann sich durchaus auch als Produkt der Gewöhnung zeigen: Gewöhnung, die blind macht, die unser Blickfeld einengt. Andererseits geht es jedoch auch in diesem Fall augenfällig darum, daß man durch eine aktive, wohlgemeinte, vernünftige Tätigkeit eine Erfüllung des Lebens zu finden meint - denken wir dabei an Stiller, der weder in seiner Bildhauerei noch in seiner Töpferei, die letztenendes nur noch ein nach der bitteren Erfahrung des Scheiterns angesetzter Versuch war, sein Dasein auszuhalten. Unsere alltäglich gewohnte Tätigkeit - wie nützlich oder unnützlich sie auch sei - kann keineswegs das LEBEN ersetzen.

Auch die Schinz-Geschichte zeigt wie die Gewöhnung blind macht: als Gottlieb Schinz, der Rechtsanwalt einen ganz und gar gewöhnlichen Fall nicht auf die gewohnte Weise beurteilt, löst er einen Skandal aus. Man kann einfach nicht akzeptieren, daß es außer dem gewohnten, altbewährten Umgang auch noch ein anderer recht sein kann, oder sogar vielleicht nur der andere im Recht ist. Darum sieht man in Schinz's Verhalten nur den Unsinn: er stelle die geltende Ordnung auf den Kopf. Er rede Dinge, "die keinen Sinn haben, die alles auf den Kopf stellen, aber wirklich alles, kein Glaube bleibt an seinem gewohnten Ort, kein Wort, das gestern noch gegolten, ein Leben lang gegolten hat-"110

Gewöhnung verwandelt das Lebendige ins Leblose. Veranschau- licht wird diese These in dem Oeuvre vor allem an Ehe-Beispie- len: Sybille und Rolf im "Stiller" führen eine Ehe "wie viele andere" und machen jedes Jahr "eine schöne Reise" zusammen. Nicht weil sie zufällig jedes Jahr plötzlich Lust zu einer ge- meinsamen Reise haben: weniger mit Spontaneität als mit Gewöh- nung hat ihre Reise jeweils zu tun.111 Wenn Stiller seine geliebte, Sibylle "mit einem fast schon gewohnheitsmäßigen Kuß begrüßt"112, dann bedeutet das etwas äußerst Trauriges: es ist ein Zeichen dafür, daß ihre leidenschaftliche, lebendige Liebe allmählich von der Gewöhnung verdrängt wird.

Große Angst vor "Heimisch-Werden" hat Enderlin in "Gantenbein" wenn er meint - noch ganz am Anfang seiner Bekanntschaft mit Li- la -, "Er möchte hier nicht heimisch werden"113 Denn er weiß: wenn man schon "heimisch" ist, hat die Sache keinen Reiz mehr. Enderlin spürt keine Neugierde auf eine gewöhnliche Liebesge- schichte: wenn damit keine neue Erfahrung zu machen ist, wenn es bloß die egalwievielste Wiederholung einer tagtäglichen Liebes- geschichte darstellt, wie Enderlin anhand seiner Erfahrungen da- vor Furcht hat, so kann er darin keinen Sinn erblicken. Kenn- zeichnend für die Gantenbein-Figur, daß für ihn das "Sichtbare" nichts des Sehens wert ist. Er braucht die Augen nicht zu öff- nen, um zu sehen, "wie ein Vorzimmer in einem Amtshaus etwa aus- sehen kann". Er weiß es, wie gewöhnlich.114 Enderlin will keine "verzwickt-gewöhnliche" Geschichte zu seiner Liebe, er hat keine Angst vor der Wirklichkeit des Alltags, er will nur die Liebe, nicht aber das vorhandene Milieu dazu. Keine Gewohnheiten, die sein Verhalten bestimmen könnten. Ein durchaus verständlicher, jedoch unerfüllbarer Wunsch. Ein früher Frisch-Held, Pelegrin, wünscht sich das Gleiche, er hat sogar einen Kniff, den Zauber der Liebe nicht durch Gewöhnung zu verlieren - er verläßt Elvira, die Ge- liebte, um sich ihre lebendige, sehnsuchtsvolle Liebe auf ewig zu sichern:

"Du wolltest mehr als das Weib neben dir" -klagt Elvira
nach Jahren- du wolltest in ihrem Traume sein ...! Und den
Tag und die Nähe, das Wirkliche, das sich in tausend Küs-
sen der Gewöhnung verbraucht und verleert, das Alltägliche, das ließest du gerne dem andern, dem treuen und ver-
lässigen Gatten..."[115]

Gewöhnung verwandelt das Lebendige ins Leblose: das Gewohnte,
das Alltägliche führt leicht zur Erstarrung. Durch die Macht der
Gewöhnung kann der Mensch verstumpfen: auch an Untaten kann man
sich gewöhnen; und wo eine Mordtat, ein Verbrechen gegen Andere
als etwas Gewohntes zählt, erscheint das Verbrechen nicht mehr
als Untat, bloß als Gewöhnung:

"Man weiß von Kriegsverbrechen durch Zeugen, die im Fern-
sehen (Channel 13) befragt werden und berichten, was sie
in Vietnam verrichtet haben unter der Order: es werden
keine Gefangenen gemacht. FREE FIRE ZONE: es darf alles
getötet werden, inbegriffen Kinder. Belohnung für drei ge-
tötete Vietnamesen: eine Woche Urlaub am Meer. Als Beleg
dafür, daß man Tote gemacht hat, bringt man Ohren oder Ge-
nitalien. [...] Wenn nicht getötet wird, so nur aus einem
einzigen Grund: zwecks Verhör, wobei jede Art von Folter
vorkommt, übrigens auch sexuelle Befriedigung an Frauen
und Männern, bevor sie erschossen werden. Die Vorkommnisse, von den jungen Zeugen als ÜBLICHE (Herv. v. Zs.B.)
Vorkommnisse geschildert [...]. Auf die Frage, ob ihnen
der verbrecherische Charakter solcher Kriegführung bewußt
sei, geben alle zu: MAN GEWÖHNE SICH BALD DARAN. (Herv.
v.Zs.B.) [...] Man werde eben ein Tier..."[116]

Gewöhnung die einschläfert: wenn man zu viel Reize bekommt,
wird man unreizbar: Frisch geht es in seinem ganzen Oeuvre darum, durch Darstellung der Bewußtlosigkeit des Menschen Bewußt-
seinsveränderungen zu evozieren: der unbewußte Mensch erweist
sich als unfähig zum Denken, Handeln, Ausbrechen etc.umfassender
zu einem authentischen Leben, das als Gegensatz zu dem kritisch
dargestellten Modell des Lebens als Reproduktion stehen könnte.

Wenn Frisch seine zur Einsicht gekommenen Protagonisten darüber klagen läßt, wie die "Ohnmacht der Gewohnheit" ihnen das
Leben lust-und reizlos macht,geht es ihm primär nicht um das

Aufzeigen von Automatismen, die im Grunde genommen nicht stören,
jedoch sich als lächerlich erweisen, wie etwa »wieder einmal erwacht, noch ungekämmt, aber geduscht und angekleidet,wenn auch
noch ohne Jacke und Krawatte, so vermute ich, denn die ersten
Verrichtungen sind mechanisch...« Es geht ihm darum, daß man eine menschliche Beziehung genauso unbewußt »verrichtet«, wie wenn
man sein tägliches Frühstück einnimmt oder sein gewohntes Zähne-
putzen macht. »Frei von Gefühl«, »frei von Sehnsucht«, von Hoffnung, überhaupt frei von allen menschlichen Reaktionen, be-
wußtlos, tierisch.117 Frischs Schrecken gilt diesem Verhalten,
dem Sieg der Ohnmacht der Gewöhnung dort, wo das Menschliche,
das Lebendige sich verwirklichen könnte. Stiller-White erscheint
Stillers ehemaliger Freund, Sturzenegger, der von Stillers Veränderung blindlings keine Notiz nimmt, »wie ein Hampelmann an
den unsichtbaren Fäden der Gewöhnung, kein Mensch...«118 wo man
eine Chance hätte, eine lebendige menschliche Beziehung zustan-
dezubringen, verpaßt man die Chance. statt dessen verfällt man
der Gewöhnung und vorgeformten Handlungsmustern. Unter solchen
Umständen kann sich keine lebendige Beziehung, kein gegenseiti-
ges Kennenlernen, kein richtiges Miteinander zustandekommen.

Wie das Übliche andödet, zeigt Frisch am Beispiel des Technikers besonders zugespitzt: sein Bericht über sein Leben wimmelt
von Beschreibungen der »üblichen« Dingen, Erscheinungen etc. Für
Faber ist alles üblich und daher natürlich uninteressant und
langweilig. Naturerscheinungen, Farbspiele sind ja für einen
Techniker nichts Geheimnisvolles: er weiß ja für alles eine wissenschaftliche Erklärung. So sind für ihn eigentlich all die Erscheinungen der Natur bzw. überhaupt der Welt etwas »Berechenba-
res«, etwas Selbstverständliches, etwas »Übliches« und daher Be-
langloses. Anders gesagt: nichts Wundervolles, nichts Reizendes.
Er kennt die Welt: es ist ihm vielleicht gar nicht bewußt geworden, daß ihm eigentlich nicht nur Sachen wie Heirat, Kinder, Gespräche über einen alten Freund oder mit einem jungen Mädchen
über Sternbilder, und überhaupt Kontakte mit Menschen »üblich«
und also langweilig und überflüssig sind, sondern sogar die von
ihm so hochgeschätzte Technik im Grunde genommen ebenso »üblich«
ist. Die Reisen, die er unternimmt, die Super-Constellation, mit
der er fliegt, der Ton der Maschine, der Lautsprecher am Flugha-
fen, die Schererei mit der Camera am Zoll, der Start, die Liste
in der Hand der Stewardeß, der Lunch, das Fliegen etc. sind in

seinem Bericht alle mit dem Adjektiv "üblich" versehen. Er meint
also eine eigene, ihm sehr passende, für die Welt nützliche Lebensauffassung und Lebensweise zu haben: ein aufgeklärter, mo-
derner Mensch im Dienst der Technik, der ausschließlich an die
berechenbaren Erscheinungen der Welt glaubt, nicht aber an Sachen, die nicht mit Hilfe der Wissenschaft erklärbar oder bzw.
mit der Vernunft begreifbar sind, wie z.B. Gefühle, Schicksal,
Träume, Liebe etc. Alles, was menschlich ist, was mit dem Ge-
fühlleben zu tun hat, existiert für ihn nur als das notwendig
Schlechte. Mit solchen Sachen habe er als Techniker nichts zu
tun. Den "Ersatz" dafür meint er in seiner Technik zu finden.
Die Haltbarkeit seiner Ideologie stellt sich jedoch bloß, wenn
er selbst die für alles stehende Technik als "üblich" bezeichnet. Fabers scheinbar authentisches Hauptlebensprinzip erweist
sich also in der Wirklichkeit als etwas sehr Alltägliches. Die
lebenserstickende Falle der Langeweile ist nun mit einem Kniff
des Technikers nicht gelöst.

"ERLEBNISSCHWÄCHE"

Der junge "Jürg Reinhart" - vom Autor "eine schwach getarnte
Autobiographie"[119] genannt, hat riesengroße Angst davor, daß er
mit dem Erwachsenwerden genauso wie die anderen Erwachsene sein
Talent, das "gewisse Etwas, wenn aus den Gegenständen eine Seele
strömt" verliert. Als Kind sah man jeden Tag Wunder, es gab keinen Alltag, man hatte Hoffnungen, Erlebnisse und eine starke Affinität diesen Erlebnissen gegenüber; man erlebte unser "Dasein"
mit großer Intensität:

> "Man war ein Dichter. Man sah diese Wunder und Rätsel, die
> unser Dasein ausmachen. Und dann trägt man lange Hosen und
> nimmt alles selbstverständlich, vergißt diese Rätsel und
> bildet sich ein, daß man sie dadurch überwunden hätte.
> Wirklich: dieses Erwachsenwerden ist ein Verblöden. Man
> sinkt in diese Alltäglichkeit, wo man gefesselt wird vom
> Stumpfsinn..."[120]

-lautet die scharfe Kritik an der Welt der Erwachsenen und zugleich die Klage darüber, wie unwiderruflich das rätselhafte und
- vielleicht eben dadurch wundervolle Dasein sich in eine Alltäglichkeit verwandelte: Der schon früher verlautbarte Protest
gegen "Leben als Geldverdienen" wird jetzt in größerem Zusammen-

hang gesehen: andere mögliche Ursachen dieses unersehnten Leben-
stils werden aufgedeckt.

Wenn die Sensibilität des Kindes verstumpft, wenn man die Wunder unseres Daseins zu erleben nicht mehr fähig ist, so bleibt
ja nichts anderes übrig, als mechanisch zu leben, unseren tagtäglichen Pflichten - wie etwa dem Geldverdienen - nachzugehen
und mit Hilfe dieser Ersatztätigkeit dem eigentlichen »Leben«
auszuweichen. So kommt es, daß die Kindheit als einer der mög-
lichsten Zustände des Glücks in den Frühwerken immer wieder auf-
taucht. Die wichtigsten Wesensmerkmale der beglückenden Kindheit
scheinen, außer intensiver Erlebnisfähigkeit, die Freiheit des
Kindes, die Art und Weise, wie es die Welt aufnimmt und ihr
Reichtum an Zeit zu sein. Als Kind braucht man noch nicht an die
Begrenztheit seiner Zeit zu denken. Das ist eine Voraussetzung
dafür, daß man die Welt, unser Dasein mit all seinen Wundern ruhig genießen kann. Dazu aber reicht natürlich die Zeit an und
für sich nicht aus: man braucht auch die Fähigkeit, all diese
Wunder entdecken zu können. Man muß Augen haben, die den glän-
zenden Wasserfall sehen und richtig schätzen können, man muß Ohren haben, die das Lauschen des Meeres hören. Es geht natürlich
nicht nur um die Sinnesorgane des Menschen im konkreten Sinne,
sondern um »die Seele«, um »das gewisse Etwas«. Man sollte nicht
nur sehen, sondern etwas von dem Wesen des Gesehenen erfassen.
Nicht nur die Oberfläche sehen, sondern die Welt unserer Seele
näher zu bringen.[121] Als Erwachsener scheint man nicht nur keine
Zeit für ein solches »Leben« zu haben, sondern man erweist sich
oft gar nicht mehr fähig, so zu handeln wie man es sich selbst
wünschte. Man ist Sklave seiner Gewohnheiten, Sklave der Erwartungen der Anderen, Sklave einer Lebensweise, die »sich gar
nicht lohnt«. Der Zustand des Kindes ist in dieser Deutung ein
reiferer als das Erwachsensein, wobei es natürlich nicht bloß um
die konkreten Lebensphasen geht, sonder auch um eine Art Verwandlung des Motivs vom verlorenem Paradies:

»Einst, denken Sie, waren wir schon Kinder! Wir sahen
Schmetterlinge [...], wir standen unter einem silbernen
Wasserfall [...]. Wir hatten Zeit [...], Muße, wir tauch-
ten den Arm in den munteren Strahl, genau so. Heute ist es
ein Bild an der Wand, bestenfalls. Wir sahen den huschen-
den Glanz im Innern der Muschel. Wir sahen alles. Wir
hielten die Muschel ans Ohr; wir hörten das Meer. Wir hat-

ten Zeit! Ich weiß nicht, wer sie uns genommen hat..."[122]

Es geht bei der Beschreibung des verlorengegangenen Glücks um Sehen, Hören und Spüren; das Dasein habe man einstweilen in seiner Komplexität wahrgenommen. Auf einmal ist jedoch all dies verschwunden: auch noch heute steht man unverständlich diesem Unglück gegenüber. Die beglückende Fähigkeit des Erlebenkönnens war in "Jürg Reinhart" ein Wesensmerkmal der Kindheit im Gegensatz zum Erwachsenenalter. Viele Jahre später, 1957, heißt es in einer "Rede an junge Lehrer":

> "Ihr fahrt ja an allem, was ich als Jugend erinnere, vorbei![...] Das verfrühte Wohlleben, das mangelhafte Training im Verzicht, beziehungsweise in der Sehnsucht, das die Kinder der Konjunktur auszeichnet" ist "vorzeitiges Altern, was nicht mit schneller Reife zu tun hat, im Gegenteil, es ist lediglich ein schneller Verbrauch der Welt - [...]. Nicht alles ist mit Geld und Motor zu erreichen."[123]

-greift Frisch auch diesmal auf seine Kritik am Wohlleben, als Kniff sich nicht dem wirklichen Leben stellen zu müssen, zurück. Aus der zeitgenössischen Literatur der Schweiz sind in bezug auf dieses Thema Fritz Zorns effektvolle, zum Slogan gewordene Worte nicht wegzudenken: "Ich bin jung und reich und gebildet; und ich bin unglücklich, neurotisch und allein."[124] Ebenfalls eine Gegenthese - wenn auch aus einer ganz anderen Situation heraus entstanden - zum gängigen Lebensklischee über die glückssichernde Rolle des Wohlstandes.

Die Rede entstand nach dem Werk "Homo faber". Der Gedanke, daß man moderne Technik eigentlich dazu benutzt, die Welt nicht erleben zu müssen, sich von der Welt, von der eigentlichen Wahrheit fernhalten zu können, beschäftigte Frisch sehr zu dieser Zeit. Frischs Kritik gilt auch diesmal dem kontaktunfähigen Menschen, der - wie etwa Walter Faber - sich vor den Herausforderungen des Lebens, lebendiger menschlicher Beziehungen, die ihn "als Partner" fordern, hinter der Maske der Technik verbirgt. Diese Haltung wird auch in der zitierten Rede als "Kniff" bezeichnet, wobei es in der Wirklichkeit um die Tarnung der "Erlebnisschwäche" geht:

> "Ich verstehe, daß du Television brauchst, aber du

brauchst sie nicht, um dabei zu sein; im Gegenteil, du ge-
nießest es, der Welt ferne zu sein. Du hast Angst vor der
Welt, die dich als Partner fordert, drum brauchst du Fern-
sehen, mein Sohn, Technik als Kniff, die Welt so
einzurichten, daß wir sie nicht mehr erleben müssen, und
bei deiner Erlebnisschwäche verstehe ich auch, daß du unbedingt einen Motor brauchst ...“[125]

Die Konfrontation dieser zwei Standpunkte, nämlich der des
sich in der Rolle des tätigen Technikers Verlarvende, der dadurch dem wirklichen Leben auszuweichen glaubt, und auf der anderen Seite ein entgegengesetztes Streben, die Welt ohne Kniff zu
ERLEBEN, ist ein Grundthema des „Homo Fabers“. Faber zeichnet
seine eigene „Bekehrung“ auf. Frisch setzt seinen die Welt als
„üblich“ also als nichterlebenswert wahrnehmenden unbekümmert-
zufriedenen, jedoch unglücklichen Techniker starken Reizen aus,
die ihn zur Besinnung bringen sollen: Frisch läßt den selbstsi-
cheren und an der Macht der Technik blind glaubenden Faber mit
der „Super-Constellation“ stürzen: ein symbolträchtiger Vorweis
auf den notwendigen Umsturz seiner Thesen, die er auch nach den
erschütternden Erlebnissen - dabei vor allem der Inzest zwischen
ihm und der Tochter bzw. der Tod der Tochter und seine Mitschuld
daran - nur zögernd zu revidieren willig ist. Auch nach einer
Panne des höchst zuverlässigen Constellation findet er eine
wissenschaftliche und daher beruhigende Erklärung dafür, daß
nämlich:

„Indem wir vom Wahrscheinlichen sprechen, ist ja das Unwahrscheinliche immer schon inbegriffen und zwar als
Grenzfall des Möglichen, und wenn es einmal eintritt, das
Unwahrscheinliche, so besteht für unsereinen keinerlei
Grund zur Verwunderung, zur Erschütterung, zur Mystifika-
tion [...] Ich brauche, um das Unwahrscheinliche als Er-
fahrungstatsache gelten zu lassen, keinerlei Mystik; Ma-
thematik genügt mir.“[126]

Auch wenn es um Leben oder Tod der eigenen Tochter geht, beruhigt ihn vollkommen die Statistik: Das Wissen, daß die
Mortalität bei Schlangenbiß nur drei bis zehn Prozent beträgt,
macht ihn sicher: die Tochter ist ja gar nicht in so großer Gefahr, wie man diese Gefahr, die sonst übliche abergläubische also unwissenschaftliche Angst vor Schlangen einschätzen würde.

Die Frau, Hanna - die die erwähnte Gegenthese vertritt und daher
statt an Wissenschaft und Statistik zu glauben unwissenschaft-
lich jedoch sehr menschlich um die Tochter bangt, macht die eigentliche Blindheit eines absoluten Glaubens an Technik, den
Faber vertritt, klar und stellt die Unbrauchbarkeit und Men-
schenfremdheit eines solchen Weltbildes bloß:

> "Du mit deiner Statistik!" sagt sie. "Wenn ich hundert
> Töchter hätte, alle von einer Viper gebissen, dann ja!
> Dann würde ich nur drei bis zehn Töchter verlieren. Er-
> staunlich wenig! Du hast vollkommen recht!"[127]

Walter Faber aber ist nicht so leicht von seiner als zeitgemäß
empfundenen Überzeugung wegzubringen:

> "Diskussion mit Hanna!- über Technik (laut Hanna)als
> Kniff, die Welt so einzurichten, daß wir sie nicht erleben
> müssen. Manie des Technikers, die Schöpfung nutzbar zu ma-
> chen, weil er sie nicht aushält, nichts mit ihr anfangen
> kann. Technik als Kniff, die Welt als Widerstand aus der
> Welt zu schaffen, beispielweise durch Tempo zu verdünnen,
> damit wir sie nicht erleben müssen. (Was Hanna damit
> meint, weiß ich nicht.) Die Weltlosigkeit des Technikers.
> (Was Hanna damit meint, weiß ich nicht.)"[128]

Faber meint die Welt mit Hilfe der Technik vollkommen verstanden und bedient zu haben. Er hat seine Kamera -ein wichtiger Be-
standteil von ihm! - und filmt alles. So hat er den täuschenden
Eindruck, viele Erlebnisse zu haben. Sie sind ja sogar aufgenommen, jederzeit abspielbar, für die Ewigkeit erhalten. Dabei
merkt er nicht, wie er in der Wirklichkeit gerade durch seine
Kamera daran gehindert ist, die Welt erleben zu können. Erst
später muß er zugeben, wie Sabeth recht hatte, als sie meinte,
Faber filmt statt zu schauen.[129] Homo faber ist tief verwandt
mit den Helden, der zum Frühwerk gehörenden Erzählung "Knipsen
oder sehen", die genauso wie Faber "Sklaven ihrer Kamera" sind.
Indem sie filmen, versäumen sie das Erlebnis:

> "Mir scheint, daß ihr Photo vor allem die Reise macht und
> sie nur mitgenommen werden als Abdrücker. [...] Je mehr
> Photoapparate auf der Welt sind, umso weniger Menschenau-
> gen gibt es; je mehr Films entwickelt werden, umso unent-
> wickelter bleibt die Erinnerung."[130]

Die hier sehr treffend gezeichnete Problematik der „Erlebnisschwäche" des modernen Menschen im zivilisierten Abendland, wird
auch in „Bin ich oder Die Reise nach Peking" diskutiert: Durch eine
scharfe Gegenüberstellung von Erlebnisfähigkeit und -unfähig-
keit, diesmal aber zwischen dem weisen, der Wirklichkeit noch
näher stehenden Osten und dem oberflächlichen, zivilisierten und
den eigentlichen Sinn des Lebens schon verlorenen Westen, wird
in diesem Erzählwerk die Thematik aufgegriffen: der an Erlebnisschwäche gewohnte Kilian vom Westen steht vor der Erlebnisinten-
sität des „Heiligen" in der Nähe des erträumten Glückorts Peking
völlig unverständlich: er kann sich gar nicht denken, was der
denn mit verflochtenen Beinen dasitzend wohl mache. Ihm wird eine Erklärung geliefert:

„Sie sitzen so da - zum Beispiel, wenn die Sonne untergeht
über den violetten Hügeln der Wüste, und schauen die Sonne, nichts weiter. Sie schauen. Sie denken nichts anderes
als eben die Sonne, so sehr so innig, so ganz und gar, daß
sie die Sonne noch immer und immer sehen, wenn jene, die
wir die wirkliche nennen, lange schon untergegangen ist.
Sie sitzen so da: sie können sie jederzeit wieder aufgehen
lassen."[131]

Sonnenuntergang steht bei Frisch oft als Maß dafür, in welchem Grade man zum glückverheißenden Erleben fähig ist bzw. wie
man an möglichen Erlebnissen unseres Seins vorbeigeht. Als Beispiel fürs Letztere wurden bereits Homo faber und die „Knipser"
zitiert. Zu Fabers Figur gehört jedoch auch die andere Seite:
als er nach seiner Wandlung die eigenen Filme sieht, stellt er
mit Erstaunen fest, wieviel Sonnenuntergänge er aufgenommen
hat, er schämt sich geradezu vor dem Techniker, dem er die Filme
zeigt.[132] Es scheint, auch er, der Techniker hatte unbewußt ein
wohl nie eingestandenes und gemerktes Bedürfnis nach Erlebnis.
Auch als er mit Sabeth ihre letzte gemeinsame Nacht verbringt,
warten sie auf ein Naturwunder, auf den Sonnenaufgang. Und es
wird zu einem Erlebnis.[133]

Des Zusammenhanges zwischen „unseren sterblichen Menschenaugen" und der daher einmaligen Erlebbarkeit der Welt ist sich
auch Stiller-White bewußt:

„...ohne unsere sterblichen Menschenaugen, die durch diese

Wüste fuhren, gab es keine Sonne, nur eine Unsumme blinder
Energie, ohne sie keinen Mond; ohne sie keine Erde, überhaupt keine Welt, kein Bewußtsein der Schöpfung..."[134]

Während Frisch in "Stiller" noch auf das Sehbare im Prozeß des
Erlebens der Welt Akzent legt, geht es im späteren Werk um einen
ausschließlich inneren Empfang der Reizen der Welt: Gantenbein
erlebt "lauter Erfindungen".[135] Seine Erlebniswelt besteht nicht
aus den sichtbaren Erscheinungen des Daseins, sondern aus inneren Erlebnissen: nicht wie man die Welt sieht, sondern wie man
sie sich vorstellt, wird relevant. Jemanden kennen heißt für
ihn: sich jemanden vorzustellen.[136] Mit seinem Trick, sich seiner Phantasie zu übergeben statt des Sichtbaren und Faßbaren,
die langweilig und daher reizlos sind, werden seine Alltage lustig.[137] Alltag ist sonst bei Frisch ja nie lustig, sondern er-
stickend - langweilig; meist Inbegriff des Unlebendigen. Mit der
Blindenrolle meint aber Gantenbein die erstickende Falle der
Langeweile und der Gewöhnung, die den Menschen verblöden und
verstumpfen, ausweichen zu können. Auf das Sichtbare ist er
nicht mehr neugierig: er kennt das. Was man kennt, was man von
vornherein weiß, hat keinen Reiz mehr.

Für den Spätheld Herrn Geiser ist ebenfalls nicht mehr das
Sichtbare sehens-bzw. wissenswert: er fühlt sich unter dem
Druck, der ihm zum Bewußtsein gekommenen Begrenztheit und Nichtigkeit, des für ein Menschenleben Erfahrbaren, mit einem kosmi-
schen Maßstab gemessen so sehr bedroht, daß er sich mit aller
Mühe an die Lexika setzt, um das Wissenswerte - dessen authenti-
scher Wahrnehmung jedoch kein Einzelner gewachsen ist - im letzten Moment doch noch zu erfahren.[138]

ALLTAG GLEICH UNHEIL?

Nur sich nicht vom "Stumpfsinn" - wohl als Zeichen der Erlebnisschwäche und bezeichnende Kennziffer der Alltäglichkeit -
fesseln lassen: heißt die Mahnung in Frischs Werk. Ob sich der
Alltag dabei als ungeeigneter Schauplatz eines "wirklicheren"
Lebens erweist, ist in dem Frühwerk nicht fragwürdig. In ihm
wird der Öde und Monotonie des Alltags eine Schuld an dem Nicht-
Realisieren des LEBENS zugeschrieben. Erst in "Gantenbein" wird
das Ergebnis einer allmählicher Wandlung in Frischs Wertordnung
deutlich bemerkbar: es geht keinesfalls um eine Widerlegung der

frühen These von Unerträglichkeit des Alltags, sondern um eine
spürbare Relativierung: nach den vagen Versuchen der frühen
Frisch-Helden von ihrem Alltag wegzufliehen, um anderswo ein erfülltes Leben haben zu können, kommt die Einsicht: Alltag sei
eigentlich "erträglich", wenn auch nur "durch Wunder".

Kennzeichnend für Frischs "Suchende" war jeweils der Fluchtversuch vor dem Alltag: jeweils kam jedoch auch die Ahnung dessen, daß eine Flucht vor dem Alltag genauso unmöglich sei, wie
die vor dem eigenen Ich. Zwei Schlüsselbegriffe - Alltag und Ich
- treffen an diesem Punkt aufeinander: Alltag sei das Ergebnis
einer Realisierung des Ichs. Fühlt man sich also bedroht in der
Öde seines Alltags zu ersticken, kann eine äußere Flucht keine
Lösung sein. Sie ist nämlich nichts anderes, als eine Flucht aus
dem alten Alltag in einen neuen. Nicht die Kulissen unseres Lebens stehen im Wege unserer Selbstverwirklichung, sondern das
eigene Ich, das unfähig ist, sein Leben authentisch zu erleben:
Den Weg zur Einsicht der Vergeblichkeit der äußerlichen Flucht
markieren Stationen, wie "Die Reise nach Peking", die Schiffahrt
nach "Santa Cruz", die Revolte auf der Insel Santorin, Stillers
Reise nach Amerika etc. -Lauter Bemühungen wegzukommen, radikal
mit seinem Alltag und seinem alten Leben zu brechen.139

Der "Gantenbein"-Roman bedeutet in diesem Sinne eine Zäsur:
Gantenbein ist der erste Frisch-Held, der ohne äußerliche
Flucht-Versuche einen anderen Weg wählt: er versucht mit seinem
Alltag zu leben. Auch er kann aber auf einen Kniff nicht
verzichten: um den unerträglichen Alltag zu ertragen, stellt er
sich blind. So können sich sogar "Wunder" geschehen: als Blinder
wird das sonst übliche Problem der Eifersucht ausgeschaltet: die
Frau braucht seinen Geliebten vor einem Blinden nicht zu
verstecken, und der Blinde muß sich und die Frau nicht mit den
Eifersuchtsszenen quälen: man fragt nicht, von wem die Ehefrau
die Rosen oder das Armband geschenkt bekommen hat, denn als
Blinder merkt man solche Sachen nicht. Man darf die Wahrheit
aussprechen, denn einem Blinden, der ja sie nicht sehen kann,
erträgt man so einen Fehlschlag. Schließlich braucht man sich
vor einem Blinden wenig zu tarnen, in der Überzeugung, daß er
uns nicht visuell wahrnimmt, und dieses unübliche
Unverstelltheit begünstigt das Zustandekommen wirklicher
menschlicher Kontakte. Die Ironie dises Versuches den Alltag zu
ertragen ist nicht zu überhören: man erreicht es eben nur

dadurch, daß man kleinere Lügen gelten läßt, wie auch die ganze Haltung auf eine Lüge basiert. Gantenbeins Alltag wird jedoch mit diesem Trick nicht nur erträglich, sondern zugleich reizend, oft "lustig" sogar.[140]

Mit "Gantenbein" scheint Frisch das Thema "Alltag" abgeschlossen zu haben; nicht jedoch die Problematik des verfehlten Lebens. Akzent wird dabei mehr und mehr auf den eng mit dem Thema des Alltags zusammenhängenden Wiederholungszwang, der ein das ganze Oeuvre durchziehende Grundlage für das Verständnis von Frischs Gesamtwerk darstellt.

2.1.2. LEBEN ALS REPRODUKTION

"MEINE ANGST: DIE WIEDERHOLUNG"

- heißt der berühmte Satz von Stiller.[141] Das Thema der Wiederholung wird jedoch nicht erst in "Stiller" intoniert: es ist
von Anfang an bis zum Spätwerk präsent in Frischs Schaffen. Die
Angst vor einem durch Wiederholung abgenutzten Leben kommt nicht
erst nach Erfahrungen, die diese Angst bestätigen könnten, sondern sie ist von vornherein da: "alles wiederholt sich, nichts
kehrt uns wieder"[142] - klagt Frisch schon in dem Frühwerk "Die
Schwierigen..." Der Schlußgedanke des Werkes hebt wieder einmal
die Trauer über die Vergänglichkeit hervor - wohl ein Schlüsselbegriff in der Frischs Frühwerk eigenen "trivialisierten Lebensphilosophie"[143]: das menschliche Leben als bloß ein
aufblitzendes Moment im All, wo sich ebenfalls alles ständig
wiederholt: "Es gibt keine Zeit, wie die Uhren sie zeigen; es
gibt nur mitten durch alles hindurch, den glühenden Blitz der
Vergängnis, der das Leben erhält..."[144]

Trotz der für das Frühwerk bezeichnendes Pathos und Unreife,
läßt sich schon hier eine typische Problematik betreffs des
"wirklichen Lebens" aufzeigen: Die für den Schluß des Romans
aufbewahrte Erkenntnis, die sich erst beim wiederholten Ansatz
der Formulierung der Vergängnis-Problematik einstellt, weist
schon auf den Frisch anhaltend beschäftigenden Themenkreis des
"ungelebten Lebens" voraus: Was man "Zeit" nennt, die Stunden,
Tage, Jahre und Jahreszeiten werden meistens das "Leben" genannt. Das menschliche Leben bestehe demnach aus der Zeit, die
man für sein Leben hat. "Leben" kann nur die Zeit genannt werden, die wirklich gelebt und erlebt wird. Die Zeit, in der sich
nur etwas wiederholt, was schon einmal gelebt wurde, ist nicht
des Namens "Leben" würdig. Das menschliche Leben ist demnach
kein linearer Prozeß, der mit der Geburt beginnt und dem Tod
aufhört. Es ist vielmehr ein Dasein, in dem es Momente gibt, die
DAS LEBEN beinhalten: Augenblicke, die eine neue Erfahrung bringen, die einen Erlebnis-Wert haben:

"Es gibt keinen Anfang und kein Ende. Alles wiederholt
sich, nichts kehrt uns wieder, Sommer vergehen, Jahre sind
nichts- eine Stunde bleibt stehen: Eine Stunde im Boot,
ein Abend bei Kerzen, ein klöppelnder Regen über dem

Blechdach; "[145]

Wenn die Zeit nämlich unbemerkt vergeht, "unerlebt", so hat
sie nicht viel mit unserem Dasein zu tun. Was erhaltenbleibt,
was es wirklich gibt, ist die Zeit, an die man sich auch erinnert. Da man aber jedes Erlebnis zu erleben nur einmal fähig
ist, bedeutet das Erlebte gleich die Vergänglichkeit; je mehr
man erlebt, desto weniger bleibt noch zu erleben. Mit der wach-
senden Zahl der Wiederholungen wird die Hoffnung auf Erlebnis
immer geringer. In den frühen Werken finden wir nur noch die
Klage darüber, daß es so ist, daß es so kommen muß: Frischs Helden komstatieren mit Trauer das Ausgeliefertsein des menschlichen Schicksals den ewigen unerbittlichen Gesetzen der Natur.

Die Farce "Die Chinesische Mauer" bestätigt die Angst vor Wiederholung am Beispiel der Geschichte: es gibt nichts Neues, die
ganze Geschichte ist bloß die Wiederholung von gewissen Vorgän-
gen: es werden immer wieder Versuche unternommen, auf der Welt
Recht zu schaffen, und trotz der Siege von allerlei Rechtschaf-
fender bleibt auch das Unrecht: ein Grund dafür, daß man es wieder versucht, die Tyrannei zu zerbrechen - und so geht es ewig.
Das Spiel beginnt immer wieder von vorne, mit anderen Personen
zwar, die aber die gleiche Rolle spielen. Die Chinesische Mauer
steht dabei als Sinnbild für die "immerwiederholten Versuche,
die Zeit aufzuhalten"[146] Und obwohl dieser Versuch einerseits
umsonst ist, denn es kommen immer einige, die sich auflehnen;
andererseits aber sind auch die Versuche die Welt zu ändern umsonst; mag einer die Mauer stürzen, so kommt ein anderer, der
sie wieder aufbaut; er kann sogar der gleiche sein, der sie ge-
stürzt hatte. Mochte sich Max Frisch mit der ursprünglichen Fassung der Farce gegen die Bombe in Bikini auflehnen, die "ein
intellektueller Schock"[147] war, und mochten sich auch viele Andere dagegen aussprechen, wurde die Gefahr einer atomaren Zer-
störung der Menschheit nicht aus der Welt geschafft:

> "Die Zeit!- und dann hat sich doch nicht so viel geändert:
> wir leben zwar mit der Bombe, und je größer sie wird, umso
> alltäglicher, sie ist kein intellektueller Schock mehr,
> aber sie könnte trotzdem losgehen, und Bonaparte, der im-
> mer noch Rußland unterwerfen will, und Philipp, der Ket-
> zenverbrenner, und Brutus, der die Welt zu ändern hofft
> durch Attentat, und die namenlose Mutter, ihr verstümmel-

ter Sohn, Romeo und Julia in geteilter Welt und alle andern gibt es eigentlich heute noch..."148

Die Wiederholung ist also nicht nur ein Gespenst unserer Mi-
krowelt: nicht nur die Liebe, der Alltag, die Erlebnisse des
Menschen werden durch Wiederholung abgenutzt und machen einen
hoffnungslos; sie ist umfassender: der Lauf der Welt ist auf ihre
Gesetze gebaut. Sie wirkt nicht nur in der Relation eines
menschlichen Lebens, sondern in dem Universum.

Frisch geht später noch weiter: Das "Triptychon" zeigt: nicht
einmal im Reich des Todes hört die Herrschaft der Wiederholung
auf. Die immerwährenden Wiederholungen der Akten des menschlichen Lebens bzw. der den Menschen umgebenden Welt, wirken im
Reich des Todes genauso gespenstisch, wie im Leben. Die größte
Enttäuschung der Toten im zweiten Bild des "Triptychon"s ist offensichtlich die Banalität, die Reizlosigkeit der noch aus dem
Leben wohl bekannten, überdrüssig gewordenen Wiederholungen:

Da ist der Mann mit der Querflöte, der ewig eine schwierige
Passage übt, da ihm immer wieder derselbe Fehler unterläuft und
er immer wieder an der gleichen Stelle abbricht und von vorne
anfängt. "Es ist grauenvoll" - kommentiert Katrin - "die Toten
lernen nichts dazu..."149

Da ist der Alte, der "nicht einmal angeln kann" - laut seines
Vaters wird er es ja auch nie lernen; das Komische dabei: indem
der Vater mit dem eigenen Sohn unzufrieden ist, weil der immer
wieder den gleichen Fehler beim Angeln macht, wiederholt er sich
selbst - er begeht den gleichen Fehler, indem er seinen Lieb-
lings-Spruch auch noch in seinem Tode wiederholt: "Ich habe es
ihm hundertmal gezeigt. Er wird es nie lernen..."150

Selbst die Natur wiederholt sich: "Es ist wieder April" - hören wir im Stück mehrmals, wo selbst der Frühling - sonst die
Jahreszeit des Aufblühens, der Erneuerung, der Auferstehung etc.
- nicht mehr bedeutet, als eine immerwiederkehrende Erscheinung,
die also genauso dem Gesetz der Wiederholung unterworfen ist,
wie andere Lebenserscheinungen, da bietet die Welt wirklich ein
trostloses Bild, sei es das Reich des Lebens oder des Todes.

Auch Ansätze zu lebendigen menschlichen Beziehungen werden -
trotz negativer Erfahrungen - immer wieder von vorne versucht.

Oft merkt man dabei überhaupt nicht, daß die Gefühle sich abnut-
zen. Die Form des Zusammenseins ist leicht wieder herzustellen,
nicht aber das Innenleben der Beziehung - die Erfahrungen lassen
sich nicht vergessen: sie vermehren sich bloß bei jeder Wiederholung und lassen die Ablagerung von Enttäuschungen immer dicker
werden; wie lange es dann so geht, wie oft ein Neuanfang möglich
ist, ob man eventuell einiges von der Ablagerung abzubauen fähig
ist - die Erinnerung setzt bei einem jeden individuell ein:

Katrin: "Wir haben uns versöhnt, um wieder von vorne anzufangen:
wir haben uns geküßt, wir haben zusammen gekocht und
sind zusammen ans Meer gefahren, wir haben zusammen
gewohnt-"

Xaver: "Haben wir uns nicht versöhnt?"

Katrin: "Ja. Xaver, immer wieder. "

Xaver: "Trotzdem bist du weggelaufen"[151]

Katrin läuft weg. Ihre Enttäuschung zeigt mit der von Ehrismann in "Zürich- Transit" eine erstaunliche Verwandschaft: Ehrismann stellt sich vor, wie es wäre, wenn er aus dem Tode
auferstehen würde. Er ist voller Erwartungen und meint sein elf-
järiges erstarrtes, verbittertes, abgenutztes Verhältnis zu seiner Frau, Monika jetzt endlich aus dem toten Zustand zu bringen:
er hofft, einander endlich einmal richtig anhören und sehen zu
können. Statt dessen findet er eine verbitterte Gattin - und damit setzt sich ihr altes Leben unverändert wieder in Gang: "Ich
habe gedacht, es freut dich, daß ich nicht tot bin. Und kaum ist
man wieder da: das alte Lied."[152]

Das alte Lied: es kommt nichts Neues dazu, obwohl Ehrismann
sich verändert fühlt. Der Wandlungs-Wille bzw. der Neuansatz des
Einen erweist sich offensichtlich noch ungenügend zu einem neuen
Anfang. Relativiert wird jedoch auch noch diese schon an und für
sich gar nicht fröhliche Erkenntnis durch die Groteske der Erzählung - es geht um einen Mann, den seine Familie für tot hält
und der bei der eigener Bestattung zuschauen kann - die eine Art
von Spielerei evoziert: Ehrismanns Vorschlag zu dem erneuerten
Versuch eines Miteinanders spielt sich nur auf gedanklicher Ebene ab: in der Wirklichkeit kehrt er doch nicht zu seiner Familie
zurück. Sei es etwa die Angst vor Wiederholung die ihn davon zu-

rückhält? Die Angst vor wiederholtem Scheitern? Auf jeden Fall
benachrichtigt er seine Familie nicht, denn von nun
an will er wirklich LEBEN, ohne das alte Lied immer wieder
anhören zu müssen. 153

Katrin hat keine Lust noch einmal anzufangen, denn sie weiß,
daß der "Neuanfang" nichts anderes bedeutet als die Wiederholung
des schon Gewesenen. Katrin und Xaver haben das Gleiche durchge-
macht. Alle Anfänge Krisen und Versöhnungen. Trotzdem kann der
eine nicht mehr mitmachen, während der andere - Xaver - keinen
Grund dafür sieht, nicht noch einmal - oder aber mehrmals - wieder von Anfang an ihr Spiel zu spielen. Die gleichen Erfahrungen
hinterlassen die verschiedensten Spuren in einem jeden. "Es gibt
kein gemeinsames Gedächtnis" - findet Blaubart.154 Wie man die
Welt erlebt, wie man mit seinen Erfahrungen zurechtkommt, ist
recht unterschiedlich. Für Katrin wäre eine nochmalige Wiederholung unerträglich-sinnlos, für Xaver eine Selbstverständlich-
keit. Bei ihm lautet die Formel: die Wiederholung gehört dazu.

Stiller kommt erst nach sehr viel Kampf mit sich selbst und
mit der Welt zu der Einsicht, wie sinnlos sein Versuch, ohne
Wiederholung zu leben war. Wenn der Wiederholung sowieso nicht
auszuweichen ist, muß es bloß darauf ankommen, wie man mit seiner Angst davor fertig wird. Denn aus Angst unternimmt man
Fluchtversuche, die von Anfang an zum Scheitern verurteilt sind:

"Wiederholung! Dabei weiß ich: alles hängt davon ab, ob es
gelingt, sein Leben nicht außerhalb der Wiederholung zu
erwarten, sondern die Wiederholung, die ausweglose, aus
freiem Willen (trotz Zwang) zu seinem Leben zu machen, indem man anerkennt: Das bin ich! ... Doch immer wieder
(auch darin die Wiederholung) genügt ein Wort, eine Miene,
die mich erschreckt, eine Landschaft, die mich erinnert,
und alles in mir ist Flucht, Flucht ohne Hoffnung, irgend-
wohin zu kommen, lediglich aus Angst vor Wiederholung -
"155

Für Stiller steht es nun fest, daß er indem er sich selbst
mitsamt seinen Ängsten und Mängeln annehmen würde, zu seinem Ich
gelangen könnte: was ihn dabei jedoch stört - seine Angst, mit
der er nicht fertig werden kann. Seine Erfahrung, daß er nicht
in allem nach seinen Einsichten leben kann, bestürzt ihn genau-

so, wie das Ich in Montauk[156], auch wenn er es nicht so explizite formuliert. Er kämpft aber dafür, ein Leben nach seinen Einsichten zu haben. Deshalb ist er ja krampfhaft bemüht, sich selber bzw. Stiller nicht zu wiederholen. Seine Angst vor Wiederholung hat auch hier ihre Gründe: wenn er den alten Stiller wiederholen würde, so wäre jede Einsicht völlig vergeblich gewesen.
Stiller also handelt von nun an immer unter dem Einfluß seiner
Angst: nur sich nicht zu wiederholen! Es war seine ehrliche
Überzeugung, zu keiner richtigen Wandlung kommen zu können mit
dem an seinem Scheitern teilhabenden Partner des mißlungenen
Miteinanders.

In diesem festen Glauben sucht er nach einem neuen Miteinander
mit einem neuen Partner: die Flucht von Julika zur Sybille löst
aber seine Angst nur für kurze Zeit; nachher beherrscht auch die
"neue" Beziehung die Gewöhnung; es folgt eine neue Erfahrung:
auch mit einem anderen Partner kann man sich selbst wiederholen.
So kommt die Flucht in eine neue Identität: White. Das neue Rol-
lenspiel erweist sich jedoch aber auf die Dauere ebenfalls nicht
als Lösung. Daher wieder eine gänzlich neue Konstrukititon, die
bei genauerer Betrachtung die Variation der bisherigen darstellt: Miteinander-Versuche zwischen Stiller-Julika; Stiller-
Sybille waren mißlungen, ebenfalls zwischen White und Frauen, so
folgt jetzt die reizende Kombination zwischen White (also dem
neuen Ich) und Julika (dem alten Partner). Die vage Hoffnung auf
ein gelungenes Miteinander in der neuen Konstruktion scheint
sich am Anfang erfüllt zu haben: da sich White große Mühe gibt
Stiller keinesfalls zu wiederholen, kann er Julika lebendig begegnen, frei von den von Stiller kreierten festen Urteilen über
sie: er erkennt, daß Julika nichts "mit der öden Geschichte",
die Stiller protokolliert hat, zu tun habe; als White verliebt
er sich also in dieselbe Julika, die er als Stiller für Hindernis bei seiner Selbstverwirklichung hielt. Jedoch wird auch diese Aufstellung auf die Dauer nicht zu halten: Obwohl er seine
Stiller-Identität mit voller Kraft leugnet, und daher der Falle
der Gewöhnung und Wiederholung auszuweichen glaubt, kommt die
alte Öde zwischen den beiden wieder:

> "Gegenüber Frau Julika, der Gefährtin von vorher, war es
> am allerschwierigsten, verständlicherweise, die Versuchung
> am größten, in alte Ängste und zerstörerische Verwirrungen
> zu verfallen, weniger weit zu sein, als Stiller es doch

tatsächlich, anderen Menschen gegenüber, bereits war. Eine gemeinsame Vergangenheit ist keine Kleinigkeit...«157

Stiller bemüht sich, sich selber nicht zu wiederholen. Kürmann in »Biographie« bekommt die Möglichkeit, sein Leben bzw. gewisse Kapitel seines Lebens zu wiederholen. Er hat dabei die Chance der neuen Wahl: er kann also an seiner Biographie nach Wunsch ändern. Trotz seiner Bemühungen anders zu handeln als früher, verfällt er immer erneut der Wiederholung. Er hat zwar die Ein- sicht, das Bedürfnis nach Änderung; jedoch glaubt er gar nicht an die Möglichkeit eines anderen Lebens: auch bei ihm lautet die diesmal verräterische Formel: »Ich kenne das!« Er weiß nämlich schon im voraus, was folgt. Kein Wunder, daß er mit dieser Erfahrung beladen keine Lust mehr zu einer glei- chen oder ähnlichen Erfahrung hat.

»Ich kenne das« aber immer wieder nicht nur Kür- mann, sondern auch Gantenbein. Sogar Katrin in »Triptychon« meint diesen Satz, wenn sie sagt: »Es ist wieder April« oder »Langsam weiß man es, Xaver, es kommt nichts mehr dazu«158

Dieses Ermüdetsein vom häufigen Wiederholen, die Abgenutztheit und Verbrauchtheit der Erlebnisse durch Wiederholungen, ist ein Epitheton in Frischs Welt: in allen Sphären des Lebens erfolgt die Abstumpfung, wenn etwas allzu oft wiederholt wird. Frisch spricht nicht nur vom Privatleben des Menschen; sein Blickfeld gilt auch anderen Erscheinungen in bezug auf diese Problematik, wie etwa politischen:

»Demonstration am Times Square: gegen denselben Krieg mit denselben Transparenten wie im letzten Frühjahr, aber der Aufmarsch ist kleiner. [...] Die Polizei, zwar zahlreich und ausgerüstet mit Helm und Knüppel und Radio, sagt ge- lassen zur Majorität: KEEP MOVING. [...] Das Mittel der Demonstration ist verbraucht.«159

Auch in der Politik interessiert Frisch vor allem das Mensch- liche; was den Einzelnen betrifft: das Mittel der Demonstration ist verbraucht, weil die Menschen gleichgültig wurden – der Vor- gang zeigt erstaunliche Verwandschaft mit bereits interpretier- ten Mechanismen menschlicher Beziehungen:

1. apatischer Zustand – man entschließt sich, gegen die

Gleichgültigkeit der Menschen aufzulehnen - man demonstriert, um die Leute aufzurütteln;

2. Reiz des Neuen als Mittel gegen Apathie - man erreicht mit der Demonstration, was man wollte: viele hat hat man aus ihrer Apathie herausgeholfen, aktivisiert, bewegt;

3. Reizlosigkeit des Wiederholten - erneuertes Verstumpfen - gegen demselben Krieg mit denselben Transparenten: es wirkt nicht mehr; die gleiche Demonstration, aber jetzt ohne den Reiz des Neuen, jetzt also nur noch als Wiederholung; - man ist wieder beim Ausgangspunkt;

Wiederholung, wie sie auf die Masse wirkt. Vor allem aber interessiert Frisch das Einzelne: wie er in seinem Leben mit diesem Herumdrehen fertig wird: "Es gibt nichts, was wir einander nicht schon gesagt haben"[160] -meint Antoinette in "Biographie", Schinz in der "Skizze"[161] Katrin und Francine in "Triptychon"[162], ein "Freund" von Blaubart[163] und noch zahlreiche andere Frisch-Helden, die es zwar auch für sich selbst nicht so explizite formulieren, sich trotzdem mit diesem Problem abplagen. Antoinette charakterisiert mit diesem Satz sehr zutreffend ihr Verhältnis mit Kürmann: ihre Beziehung besteht nur noch aus der Wiederholung des schon Gesagten, Gehandelten. Selbst in der Konstruktion des Stückes, die bezeichnenederweise auf die Wiederholung gewisser Akten ihres Lebens baut, kommt dies deutlich zum Ausdruck. Aber auch Kürmann als Ich ist mit diesem Satz genauso treffend charakterisiert wie ihr Verhältnis. Denn Antoinette verträgt offensichtlich besser die Wiederholung als Kürmann: sie findet Kürmanns Spieluhr, die ein Symbol der mechanischen Wiederholung verkörpert, spannend:

> "Spieluhren faszinieren mich: Figuren, die immer die gleichen Gesten machen, sobald es klimpert, und immer ist es dieselbe Walze, trotzdem ist man gespannt jedesmal..."[164]

Als sie die Szene das zweite Mal spielen, erwidert Kürmann auf Antoinettes Bemerkung das vielsagende: "Ich weiß." Er weiß, daß man sich immerwährend wiederholt. Er weiß, daß man trotz dieses Wissens immer neu beginnt. Er weiß wahrscheinlich auch, daß Frauen diese Wiederholung nicht in dem Grad stört, wie Männer, wie ihn selbst. Das Gegenteil dieses Standpunktes finden wir im "Triptychon": dort ist der Frau, Katrin die Wiederholung über-

drüssig geworden, nicht aber ihrem männlichen Partner, Xaver -
es geht also doch nicht um eine geschlechtsspezifische Eigen-
schaft, obwohl Frisch manchmal doch zu dieser Konsequenz kommt:
denken wir nur an Svobodas Überlegungen im "Gantenbein"-Roman:

"Der naturhafte und durch keine Gleichberechtigung tilgba-
re Unterschied zwischen Mann und Frau bestehe darin, daß
es immer der Mann ist, der in der Umarmung handelt. Er
bleibt er selbst, und das weiß die Frau; sie kennt ihn.
Sie will gar nicht wissen, was sie erraten kann. Umgekehrt
weiß der Mann keineswegs, wie eine Frau, wenn sie weg
geht, in der Umarmung mit einem andern ist; er kann es
überhaupt nicht erraten. [...] Darauf beruht die Großmut
der gescheiten Frau, ihre unerträgliche Großmut, die uns
an unsere Begrenztheit erinnert."[165]

Nicht nur daß der Mann sich seiner immer gleichen Handlung bewußt sein muß, nicht nur daß er daher Angst hat zu keiner Erneuerung fähig zu sein: was ihn wohl am meisten stört: daß die
Frau im Gegenteil zu ihm zu Erneuerung fähig ist und daher ihm
überlegen. Antoinette kann ja auch im Bewußtsein der Wiederholung ganz gut zurechtkommen: ohne sich krampfhaft gegen den Wiederholungszwang zu wehren. Kürmann nicht. Antoinette ist sogar
von Wiederholungen fasziniert. Kürmann macht Wiederholungen nervös; schon sein Wissen um die Wiederholung verdirbt ihm die ganze Freude am Leben: es vermag sogar seine Lust am Beginn einer
Beziehung zu zerstören. Kürmann reagiert sehr übersensibel, wenn
er sich dabei ertappen muß, schon wieder einmal die gesagten
Worte zu sprechen; er erträgt es nicht, er kann sich damit nicht
abfinden. Ihn stört in dem Maße, daß er jeweils weiß, "wie es
weitergeht", daß er sich durch den Schub auf seine Frau von diesem Komplex befreien will: seine Antwort auf die Frage, warum er
geschossen hat, wimmelt von Hinweisen auf diese seine Not:

"Meine Frau sagte, DAß SIE NACHMITTAGS IN DER BIBLIOTHEK
SEIN WERDE, oder SIE WAR IM BEGRIFF DAS ZU SAGEN, und DA
ICH DIESEN SATZ SCHON KANNTE und da er mir verleidet war,
schob ich sozusagen auf diesen Satz, UM IHN NICHT WIEDER
ZU HÖREN..."[166] (Hervh. von Zs.B.)

Wiederholung ist also bei Kürmann zu einem Komplex geworden;
sie macht ihn krank. Er meint sein Leben durch Wiederholung ver-

fehlt zu haben. Die eine Seite ist natürlich, daß er sich nicht ohne Gründe vor allerlei Wiederholungen scheut. Andererseits jedoch lösen seine Angst vor Wiederholung und sein Erschrecken darüber einen Krampf in ihm heraus: er redet sich in all das dies so fest hinein, daß dann seine Erfahrung nun wirklich nicht anders ausfallen kann, als Wiederholung der früheren, wie es der Registrator im Stück bemerkt:

> "Darf ich Ihnen sagen, was für einen Fehler Sie machen und zwar von Anfang an. Kaum sehen Sie eine junge Frau in diesem Zimmer, eine Unbekannte, denken Sie an eine Geschichte, die Sie schon erfahren haben. [...] Sie verhalten sich nicht zur Gegenwart, sondern zu einer Erinnerung. Das ist es. Sie meinen die Zukunft schon zu kennen durch Ihre Erfahrung. Drum wird es jedesmal dieselbe Geschichte."[167]

Kürmanns Angst vor Wiederholung treibt ihn zu der nächsten Wiederholung. Sein Krampf, daß er sofort an eine frühere Erfahrung denkt, hindert ihn einer neuen Erfahrung gegenüber offen zu sein. So wiederholt er zwangmäßig immer dieselben Geschichten. Wiederholung ist dabei eindeutig als die Wiederholung des Verfehlten verstanden. Nur das Langweilige läßt sich wiederholen, das Alltägliche. Nicht aber das Neue, das Reizende, denn alles ja nur einmal neu und daher nur einmal reizend sein kann. Nach einer Wiederholung ist der Zauber des Glücks gebrochen: man weiß, was nachher folgt und dieses Vorauswissen unterdrückt die Freude am Erlebnis: man ist nicht mehr fähig unbekümmert zu erleben. Die vorherige Erfahrung - auch wenn sie eine positive war - stört. Eine Wiederholung des Glücks ist ja nach Kürmanns Auffassung gar nicht möglich:

> "... unsere Gespräche, unsere glücklichen Gespräche ... Wie soll man das wiederholen, wenn die Geheimnisse verbraucht sind?- wenn das Ungewisse verbraucht ist, der Sog der Erwartung von Augenblick zu Augenblick [...] Wiederholen Sie einmal eine Freude, wenn Sie schon wissen, was darauf folgt!"[168]

Wiederholung, die die Freude am Leben verdirbt, die keine Hoffnung auf ein "Anderssein" zuläßt, die einem das Geheimnis der Zukunft beraubt, die sogar die Liebe zu einem lustlosen Mechanismus zu verwandeln fähig ist: also Wiederholung, die das

Leben, das Lebendige tötet.

"MECHANIK IN DEN MENSCHLICHEN BEZIEHUNGEN"

Lebendige menschliche Beziehungen können Frischs Helden nicht auf Dauer halten. Gewöhnung, Alltag, die kleinen Wiederholungen der Worte und der Geste, der Taten und der Vorkommnisse verdrängen die Lebendigkeit und es entsteht unaufhaltsam eine Mechanik: etwas Lebloses also. "Ich kenne das" hören wir nicht nur von Kürmann, sondern auch von Gantenbein, von Homo Faber oder von Hotz: Frischs Männerfiguren haben die Erfahrung gemacht, daß sich alle menschlichen Beziehungen mit der Zeit verbrauchen. Diese Erfahrung macht sie skeptisch: sie haben keine Erwartungen mehr einer neuen Beziehung gegenüber.

Aus Angst vor der unausweichbaren Mechanik, der zwangsläufigen Wiederholung der Erfahrungen versucht auch Enderlin der Falle der "Liebe" zu entkommen: er sitzt mit einer fremden Frau in einer Bar und ist darum bemüht, möglichst schnell wieder allein zu sein: Einsamkeit als Schutz vor dem wiederholten Scheitern des Miteinanders. Frisch greift hier wieder auf seine beliebte Methode der Spaltung des Ichs zurück: auf der einen Seite das besonnene, erfahrene bewußte Ich, das keine Geschichte will, keine Zukunft mit der fremden Frau; auf der anderen Seite jedoch will der andere Teil des Ichs auf die Geschichte eingehen: er will dem Reiz des Augenblicks nicht entsagen. Raffiniert ist diese Spaltung konstruiert, denn auch das Gemeinsame der sich in recht gegensätzliche Taten realisierenden Absicht ist nicht zu verkennen: der eine Teil entsagt der Beziehung, um nicht das zwangsläufig in Langeweile mündende Ende der Geschichte erleben zu müssen, der andere Teil meint eben mit dem Zauber einer neuen, reizvollen Geschichte mit der Frau dieselbe Langeweile vertreiben zu können.

Denn wie könnte man die Langeweile vertreiben, wenn nicht mit dem Zauber einer neuen Erfahrung. Man flieht aus der Langeweile in die Liebe mit dem Bewußtsein, daß sie sich mit der Zeit wieder in Öde verwandeln wird. Dieses Bewußtsein verdirbt aber die Freude an dem Neuen. Es bleibt nichts anderes übrig, als sich von Anfang an gegen jede Wiederholung zu verschwören. Indem aber Enderlin bemüht ist, der Frau seine Ansichten über Ehe bzw. über die Notwendigkeit dieses Schwures klarzumachen, fällt er selber dem Zauber des Spieles, das die düstere Zukunft einer möglichen Beziehung vorauswerfen soll, zum Opfer:

> "Oder: Du und ich. Oder! Du hast gewußt, daß wir einander verlassen werden, und ich habe es gewußt. Sie raucht dazu, sie versteht, daß er in Anführungszeichen redet, und raucht vor sich hin [...] Man ist nicht verliebt, o nein, das ist klar. Aber das Spiel mit dem Du hat eine Erfahrung eingebracht, die das Gespräch etwas verändert, und das ist mit dem Sie nicht rückgängig zu machen. [...] Das Sie, wie streng man es fortan auch wahrt, hat einen Zauber bekommen, der die Langeweile verscheucht."[169]

Wie die Mechanik entsteht, läßt sich anhand Frischs Geschichten als eine in sich zurückkehrende Kurve darstellen:

a, Langeweile treibt zu einer "reizenden" Erfahrung, die die innere Leere auszufüllen habe;

b, Anfang einer Erfahrung: Reiz, Geheimnis, Hoffnung auf Zukunft, Sehnsucht etc.

c, Erfahrung: Mechanik in der Entwicklung begriffen

d, Ende der Erfahrung: Erfüllung = Leere, Öde Mechanik in voller Entfaltung = verkalkte Gewohnheiten

Ergebnis: 1. Angst vor Wiederholung

2. Flucht vor der Öde in eine neue Erfahrung = Anfang des nächsten Kreises (immer skeptischer)

Frischs Don Juan lebt auch mit dieser Angst; auch ihm bleibt aber nichts anderes übrig, als in eine Beziehung zu flüchten. Ihm wurde aber diese Beziehung mehr aufgezwungen, als Enderlin, so reizt ihn sie nicht am wenigsten. Im Grunde genommen besteht aber auch für ihn die Wahl zwischen den zwei "Schlechten": entweder lebt er weiter sein "Don Juan-Leben", was die mechanische, lustlose Wiederholung von Geschichten mit Frauen und daher keine Zukunft, keine neue Erfahrung bedeutet; oder aber befreit er sich von seiner "Don Juan-Rolle". Es geht aber nur mit der Annahme einer Beziehung: insofern beginnt er sein neues Leben mit dem vollen Bewußtsein der erneuten Wiederholung dessen, was er zu vermeiden versuchte. Öde und Langeweile waren Triebkraft sei-

nes "Don-Juan-Lebens" früher, als er nicht das neue Abenteuer
suchte, nicht auf Erlebnis hoffte, sondern sich mit seiner Rolle
abgefunden keinen Ausweg sah:

"Wie machte es ihm Spaß, deinem lieben Juan, dich zu vergessen in dieser Finsternis ohne Namen und Gesicht, zu töten und zu begraben, was sich als kindisch erwiesen hat,
und weiterzugehen. Was willst du von ihm, der bloß noch
lachen kann? Und dann, wie alles so öde war und ohne Reiz
- es war nicht Hoffnung, was ihn in die letzte Kammer
lockte [...] O ja, die Unterschiede sind zauberisch, doch
währt ihr Zauber nicht lang, und in unseren Armen sind alle so ähnlich, bald zum Erschrecken gleich..."170

Auch hier hat Öde mit Wiederholung zu tun: beide bedingen einander. Don Juan verführt die Frauen aus Verzweiflung. Das Ergebnis ist erschreckenderweise das gleiche, wie wenn er eine Frau
aus Liebe verführt hätte: die leblose Mechanik steht bei jeder
Beziehung als drohende Gefahr da. Die Erfahrung, daß es kein
Glück auf Dauer gibt, daß das Lebendige sich mit der Zeit ins
Leblose verwandelt, daß es eine Erfüllung, wie es geträumt und
gewünscht wurde nicht gibt - verursacht die Not von Frischs Männer:

"Hinter jedem Don Juan steht die Langeweile, wenn auch mit
Bravour überspielt, die Langeweile, die nicht gähnt, sondern Possen reißt; die Langeweile eines Geistes, der nach
dem unbedingten dürstet und glaubt erfahren zu haben, daß
er es nie zu finden vermag; kurzum, die große Langeweile
der Schwermut, die Not eines Herzens, dem die Wünsche ersterben..."171

Kürmanns Angst vor Wiederholung bedeutet auch eine Angst vor
dem Ersterben der Lebendigkeit der Liebe: die Geschichte, die er
mit Antoinette hatte, scheint ihm in seiner Biographie nicht
notwendig gewesen zu sein . Natürlich erst nachher. Nachdem er
das Ende der Geschichte kennt: "Es mußte nicht sein" -wiederholt
er immer weniger überzeugt, weil er langsam zu merken oder wenigstens zu ahnen beginnt, daß er Antoinette auch bei einem Wie-
derleben seiner Biographie zum Teil seines Lebens macht. Unbewußt zwar, sogar trotz seinem festen Entschluß, ihr gar keine
Rolle in seiner Biographie zu geben:

"Es mußte nicht sein" sagt Kürmann und er glaubt auch daran, daß es auch anders hätte kommen können. Die Erfahrung zeigt aber das Gegenteil: er wiederholt sein damaliges Verhalten. Er verfügt zwar über eine Erfahrung, aus der er die Konsequenz gezogen hatte, lieber ohne Antoinette zu leben, diesen Plan kann er aber nicht verwirklichen. Er sieht: wenn Antoinette schon auf der Bühne seines Lebens erschienen ist, verwickelt er sich auf jeden Fall in eine Geschichte mit ihr. Mag er also theoretische Einsichten haben, verfällt er doch immer wieder dem Zauber einer Langeweile vertreibenden Beziehung. Er verliebt sich erneut in Antoinette. Er kann nichts dagegen. Er meint seine Geschichte früher, vor dem Treffen mit Antoinette ändern zu müssen, um diese "idiotische" und "überflüssige Geschichte"[172] zu vermeiden. Dieser Versuch der Änderung scheitert aber genauso, wie die anderen. Offensichtlich steht Antoinette - oder allgemeiner: die Frau - im Mittelpunkt seiner Biographie, seines Lebens. Als es auch von anderen gemerkt wird, verbittet er es sich: er will die Rolle der Frauen in seinem Leben als nicht so wichtig erkennen, weil er gerade vor einer Geschichte mit einer Frau - die in seinem Leben die einzigwichtige menschliche Beziehung ist - Angst hat:

> "Wofür halten Sie mich eigentlich? Als gehe es hier um die Wahl von Weibern! Wenn ich schon die Genehmigung habe, dann überhaupt keine Geschichte mit einer Frau"[173]

Dabei hat jeder Frisch-Held Geschichten mit Frauen. Auf jeden Fall aber erscheinen diese Geschichten mit Frauen für die Männer meistens als Belastung. Können oder wollen sie sich eine neue Geschichte wählen - wie z.B. Stiller oder Kürmann - entscheiden sie sich ganz sicher wieder neben der Frau, die sie früher als Belastung empfanden und auch später als solche empfunden werden. Sind die Frauengestalten nun im Frischs Oeuvre letztenendes als Hilfe zum wirklichen Leben oder aber als Hindernisse auf diesem Wege, als zurückziehende Kraft in das alte Leben, zu dessen Überholen der Frisch-Protagonist bereit ist?

Um gleich die Antwort hierauf vorwegzunehmen: paradoxerweise bekommt die Frau im Frischs Werk beide Rollen: sie steht mit ihrer Lebendigkeit, mit ihrer Efeu-Artigkeit (daß sie nämlich immer wächst, sich immer weiterentwikkelt, also nicht langweilig ist wie ein Mann), mit ihrer Wandlungsfähigkeit als Kontrast zu der "Begrenztheit" des Mannes und überhaupt mit ihrem fraulichen Reiz als Gegenstück zum Mann und damit eine Möglichkeit zur Erneuerung für den von seiner Begrenztheit und Erstarrung leidenden Mann.174 Diese Rolle wird der Frau immer am Anfang ihrer gemeinsamen Geschichte zugeschrieben; meistens also vor der Erfüllung, als die Geschichte - und die Frau selbst - noch den Reiz des Unbekannten, des Neuen hat und den Mann mit Hoffnungen und Sehnsucht erfüllt. Die andere Rolle der Frau zeigt das Gegenteil: ihre Unlebendigkeit, ihre Erstarrtheit machen den Mann ohnmächtig; er fühlt sich in der öden Atmosphäre ihrer mechanischen Beziehung zu ersticken. Die Tatsache, daß die beiden Rollen sogar meist dieselben Frauen bekommen, kann wohl mit Frischs Scheu vor endgültigen Festlegungen zusammenhängen: nichts liegt ihm fremder als Behauptungen wie etwa 'so sind wir Männer' oder 'so seid ihr Frauen'. Den Autor reizt offenbar weniger wie man ist als vielmehr was man sein könnte: in diesem Sinne liegt der Akzent auch bei der zwielichtigen Darstellung der Frau mehr auf der Frage nach der Wandlungsfähigkeit des Menschen. Außerdem entspricht diese Themenstellung ebenfalls der bereits diskutierten Eigentümlichkeit Frischs Werkes: es geht nämlich auch diesmal primär nicht um die Frau, sondern vielmehr um den Mann: wie er sie empfindet, welche Rolle er ihr aufzwingt, was ihn an der Frau reizt oder aber langweilt.

Stillers Julika hat etwas "Maskenartiges", "eine fixierte Mimik von Erstaunheit", sie ist "einer Mumie sehr ähnlich".175 Der Autor spielt auch diesmal mit den möglichen Variationen: auch die Vermutung läßt er aufkommen, daß sie bloß Stiller in diese Erstarrheit verwandelte: denn er sieht sie als bewegungsloses, starres Wesen, von dem keine Dynamik ausgeht; er zwingt ihr die Rolle einer Mumie auf. Er verwandelt sie in Kunst: "Es war ein Kopf auf einem langen, säulenhaften Hals, eher eine Vase als eine Frau, seltsam..."176 Stiller macht aus seiner Julika etwas äußerst "Unlebendiges" - wenn man den Akt ihrer Verwandlung durch Stiller in ein Stück Stein, in ein Ding so interpretieren will. Nach Stillers Verhalten ist jedoch darauf zu schließen, daß

"es sich wirklich nur um eine schöne, seltsame, tote Vase [handelt], womit Stiller verheiratet war, um ein Etwas, das nur vorhanden war, wenn er daran dachte..."177

Es ist aber dieselbe Julika, in die sich Stiller auch als White verliebt: sie erscheint ihm - als Außenstehender betrachtet, also unabhängig von Stillers Vorstellungen und Festlegungen über sie - als eine Frau, die einen unerwarteten Reiz hat", er findet sie "bezaubernd", die "Neugierde nach der Erfahrung, die hinter ihr steht", erweckt. Sie hat sogar einen Zug der Lebendigkeit, was ja Stiller - und auch andere Frisch-Helden- mehr als alles bezaubert:

> "... ihr Gesicht, von stiller Bestürzung etwas entlarvt und schöner als zuvor, lebendiger, so daß eine Begegnung, meint man, möglich sein müßte, eine Begegnung in Wahrheit..."[178]

Die Lebendigkeit einer anderen Frau (Sybille) hat Stiller damals fasziniert, bzw. der Schwund dieser Lebendigkeit und parallel damit der Einbruch der leblosen Mechanik hat dann ihr Verhältnis zerstört.

Philipp Hotz, seit Jahren verheiratet, lebt in einer Ehe, die "geht", in der Dorli, seine Frau "glücklich" ist[179] und Hotz tut lange, als mache er mit: er beherrscht sich. Er zeigt nicht seine Wut. Sie leben, als ob alles in Ordnung wäre. Und dabei ist auch ihre Ehe von der vollkommenen Erstarrung gefährdet: sie können einander nichts mehr außer Wiederholung geben; Dorli kennt schon Hotz` Theorie von der Ehe auswendig, auch Hotz kennt Dorlis Meinung dazu, trotzdem können sie nicht auf ihr - beiden schon langweiliges - Gespräch darüber verzichten. Sie hegen ein oberflächliches Verhältnis, in dem ein jeder den anderen zu kennen meint und daher sich keine Bemühungen mehr macht, den anderen richtig kennenzulernen. So reden auch sie aneinander vorbei: was immer sie auch sagen mögen, die schon verfestigte Meinung hindert daran, das Gesagte wahrzunehmen.

In einer mechanischen Beziehung passen aber nur mechanische Verhalten: als Hotz sich einmal ungewohnt benimmt und sich zu einer radikalen Wandlung entschließt - die nicht einmal er sich selbst getraut hat - nimmt Dorli überhaupt keine Kenntnis von seinem Entschluß. Die Szene ist absurd: Hotz entschließt sich zu der "größten" Tat seines Lebens, aber nur um Dorli zu überzeugen, daß er dazu fähig ist. Er spielt also ausschließlich für Dorli, die ihn aber einfach nicht wahrnimmt. Die Absurdität der

Lage wird noch dadurch gesteigert, daß Dorli nach einem in ihrem
Leben ungewöhnlichen, beide sehr aufregenden Streit sich ruhig
hinsetzt und - als ob nichts geschehen wäre - in ihren gewohnten
Alltag zurückfällt; damit ist die Mechanik nach einer kurzen Un-
terbrechung wieder im Gang: nicht Dorli spricht zu Hotz, sondern
eine Platte, die wieder aufgelegt wurde: die Gewohnung, die Mechanik. Der alte Ton wurde problemlos wiedergefunden. Die Maschinerie funktioniert reibungslos: man spricht, glaubend, daß
man den anderen kennt und dabei nimmt man den lebendigen, gegenwärtigen Menschen nicht einmal wahr. Die Umgangsart ist unabhängig von der Wirklichkeit, von dem "Du", sie bezieht sich auf ein
Bildnis. Während sich Hotz bemüht, die Radikalität seines Entschlusses Dorli zur Kenntnis zu bringen, merkt sie seine Entschlossenheit überhaupt nicht. Frisch steigert die Komik
meisterhaft: als Hotz angezogen, den Koffer in der Hand sich
schon mehrmals mit einem "Lebwohl" und "Ich geh' jetzt" verab-
schiedete - ohne die geringste Wirkung, denn Dorli läßt ungestört
und begreift nichts von Hotz Entschlossenheit - scheint plötzlich der Satz doch zu wirken:

Hotz: "Ich geh jetzt." Sie erschrickt.

Dorli: "Du-!..." Hotz tritt vor sie hin.

Hotz: "Ich geh jetzt." Sie starrt ihn an.

Dorli: "Du, jetzt hab ich die Tomaten vergessen!"[180]

- stellt sich der Grund Dorlis Unruhe heraus. So viel Gleichgültigkeit kann nicht einmal Hotz ertragen: jetzt hat er wirklich keine andere Wahl, als zu gehen - vergebens hat er auf ein
zurückhaltendes Wort gewartet. Und er geht, und zwar in die
Fremdenlegion.

Dorlis Nicht-begreifen-wollen bzw. Nicht-wahrnehmen-wollen erinnert an Rolfs Blindheit in "Stiller": seine Frau Sybille kommt
nach Hause - von ihrem ersten Rendezvous mit Stiller. Ihre Veränderung ist ihr auf den ersten Blick anzusehen, Rolf merkt jedoch nichts. Sein gewohnter Umgang mit Sybille, der sich nicht
auf die gegenwärtige, lebendige Sybille bezieht, sondern auf
"seine" Sybille, auf das Bildnis Sybille, läßt ihn nicht die
sich veränderte, vor ihm stehende Sybille wahrnehmen. Er stellt
die übliche Frage "Was gibt es Neues?" aber nicht weil er mit

etwas Neuem rechnet, sondern aus Gewöhnung: beim Erblicken seiner Frau setzt sich in ihm ein Mechanismus in Gang, und er
funktioniert unabhängig von den wirklichen Verhältnissen, gemäß
dem eingeübten Spiel; und meistens geht es wirklich: Sybille ist
die gleiche, Rolf ist der gleiche - natürlich ist dann auch ihr
Zusammensein das gleiche. Nur daß diesmal Sybille nicht an dem
bewährten und sonst automatisch-perfekt funktionierenden Spiel
teilnimmt. Den Defekt verursacht, daß Rolf die Wandlung seines
Spielpartners nicht wahrnimmt. Er bringt seine gewöhnliche Haltung. Die Jämmerlichkeit ihres seit Jahren reibungslos funktionierenden Spieles kommt erst jetzt zutage:

> "ungläubig, daß ein Mann so wenig spüren würde. Es war
> fast etwas komisch. [...] Sybille glaubte nun einfach in
> Tränen auszubrechen, aber auch das merkte er nicht, son-
> dern erzählte von der rasanten Verarmung des britischen
> Empire..."[181]

Dorli, die ihre Tomaten sucht, während ihr Mann sich in dem
erbarmungswürdigsten Zustand den es gibt befindet und Rolf, der
über die Verarmung des britischen Empire einen Vortrag hält,
während Sybilles Glück mit einem anderen "durch alle Wände"
schreit:[182] die Verwandtschaft der beiden Haltungen ist unver-
kennbar; die gemeinsame Formel heißt Mechanik.

Mechanik in den menschlichen Beziehungen heißt bei Frisch:
einander, das wirkliche Ich des Anderen nicht wahrzunehmen, sondern sich mechanisch, sich nach dem Klischee gutbewährter Modelle dem Anderen gegenüber zu verhalten. So eine Mechanik hindert
auch bei Stiller und Julika das Zustandekommen eines richtigen
Miteinanders. Stillers ist nach seiner Wandlung zwar bereit, die
wirkliche Julika wahrzunehmen bzw. sich nicht von Stillers Bild
über Julika beeinflussen zu lassen; während aber Julika in Stiller-White nur den alten Stiller zu sehen vermag:

> "Ich [Stiller] fand es nun ebenfalls traurig, daß zwei
> Menschen, obzwar sie einander gegenübersitzen, Aug in Au-
> ge, einander nicht wahrzunehmen vermögen..."[183]

Wie Rolf Sybilles Veränderung bzw. Julika Stillers Veränderung
nicht wahrnimmt, weil sie gewohnt sind, auf eine andere Sybille
bzw. auf einen anderen Stiller zu reagieren; wie sie das wirkliche Verhalten ihrer Partner, ihre wirklichen Gefühle und Empfin-

dungen nicht merken d.h. auf den gegenwärtigen, vorhandenen Menschen nicht sensibel genug reagieren - wie ein defekter Funkemp-
fänger, der nicht auf die gesendeten Impulse reagiert - genauso
"defekt" ist auch Sturzeneggers "Empfänger" für die von dem ver-
wandelten Stiller-White gesendeten Reize: Sturzeneggers Verhalten ist eine Summe von Gewohnten, und daher automatisierten
Reflexen auf das Verhalten des ehemaligen Freundes, der aber
nicht mehr existiert.

Die aufgezeichneten Beispiele für die jeweils mißlungenen Miteinander zwischen Menschen, die einander nicht wahrnehmen, sind
auch unter der Lupe der Identitätsproblematik deutbar: es sind
ja alle verzweifelte Versuche, sich von dem Anderen wahrnehmen
zu lassen. Und zwar so wie man ist. Was daran jeweils hindert:
die Mechanik in ihren Beziehungen, die das Zustandekommen eines
wirklichen gemeinsamen Lebens, einer wirklichen Diskussion zwischen Mann und Frau, das Zustandekommen bzw. Aufrechterhalten
jeglicher lebendigen menschlichen Beziehung stört.

Den Staatsanwalt in "Graf Öderland" stört die Öde seines Lebens. Er fühlt aber nicht nur in der Gewöhnung seiner Lebensweise zu ersticken, sondern auch in der Mechanik seiner Ehe: betont
ist ihre äußerst leblose Beziehung zueinander bereits am Anfang
des Stückes; es ist wohl nicht verfehlt, wenn man also diese An-
fangsszene bzw. darin das Gespräch des Staatsanwalts mit seiner
Frau - das die leblose, erstarrte Atmosphäre ihres Verhältnisses
zueinander spüren läßt - als Ausgangspunkt deutet: als Ursache
eines sonst schwer verständlichen Mordes.

Der Staatsanwalt ist einsam - auch wenn seine Frau zugegen
ist. Er scheint es wohl zu wissen: er beharrt nicht auf ihr
"Schein-Zusammensein" - die Nacht verbringt er nicht im Schlaf-
zimmer, nicht mit der Frau (kein Versuch mehr zum Miteinander),
sondern allein in seinem Arbeitszimmer "in Gedanken verloren"[184]
Elsa kommt ihr nach, und ihr Gespräch zeigt deutlich, wie sie im
Grunde genommen nichts miteinander zu tun haben, außer daß sie
Mann und Frau sind in einer Ehe, die aber längst schon tot ist.
Sie sprechen nicht miteinander, sondern bloß zueinander. Es wer-
den aber nur stereotype Fragen gestellt und Antworten gegeben.
Elsa interessiert in der Wirklichkeit überhaupt nicht, was der
Staatsanwalt mitten in der Nacht in seinem Arbeitszimmer macht.
Ein Gespräch mit ihm ist auch nicht ihre Absicht: sie gähnt, so-

bald der Saatsanwalt redet. Auch sie hat dem Staatsanwalt gar
nichts zu sagen, außer "Was ist los" "Wieso schläfst du nicht"
"Es ist zwei Uhr vorbei". Was sie trotzdem aus ihrem Bett trieb,
ist Gewöhnung: nicht aus wirklicher Neugierde, nicht aus Besorg-
nis sagt sie "Du arbeitest zuviel" - es ist nur die Mechanik in
ihrer Beziehung, die das sagt. Sie reden aneinander vorbei: ihr
"Gespräch" wimmelt von Sätzen, wie:

> "Ich weiß nicht, wovon du redest" "Was willst du damit sa-
> gen?" "Hörst du nicht, was ich sage?" "Ich verstehe dich
> nicht, Martin. " "Wieso bist du nicht jung gewesen?" "Ich
> kann dir nur immer das gleiche sagen-"[185]

Sie haben also einander nichts Neues zu sagen, genau wie das
Paar Kürmann - Antoinette (" Es gibt nichts, was wir einander
schon nicht gesagt haben") oder der Mann in "Skizze": "Es gibt
nichts zu sagen".[186] In der "Skizze" im Tagebuch 1966-1971 geht
es jedoch nicht nur um die "Abgenutztheit" einer Liebesbeziehung, sondern mehr umfassender: um die Mechanik in den menschlichen Beziehungen. Es gibt überhaupt nichts mehr zu sagen,
niemandem. Es wird von einem Mann erzählt, dessen Lebenserfahrung in dem zitierten knappen Satz sich umreißen läßt. Kommt er
mit Leuten zusammen, muß er stets merken, wie viel die anderen
reden können und wie er sich selbst immer mehr vor dem Reden
scheut. Dies wird zu seinem unbewältigten Lebensproblem: er kann
damit nicht fertig werden. Die Kluft zwischen dem "stummen"
Protagonisten und der sprachfertigen und redseligen Welt wird
immer unüberbrückbarer, bis er sich schließlich das Leben nimmt.

Abgesehen davon, daß seine Erkenntnis, nichts zu sagen zu haben, sich zu einem Komplex auswächst - wohl erst unter dem Druck
des gesellschaftlichen Zwanges, immer etwas sagen zu müssen -
hat seine Einsicht einen durchaus gesunden Zug: dem üblichen
Zwang - nämlich reden, auch wenn es nichts zu sagen gibt - auszuweichen:

> "Gäste, alle reden, es fällt nicht auf, daß er als Gastge-
> ber stets beschäftigt, nicht redet. [...] Nur seine Frau
> ist betrübt: [...]`Hast du denn nichts zu sagen?` Natür-
> lich kann er, wenn er sich zwingt, irgendetwas sagen; nur
> kommt es ihm vor, als habe er schon alles einmal gesagt;
> es interessiert bestenfalls noch die andern."[187]

Auch in »Stiller« geht es nicht nur um die Mechanik einer abgenutzten Liebesbeziehung, sondern auch um eine Mechanik, die
überhaupt in menschlichen Beziehungen beliebter Art alles Lebendige ausschließt. Es wird das Modell des Menschen entworfen, der
sich mit dem tagtäglichen Automatismus seines Lebens zufrieden-
gibt und dabei blindlings nicht wahrnimmt, wie unmöglich sein
sonst in der Welt für normal und gewohnheitsmäßig geltendes Verhalten in der Wirklichkeit ist.

White wird u.a. in der Szene seiner Begegnung mit einem alten
Freund Stillers - Sturzenegger - deutlich mit Stiller konfron-
tiert. Nicht ohne Selbstironie muß er feststellen, daß lebendige
Menschen sich mit solch unlebendigen Beziehungen, wie die zwischen Sturzenegger und Stiller sein mußte, zufriedengeben. Das
Groteske ist dabei: White ist bestürzt über ein oberflächliches,
leeres Verhältnis Stillers Freund zu Stiller: er selbst also,
Stiller-White hat eine solche Beziehung ins Leben gerufen, die
ihn als Stiller noch nicht störte. Erst jetzt, nach einer von
Stiller unabhängigen Betrachtungsweise spürt er die inhaltslose,
reflexartig funktionierende Mechanik: Sturzenegger spricht zu
dem gemeinten Stiller und merkt dabei nicht, daß d e r Stiller
nicht mehr existiert. Es ist ihm überhaupt ganz egal, ob er gehört wird oder nicht: er redet »in die Leere hinaus« und kann
den »anderen Menschen, der ihn zufällig hört, nicht sehen...«[188]

So kann es natürlich zu keinem wirklichen Gespräch kommen, daher auch zu keiner lebendigen menschlichen Beziehung: wenn man
einander nicht richtig wahrnimmt, erkennt man einander natürlich
nicht. Sturzeneggers Besuch war aber auch nicht darauf
ausgerichtet; er kam als Stillers alter Freund, der sich
verpflichtet fühlte, seinen verschollenen Freund zu besuchen.
Sein Besuch, sein Dasein entspricht nicht dem Wunsch wirklichen
Kontakts mit einem Freund aufzunehmen, sondern bloß
Pflichtgefühl, Gewohnung. Stiller-White, der bemüht ist, all
diese falschen Beziehungen des ehemaligen Stiller objektiv, als
Außenstehender zu betrachten und ihr Wert zu überprüfen, spürt
diese leere Mechanik:

»Einmal mehr spüre ich etwas Unheimliches, eine Mechanik
in den menschlichen Beziehungen, die Bekanntschaft oder
gar Freundschaft genannt, alles Lebendige sofort verunmög-
licht, alles Gegenwärtige ausschließt [...] es funktio-

niert alles, wie ein Automat: oben fällt der Name hinein, der vermeintliche und unten kommt schon die dazugehörige Umgangsart heraus, fix und fertig, ready for use, das Klischee einer menschlichen Beziehung..."[189]

Es ist wohl eine Grundproblematik des Gesamtwerkes von Frisch, wie stark man von Klischees beeinflußt ist.

"GENESIS DER FEINDBILDER" -BILDNIS, KLISCHEE, VORURTEIL

Stiller-White wird am wenigsten von seinem Verteidiger verstanden: dieser ist völlig unfähig, sich in Stillers Lage einzufühlen. Was ihn daran wohl hindert, sind seine versteinerten Vorstellungen über das menschliche Leben, über die Pflichten des Menschen; und daher seine Erwartungen einem jeden gegenüber, sich an die - auch von ihm geheiligten - Vorschriften zu halten. Daher sein Unverständnis Stiller-White gegenüber, der gerade daran arbeitet, sich von den Klischees zu befreien, denen Stiller ergeben war: er will sich von dem Bildnis Stiller befreien, das nicht er selber war, sondern ein Bild von ihm, das die Umgebung entwarf: Freunde, Bekannte, Zeitungen etc.:

"Eines Tages erwachst du und liest es in der Zeitung, was die Welt von dir erwartet. Die Welt! Genau besehen ist es natürlich nur ein freundlicher Snob, der das geschrieben hat. Aber plötzlich bist du eine Hoffnung! Und schon kommen die Arrivierten, um dir die Hand zu schütteln, weißt du, liebenswürdig, aus lauter Furcht wie vor einem jungen David Es ist lächerlich. Aber da stehst du nun mit deinem Größenwahn -"[190]

Und für Stillers Größenwahn ist nicht nur er selbst verantwortlich. Denn nicht nur er hat sich ohne den geringsten Widerstand dem von der Zeitung vertretenen Klischee ergeben, sondern alle. Das Lächerlichtste dabei ist, wie sklavisch man sich einer Meinung beugt, die gründlicher betrachtet nicht viel Wert hat: sie stammt nicht einmal von einem Fachkundigen, nicht einmal von einem Kenner. Diese Meinung, der alle gehorsam folgen, hat gar keine Existenzberechtigung. Sie ist wenn schon nicht tiefgründig, so doch autoritär genug, um sich zu verbreiten. Der nächste Schritt im Prozeß ist die Übernahme der fertigen Ansicht: damit ist sie nicht einmal authentisch - und von nun an existiert die-

se Meinung als Klischee: durch ihren häufigen Gebrauch erweckt
sie den Anschein, als ob sie die Wahrheit besage - mag sie stimmen oder nicht, verfestigt sie sich und wird für WAHRHEIT gehalten. So entstand u.a. das Klischee über den Bildhauer Stiller.

Das Existieren des Klischees ist aber nicht nur für Stiller
ein Nachteil, der es dadurch natürlich mit der eigenen Identität
schwerer hat, sondern auch für die Umwelt: man unterwirft sich
dem Klischee und verliert damit die eigene Beurteilungsfähig-
keit, das Bedürfnis sogar, die Welt authentisch zu erleben,
selbstständig auf ihre Erscheinungen zu reagieren, ständig nach
der Wirklichkeit zu suchen. In erster Linie betrifft es trotzdem
Stiller: das über ihn entworfene Bildnis ist lebensfähiger und
überzeugender als er selbst; die Umwelt hält es für Stiller, bis
Stiller selbst keinen Unterschied zwischen dem Bildnis und seinem ich findet. Er hat sich auch dem Klischee ergeben. Genau wie
Andri in "Andorra"- nur daß es dort nicht bloß um ein identi-
tätsersetzendes Klischee geht, sondern um einen Vorurteil, bei
dessen Herausbildung also die Person selber schon gar keine Rolle mehr spielte: das Vorurteil bezieht sich von Anfang an auf
Andri; das Ergebnis ist jedoch ähnlich: auch Andri identifiziert sich am Ende mit dem in ihn hineinsuggerierten Bildnis.
Wieder eine deutliche Verwandschaft zu einer andern Frisch-Fi-
gur: Julika in "Stiller" sieht sich auf den Titelblättern der
Illustrierten als "die schöne Julika" Julika als Tänzerin. Das
ist ja ihre Rolle, die sie für ihr Leben hält. Bei ihr kommt es
zu keinem Zwiespalt, denn sie ist mit ihrer Rolle zufrieden. Sie
befriedigt sie mehr, als Stiller seine Rolle. Obwohl sie im allgemeinen nicht viel von Illustrierten hält, ist sie - wenn es um
sie geht - trotzdem zufrieden mit dem über ihr entworfenen Bild.
Sie findet es "eine tolle Aufnahme", sich selber "schön", "sehr
schön sogar", ihre tänzerische Haltung "tadellos". Ein kleines
Bedenken kommt aber auch mal bei ihr auf:

"Hatte Stiller denn recht, der etwas neidisch auf ihren
Erfolg, ihre Tanzerei stets als Ersatz betrachtet hatte?
Julika glaubte es nicht, auch jetzt nicht..."[191]

Der Zweifel bleibt also nur ein Bedenken, das das Bildnis "Julika" im Grunde genommen nicht erschüttert. Stiller bemüht sich,
sich von dem Bildnis "Stiller" zu befreien und seine eigentliche
Identität zu finden - inwieweit sein Versuch gelingt, ist nicht

eindeutig zu beurteilen und wahrscheinlich gar nicht vom großen Belang. Wesentlicher erscheint mir eben der Versuch selbst. Auch wenn er oft in kindisches, naives Verhalten überschlägt; besonders dann, wenn Stiller seine Ohnmacht spürt, sich von dem Bildnis Stiller nicht befreien zu können, da die ganze Welt dagegen verschworen ist: mag er seine neue Identität hundertmal zu beweisen versucht, hält sich ein jeder trotzdem unerschüttert an das Klischee "Stiller". Was tut er in seiner Ohnmacht? Einen letzten erbitterten Versuch, das Bildnis "Stiller" auch im Bewußtsein der anderen zu zerstören: sein Wutanfall in seinem Atelier - er zerschmettert, zerschlägt und verstümmelt alles "Gips-Zeug" des Bildhauers Stiller - soll einem jeden zeigen, daß er nichts mit dem Bildhauer Stiller zu tun hat, daß er ein anderer ist. Als Ergebnis seiner Aktion wird ihm seine Ohnmacht bewußt: vergeblich hat er seine Wut frei gelassen, man glaubt ihm nicht; die Umwelt ist unverändert und zwingen kann er niemanden, daß man ihm glaubt.

Philipp Hotz mußte zu der gleichen Einsicht kommen: er zeigt seine Wut auch in letzter Erbitterung. Er fühlt sich Dorlis Meinung über ihn gegenüber ohnmächtig: Dorli sagt ihm oft genug: "Ich kenne dich" "Das wirst du nicht tun". Dieses "Kennen" beinhaltet jedoch kein richtiges Kennen des anderen: es geht ja eben - wie im Stiller - darum, daß man dem anderen keine Wandlung zutraut. Man glaubt eher an der Existenzberechtigung des Hotz - Klischees, als dem Ernst seiner Absicht, die eigentliche Identität zu finden. Dorli hält Philipp nicht für wandlungsfähig. Das ist die größte Beleidigung für einen Frisch-Helden, die es überhaupt gibt. Dorli hat unbewußt Hotz` empfindsamsten Punkt getroffen: er muß noch zuhören, was er auch von sich selbst weiß, woran er heimlich leidet: daß er nämlich ausschließlich sein gewohntes Verhalten zu leisten fähig ist, daß er immer derselbe Hotz bleibt - ein gebildeter Mann, der sich zu beherrschen verpflichtet fühlt, der nie zeigt, daß er auch Wut spüren kann bzw. daß ihn nicht nur seine Vernunft sondern auch seine Gefühle leiten könnten. Er verpflichtete sich einem Klischee, einem vorgeformten Bild von einem gebildeten Mann, und auch wenn er sich in seiner Rolle nicht glücklich fühlt, mutet er sich selber keine Veränderung, kein neues, den Erwartungen seiner Rolle nicht entsprechendes Verhalten zu. Er ist kein freier Mensch: er lebt unter dem Zwang eines Klischees. Als dann Dorlis Spruch "Ich kenne "dich" ihn trotzdem seine Wut zu zeigen veranläßt, wird ihm seine Ohnmacht bewußt: man traut ihm auch dann keine Wut und keine Veränderung zu, wenn er sich selber Lüge strafend doch seine Wut zeigt; zwar in erster Linie nur darum, um bei Dorli Eindruck zu machen, sie von seiner Wandlungsfähigkeit, von dem Ernst seiner Wut zu überzeugen: Hotz und das Klischee über Hotz jedoch sind nicht mehr voneinader zu trennen.

Homo faber, der glaubt ein freier Mensch zu sein, ist eben- falls einem Klischee verfallen. Wohl denkt er sich absolut unab- hängig von der Welt: er mag allein zu sein, um nicht einmal auf der Ebene eines Gesprächs oder Miteinanders sich beeinflussen zu lassen. Aus diesem Grunde heraus meidet er engere Beziehungen, die seine Freiheit einschränken könnten: in dem Flugzeug will er seine Zeit genauso nicht mit sonst üblichen menschlichen Bedürf- nissen, wie Bekanntschaft, Essen etc. vergeuden wie sonstwo: er will nur noch seine "Ruhe" haben, denn "Menschen sind anstren- gend".[192] Er stellt den Typ dar, der "grundsätzlich nicht" hei- ratet. Eine Freundin hat er zwar, erträgt sie jedoch nur schwer: sie stört ihn ja nur, er muß dann den Schlaf nachholen, den Ivy (die Freundin) ihm "gestohlen" hat.[193] zu daß sich seine " Frei- heit" in seinem fast schon krankhaften Bedürfnis nach Rasieren pointiert zum Ausdruck kommt[194] verrät wohl ihre wahre Beschaf- fenheit: es geht mehr um ein krampfhaftes Bemühen um Freiheit, als um ein authentisches Leben. Denn er ist darauf hereingefal- len, was die Welt, die Fachwelt, überhaupt seine Epoche auf Schritt und Tritt suggeriert: die Welt sei berechenbar, das Le- ben könne bewußt, mit Vernunft von dem Menschen selbst gesteuert werden, es gebe demnach keine Zufälle, kein "Schicksal". Er ist also nicht frei von dem Klischee der Zeit; im Gegenteil: er be- dient es. Er meint, mit seinem aufgeklärten Wissen die Klischees der Laien über Technik und Wissenschaft zu vermeiden; dabei er- weisen sich seine Ansichten, die er gerne "vorträgt", auch nicht als authentische Gedanken: er verweist auf "Fachliteratur", de- nen er vollkommen zutraut.[195] Wie ist denn sein Spruch "Technik statt Mystik" zu bewerten, wenn nicht als ein wohlklingendes Klischee, das trotz seines häufigen Gebrauchs keine absolute Wahrheit besagt, bloß einen möglichen Aspekt, ein einziges Her- angehen von den vielen. Faber läuft einem allgemein angebotenen Image nach.

Vorträge zu halten von Ansichten, die alten Klischees gegenüberwirken und zur Gestaltung des freien Ichs beitragen sollten, ist aber nicht nur Walter Fabers Gewohnheit; es ist ein typisches Merkmal von Frischs Männer-Gestalten. Die Hörerschaft bilden bezeichnenderweise Frauen, die nie ganz von der Richtigkeit dieser Ansichten überzeugt werden; und sie sind es, die dann dem Mann das Gegenteil beweisen und damit als Gefühlswesen, als unbewußte Wahrheitskenner den mit den modernsten Theorien bewaffneten Mann überbieten. Faber versucht die Frauen - vor allem Sabeth und Hanna - über die Wahrscheinlichkeitslehre, über "Statistik und Wahrheit" aufzuklären: am Ende ist es er, der sich von der Falschheit seiner Theorien bzw. seiner ganzen Lebensauffassung überzeugen läßt.

Die meisten Männer Frischs halten jedoch am liebsten Vorträge darüber, wie ihrer Meinung nach eine Ehe geführt werden sollte. Alle denken sich dabei für die modernsten Theoretiker des freien Bündnisses zwischen Mann und Frau und während sie auf Schritt und Tritt diese aufgeklärte Ansicht über Ehe verlautbaren, scheitert ihre eigene Ehe an ihrem Unverständnis dem Ehepartner gegenüber. Dorli nennt Hotz`s Auffassung über die Ehe "als geistiges Bündnis" - wo die Frau nicht Eigentum sondern Partner des Mannes darstellt: Partner in einem Bündnis "in Freiheit und Offenheit" - Dorli nennt es einen "Quatsch".[196] Hotz behauptet immer wieder: er kenne keine Eifersucht - da Eifersucht ja nicht in seine Theorie passen würde. Dabei ist er sehr eifersüchtig - nur daß er sich beherrscht, um der Frau Eindruck zu machen. Es gelingt ihm aber nicht, denn die Frau findet diese Selbstbeherrschung "geradezu gemein".[197] Die Theorie über Ehe als Bündnis in Freiheit vertritt u.a. auch Rolf in "Stiller". Er hat

> "offenbar eine sehr ernsthafte Theorie, wieviel Freiheit in die Ehe einzubauen wäre; [...] selbstverständlich fußte diese Theorie auf einer vollkommenen Gleichberechtigung von Mann und Frau."[198]

Sybille kann Rolfs "Vorträge" bzw. seine ganze Theorie über Ehe nicht ausstehen, sie meint, das Leben sei mit Theorie nicht zu lösen.[199] Rolf passiert das gleiche wie Homo Faber und Hotz: als es wirklich dazu kommt, daß die Frau seine Theorie in Tat umsetzt - Sybille verliebt sich nämlich in einen anderen- ist es der Mann, der die von ihm verkündete Freiheit der Frau nicht ertragen kann: die Frau bzw. das Leben [!] zwingt ihn die Unhaltbarkeit seiner Theorie einzusehen:

»...wie oft zwang noch dieses Weib ihn zur selben Entdek-
kung, wie unfähig er war, seine eigene Theorien zu
leben!«[200]

Die Frau als lebendiges, impulsives, naturnahes Wesen im Gegensatz zu dem Mann, der sich der Natur übergeordnet fühlt und
meint, allein und unbeeinflußt von Natur das menschliche Leben
mit eigenen Theorien lösen zu können und müssen, bis er von der
Frau gezwungen wird, das LEBEN zu schätzen - diese Aufstellung
von Mann und Frau ist den erwähnten Textabschnitten auch abzulesen: es geht also nicht nur um die destruktive Kraft der Klischees in den menschlichen Beziehungen, sondern auch um eine
typisch Frisch'e Rollenverteilung zwischen Mann und Frau. Außerdem geht es in diesen "Theorien" auch um das Bekämpfenwollen der
fast schon krankhaften Eifersucht des Mannes: er bemüht sich die
Frau und auch sich selbst zu überzeugen, wie überlegen, intelligent und korrekt er sich ihrem Partner gegenüber benimmt; er
versucht damit unbewußt seiner quälenden Eifersucht entgegenzuwirken. Seine Worte lösen doch nicht die Angst davor, daß die
Frau auch einen anderen lieben könnte - sie tragen aber dazu
bei, daß er die Frau mit seinen Vorträgen, mit seinen Ängsten,
mit seinen Wiederholungen langweilt, und daß er im Zauber seiner
eigenen Theorien lebend nicht mehr die Wirklichkeit um sich bzw.
die Frau wahrnimmt.

Einen "Quatsch" nannte Dorli Hotz's Vorträge. In den späten
Werken, wo die "Vorträge" des Mannes wieder eine Rolle bekommen,
bleibt vor allem dieser Zug erhalten: der Mann redet zu der
Frau, während sie ihm gar nicht zuhört:

Xaver: "Hörst du, Katrin, was ich dir sage?"

Katrin: "Ich habe es gehört. "

Xaver: "Ich rede mit dir, Katrin. "

Katrin: "Ich kenne deine Vorträge. "

Xaver: "Ich finde es keinen Quatsch, was ich gesagt habe."[201]

Katrin nennt Xavers Vorträge nicht "Quatsch". Diesmal ist es
Xaver, der ihren stillen Vorwurf verbalisiert: Xavers Wissen um
Katrins Ansicht über seinen Vortrag verweist wohl darauf, daß

sich die gleiche Szene zwischen den beiden schon mehrmals abge-
spielt haben muß. Ermüdet stellt Katrin nur noch fest, wie langweilig, wie nichtssagend, wie wirkungslos sie Xavers Worte findet. Katrin fühlt sich von Xaver nicht verstanden und nicht geliebt: Xavers Theorie über die Notwendigkeit einer von der
Männersprache unabhängigen Frauensprache, die das eigene Befinden der Frau auszudrücken fähig wäre, hilft ihr in Stockung ge-
ratenes Verhältnis nicht weiter. Daß ihn seine Theorie - die er
zum Wohl der Frau, für ihre körperliche und geistige Freiheit
und Unabhängigkeit ersinnt hat - nicht über die Schwierigkeiten
seines Partnerverhältnisses hinweghilft, ist ein gemeinsamer Zug
mit den früherer Frisch-Helden, die die Gewohnheit "Vorträge" zu
halten hatten. Der Unterschied jedoch: Xavers Theorie ist im Gegensatz zu den früheren Männer-Vorträgen nicht einmal für eine
Minute überzeugend (früher haben die Frauen kürzer oder länger
daran geglaubt).- es ließe sich zwar auch damit erklären, daß
Katrin und Xaver sich im Todesreich befinden; als Tote tun sie
aber nichts anderes, als das Wiederholen ihres Ichs zur Lebzeit.

Das Thema des Vortrages ist nicht mehr interessant, es geht
hier in erster Linie offenbar darum, wie der Mann es vergeblich
versucht, mit seinen Worten der Frau Eindruck zu machen; und
während er darauf konzentriert ist, verliert er die Frau. Auch
in "Blaubart" stärkt dieser Zug der "Vorträge": hier geht Frisch
soweit, daß die Frau nicht einmal das Thema des Vortrages weiß;
statt dessen erhalten wir jedoch andere wesentliche Informatio-
nen in bezug auf Doktor Schaads "Vorträgen":

> "-Sie erinnern sich also nicht mehr, was Herr Doktor
> Schaad,wenn er Sie nicht hat schlafen lassen, stundenlang
> vorgetragen hat? -Theorie ... -Worüber? -Er wollte mich
> überzeugen ... -Und das gelang ihm nicht? -Einmal, als ich
> nicht zuhörte, schmetterte Felix eine Tasse gegen die
> Wand, das ist vorgekommen."[202]

Eine andere Ex-Frau kann sich ebenfalls nicht mehr an Schaads
Theorie erinnern:

> "-Geredet hat er ... -Worüber? -Immer dasselbe ... -Näm-
> lich? -Das weiß ich nicht mehr. -Das wissen Sie nicht
> mehr..."[203]

Aus beiden Geständnissen geht hervor, daß im Gedächtnis der

Frauen kein Wort: nicht einmal das Thema des Vortrages erhalten-
geblieben ist, obwohl sie ziemlich oft und lange zuhören mußten;
statt dessen weiß man genau, wie die "Vortrags-Szenen" sich ab-
spielten:

- der Mann ersinnt eine THEORIE, trägt sie vor; die betroffe-
ne, die Frau hört aber nicht zu; - dem Mann liegt offensichtlich
sehr viel daran, daß die Frau zuhört, damit er sie ÜBERZEUGEN
kann; - nach seinem "Scheitern", da es ihm nicht gelang die Frau
zu überzeugen, wird er seiner OHNMACHT bewußt und wütend; -
statt der Frau Eindruck zu machen, beweist er mit seinen Vorträgen immer nur seine UNLEBENDIGKEIT: er wiederholt sich nämlich;
er kann sich von seiner Theorie, von seiner Wahn nicht befreien;

Der Mann mit seinen klischeehaften Vorträgen erreicht also
nicht viel bei der Frau: er wiederholt seine Theorie vergeblich
so oft - niemand hört ihm zu. Seine Worte werden durch die häufige Wiederholung immer mehr abgenutzt und verlieren immer mehr
an ihren Wirklichkeitsbezug. Sie wirken einem Klischee ähnlich;
sie hindern ihn an der authentischen Wahrnehmung seiner Umwelt.

Denn in Frischs Welt bestimmen Klischees nicht nur menschliche
Beziehungen, sondern überhaupt das menschliche Leben: man lebt
nicht, wie es einem gefällt, wie man es sich vorstellt, sondern
wie es vorgeschrieben ist, wie es erwartet wird. Man reagiert
auf die Welt nicht authentisch, sondern nach altbewährten Klischees. Entweder sagt man nicht, was man glaubt, oder man denkt
überhaupt nichts, indem man sich Klischees bedient. Oft verfällt
man unabsichtlich einem Klischee. Wenn jemand gestorben ist,
sagt man: "So jung!" - ganz unabhängig vom Alter des Betroffe-
nen. Man drückt sein Mitleid aus, obwohl oft ein Glückwunsch,
daß man glücklicherweise noch vor dem geistig-körper-
lichen Zerfall gestorben ist, eigentlich nicht fehl am Platz wäre.[204]

Die Texte mit der Überschrift "Vereinigung Freitod" im Tagebuch 1966-71 bringen Tatsachen, Statistiken, Erfahrungen und
Vernunftsargumente, die die Unhaltbarkeit von Klischees über Altern bzw. Symptome der Vergreisung aufzeigen sollten. Altern ist
nach Frischs Auffassung eine Haltung des Menschen: wenn man die
"Fähigkeit zu neuen Erfahrungen", die "Bereitschaft zur Diskussion", die "Spontanität", die Offenheit für Argumente überhaupt

fürs Neue verliert, so ist das ein sicheres Symptom vom Altern.[205] Ein solcher geistiger Abbau ist jedoch nicht unbedingt die Folge eines höheren Lebensalters - im Gegenteil zu dem Inhalt der läufigen Klischees. Frisch versäumt auch anhand der Problematik des Alterns nicht Kritik zu üben an den gewohnten Harmonielügen und zugleich auf eine Chance eines menschenwürdigen Altern hinzuweisen: es wird nach "Ungeschminktheit" und Ehrlichkeit sich und anderen gegenüber auch in dieser Lebensphase gefordert - die Verwandschaft solcher Gedanken mit der Frisch-typischen Identitätsfrage liegt wohl auf der Hand: es geht auch hier u.a. darum, wie man sich im Altern annehmen kann, wie man mit seinem Altern u. mit den - sonst in der europäischen Literatur lange als tabu galtenden[206] Alternsproblemen fertig wird.

Auffallend im Frischs Oeuvre ist seine Auseinandersetzung mit den Medien, in bezug auf ihre Rolle bei der Genesis der Klischees, der Vorurteile und der Feindbilder.

Sturzenegger schildert seinem gemeinten Freund, Stiller die Sowjetunion, "wie sie in den Zeitungen steht.[207]. Das Klischee, das fertige Bildnis von der Sowjetunion wächst sich zu einem Vorurteil aus. Auf die Verantwortung der Medien, in der Verbreitung von endgültigen Festlegungen, macht Frisch seine Leser oft aufmerksam. Man hält sich unkritisch daran, was in den Zeitungen steht. Die in-Frage-gestellte Autorität der Zeitungs-Macht kommt in dem Nachspiel zu "Biedermann und die Brandstifter" zum pointierten Ausdruck, indem die karikierte "allwissende" Gott-Figur sein Wissen ebenfalls aus den Zeitungen schöpft: "- er [Gott] weiß alles, und wenn er die Stimme erhebt, so sagt er genau, was in den Zeitungen steht, wörtlich."[208]

Die Ironie ist verdoppelt: denn an der "Wirklichkeit" eines Gottes, der menschlichen Klischees verfallen ist und an der "Wahrheit" eines Himmels, der ganz und gar an irdische religiöse Äußerlichkeiten erinnert, zweifelt sogar die "Figur"[209], eine teufelsähnliche Person, die weiß, daß es Gott geben muß (seine Teufel-Existenz ist eben durch die Existenz des Gegenstückes "Gott" bedingt), jedoch nicht ein solcher, der absolut dem von Menschen geschaffenen Gott-Bildnis entspricht. Der wahre Gott müßte frei sein von all den Klischees und Urteilen der Welt.

Selbst die Träume der Menschen sind oft von Klischees beeinfläßt: man träumt nicht davon, was erträumenswert wäre (nicht von einem "wirklichen" Leben), sondern was die "Welt" schätzt:

"Wunderbar wäre es schon, mächtig zu sein, seinen Freunden helfen zu können und selber nicht aufstehen zu müssen, wenn es Montag ist, wenn der Wecker rasselt, sondern lie- genzubleiben, im Bett zu frühstücken und in der Zeitung zu lesen: Gottlieb Knoll stiftet ein Heim für arbeitslose Ringer und für alle andern, denen es verleidet ist. Wun- derbar wäre es schon, nicht auszudenken-"[210]

-träumt Knoll in "Harlekin". Seine erträumte Wohltat bewegt in erster Linie nicht sein guter Wille, sondern die in den Leuten tief eingeprägte Vorstellung von dem Allerheiligtum der Zeitun- gen: was nämlich von ihm begehrt wird, ist nicht die Wohltat selbst, sondern daß sie in der Zeitung steht. In der Zeitung, die die Gedanken der Menschen beeinflußt, die ihnen fertige Mei- nungen liefert etc. So braucht man sich keine Mühe zu geben, wenn man über die Erscheinungen der Welt nachdenken möchte: man geht an die Kioske und kauft sich "den großen Überblick":

"Wenn es keine Kioske gäbe, wo man täglich den großen Überblick kaufen kann, ich weiß es wirklich nicht, wie un- sereiner sich diese Welt vorstellen würde. Unsereiner [...] ist schon betroffen, verwirrt, bestürzt oder auch gleichmütig, vor allem aber ohne Überblick. Die Lektüre erstklassiger Zeitungen erleichtert mich immer. Sie wissen einfach mehr. [...] unsereiner verfällt immer in Meinun- gen, die persönlich bleiben. [...] Die erstklassigen Zei- tungen hingegen, die diesen Namen verdienen, bleiben objektiv. [...] Etwas Überpersönliches, ob mit Namen un- terzeichnet oder nicht, kommt auf uns zu; etwas wie Welt- geist...."[211]

Es ist ja gerade die die von Frisch favorisierte authentische Meinungsbildung des Menschen, die die Zeitungen überflüssig ma- chen. Man wird eben um die Gabe gebracht, die es einem möglich machet, die Welt zu erleben, die Wirklichkeit selbst entdecken zu können, sich seinen eigenen, persönlichen Zugang zu den Erschei- nungen der Welt zu schaffen. Der "überpersönliche" "Überblick", den ein jeder aus den Zeitungen bekommt, drängt den Einzelnen, den Denkenden heraus. Frisch beschwert sich in erster Linie

nicht deshalb, weil man in den Zeitungen oft Lügen liest - das
interessiert ihn weniger. Was ihn eher beschäftigt, ist die
schwerer faßbare Manipulation, die von den Zeitungen ausgeht.
Daß die Zeitungen mit ihren vorgeformten Meinungen einen nicht
selber denken lassen:

"Kann man sagen, daß diese Zeitung lügt? [...]"[212] - stellt
Frisch in seinem Tagebuch II die Frage. Früher, im Stiller ist
Frisch noch nicht mit solch objektiver Frage an die Sache heran-
gegangen, sondern mehr direkt von einer Lüge gesprochen. Stiller-White bemerkt ironisch:

> "Etwas Amüsantes beiläufig: in jener Illustrierten, die
> über die Tänzerin Julika und ihren verschollenen Mann un-
> terrichtete, war auch eine große Reportage über moderne
> Schädlingsbekämpfung, die Wilfrid, als ich im Gespräch
> darauf komme, zum Lachen bringt; nicht einmal in dieser
> Sache stimmt es, was die Illustrierte verkündet. Das amü-
> siert mich."[213]

Stiller-White`s Amüsement scheint aber kein heiteres, eher ein
bitteres zu sein. Da er sich aber vorgenommen hat, sein wahres
"Ich" zu finden, läßt er sich nicht von solchen Lügen und anderen verdrießlichen Sachen der Welt stören. Lüge verkündet die
Zeitung aber nicht nur, indem sie ihre eigene Erfindung für Tatsache, für Fakten ausgibt. Es gibt aber auch eine andere Art von
Lüge, die vielleicht noch verdrießlicher ist, da sie heimtük-
kisch wirkt und daher sich auch nicht offen bekämpfen läßt:
Frisch nennt es "feine Lüge", indem er auf die objektiv gestell-
te Frage die "objektive", jedoch durch Ironie relativierte Antwort gibt:

> "Man kann nicht sagen, daß ihre Zeitung lügt; sie verhin-
> dert nur dreimal täglich die Aufklärung. Ihr Kniff: die
> Inhaber als die Verantwortungsbewußten..."[214]

Frisch klagt darüber, wie schädlich die Kommentare der mei-
nungsbildenden Presse sind, da sie alles aus dem Gesichtspunkt
der Machtinhaber beurteilt:

> "Die Kunst der feinen Lüge besteht lediglich darin, daß
> die Meinung, die dreimal täglich die Macht der Inhaber
> sanktioniert, nicht eine Klassenmeinung sei, sondern Ethos

schlechthin und somit im Interesse der Mehrheit."215

So ist die WELT, "wie sie in der Zeitung steht", nur ein sehr kleiner und begrenzter Teil der Wirklichkeit - wenn also ihre Darstellung in der Presse eine Lüge genannt wird, so ist es auch nicht übertrieben. Denn der krasse Unterschied zwischen den zwei "Welten" ist offenbar. Wer nicht merkt, daß es in der Presse und in der Wirklichkeit um zwei verschiedene Sachen handelt, muß blind sein. Nur einem Blinden kann man einreden, daß es nichts mehr außer der Welt des Geldes und der Macht gibt. Trotzdem gibt es viele, die daran glauben: wenn sie nicht blind sind, so stel-len sie sich blind, um Karriere zu machen, um zu Geld zu kommen. So geraten Leute zu Macht, die nicht wegen ihrer Fähigkeiten zu Macht gekommen sind, sondern wegen ihrer heuchlerischen Fähig-keiten:

"Man wird ihm eine Welt vorstellen, wie sie in der Zeitung steht, und indem Gantenbein tut, als glaube er's, wird er Karriere machen. Mangel an Fähigkeiten braucht ihn nicht zu bekümmern; was die Welt braucht, sind Leute, wie Gan-tenbein, die nie sagen, was sie sehen, und seine Vorge-setzten werden ihn schätzen; die wirtschaftlichen Folgen solcher Schätzung werden nicht ausbleiben."216

Eine solche Diskrepanz zwischen der dargestellten und der wirklichen Welt könnte einen irre machen, wenn man nicht richtig aufpaßt wie etwa Enderlin, dessen Name "in den Schlagzeilen der Weltpresse [erscheint], auch das macht ihn nicht irre."217 In Enderlin erkennen wir die Figur, die zwar in große Versuchung gebracht wird sich dem Medien-Klischee zu ergeben, - durch die Notiz, daß er einen Ruf nach Harvard erhalten habe, die nicht bloß durch die Presse der Vaterstadt, sondern auch des Auslandes geht - Enderlin jedoch läßt sich auch davon nicht irreführen, da er diese Manipulation klar durchschaut. Er weiß: "...(das macht natürlich einen ganz anderen Eindruck, obschon es dieselbe Tat-bestand bleibt)..."218

Enderlin ist jedoch - diesmal ausnahmsweise schade darum - kein Durchschnittsmensch: sonst lebt man mit der Formel: Presse sei Macht - was da geschrieben steht, hält man für die Wahrheit. Genauer betrachtet sind diejenigen, die die Zeitung schreiben ebenso bloß sterbliche Menschen, wie die Leser, die sich ohne

Nachdenken der Presse-Meinung ergeben. Man denkt nicht daran, daß es vielleicht doch nicht die "Wirklichkeit" ist, was da so steht.

Liest man solche Zeilen bei Frisch, kann der Eindruck entstehen, daß Frisch pressefeindlich sei. Liest man aber Frisch aufmerksamer, so fällt auf, daß diese "Pressefeindlichkeit" bei ihm nicht gesondert gesehen werden kann, sondern nur in der Komplexität seines Oeuvres. Denn Frisch geht es - auch wenn er von der Presse spricht - darum, daß man sich nicht mechanisch Klischees ergeben darf: nur das eigene Nachdenken, das eigene Erleben sichern dem Menschen die Möglichkeit, daß er sich keine Bildnisse macht, daß es keine Vorurteile und keine Feindbilder entstehen. "Du sollst dir kein Bildnis machen!"[219] - macht Frisch auf ein Gebot Gottes immer wieder aufmerksam. Schon in dem Frühwerk "Jürg Reinhart" denkt der Erzähler anhand einer Liebesbeziehung darüber nach, wie schade es ist, daß man einander nicht richtig erkennt:

> "Nie ist der Geliebte ein wirklicher Mensch, er ist ein Gott oder Götze, zuerst, eigenschaftslos und herrlich und erhaben über alles, was er tut oder nicht tut."[220]

Hier geht es zwar nicht um ein böses Vorurteil, sondern eher um eine Überschätzung; sie kann jedoch genauso gefährlich sein, wie eine Unterschätzung. Beide beruhen sich ja nicht auf die Wahrheit, sondern auf eine Blindheit, die die Wirklichkeit nicht erkennen läßt. Andri, dem Juden, dem alle mit einem abwertenden Vorurteil begegnen, ist auch mit dem gutmütigen Pater, der ihn mit seinem positiven Vorurteil beurteilt, nicht geholfen. Es ist natürlich ein Unterschied, wenn man sagt: "deine Art kann halt nur an das Geld denken" oder aber " deine Art ist gescheiterter"[221] - beides sind jedoch Vorurteile, die eine Erkenntnis der Wahrheit verhindern; außerdem können beide Feindbilder hervorrufen - zum Erkennen des wahren Ichs von Andri trägt keinerlei Vorurteil bei. Auch Stiller hilft wenig, daß man seine Kunst überschätzt. Im Gegenteil: es hindert ihn lange an dem Erkennen seiner wahren Fähigkeiten. Von da an, als er an dieses Urteil glaubt, ist sein Ich verloren. Er handelt nicht aus eigener Überzeugung, sondern dem Klischee, den Erwartungen der "Welt", der autoritären Persönlichkeiten entsprechend:

»WICHTIGE PERSÖNLICHKEITEN (Herv.von Zs.B.) hielten es für
angebracht, für unerläßlich, daß Stiller wieder einmal für
die Öffentlichkeit treten würde...«²²²

Er spielt also seine Rolle, die ihm eingeredet, angezwungen
wurde. Vorerst leistete er keinen Widerstand. Erst später kommt
er zur Erkenntnis, daß er sich dadurch bestimmen ließ: so ver-
hinderte ihn die Vorprägung seiner Rolle durch Klischees in der
Selbstwahl - und im Kierkegaardschen Sinne in der Seligkeit.

Seine Selbstwahl droht aber u.a. auch daran zu scheitern, daß
seine Umgebung weiterhin von den Klischees über Stiller beeinflußt ist. Es reicht noch von weitem nicht aus, daß Stiller, die
von ihm gespielte Rolle fallen läßt, und nach seiner eigentlichen Identität sucht. Er muß nicht nur sein altes ich bekämpfen,
sondern dazu noch seine Umwelt von seiner "Wandlung" überzeugen.
Denn die Umgebung kann und will sich nicht von dem Bildnis Stiller trennen. Stillers Tragik ist es, daß seine Umgebung sein
auch sonst noch nicht ganz gefundenes neues Ich nicht unters-
tützt, sondern einfach keine Notiz davon nimmt. Der unsichere,
suchende Stiller-White würde jedoch sehr diese Unterstützung
brauchen.

Weder privat noch offiziell bekommt er jedoch Hilfe. Die Frau,
die ihm nahe steht (Julika) und seine Freunde bestehen genauso
auf den alten Stiller, auf ihre alten Vorstellungen von Stiller
wie der Staat - sein gerichtliches Urteil lautet: er sei identisch mit dem verschollenen Stiller: er wird also zu seiner alten Rolle verurteilt. Er darf sein Bildnis, auch wenn er sich
damit nicht identisch fühlt, nicht verlassen. Für die Umwelt ist
er für immer gleich mit dem über ihn entworfenen Bildnis. Das
Hörspiel "Rip van Winkle" betont bei der Bearbeitung des gleichen Themas diesen Aspekt: am Anfang und am Ende lautet das Fazit: man verurteilte Stiller zu sein, was er gewesen ist. Denn
seine Wandlung - ob gelungen oder nicht - wurde nicht wahrgenommen:

»Das ist die Skizze von einem Menschen, der nie gelebt hat:
weil er von sich selber forderte, so zu sein, wie die andern es
von ihm forderten. Und eines Tages, als er aus diesem Spuk er-
wachte, siehe da, die Leute kannten seinen Namen, es war ein geschätzter Name, und die Leute konnten es nicht dulden, daß einer

ohne Namen lebte. Sie steckten ihn in das Gefängnis, sie verurteilten ihn zu sein, was er gewesen ist, und duldeten nicht seine Verwandlung.[223]

Diese Worte bzw. die knapp formulierte Intention des Werkes zeigen in einem Aspekt eine Verwandschaft mit einem ebenfalls bekannten zeitgenössischen "Literatur-Produkt" auf: Peter Handkes Kaspar muß auch sein, wie es erwartet wird: sein Eingliederungsprozeß in die Gesellschaft scheint ebenfalls zwangsläufig: man duldet nicht, daß einer sich nicht anpaßt.[224]

Was am Anfang des Rip van Winkle-Hörspiels vorausgeschickt wurde, wird am Ende wiederholt - nun vom Staatsanwalt; Die "Lehre" war schon am Anfang durch Frischs einleitende Worte bekannt. Es geht am Ende des Hörspiels offensichtlich nicht um eine simple Wiederholung des schon Gesagten; die Voraussehung des Fazits weist schon auf Frischs Intention hin: nicht bloß das Fazit, nicht nur die Erkenntnis einer Wahrheit soll die Aussage des Hörspiels sein, sondern das WIE. Wie man dazu kommt. Wie der Prozeß der Erkenntnis abläuft. Daß der Staatsanwalt, der eigentlich sowohl zu der privaten als auch zur offiziellen Umgebung Stillers gehört, am Ende doch nicht der Feind von Stillers Selbstwahl wird - wie sonst alle anderen von beiden Sphären -, ist doch ein Zug, der Hoffnung gibt: es gibt doch jemand, der wenigstens den Versuch unternimmt, den anderen wirklich zu erkennen. Daß er sich in der Verurteilung des anderen schuldig findet, spricht nur für seine Erkenntnis:

> "Wir machen uns ein Bildnis von einem Menschen und lassen ihn nicht aus diesem Bildnis heraus. Wir wissen, so und so ist er gewesen, und es mag in diesem Menschen geschehen, was will, wir dulden es nicht, daß er sich verwandle. Sie sehen es ja, nicht einmal seine Gattin duldet es; sie will ihn so, wie er gewesen ist, und hält es für Liebe."[225]

So zwingt man einen mit Klischees und Vorurteilen in eine Rolle, von deren sich zu befreien sehr schwierig ist.

Auch die Andorraner sind so stark von dem von ihnen selbst entworfenen Bildnis über Andri und von den geltenden Vorurteilen über die Juden beeinflußt, daß sie Andri zu einem ihm völlig fremden Ich verurteilen. Sie kennen ihn als einen Juden und lassen sich nicht von dieser ihrer Vorstellung abbringen. Bei der

Beurteilung Andris Taten ist nämlich ausschließlich dieser Gesichtspunkt maßgebend: ein Jude, der mit besonderen Eigenschaften beladen ist, und der deshalb - der Eingebung der Zeit fol-
gend - bestraft werden muß. Ganz unabhängig davon, was er tut,
wie er handelt: also ganz unabhängig von seinem eigentlichen We-
sen.In "Andorra" hat Frisch die Bildnis-Problematik pointiert:
hier geht es nicht mehr bloß darum, daß man einen falsch interpretiert, sondern darum, daß man einen ganz unabhängig von ihm
selber "vorbeurteilt": Frisch zeigt hier Feindbilder bzw. wie
zersetzend sie wirken.

Andris wahres Ich wird einfach nicht zur Kenntnis genommen.
Der Sieg der vorgeformten Realitätsvokabeln, der Klischees, der
gewöhnlichen, von der Welt akzeptierten Betrachtungsweise der
Dinge ist vollkommen. So vollkommen, daß sogar selbst Andri an
seinem wirklichen Ich zu zweifeln beginnt, und sich mit dem
Bildnis identifiziert, das ja gar nicht existiert, das nur die
Leute, die Welt von ihm entworfen hat. In "Stiller" heißt es:
man "verurteilte" ihn zu sein, was er nicht sein wolle. Im Falle
Andri geht es ebenso um eine "Verurteilung", die aber unter dem
Einfluß des Zeitgeistes blutiger ausgeht, als die von Stiller:
Stiller wird in seiner Selbstwahl verhindert, sein Ich wird
nicht anerkannt. Andri muß sterben:

"Pater: Du sollst dir kein Bildnis machen von Gott, deinem
Herrn, und nicht von den Menschen, die seine Geschöpfe
sind. Auch ich bin schuldig geworden damals. [...] Auch
ich habe mir ein Bildnis gemacht von ihm, auch ich habe
ihn gefesselt, auch ich habe ich ihn an den Pfahl gebracht."226

Noch ein paralleler Zug zu Stiller: auch hier stammt die Erkenntnis der verhängnisvollen Verurteilung des Protagonisten von
einem, der sich an dem Bildnismachen selber für schuldig erkennt. Andere können nur den "Lauf der Dinge bedauern".227 Ein
Unterschied jedoch: über Andri erfährt man nach seinem Tode, daß
er kein Jude war. Bei Stiller wird es nie "erwiesen", daß er
wirklich ein anderer ist - dort geht es nämlich um eine innere
Verwandlung, die man merkt oder nicht. Im Falle Andri um eine
fatale Täuschung der Umgebung. Die Handgreiflichkeit des Bei-
spiels, daß also jemand wegen seiner Juden-Beschaffenheit von
der Welt verachtet und verurteilt und in die Hände von Mördern

gespielt wird, macht das Stiller-Beispiel noch deutlicher, vielleicht auch ein wenig didaktisch. Verblüffend ist jedoch, daß die Umgebung in beiden Fällen genauso reagiert: man bedauert höchstens, daß es so gekommen ist und will dabei nicht merken, daß es ihre Schuld ist. Nicht einmal die pure Tatsache, daß Andri kein Jude war, überzeugt sie davon, wie sie mit ihren Vorurteilen und ungerechten Urteilen einen Menschen nicht leben ließen: einen Menschen, der im Gegenteil zu dem Bildnis, das sie über ihn gemacht haben, ein Mensch ist, wie alle anderen.

"Ich bin nicht schuld..." - hören wir in "Andorra" immer wieder; und damit ist die Sache - die schrecklichen Ereignisse, die Andri passierten und die ihn getötet haben - für sie erledigt. Für jene, die da waren und die neben Andri lebten und die auch die Chance hatten, ihn richtig kennenzulernen. Statt dessen jedoch ergaben sie sich den Klischees, machten sich ein Bildnis über Andri bzw. über Stiller; übernahmen und schufen selber Vorurteile, die ein richtiges Kennenlernen des anderen unmöglich machten. Dadurch lösten sie Identitätsstörungen bei den Protagonisten aus oder aber stärkten schon vorhandene. Sie verhinderten damit ein wirkliches Leben für beide, bzw. für Andri das Leben überhaupt. Denn im Falle Andri richten sich die Vorurteile eindeutig gegen ihn, während es im "Stiller" nur von Urteilen ohne Prüfung seines richtigen Ichs die Rede sein kann. In "Andorra" aber sind die vorgefaßten Meinungen zugleich Feindbilder. Das Vorurteil entsteht hier unter dem Einfluß von Fremdenhaß. An einer anderen Stelle sagt Frisch folgendes von dieser Erscheinung:

> "Fremdenhaß ist natürlich. Er entspringt unter anderem der Angst, daß andere in dieser oder jener Richtung begabter sein könnten; [...] Das weckt Neid, selbst wenn man der Bessergestellte ist, und Neid ist erpicht auf Anlässe für Geringschätzung. [...] es braucht wenig, daß man, um die Selbstprüfung zu sparen, zu Verurteilungen übergeht: das Fremde als das Schlechtere"[228]

Hier geht es zwar nicht mehr um Andri, nicht mehr um das Modell - das man oft mit Faschismus identifizierte, wenn nicht grundsätzlich mißverstand und darin nicht Verurteilung, sondern Bekräftigung des Rassenvorurteils sah[229] -, sondern um das Modell, das Frisch auch schon am Beispiel "Andorra" zeigen wollte: Es geht ihm wieder um eine menschliche Grundhaltung, um eine

tödliche Mechanik. Um die Gefahr und Mechanik des Vorurteils.
Daß es im letzten Zitat um die Schweiz geht, um eine Erscheinung
in der Schweiz, um eine Haltung einiger (vieler?) Schweizer -
ist wohl nicht das Wesentlichste. Auch in "Andorra" war es für
Frisch wichtig, daß man sein Modell nicht auf einen einzigen
konkreten Fall reduziert. Das wäre nämlich eine Ablenkung, eine
Einbegrenzung der allgemeingültigen Problematik.

Das Hauptanliegen des Schriftstellers ist es nicht, die Ver-
antwortlichen zum Bekenntnis der eigenen Schuld zu veranlassen.
Frisch geht es um viel mehr: um das Vorzeigen der Vorurteilsver-
fallenheit des Menschen im allgemeinen. Eine Gefahr, die einen
jeden bedroht, wenn man sie nicht bewußt bekämpft. Deshalb sollte man die Schranken-Szenen in "Andorra" - wo ein jeder Andorraner aus der Handlung tritt, um sich von heute aus zu
rechtfertigen - nicht direkt den Zuschauern zugewandt spielen.
Denn so würde man sich als Richter fühlen: die Schuld eines anderen zu verurteilen kann nicht das Ziel des Stückes sein; es
geht ja eben darum, andere nicht zu verurteilen. Die eigentliche
Absicht des Autors ist, daß man sich selber die Frage stellt, ob
man wirklich vorurteilsfrei ist.[230] Natürlich ist das Stück
nicht frei von der Last der Ereignisse des zweiten Weltkrieges -
kein Autor der Zeit konnte sich davon freimachen. Auch in anderen Werken von Frisch finden wir Aussagen, die das Vorurteil gegen die Juden vorzeigen, wie z.B. in "Triptychon":

"Die Juden! - das hat mein Vater immer gesagt: die haben
das ganze Gelände gekauft, denn wer sonst hat das große
Geld, wenn Krise ist, und die haben unsere Landschaft ka-
puttgemacht, die Juden"[231]

Ist es nach etwa 30 Jahren des zweiten Weltkrieges ein erneu-
erter Versuch für dessen Bewältigung? Kaum. Es ist wieder nur
ein - wohlbekanntes - Beispiel von den vielen, um zu zeigen, was
Klischees, Vorurteile, Feindbilder zu verursachen fähig sind;
Frischs Intention scheint keinesfalls eine bloße Vergangenheits-
bewältigung zu sein: ihm geht es eher um das Vorzeigen von allgemeingültigen, auch zur Zeit aktuellen Erscheinungen. Auch nach
dem Krieg, als man bemüht war, nicht noch einmal den Fehler des
Rassenhasses zu begehen, auch in dieser Zeit verfiel man genauso
Vorurteilen, wie früher: im Westen baute man ein feindliches
Ostbild auf, im Osten ein Westen-Feindbild. "Ist Antikommunismus

ein ausreichender Credo?"[232] - stellt Frisch die Frage, die auch schon Stiller-White gestellt hat, indem er Klischees und Vorurteile über linke Politiker oder Länder nicht ohne einen ironischen Unterton vermittelt. Denn "Trinker und Linksverdächtiger" gehören nach seinem Verteidiger unter einen Hut[233], die antifaschistischen Kämpfer des Spanischen Bürgerkrieges tituliert die antifaschischtische bürgerliche Presse der Schweiz "Banditen", "zusammen mit Casals und Picasso und einigen anderen, die sie heute bejubeln"[234]. Ein Mitglied der Kommunistischen Partei kann nicht unbestraft davonkommen: Professor Krolevsky in "Biographie" muß auf seine Lehrtätigkeit verzichten.[235] Ein "Roter" oder sogar ein Familienmitglied eines Roten kann sicher mit Arbeitslosigkeit rechnen.[236] Man sollte sich lieber blind stellen und tun, als ob man an solchen Vorurteilen glauben könnte, um vorwärtszukommen, wie es Gantenbein sagt: "Ich tue, als habe ich den Westen nie gesehen, und über den Osten weiß man Bescheid..."[237]

Warum nun Frisch das Phänomen "Vorurteil" immer wieder beschäftigt: es hat nicht nur in der Geschichte der Menschheit eine der schwarzesten Seiten hervorgerufen, nicht nur im Falle eines Stillers hat es das Verwirklichen eines eigenen Ichs verhindert, es wirkt auch in allen Sphären des Lebens, nur daß man es nicht immer merkt. Es drängt sich zwischen zwei Menschen und verhindert, daß sie einander wirklich erkennen bzw. kennenlernen, wie bei Francine und Roger in "Triptychon" - man spricht sein Urteil über den anderen aus, und es verwandelt sich in ein Vorurteil, das nicht mehr wegzudenken ist:

> "Übrigens lebe ich wieder allein. Der Bub darf mich ein Mal im Monat besuchen, einmal im Jahr vierzehn Tage hintereinander. Und Ann lebt mit einem Mann. Vielleicht hat sie sogar von mir gehört, was an einem kalten Buffet über mich gesagt worden ist: DU HAST NIE JEMAND GELIEBT ... So ein Spruch wirkt wie ein Kain- Zeichen.[238]

Francines Urteil über Roger - er habe nie jemand geliebt und werde auch nie jemand lieben[239] - übernehmen auch die anderen und von nun an wird es zu Rogers Verhängnis: es zerstört sogar Rogers neue Liebe und auch Roger selbst.

Frisch befaßt sich mit einer sehr breiten Skala von Klischees,

Vorurteile und Feindbilder: er sucht nach Gründen ihrer Entste-
hung, zeigt Folgen auf - vor allem aber stellt er Fragen bzw.
inspiriert die Leser sich selber zu fragen und nachzudenken, um
eine Genesis der Feindbilder zu verhindern:

„Als Schriftsteller hat mich beschäftigt die Genesis der
Feindbilder: wie ein Ressentiment, Projektion der eignen
Widersprüche auf einen Sündenbock, ein Gemeinwesen erfaßt
und irreführt; die Epidemie der blinden Unterstellung, der
Andersdenkende könne es redlich nicht meinen; wie aus der
Angst vor Selbsterkenntnis (sie fällt uns allen schwer)
der kollektive Haß entsteht, der ein Feindbild braucht,
dieses oder jenes; die Verfemung einer Minorität mit dem
paradoxen Ergebnis, daß die Majorität sich dabei entmün-
digt: - indem schließlich jederman, der an solcher Verfemung nicht teilnimmt, weil sein Gewissen es ihm verbietet,
sich selber der Verfemung aussetzt, wird die Majorität ge-
wissenlos und feige, das heißt aber: regierbar als eine
Majorität von Untertanen."240

2.2. SCHRITTE AUF DEM WEGE ZUM WIRKLICHEN LEBEN

Im ersten Kapitel wurde versucht, ein meines Erachtens grund-
sätzliches Leitthema für Frischs Werke nachzuzeichnen, und zwar
das Thema des wirklichen Lebens, vorerst mit besonderer Beachtung der Problematik des "versäumten" Lebens. Bezeichnenderweise
wird der Akzent in Frischs Oeuvre mehr auf das Aufzeigen bzw.
Bloßstellen der "Unwirklichkeit" des menschlichen Daseins ge-
legt. Erst durch das zweifelnde In-Frage-Stellen des Vorhandenes
kommt der Autor zum Aufzeichnen eines möglichen "wirklicheren"
Lebens.

Dieses Kapitel hat zum Thema die Annäherungsversuche Frischs
Helden zum "wirklichen" Leben. Da es dabei jeweils um das Überholen des unerfüllten Lebens geht, versteht sich dieses Kapitel
in organischem Zusammenhang mit dem ersten Teil der Arbeit.

Die von Frisch aufgezeichneten alltäglichen menschlichen Leben
erwiesen sich als unlebendig und daher unwirklich. Frischs Protagonisten, die ihre Alltage nur noch als Pflicht und Reproduktion erleben, haben Angst ihr ganzes Leben lang ohne Erfahrung des
"Glücks", des "wirklichen Lebens" bleiben zu müssen. Frischs
"Helden" jedoch erkennen die Unwirklichkeit eines solchen Daseins und plagen sich ein Leben lang mit dieser Erkenntnis herum. Ihr Versuch, nun "wirklich" zu leben, offenbart sich in
ihrem Kampf gegen das Gewohnte und gegen ihr altes Ich bzw. in
der Suche nach einem sinnvolleren, wirklicheren, lebendigeren
Leben.

Eine grundsätzliche Voraussetzung des "wirklichen Lebens" bzw.
überhaupt der Suche danach selbst ist das Erkennen der "Unwirklichkeit", der "Ungelebtheit" des Lebens; die Ahnung davon, daß
es etwas mehr, etwas "Wirklicheres" geben muß. Meistens ist diese Erkenntnis Produkt einer seelischen Erfahrung, einer inneren
Verwandlung des Ichs. Das ist der Punkt, wo die Begriffe "wirkliches Leben" und "eigentliches Ich" zusammentreffen: die Suche
nach einem wirklichen Leben ist nämlich nur mit der Suche nach
dem wirklichen Ich verbunden denkbar. In Frischs Oeuvre vollzie-
hen sich beide Prozesse: der Wunsch nach einem echteren, lebendigeren Dasein trifft auf den Wunsch, die eigene Identität zu
finden.

"ERKENNEN - DIE EINZIGE WIRKLICHE ERLÖSUNG DES MENSCHEN"

Viele Frisch-Helden kommen zur Erkenntnis: ihr bisheriges Leben entspricht zwar den Erwartungen der Welt, befriedigt sie
trotzdem nicht; es ist nicht das ersehnte, nicht das erträumte
und erhoffte Leben, sondern nur noch eine Reproduktion. Die Einsicht, daß die mechanische Nachahmung von altbewährten Lebensklischees nicht zum Glück hilft - ganz im Gegenteil: sie läßt
erstarren - reift Vorstellungen über ein anderes, nicht von der
Welt aufgezwungenes, sondern eigenständiges, wirklicheres Leben.
Die Erkenntnis ist eigentlich eine innere Erfahrung. Man wird
sich plötzlich seiner neuen seelischen Erfahrung bewußt und entschließt sich sein Leben sofort zu ändern. Denn nur das plötzliche hat eine Chance, das erstarrte Übliche zu bekämpfen. Die
Sinnlosigkeit des Gewohnten wird erkannt und damit das Übliche
in Frage gestellt.

Der erste Schritt auf der Suche nach einem wirklichen Leben
ist damit getan: altbewährte Klischees, mechanische Tätigkeiten
des Alltags werden nicht mehr ohne Bedenken akzeptiert. Man erkennt, daß die bisher für wichtig, fürs Leben gehaltenen Aktivi-
täten nichts mehr als Ersatz waren: der tagtäglichen
Selbsttäuschung ist damit ein Ende gesetzt worden. Die Folge offenbart sich meistens radikal: ein plötzlicher Lebenswandel
weist auf die Erkenntnis hin. Die Erkenntnis selbst aber, deren
zuliebe die Sicherheit des bisherigen Lebens aufgegeben wurde,
ist meistens eher eine Ahnung als eine Gewißheit. "Erfahrung offenbart sich eher als Ahnung"- sagt Frisch.[241]

Die Ahnung davon, daß es etwas mehr auf der Welt geben muß als
das Sichtbare und Faßbare bzw. als das Übliche, beschäftigt auch
schon Frischs frühere Helden: "Wenn die Welt nichts anderes wäre
als schön [...], man könnte sich mit dreißig Jahren in den Sarg
legen" filosofiert der junge Maler Jürg Reinhart.[242] Seine Einsicht beschränkt sich aber auf das sichere Wissen, "daß es so
nicht weitergeht". Was es aber ist, was man zu einem wirklichen
Leben braucht, weiß man eigentlich nicht; Wörter, wie "das Un-
schwärmerische, Eigentliche, Wesentliche" - die als Antwort aufgefaßt werden könnten, bezeichnen nur die Ahnung, zeigen jedoch
keinen Weg. Reinhart "vermißt" nun etwas, "was uns tiefer erhält
und die Ernüchterung erst wieder auszufüllen hat"[243] -lauter Be-
stimmungen, die schwer zu fassen sind. "J'adore ce qui me brule"

- heißt in diesem Roman die Grundformel der Suche: hier ist der Begriff "wirkliches Leben" mehr emotionell gerichtet; die Freiheit, die Selbstverwirklichung des Menschen bedeute demnach vor allem eine emotionelle Freiheit. Im Gegensatz zum Schätzen des "Sicheren", des "Ordentlichen" und des "Eindeutigen" habe nur einen Sinn, wenn man nach seinen Gefühlen lebt; oder aber gehe an einer solchen Freiheit "mehr Leben zugrunde als am Verzicht auf eine Freude"[243] - beide Fragen bzw. Erkenntnisse quälen Jürg, dessen Suche in einem Selbstmord endet, gerade weil er nach seiner Einsicht handelt:

> "Man muß nach der Wahrheit denken können, auch wenn sie sich gegen uns dreht. Oder man gehört, wie klug man auch denkt und sich gebärdet, zum geistigen Pöbel, der stets nur das zu denken vermag, was ihn stützt, nur das zu glauben, was ihn und seine Daseinsart heiligt, Überzeugungen als Panzer vor der Wahrheit!..."[244]

Diese radikale Lebensphilosophie, die hier auch praktiziert wird - nämlich eine Erkenntnis über das wahre Sein, die in Selbstmord mündet - finden wir in keinem anderen Frisch-Werk wieder.

"Bin" erinnert trotzdem in vielem an die "Schwierigen". Ihre Grundkonzepte sind wohl verwandt: in beiden geht es um eine Suche nach dem "wirklichen Leben". Beide Helden sind ständig unterwegs, um das Ersehnte zu erreichen. Zum Ziel gelangt aber keiner der beiden. Trotzdem können sie sich ein Ergebnis ihrer Suche anrechnen: sie leben nicht ohne das Wissen, daß unser Dasein auch etwas mehr sein könnte, auch ein anderes sein könnte, als es ist:

> "Das Dasein der allermeisten [...] war durchaus nicht entsetzlich, nur unfruchtbar. Es erbarmte ihn. Es war nicht Leid, nicht Not [...] es war nur die Leere, und das war schlimmer, es war ein Dasein von Teppichklopfern. Sie wissen nicht einmal, was Leben sein könnte; sie sehnen sich nicht einmal nach einem andern. Das erbarmte ihn."[245]

Das erbarmenswerte, was es also gibt - nämlich die Leere der Sehnsuchtslosigkeit haben sie nun jedenfalls überwunden. Reinhart handelt nach seiner Erkenntnis. Kilian ebenfalls: er unternimmt die Reise nach Peking. Beide konnten sich durch ihre

Einsicht von ihrem Sklaventum befreien. Was man mit der Erkenntnis erreichen kann: man lebt nicht mehr blindlings, sondern mit
dem Bewußtsein, daß es ein wirklicheres Leben gibt. Dadurch, daß
man nicht mehr der "Welt" verfallen ist, gerät man in die Lage,
nach dem "Wesentlichen", nach dem "Eigentlichen" zu suchen. Der
so konzipierte Entschluß wird entweder blitzartig-radikal durch-
geführt, oder aber bleibt es bei der Erkenntnis, die ja auch immer wieder vergessen werden bzw. dann später neu erkannt werden
kann. Der "Reise nach Peking", dem Weg der Suche nach dem wirklichen menschlichen Glück ist zwar unmittelbar ein radikaler
Entschluß vorausgegangen; dieser radikale Entschluß, die scheinbar plötzliche Einsicht war aber im Grunde genommen nichts anderes, als die Wiederholung und plötzliche Bewußtwerdung einer
schon lange dagewesenen Erkenntnis, die aber immer wieder vergessen wurde, und die auch nach dem Entschluß hie und da vergessen wird: selbst auf der Reise verliert man manchmal das Ziel
der Reise aus den Augen, bzw. man hat immer wieder "Rückfälle".
Ähnlich wie der Autor von "Montauk", der bestürzt erkennen muß,
wie er immer wieder zur derselben Einsicht gekommen ist:

"... bin ich bestürzt, daß ich vor zwei oder fünf Jahren
zu derselben Einsicht gekommen bin - nur habe ich sie dann
wieder vergessen, weil es mir nicht gelungen ist, nach
meiner Einsicht zu leben; ich habe das Gegenteil gelebt
mit zäher Energie."246

Jedoch finden wir in demselben Werk auch die Verlautbarung des
hoffnungsvollen Wissens, daß eigentlich alles, was man einsieht,
auch durchführbar ist: "ich muß es nur nicht aussprechen, sondern tun."247

Der Weg zum wirklichen Leben wird also nicht als ein linearer
Prozeß dargestellt, sondern vielmehr als ein ständiges Hin und
Her: mal ein Vorwärts mal ein Rückwärts mal eine Trendelei. Es
kommt auch vor, daß man - wie Kürmann - seine Einsicht nur einmal hat; sie wiederzudenken ist man aber nicht mehr fähig: man
stumpft so sehr ab, daß man nicht bloß für die Durchführung,
sondern selbst für das Wachrufen der Einsicht zu öde, zu "dumm"
ist, wie es Kürmann formuliert:

"- ein einziges Mal hatte ich eine Einsicht. Eine Viertel-
stunde lang. Es war eine wirkliche Einsicht, das weiß ich.

Aber ich kann sie nicht wiederdenken. Ich bin zu dumm dafür."[248]

Die meisten Frisch-Werke handeln von Menschen, die die Erfahrung von einem wirklicheren Dasein schon einmal oder mehrmals hatten, sie aber immer wieder neu fallen ließen. Doch auf einmal bricht die latente Erfahrung heraus und setzt sich plötzlich durch: Im "Öderland" bewirkt der plötzliche Ausbruch des Staatanwalts, der bisher sich mit der Öde seines Daseins abgefunden hatte, die Tat eines anderen. Der Staatsanwalt erkennt in der Tat des Mörders seine eigene, auch sich selbst nicht eingestandene Sehnsucht, um jeden Preis aus der Leere in das "Leben" hinauszugeraten. Seine Erfahrung ist am besten mit dem Bild des Risses in der Mauer zu charakterisieren:

"... ein Mord einfach so? Das ist wie ein Riß in der Mauer. Man kann tapezieren, um den Riß nicht zu sehen. Der Riß bleibt. Man fühlt sich nimmer zuhaus in seinen vier Wänden."[249]

Der "Riß" (die Ahnung) ist schon lange da, es ist nur eine Frage der Zeit wann er zum Vorschein kommt. Ob man den Riß merkt oder nicht, ob man dessen bewußt ist oder ihn lieber vergißt und verdeckt, variiert Frisch ständig bei der Gestaltung seiner Figuren. Der Staatsanwalt lebt mit dem Wissen um den Riß, genau wie Inge: beide warten nur auf eine Möglichkeit, die sie nach ihrer Ahnung, nach ihrer Erkenntnis leben läßt. Das Wikingerschiff-Modell des Staatsanwalts symbolisiert seine einmal schon gewonnene Erkenntnis, die aber in seinem Leben nicht zur Verwirklichung kommen kann: sie ist begraben, jedoch nicht vergessen. Das Staatsanwalts "Nippzeug" - wie das Modell seine (für das wirkliche Leben keine Affinität habende) Frau nennt - ist Ausdruck seiner Ahnung von dem Glück, vom Leben, das mit "Segeln" zu erreichen ist. Inges Hoffen und ihr sicheres Wissen über das "Leben", über ihre Befreiung aus der Öde, die sie umgibt, stellt ihr Lied von Graf Öderland mit der Axt in der Hand symbolträchtig dar. Die Ahnungen von den beiden werden zur Gewißheit: der Riß ist also Wahrheit, wie sich Frisch darüber später in einer kleinen Prosaschrift äußert:

"Die Wahrheit [...] ist einfach da oder nicht, sie ist ein Riß durch die Welt unseres Wahns, eine Erfahrung."[250]

Das Motiv des Risses taucht auch im Spätwerk "Der Mensch erscheint im Holozän" auf: hier scheint zwar über den "Riß" auf
den ersten Blick bloß in einem erdgeschichtlichen Zusammenhang
die Rede zu sein:

"Bedenklicher als der Einsturz einer Trockenmauer wäre ein
Riß durchs Gelände, ein vorerst schmaler Riß, handbreit,
aber ein Riß-

(So fangen Erdrutsche an, wobei solche Risse lautlos entstehen und sich wochenlang nicht erweitern oder kaum, bis
plötzlich, wenn man nicht erwartet, der ganze Hang unterhalb des Risses rutscht und auch Wälder mit sich reißt und
alles, was nicht Grundfels ist.)

Man muß auf alles gefaßt sein."251

Die Symbolträchtigkeit des "Risses" ist jedoch bei der Deutung
der Ganzheit des Werkes offenbar. Hier geht es aber - wie im gesamten Spätwerk im Gegensatz zum Frühwerk - um mehr konkretere
und weniger der frühen weltschmerzerischen Stimmung entsprechende verschwommene Bilder. "Riß" ist hier eine Erscheinung der Natur; er läßt jedoch auf vieles assoziieren, nicht zuletzt auf
die früheren Ideenverknüpfungen Frischs mit diesem Begriff. Der
Riß kennzeichnet auch hier nicht nur einen Naturzustand, sondern
überhaupt einen Riß in der Welt, wo bis jetzt alles in Ordnung
gewesen zu sein schiente; auch Herr Geiser selbst hat einen Riß
mit der ihn umgebenden "Welt"; gerade weil nur er den Riß wahrnimmt. In diesem Sinne ist er doch den früheren Ausbrecherfiguren Frischs nahe: er sucht nach der "Wahrheit" und handelt: sein
Handeln ist in zwei Richtungen orientiert: einerseits versucht
er standzuhalten in einer drohenden Situation, indem er das Wissen des Menschen über die Erde bzw. Natur sammelt; andererseits
aber unternimmt er auch einen fluchtähnlichen Versuch: er nimmt
alle Kräfte zusammen, um vom Ort der nähernden Katastrophe wegzukommen. Die zwei "Taten" Herr Geisers zeigen zwar in verschiedene Richtungen - sie sind jedoch beide Ausdruck eines
Gegensatzes oder sogar eines Kampfes zwischen Menschen und Natur.

Auch schon in früheren Werken ging es oft um das Aufzeigen eines Gegensatzes zwischen dem Menschen, der sich nicht findet und
daher auch nicht in einer Harmonie mit der Natur leben kann, und

der Natur, die durch die vom Menschen geschaffene Zivilisation in ihrer Existenz bedroht ist. In "Graf Öderland" spricht der Hellseher, Mario von einer Zivilisation, die "Angst, Rauch und Blut" bedeutet. Der Mensch schuf sich eine Welt, in der er sich selbst nicht findet, die ihn an einem wirklichen Leben hindert, hinter der er sich verstecken kann vor den Herausforderungen eines wirklicheren Lebens. Man baut sich eine Welt der Ordnung und der Arbeit, die einen nicht glücklich machen kann: "überall sehe ich schwarze Ordner mit weißer Etikette, überall, und dahinter: - Angst."[252] - lautet des Hellsehers Diagnose. Angst kann hier mehrere Auslegungen haben: u.a. auch "Lebensangst" - nämlich die Angst des Menschen vor einem wirklichen Leben: man versteckt sich in die Sicherheit des Üblichen. Die "Erkenntnis" beinhaltet auch diesmal das Bloßstellen des aus dem "Bin oder die Reise nach Peking" wohlbekannten Kreislaufes:

> "Arbeit, die sich um sich selber dreht. [...] Der andere Ersatz, da die Tugend selten ausreicht, ist das Vergnügen, das ebenfalls eine Industrie ist, ebenfalls in den Kreislauf gehört. Das Ganze mit dem Zweck, der Lebensangst beizukommen durch pausenlose Beschäftigung, und das einzig Natürliche an diesem babylonischen Unterfangen, das wir Zivilisation nennen: das es sich immer wieder rächt."[253]

Es geht Frisch ebensowenig um das Verachten der Zivilisation wie um die Vergötzung der Natur - es kommt die Sinnlosigkeit und Absurdität einer destruktiven Haltung zum Ausdruck, die die Natur unter seine Herrschaft zu bringen beabsichtigt; die blindlings meint, über Leben und Tod Macht haben zu können. So läßt sich das Unternehmen eines Technikers wie etwa Walter Faber, der bloß mit der Verbreitung des menschlichen Wissens, mit der Hebung des Lebensstandards das Wesentlichste auf der Erde verrichtet zu haben meint, wohl als grundverfehlt bezeichnen. Denn das menschliche Leben besteht nicht nur aus Tatsachen, aus Wissen und Vernunft. Marcels "Künstlerquatsch" (Faber bezeichnet den seinem Standpunkt entgegengesetzten so) "über Rückzug der Seele aus sämtlichen zivilisierten Gebieten der Erde", über das Leben, das sich nicht "kosmetisieren" läßt, über den "Lebensstandard als Ersatz für Lebenssinn" findet bei dem Techniker kein geneigtes Ohr.[254] Zivilisation ist bei Frisch keine Antwort auf die Frage nach dem wirklichen Leben: zwar hofft davon der Typ des Technikers das Aufsteigen der Menschheit, sie erweist sich weni-

ger als Garantie fürs Glück und mehr als ein neuer "Ersatz" dafür.

Graf Öderlands "Erinnerung" an ein Leben in der Freiheit, das
zugleich ein Leben in der Natur, eine Harmonie mit der Natur
darstellte, ist ein Beispiel für Frischs idealistische Modelle:
ein sentimentales, für das 20. Jahrhundert völlig irrelevantes
Heraufbeschwören einer längst vergangenen, irreversiblen Verbundenheit des Menschen, der "Urmenschen" mit der Natur; - diese
"Erinnerung" steht jedoch zu Recht als Gegenpol zu den von dem
Menschen gestellten sinnlosen und bedrückenden "Stäben",
"Schranken" und "Gitter", die diese Verbundenheit zerstörten
aber keine neue Perspektiven vorzeigten:

"Wir lebten von Fischen, wovon es genug gibt, und von den
Früchten der Küsten, manchmal gingen wir auf Jagd, und
wenn wir das Nötige hatten, segelten wir weiter -"[255]

Homo faber wird erst in Cuba, in einem "unzivilisierten" Land
die Unnatürlichkeit von "The American Way of Life" bewußt. Ganz
unerwartet überkommt ihn ein Glücksgefühl, das er in Amerika nie
erleben könnte: worin sich Cuba vor allem von Amerika unterscheidet, fällt ihm sofort auf: "Alles spaziert, alles lacht.
Alles wie Traum- [...] lauter schöne Mädchen, auch die Männer
sehr schön, lauter wunderbare Menschen..."[256] Erst bei der Betrachtung und Erfahrung des "Schönen", das von der Natürlichkeit
der Menschen und ihrer Lebensart kommt, fällt ihm die "Häßlich-
keit" der Amerikaner und überhaupt des "American Way of Life"
auf. Sein plötzlicher Zorn auf Amerika gilt dessen gestörtes
Verhältnis mit der Natur: denn "The American Way of Life" bedeutet nichts anderes, als das Nicht-Wahrhaben-Wollen der eigentlichen Gesetze der Natur: man meint, auch ohne sie sich
durchbringen zu können, indem man Vitamine "frißt" und das Leben
mit Penicillin, Kosmetik und sonstiger Raffinesse zu verlängern
versucht und sich dabei sogar noch glücklich meint. Homo fabers
Erkenntnis besteht eben darin, daß er sich nicht mehr dieses
"Coca-Cola-Volk", diese "Vitamin-Fresser" zum Vorbild nimmt,
sondern mit der plötzlichen Bewußtwerdung der Falschheit dieser
naturfeindlichen Lebensart sein Glück nun anderswo sucht bzw.
findet. Es ist nun kein Zufall, daß er seinen Entschluß "anders
zu leben" gerade in Cuba faßt, in einer von der menschlichen Zivilisation noch weniger berührten Umgebung.

Wenn Frisch vom Verhältnis zwischen Menschen und Natur spricht, schwebt ihm wohl nicht ein rousseauistisches Zurückziehen des von der Zivilisation bedrohten Menschen in die Natur vor Augen. Seine Helden kommen aber zu der Erkenntnis, daß ihr wirkliches Ich keinesfalls ein dem Klischee der Welt entsprechendes sei. Ein jeder muß seinen Weg allein durchkämpfen, was ja wiederum nicht bedeutet, daß ein wirkliches Leben nur in der Einsamkeit zurückziehend zu finden wäre. Im Gegenteil: nur in den menschlichen Beziehungen, nur durch bewußtes Wahrnehmen der umgebenden Welt ist ein wirkliches Leben denkbar.

"Eines Tages stehen wir vor der Wahl"[257] - versucht Reinhart in den "Schwierigen" seine Erkenntnis auszulegen. Ihm scheint eine Wahl zwischen "Wehmut" und Reife nötig zu sein -seine Enttäuschung haben viele frühe Frisch-Helden, die vergeblich auf eine Erfüllung ihrer romantisch-idealistischen jugendlichen Sehnsucht hofften; so bleibt ihnen die Einsicht, daß die "Wehmut", ihre Trauer nicht weiterführt. Die Erfahrung der Begrenztheit ihres menschlichen Daseins deuten sie als verhängnisvollen Beweis für ihren fatalen Irrtum auf ihrer Suche nach dem "Eigentlichen", "Grenzenlosen" etc., die sie zu erreichen erhofften. "Der unbelesene Bücherfreund" erzählt eine Geschichte, die dieses lähmende Erlebnis eines Jünglings darstellt, und daher als Ausdruck eines typischen Lebensgefühls von vielen frühen Frisch-Helden (Jünglingen!) aufgefaßt werden kann:

> "im Urwald lebte einmal eine Sippe, und der Horizont der
> nächsten Berge war ihnen der Rand der Welt. Da sie aber
> Kunde bekamen von andern Sippen jenseits dieser Berge, er-
> faßte einen Jüngling die menschliche Neugier und er zog
> aus! Nach wenigen Wochen erlangte er das nahe Jenseits,
> das keines war, und verzweifelt weiterwandelnd, immer über
> nächste und wieder nächste Gebirge, weitete er den Umkreis
> der gekannten Welt; da kam er an ein Meer, ach, da war der
> Rand der Welt, der große Trost, daß der Mensch mit seinem
> Dasein ausreichte, um die Welt zu durchmessen. Das war se-
> lig, denke ich mir, doch war es eine Täuschung, denn jen-
> seits des Meeres erfuhr er von neuen Ländern, von anderen
> Meeren und immer wilder wurde seine Angst, daß es unum-
> spannbar wäre, immer gieriger sein Wissensdrang."[258]

Die Geschichte bewertet den menschlichen Wissensdrang bzw. die

Suche selbst als „Sündenfall". Sie gleicht die gierige Suche des
Menschen der biblischen Sünde: man greift nach etwas Verbotenem
und muß aus dem Paradies fallen - der wissensgierige Jüngling
gerät in den Zustand eines Ausgestoßenen, „gnadlos gejagt von
seiner eigenen Neugier" und wird sein Ziel nie erreichen. Seine
Suche führt aber - im Gegenteil zu der Suche der späteren
Fritsch-Helden - nur zur bitteren, lähmenden Enttäuschung. Zwar
wird am Ende der Geschichte eine Art tröstliche Einsicht gebo-
ten: „In einer einzigen Pflanze ist die Welt enthalten und er-
ahnbar...".259, sie ist aber keine Antwort auf die Frage des
Menschen nach dem Unendlichen, nach dem Eigentlichen, nach dem
wirklichen Leben.

Die bittere und wehmütige Erkenntnis, daß „hinter jedem Ufer
[...] ein nächstes [schwebt]", daß das Unbekannte und Reizende
nach dem Erkennen schon keinen Reiz mehr hat und daher kein
Glück mehr bringt, ist auch in „Bin" formuliert.260

Ein anderes typisches Merkmal der frühen Werke im Gegenteil zu
den späteren ist, daß dort die wenigen Suchenden - wie bei Nossack - auserwählte Menschen sind: sie erkennen einander auch
schweigend; sie bilden einen „Orden"- die Art und Weise der Zugehörigkeit ist sehr geheimnisvoll, verschwommen, mysteriös:

„Es ist ein wirklicher Orden, eine Bruderschaft über alles
Blut hinaus, eine gleiche Liebe und ein gleiches ver-
schwiegenes Leid, eine gleiche, eine heimliche und überpersönliche Sehnsucht nach dem Unmöglichen, -nach dem
Vollkommenen.".261

Die „Nicht-Auserwählten", die also nicht um ein wirkliches
Dasein wissen können oder wollen, bilden den „geistigen Pöbel" -
wie sie in den „Schwierigen" bezeichnet werden. Schinz, der
Rechtsanwalt in der „Skizze", der dem Geist begegnet, ist ein
„Auserwählter", denn er hatte - trotz seines anscheinend „normalen" bürgerlichen Lebens - schon immer „das Verlangen, dem Geist
zu begegnen".262. Ein typisches Beispiel dafür, wie die plötzliche Wandlung eintritt: die für die Welt unverständliche und unerklärbare Umkehr von einer - in den Augen der Welt -
erfolgreichen und wohlgeordneten, sicheren Lebensform ist eigentlich nur der rasche Ausbruch des schon immer dagewesenen
„Verlangens". Schinz gehört von Anfang an zu den wenigen, die

auserlesen sind und daher eine Chance auf das Wissen um das wirkliche Leben haben. Die Einsicht selbst hat aber auch in späteren Werken einen Zug des Geheimnisvollen, nur daß sie dort viel gelungener und überzeugender dargestellt wird; statt pathetischen und abgedroschenen Begriffe wie etwa "Bruderschaft über alles Blut hinaus" verwendet Frisch später Assoziationen erweckende Begriffe, die also eine ziemlich freie Anknüpfung von verschiedensten Vorstellungen zulassen, jedoch eine dominante Stimmung angeben und damit ein wohl bei keinem Leser gleiches Bild vom Wesen der Erkenntnis evozieren, ohne dabei das Unaussprechliche auszusprechen. Als Beispiel dafür mag dies Kürmanns Bekenntnis verdeutlichen:

> " -ein einziges Mal in meinem Leben, als ich siebzehn war, ich saß auf einem Fahrrad, ich erinnere mich genau: kurz vor einem Gewitter, das aber nicht kam, Wetterleuchten, Staub wirbelte haushoch, und es roch nach Holunder und Teer - ein einziges Mal hatte ich die Einsicht. Eine Viertelstunde lang. Es war eine wirkliche Einsicht, das weiß ich."[263]

Das Wort "Gewitter" könnte Assoziationen einer plötzlichen, stürmischen Wandlung hervorrufen; es geht aber um ein Gewitter, das nicht kommt: der Akzent liegt also auf der Spannung, dem fast schon unerträglichen Warten; man begehrt ungeduldig und zugleich fast schon hochbeglückt das Neue, das Reizvolle. Alle Sinnesorgane spüren und begehren die Wandlung: man hört, sieht, riecht und spürt zugleich den aufgeregten Zustand, in dem es zu der Erkenntnis, zu einem Wissen um die Wahrheit kommen kann.

"LEBEN GEFÄLLT MIR"

Während in den genannten frühen Werken die Erkenntnis sich eher auf einen unstillbaren Wissensdrang beschränkte, beginnt sie später immer konkreter das LEBEN, ein WIRKLICHES, LEBENDIGES Leben zu bedeuten. Schon Graf Öderland kommt zur Erkenntnis, daß das LEBEN das herrlichste ist, was es nun gibt:

> "Kurz ist das Leben, und groß ist die Nacht, verflucht ist die Hoffnung auf den Feierabend, heilig der Tag, solang die Sonne scheint, und es lebe ein jeder, solang die Sonne scheint. Herrlich ist er und frei."[264]

Das hymnische Bejubeln des Lebens führt den Staatsanwalt aus der Öde seines alltäglichen Lebens heraus: dieses Lebensprinzip gibt seinem bisher leeren Dasein einen Sinn. Er selbst hält von Ideen nicht viel, denn allerlei Ideen haben nur einen Sinn, bis sie lebendig bleiben bzw. verlieren ihren Sinn, wenn sie sich versteinern. Zu der gleichen Einsicht gelangte auch schon Jürg, als er behauptete: »Jeder Starrsinn in der Erkenntnis, die man gewonnen hat, ist Anfang schon eines weiteren Irrtums.«265 Ein Graf Öderland, der behauptet, keine Idee zu haben, erklärt sei- nen Ausbruch einzig und allein mit der Einsicht, LEBEN zu wollen statt in einem öden Dasein zu ersticken zu müssen:

»Kommissar: Wir müssen erklären, was wir wollen.

Graf: - leben. [...] Was sonst? [...] Wenn ich für Tag an Tag an diesem Schreibtisch hocke, Mensch, und man hält mir die Gurgel zu, daß ich nicht mehr schnaufen kann- [...] und eines Tages halte ich es nicht mehr aus, ich springe den anderen an die Gurgel, damit ich nicht ersticke: Was gibt es da zu erklären? Leben will ich. Wozu eine Idee? Alles [...] Alles andere ist Schwindel!«266

Ganz im Sinne eines Öderlands lautet die knappe Erkenntnis am Ende des Gantenbein-Romans: »Leben gefällt mir-«267. Auch den Rittmeister in »Santa Cruz«, der plötzlich »in den Schnee« hin- ausgeht, führt einzig und allein der Wunsch:

»noch einmal leben, noch einmal weinen können, lachen kön- nen, noch einmal lieben können [...] Ich möchte noch ein- mal fühlen, welche Gnade es ist, daß ich lebe, in diesem Atemzug lebe,bevor es uns einschneit für immer.«268

»Freude« und »Freiheit« stehen in »Graf Öderland« fürs Leben im Gegensatz zu »Stäben«, »Schranken« und »Gitter«.269

»WAS FEHLT IHNEN ZUM GLÜCK?«

»Jenseits der Enge« hoffte Jürg sein Glück zu finden. In »Bin« bedeutet Glück vor allem ein Erlebnis der Jugend: es ist »blau, nüchtern, rauschlos, ein Glück der morgendlichen Frühe, Erinnerung an ein götterhaftes oder kindliches Jungsein.«270

»Blau« ist das Glück auch in »Homo faber« - blau als Farbe des

unendlichen Himmels bzw. des unendlichen Meeres, die in Frischs
Werken oft als Symbol für das "Jenseits" stehen. Auch die Ambivalenz des Glückgefühls, die in dem pathetisch klingenden "Bin"-
Zitat zum Ausdruck kommt, versuchen auch spätere Frisch-Helden
zu formulieren, wie Homo faber z.B.:

> "Ich wußte nicht, was anfangen mit diesem Tag, mit mir,
> ein komischer Tag, ich kannte mich selbst nicht, keine Ah-
> nung wie er vergangen ist, ein Nachmittag, der geradezu
> wie Ewigkeit aussah, blau, unerträglich, aber schön, aber
> endlos -"[271]

Die Ähnlichkeit der beiden Frisch-Zitate ist nicht zu übersehen: im euphorischen Glück-Zustand, der einfach "blau" bezeichnet wird, verliert man seine Besonnenheit und überläßt sich
völlig diesem unerklärbaren Gefühl, das zu gleicher Zeit schön
und unerträglich empfunden wird; es macht zugleich selig und
hilflos. Bin unterscheidet zwischen zwei Arten des Glücks: das
richtige, unverschleierte Glück sei ein in seiner Intensität
fast schon erschreckendes Gefühl, mit dem man meistens nichts
anzufangen weiß; im Gegensatz zu der verschleierten Erscheinungsform des Glücks, wenn es nur noch als Erinnerung da ist,
und eher mit dem in den Frühwerken Frischs oft auftauchenden Begriff "Wehmut" - also als süßes Leiden etwa - zu bezeichnen ist:

> "Glück!-[...] Es machte mich immer so hilflos, im Augen-
> blick wußte ich nie, was anfangen, ich trieb durch die
> Gassen, ich landete bei Frauen, ich ging und besoff mich.
> Vor Glück! Verkleidet aber - im Gewande der Erinnerung, im
> Schleier der Wehmut, im Glanze des Verlorenen - erschreckt
> es uns weniger."[272]

Ein ziemlich seltsames Glück-Bild: das Glück selbst beglückt
einen nicht; es macht nur unsicher und aufgeregt, es treibt weiter in Richtung des noch Unerfahrenen. Erst die Erinnerung an
ein früheres Glück-Erlebnis evoziert ein nüchterneres Glückge-
fühl, das besonders dadurch beglückt, das es - wegen des Verlo-
reren - schmerzt. Wie sentimental, wirr oder sogar kitschig es
auch klingen mag, jedoch enthält diese ganze Theorie auch eine
Ahnung vom Wesen des Glücks, wonach auch von späteren Frisch-
Helden immer wieder gefragt und gesucht wird: das Erfülltsein
bedeutet kein so richtiges Glück mehr, wie die Begierde, die

Sehnsucht bzw. selbst der Weg zum Glück, der Kampf um die Seligkeit. U.a. darum geht es auch im dem "Stiller" vorangestellten
Kierkegaard-Zitat aus dem "Entweder-Oder":

"-: indem die Leidenschaft der Freiheit in ihm erwacht
(und sie erwacht in der Wahl, wie sie sich in der Wahl
selber voraussetzt), wählt er sich selbst und kämpft um
diesen Besitz als um seine Seligkeit, und das ist seine
Seligkeit."273

In "Stiller" geht es trotzdem um einen anderen Glück-Begriff,
der nicht mehr so verworren ist, wie in "Bin": Sybilles Glück
ist kein Traum, keine bloße Sehnsucht, auch nicht nur eine Erinnerung an etwas Verlorenes; ihr Glück ist Wirklichkeit, wie
Frisch sagt: "es erfüllte sie mit aller Wirklichkeit".274

In späteren Werken umgeht Frisch jedoch sparsamer mit dem Begriff "Glück": am Ende bleibt nur noch die Frage: "Was fehlt ihnen zum Glück?"275 Um welches Glück es sich handelt, wird nicht
verraten. Wenn Frisch nach "Glück" forschte, ging es um die Verschiedensten: mal um das Glück zwischen Mann und Frau, mal um
ein Glück des Ichs, das sich nicht ausschließlich auf einem
Glück zwischen zwei Menschen beruht. Eigentlich werden beide Be-
reiche ziemlich skeptisch betrachtet, jedoch nicht hoffnungslos:
zwar meint Gantenbein, sein Glück mit Lila - wohl ein mögliches
Glück zwischen Mann und Frau - sei nur aufrechtzuerhalten, wenn
er das Geheimnis seiner Blindenrolle bewahrt,276 und zwar findet
der Autor des Tagebuches 1966-1971 unsere Welt eine "Welt ohne
frohe Botschaft"277 - trotzdem würde es dem Frisch Oeuvre nicht
gerecht, wenn man seinen Autor als Zyniker bezeichnen würde.

Auch wenn er statt Hymnen Klagelieder dichtet, "von der Not
verfehlter Leben", ist er nicht ohne Hoffnung, denn:

"Solange jemand Klage erhebt, so heißt es, daß er noch die
Hoffnung hat: es könnte anders sein. Nur der Zyniker sagt:
so ist es auch."278

Frischs Klage und Trauer gelten nicht einer unabänderlichen
Welt. Im Gegenteil: Die Trauer und die Klage zeigen, wie die
Welt, "wie das Leben eigentlich sein sollte" - in diesem Sinne
sind sie eine Art Rebellion, "nur sei es auch nur im Ausmaß der
Trauer, der Melancholie - aber ich finde mich nicht ab" - sagt

Frisch in einem Gespräch.[279]

Frischs Protagonisten sind keine zufriedene Typen: sie klagen und trauern. Sie bemühen sich ständig wirklich zu leben und müssen immer wieder einbekennen, daß sie doch nicht zum erträumten "Leben" gelangt sind. Es wäre jedoch völlig abwegig, wenn man Frischs Oeuvre daher als "Scheitern-Geschichten" abtun sollte. Denn in seinen "suchenden" Figuren dominiert weniger ihr angebliches "Scheitern" und mehr ihre Hoffnung, die ihnen – und wohl auch dem Leser – Mut macht, weiterhin sich nicht "abzufinden". Im Gegensatz zu der oft verlautbarten Meinung, ihre Suche sei gescheitert, da sie mit ihrem Aufbruch nichts erreichen, nirgendwohin langen, nichts zu ändern vermögen, soll die vorliegende Studie u.a. verdeutlichen, daß Frischs Helden, indem sie zur Erkenntnis der Wahrheit über sich vordringen und ständig auf der Suche sind nach einem wirklichen Leben, doch keine Hoffnungslosigkeit suggerieren. Die erwähnte Ansicht ist umso weniger zu akzeptieren, da sie den Unterschied von ausschlaggebender Bedeutung zwischen einem hoffnungs-und sehnsuchtslosen Dasein und einem hoffnungs-und sehnsuchtsvollen völlig unbeachtet läßt, obwohl es eigentlich darauf ankommt.

"OHNE UTOPIE LEBEN NUR DIE TIERE"

"Können Sie sich ohne Hoffnung denken?" – stellt Frisch in seinem Tagebuch die Frage,[280] die eigentlich auch schon die Antwort andeutet; denn die Hoffnung ist es, die einen am Leben hält, und die Hoffnungslosigkeit, die einen zum Tod verurteilt. In welchem Sinne zum Tode – da finden wir eine eindeutige Entwicklungslinie in den Frisch - Werken: anfangs war es wortwörtlich gemeint: Wenn schon nichts mehr lockt, wenn alles an Freude, Neugier und Hoffnung hin ist und nur die Erfahrung bleibt, nur die "Asche der Erfahrung nimmt zu"[281], so hat es keinen Sinn mehr, zu leben - meint der "Selbstmörder" in "Bin" und entschließt sich zu einem frei gewählten Tod, als zur einzig möglichen Tat in seinem Zustand der "Wehmut".[282]

Spätere Frisch-Helden verbinden ihre Einsicht von der Sinnlosigkeit ihres Lebens nicht mit dem Gedanken eines notwendigen Selbstmordes; ihre Einsicht enthält auch die Erkenntnis, daß ihr bereits totes (=unlebendiges) Dasein in ein lebendiges Leben, in ein wirkliches Leben verwandelt werden könnte und müßte. Ihre

Hoffnung, die vielleicht gar keinen realen Hintergrund hat, erhält sie am Leben und führt sie zum Ausbruch. Der Gedanke eines
Selbstmordes kann wohl noch hie und da auftauchen, aber nur noch
als Meditation eines todkranken und in einem Jahr zum Sterben
verurteilen Mannes, wie es etwa ein Enderlin ist, der in der
Überzeugung seines baldigen Sterbens fast seine Hoffnung verliert und sich die Frage stellt: "Warum erhängt man sich nicht?"
- dann aber trotzdem seiner Hoffnung bzw. seinen Träumen freien
Lauf läßt: er denkt an Peru, an das "Land seiner Hoffnung"; er
stellt sich in einem Land vor, das weit weg von seinem ist, wo
er sich noch ein anderes Leben erhoffen kann; in seinen Träumen
erscheint er "auf einem Pferd, das wiehert", "ein Mann, der da-
vorritt"[283] - sein Ausbruch aus seinem eng begrenzten, aufge-
zwungenen, ungewollten schon nun und erwartungslosen Leben
scheint trotz des kurzen Jahres, das ihm noch zur Verfügung stehen sollte, ausführbar zu sein. Die Vision des auf einem wie-
hernden Pferd davonreitenden Mannes erinnert an Bachmanns
Prinzessin Kagran,[284] die aus der Knechtschaft in die Wüste
flieht, um sich in absoluter Freiheit aufzulösen. Auch bei
Frisch steht das wiehernde Pferd als Symbol für einen Ausbruchs-
bzw. Fluchtversuch.

Einem Don Juan, der keine "Räume der Hoffnung" mehr sieht und
daher eine geheimnis- und sehnsuchtslose Welt nicht mehr lebens-
wert findet, wird jedoch eine Antwort gegeben, die schon in
Richtung des Gedankenganges späterer (reifer) Frisch-Werken
zeigt. Don Juan hofft nur noch auf eine neue Entdeckung, denn
alles was bereits bekannt ist, schätzt er als "verloren" ein:
genau wie an einer Frau für ihn nur das Jungfräuliche wert ist,
findet er nur "Früchte, die niemand gehören" und "Paradiese, die
noch nicht verloren sind" erkennenswert und beglückend:

"Ein Globus, ausgemessen ein für alle Mal, eine Kugel, die
handlich auf dem Schreibtisch steht: ohne die Räume der
Hoffnung! Denn überall ist schon der Mensch, und alles,
was wir fortan entdecken, es macht die Welt nicht größer,
sondern kleiner ... [...] wir haben keine Hoffnung mehr
[...]: wir haben kein Drüben!"[285]

Don Juan in dem Bühnenstück "Die Chinesische Mauer" ist zwar
nicht mehr so schwermütig und wegen der Hoffnungslosigkeit der
Welt zum Tode bereit, wie der "Selbstmörder" in "Bin"; auch in

ihm jedoch evoziert die eigene Unzufriedenheit kein Gefühl der Notwendigkeit einer Verwandlung seines Ichs: er meint, an seinem Zustand des Überdrusses könne eine neue Entdeckung - etwa eine Entdeckung eines Columbus - helfen, indem er ihm "Räume der Hoffnung" gäbe. Seine Hoffnung auf neue Entdeckungen ist ebenso verfehlt, wie die typische Hoffnung einiger anderer Frisch-Helden auf den "Feierabend"; deshalb erwidert ihm Columbus, der selbst nicht an die überdruß-heilende Kraft einer Erdteil-Entdeckung glaubt:

> "Auch Euch, mein junger Mann, verbleiben noch immer die Kontinente der eigenen Seele, das Abendteuer der Wahrhaftigkeit. Nie sah ich andere Räume der Hoffnung."[286]

Don Juans Hoffnung auf neue Entdeckungen ist ja gleich zu bewerten, wie die "Ersatz-Hoffnungen" zahlreicher Frisch-Helden, die statt an ein wirklicheres Dasein zu glauben sich mit "Täusch-Hoffnungen" am Leben halten: sie warten nämlich ständig auf den Feierabend, auf den Sonntag, auf das Wochenende etc., die eigentlich nichts bringen. Denn jedes Wochenende ist bloß eine Wiederholung des vorigen; es bewegt im Grunde genommen nichts: es bringt gar keine Verwandlung. Diese Art von Hoffnung ist nichts anderes, als ein "Aufschub", eine weitere Verzögerung des Entschlusses "wirklich" zu leben. Frischs Ausbrecherfiguren rebellieren auch gegen diese falsche Hoffnung, die einen - anstatt aus der Öde zu befreien - noch tiefer in die sinnlose Welt versinken läßt, indem sie den täuschenden Anschein gibt, als wäre sie eine "richtige", echte Hoffnung auf etwas "Wirkliches" - und in der Tat ist sie nichts anderes, als Ersatz:

> "Hoffnung auf den Feierabend, Hoffnung auf das Wochen- ende, all diese lebenslängliche Hoffnung auf Ersatz, inbegriffen die jämmerliche Hoffnung auf das Jenseits, vielleicht genügte es schon, wenn man den Millionen angestellter Seelen, die Tag für Tag an ihren Pulten hocken, diese Art von Hoffnung nehmen würde: - groß wäre das Entsetzen, groß die Verwandlung. Wer weiß! Die Tat, die wir Verbrechen nennen, am Ende ist sie nichts anderes als eine blutige Klage, die das Leben selbst erhebt. Gegen die Hoffnung, ja, gegen den Ersatz, gegen den Aufschub..."[287]

Was Öderland statt der falschen "Hoffnung auf Ersatz" bietet, ist das Leben selbst. Im Gegenteil zum Aufschub proklamiert er eine sofortige Verwirklichung des "Lebens". Seine traumhafte Vision über eine unendliche, offene See, die man ganz ohne jegliche Schranken kreuz und quer beschiffen kann,[288] bleibt nicht auf der Traum-Ebene stecken: Öderland zeigt, daß es eine Flucht aus den Zwängen der Welt in die absolute Freiheit möglich ist, wenn auch nicht Kampf- und blutlos. Jedoch erscheint seine Tat nur für die auf den Zwängen und Schranken beharrende Welt blutig, nicht aber für Öderland, der "am Leben verhindert" Gewalt braucht: - denn mag es auch umgekehrt scheinen, ist es eigentlich eben die Welt, die Öderland und einem jeden "Sklaven" gegenüber brutal-gewalttätig vorgeht, indem sie ihnen statt das eigene Leben leben zu lassen ein Leben lauter Vorschriften, Zwänge, Stäbe und Schranken aufzwingt und damit ihnen die Möglichkeit eines wirklichen Lebens nimmt.

Für wie hoffnungslos man Öderlands Kampf gegen die ganze Welt auch hält, wäre er selbst ohne seine Hoffnung verloren: denn "ohne Utopie leben nur die Tiere" - formuliert Frisch in einem Gespräch.[289] Ohne den festen Glauben an eine Utopie, ohne die Hoffnung wäre die Menschheit verloren und wäre die Welt nicht aus ihrer leblosen Statik fortzubewegen. Eine richtige Hoffnung kann nicht daraus bestehen, daß man das Gewesene zu bewahren versucht; "um lebendig zu sein, braucht man ja auch ein Ziel in die Zukunft hinaus". Das wäre nämlich die "schöpferische Hoffnung" - um einen von Stiller-White geprägten Begriff zu verwenden -, die einen wirklich weiterhilft und nicht erstarren, sondern verwandeln läßt.[290]

Wie Öderland seinen von der Außenwelt als hoffnungslos beurteilten Kampf trotzdem mit felsenfestem Willen und unerschütterlichem Glauben an seinen Sieg durchkämpft, weil es für ihn seiner Erkenntnis bzw. seinem Entschluß nach keine andere Chance fürs Leben gibt - genau so ist Stiller entschlossen, seine einzige Hoffnung ("ins Leben zu kommen"), indem es zu einer wirklichen "Begegnung" mit Julika kommt - um jeden Preis zu bewahren; auch wenn es manchmal auch ihm selbst unmöglich erscheint. Es kommt ihm zuweilen vor

"wie ein Versuch, auf dem Wasser zu wandeln, und zugleich weiß ich, wissen wir beide, daß das Wasser steigt und steigt, um uns zu ertränken, und immerzu steigt, auch wenn

wir es nicht versuchen, auf dem Wasser zu wandeln. Sehr
viel Leben bleibt uns wohl nicht mehr. [...] Das tönt etwas verzagt, ich merke es; aber es ist das Gegenteil, ist
Hoffnung, sogar Gewißheit, daß es für uns noch immer eine
Schwelle gibt, um ins Leben zu kommen, du in deines und
ich in meines, allerdings nur diese einzige
Schwelle..."[291]

Der Zugang zum "wirklichen Leben" erweist sich in Frischs Oeuvre als durchaus schmal: die bloß gewußte Wahrheit reicht noch
von weitem nicht hin - außerdem kann die Erkenntnis noch dazu
vergessen werden! -; das vor allem den Frühwerken eigene Streben
nach Lebensintensität und Erlebnisfülle genügt ebenfalls nicht.
Glück ist ein weit stärkeres Wunschbild als Wirklichkeit des
menschlichen Lebens. Und trotzdem gibt es keine andere Wahl, als
darauf zu hoffen: denn ohne die Hoffnung, daß es doch gelingt,
wird das Leben unerträglich, "höllisch", wie es Enderlin formuliert:

"ohne die Erwartung, die allein imstande ist, das Leben
erträglich zu machen, ohne das Offene, das Ungewisse aus
Hoffnung und Angst. Ich stelle es mir höllisch vor."[292]

Die Angst ist wie eine Begleit- und zugleich Komplementärer-
scheinung zur Hoffnung immer da: auf der einen Seite steht die
feste Hoffnung, ohne die man verloren wäre, deshalb beharrt man
um jeden Preis darauf. Auf der anderen Seite steht jedoch die
Angst, ob es wirklich gelingt, ob die "Große Hoffnung" nicht etwa absurd und daher lächerlich sei. Im Tagebuch 1966-71 stellt
Frisch bei einem "Hoffnung-Fragebogen" in die eine Schale der
Waage die "große Hoffnung" und die darauf folgende Enttäuschung,
in die andere die Hoffnungslosigkeit, mit der Enttäuschungen zu
ersparen möglich wäre:

"Keine Revolution hat je die Hoffnung derer, die sie ge-
macht haben, vollkommen erfüllt; leiten Sie aus dieser
Tatsache ab, daß die große Hoffnung lächerlich ist, daß
Revolution sich erübrigt, daß nur der Hoffnungslose sich
Enttäuschungen erspart usw., und was erhoffen sie sich von
solcher Ersparnis?"[293]

Die Antwort soll sich ein jeder selber finden. Die Frage ist
aber auch anderswo gestellt, und zwar von Francine in "Tripty-

chon": sie erinnert sich und Roger an ihr verlorenes Glück, das
u.a. eben durch ihre kühnen Erwartungen, durch ihre große Hoffnung ein Glück sein konnte, auch wenn sie "keine Berge versetzt
[haben], auch wenn Roger Francine "manchmal ausgelacht [hat] wegen [ihrer] Erwartungen;[294] die Hoffnung aber war jedenfalls da,
und seitdem sie nicht mehr da ist, ist auch das Glück verloren.
Denn der wesentlichste Unterschied zwischen dem Glücks- bzw. Un-
glückszustand liegt nicht darin, ob die Hoffnung realisierbar
oder aber verwirklicht worden sei, sondern in der puren Existenz
bzw. Nichtvorhandensein der Erwartungen. Kein Zufall, daß für
das Reich des Todes gerade der Mangel an Erwartungen bezeichnend
ist, im Gegensatz zum Leben, wo Hoffnungen und damit auch eine
Zukunft - im Sinne einer Hoffnung auf eine Zukunft - da sind.
Der Alte, dem in "Triptychon" eine der beliebtesten Frisch-Fra-
gen gestellt wird ("Haben Sie gelebt?"), sieht den entscheiden-
den Unterschied zwischen "Leben" und "Tod" darin, daß es im
Reich des Todes keine Erwartungen mehr gibt im Gegensatz zum Leben:

"Ein Wunder oder kein Wunder oder was weiß ich. Irgendet-
was erwartet man unentwegt, solange man lebt, von Stunde
zu Stunde ... Hier gibt's keine Erwartung mehr, auch keine
Furcht, keine Zukunft, und das ist's, warum alles in allem
so nichtig erscheint, wenn es zu Ende ist ein für
allemal."[295]

Das Furchbarste am Tod ist offenbar, daß er dem Zustand der
endgültigen, unabänderlichen Erfüllung gleichkommt. Eine Art Erstarrung, wo es keine Erneuerung, keine Entwicklung, keine Ände-
rungen mehr - also nichts Lebenswertes und daher nichts
Liebenswertes gebe. Als Herr Geiser sein Unternehmen wagt, das
ihn vielleicht über seine Kräfte beansprucht, geht es um Leben
und Tod, nicht aber nur im konkreten Sinne; kann er sich selber
vertrauen, seine Hoffnungen - wenn auch nicht erfüllen, aber wenigstens wachhalten, so ist er gerettet; findet er sich aber mit
dem Gefühl gescheitert und verloren zu sein ab, so ist er wirklich verloren. Dessen bewußt wartet er nach einer gefährlichen
Stelle bei dem Hang-Steigen nur noch darauf, "ob die Zuversicht
wiederkomme, das Selbstvertrauen, das Gefühl, nicht verloren zu
sein."[296]

Deutet man Frischs Werk als Produkt der Erfahrung des Scheiterns, so wurde meines Erachtens der Belang einer grundsätzlichen Erkenntnis des Oeuvre verkannt. Falls nämlich von Frischs Protagonisten über ihre "Erfüllung" Rechenschaft verlangt wird, nimmt es nicht wunder, wenn eine Art "Scheitern" festgestellt werden muß: Scheitern als Nicht-Ankommen. Dieser Zug der Werke jedoch, daß man von Frisch nie mit einer fertigen Lösung beliefert wird - nämlich daß seine Helden nie zu einem beruhigenden Endpunkt gelangen -, ist meiner Ansicht nach kein Zeichen des Scheitern. Im Gegenteil: auch dadurch kommt Frischs Grundhaltung, das Streben nach Lebendigkeit zum Ausdruck. Eine Erfüllung - in der es also kein neues Auflehnen, kein "Weiter" gibt, sondern ein Sich-Abfinden mit der Welt - wird von Frisch anhand seines Werkes vielmehr für "Scheitern" gehalten, als die Hoffnung auf die Erfüllung, die oft bereits das ersehnte Glück beinhaltet. Denn Frisch meint mit Lessing:

> "Ein Vergnügen erwarten, meint Lessing einmal, sei auch ein Vergnügen. Oft ist es das größere, reichere, tiefere..."[297]

"Wozu sollte der Himmel herabfallen?" - lautet Frischs bildhafte Frage zu diesem Thema: denn nur bis er unerreichbar ist, hat er als Gegenstand unserer Sehnsucht einen unvergleichbaren süßen Reiz: "Das Ewige, das unser letztes Verlangen ist, liegt im Unerfüllbaren".[298] Diese Aussage des Autors weist auf das ewige Dilemma der Suche nach dem wirklichen Leben hin: glücksbringend sei nur das Erhoffte im Gegenteil zum Erfüllten, das keinen Reiz mehr hat. Trotzdem strebt man ständig nach "Erfüllen": auch wenn man weiß, daß nachher wieder die Leere waltet.

"UNSER DASEIN IST KURZ UND PEKING SO WEIT"

Die in Frischs Werk betonte Ambivalenz des Glücksgefühls deutet auf die oben skizzierten ungeheuren Schwierigkeiten hin. Man wird sich mit der Zeit der Unmöglichkeit des "Erreichen" bewußt, andererseits jedoch auch des Glücks der Suche selbst. Trotzdem paart sich zu dieser an und für sich glücklichen Suche doch auch die Angst: Auch wenn man hofft, steht auf der anderen Seite die Angst davor, daß nicht genügend Zeit für die Erfüllung seiner Hoffnungen zur Verfügung steht. Dem Rittmeister in "Santa Cruz" wird vor seinem Ausbruchsversuch plötzlich "die Kürze unseres Daseins bewußt"[299]; und so kann er mit seinem Verreisen nicht

einmal den nächsten Tag erwarten: es gibt keine Zeit nachzudenken oder nochmals zu überlegen. Das Wissen um die Wahrheit hat
er, und die Zeit drängt. Den entschlossenen Rittmeister kann
nicht einmal das drohende Unwetter abschrecken. Er wagt sich -
genau wie Herr Geiser: -in den "Schnee", in die mit Angst erfül-
lende, mit ihrer Macht über Leben und Tod des Menschen brüstende
Natur hinaus, denn er hat keine Zeit zu verlieren. "Unser Dasein
ist kurz und Peking so weit " - heißt es klagend und wehmütig in
"Bin".300 Der Zweifel, ob das Leben überhaupt noch "hinreicht"
nach "Peking" zu gelangen, kommt öfters. "Unser Dasein ist kurz
wie ein Tag..."301 - so der Erzähler in den "Schwierigen". Die
Klage über die Vergänglichkeit im Frühwerk, voller Wehmut, oft
mit dem Begriff "Asche" kombiniert (ein auffallend vielbenutztes
Wort im Frühwerk neben "Wehmut"), ist bis zum Pathetischen über-
steigert und steht meistens ohne ernsten Zusammenhang mit dem
Werk selbst; sie ist ein verschwommenes Gefühl, das in der Luft
hängt. Später aber geht es um ein Bewußtwerden dessen, wie wenig
Zeit man zur Selbstverwirklichung, überhaupt zum LEBEN hat. Im
"Holozän" steht die Kraft bzw. die lange Lebensfähigkeit der Natur (wie etwa eines Gebirges, wie der Alpen) im schrillen Gegensatz zu der Vergänglichkeit eines menschlichen Lebens, dessen
zeitlich sehr begrenztes Alter in Anbetracht der Erdgeschichte
bzw. der darin wirkenden Zeitdauern lächerlich gering erscheint.

Der Zeitdruck ist überhaupt eine Angstquelle: Stiller findet:
"Sehr viel Leben bleibt uns wohl nicht mehr"; Enderlin hat nur
noch ein knappes Jahr fürs "Leben". Zeit ist auf jeden Fall eine
Belastung, die einem seine Verwandlung erschwert; denn ihr we-
sentlichstes Merkmal ist es wohl, daß sie "vergeht", daß man äl-
ter wird: sie gibt das Gefühl, daß man selber "das Altern [ist]
von Minute zu Minute..."302 Sie bedeutet Vergängnis und es ist
unmöglich - sei es noch so heiß gewünscht sie zu vergessen oder
zu überholen:

" unfroh [ist Enderlin] gegen die Zeit, die sich meldete
überall und mit jeder Bagatelle, die Zeit, die uns immer-
fort überholt, Vergängnis in jeder Bagatelle"303

So ist es kein Wunder, wenn man sich außer der Zeit, in ein
Reich der Zeitlosigkeit träumt und wünscht: "Um nicht in der
Welt zu sein. Allein und jenseits der Zeit wollte er sein"304

"DIE SEHNSUCHT IST UNSER BESTES"

So schreiten Frischs Helden, die ein Wissen um die Wahrheit, um das wirkliche Leben haben, in die "Richtung einer Sehnsucht".[305] Sehnsucht ist "unser bestes"[306], weil sie einen "zieht, stärker als die beiden Ochsen"[307] in Richtung der Selbstverwirklichung, des eigentlichen "Lebens". Die Sehnsucht zieht den seines sklavenhaften, pflichterfüllenden und freudlosen Daseins plötzlich überdrüssig gewordenen Rittmeister "in den Schnee" hinaus, um sein Leben sein wahres Ich zu suchen. Er entschließt sich zum Ausbruch erst nachdem seine Frau Elvira ebenfalls einbekannte, von ungestillter Sehnsucht ergriffen und gequält zu sein. Nachdem sie dadurch ihre - auf dem Begraben ihrer innigen Verlangen nach etwas anderem ruhende gegenseitige Treue (im Grunde genommen Diszipliniertheit) aufgegeben haben, sieht auch der Rittmeister keine Hindernisse mehr, seinen Sehnsüchten "reisen" zu lassen:

> "unter diesen Umständen halte ich dafür, daß auch meine Sehnsucht, die ich Jahre lang tötete, tötete und mit Schweigen begrub, damit sie dich nicht erschreckte, teure Elvira, daß auch meine Sehnsucht reisen darf."[308]

Das vielleicht meistbenutzte Motiv der Suche nach dem wirklichen Leben ist die Reise. Das Aufbrechen, das Weggehen vom Ort des "uneigentlichen" Daseins auch im physischen Sinne ist Ausdruck der Sehnsucht: man verläßt den früheren Lebensraum und sucht nach einem neuen. Vom Aufbrechen der frühen Helden wurde schon einiges gesagt. Eigentlich entschließen sich aber fast alle Frisch-Helden zu einer Reise: erstens müssen sie sich von den bedrückenden und zurückziehenden Alltagsumständen befreien - in diesem Sinne können wir auch von einer Flucht sprechen; zweitens führt und lockt sie ihre Sehnsucht und überhaupt ihre Entschlossenheit weit weg vom wohlbekannten Ort ihres Daseins, der Schauplatz ihres Unglücks bzw. unerfüllten Lebens war: in dieser Hinsicht können wir bei den Ausbruchsversuchen auch von einer "Wahl-Zwang" sprechen, von einem "Entweder-Oder" Im Grunde genommen läßt sich bei Frischs Figuren jeweils ein Zwiespalt erkennen: entweder lebt man sein "Alltagsleben" oder bricht man auf. Die Radikalität des Auflehnens drückt sich u.a. in dem Streben aus um jeden Preis wegzukommen um absolut neu anfangen zu können.

Das Ziel der Sehnsucht, der potentielle Glücksort ist oft mit dem Namen eines tatsächlich existierenden, bekannten, meist weit weg liegenden - und daher exotischen - Ortes geprägt wie etwa Peking, Hawai. Oder aber mit weniger bekannten Namen, die daher noch geheimnisvoller klingen, wie etwa Santa Cruz oder Santorin; manchmal richtet sich jedoch das Aufbrechen einfach „weg" „wie etwa „hinaus in den Schnee". Letztendens haben alle Reisen diesen Charakter: es geht bezeichnenderweise nie um das Ideali- sieren eines existierenden Ortes d.h. nie um die beschönigend- unkritische Darstellung der Wirklichkeit, sondern jeweils um ein Wunschbild, um eine Utopie, um eine Seins-Möglichkeit. Daher sollten auch die konkret benannten Orte nicht auf der Karte ge- sucht werden, sondern „in der eigenen Erfahrung, in der Gegend jener Erkenntnis, die jedermann schon gemacht hat, jener traum- haft überraschenden..."[309]

Während in den späteren Werken der Flucht-Charakter des Auf- brechens zu dominieren scheint, symbolisieren die früheren „Rei- seziele" in erster Linie „Traumorte", paradiesische Zustände, wo sich wundervolle und märchenhafte Dinge ereignen: Peking soll der Ort sein, wo „die Rolle", „Zeichen des Alltags"[310] ohne die man mit großer Wahrscheinlichkeit „selig" wäre, könne stehen lassen werden. Hawai, die Insel des Blütens, wo nicht nur Zitro- nen, Ananas, Feigen und Datteln blühen, sondern auch ein alter Knotenstock: ein Ort, wo auch das „Tote" (das Erstarrte) zum Blühen (zum Leben) kommt.

Hawai, wo es keinen Winter gibt: ein Symbol des Ewigen - im Gegensatz zur Vergängnis; Symbol des „anderen Lebens" im Gegen- satz zum Winter und Schnee beherrschten Leben des Rittmei- sters.[311] Santorin steht auch fürs „Leben": eine Stadt „emporgetürmt in einen Himmel ohne Dunst, ohne Dämmerung". Ein Ort des Lebens, des Glücks inmitten der Öde einer hoffnungslosen „finsteren" Welt.[312] Wie Santorin aus der Finsternis in das Licht emportürmt, so soll es auch nicht unmöglich sein, aus „Öderland" auszubrechen; aus dem „Dschungel von Grenzen und Ge- setzen", aus dem „Irrenhaus der Ordnung", „wo der Mensch nicht hingehört, wo er nie gedeiht. Wo man aus Trotz lebt für Tag für Tag, nicht aus Freude. Aus Trotz, aus Tugend."[313]

„Wo der Mensch nicht gedeiht" - ein Nossacksscher Begriff für das langsame aber unaufhaltsame Absterben: er bezeichnet eine

Art Unlebendigkeit; Vegetation, die immer weniger dem Leben und immer mehr dem Zustand Tod ähnelt. Erstaunliche Verwandschaft zeigt auch das Aufzeigen der erschreckenden Leere der Umwelt bzw. wie man aus dieser Welt der Pflichten flieht, wo Überleben bzw. "Überwindung" das Höchste ist, was man sich denken kann. Auch diese Traumorte stellen also in dieser Hinsicht zugleich Fluchtorte dar, auch wenn sie primär als Verkörperung von Sehnsüchten und Wünschen ausgelegt werden können.

Stiller-White, der bemüht ist, anstatt des "versäumten" Lebens von Stiller ein anderes Leben und Ich zu finden, flieht nicht nur aus der Schweiz, die er nachher von außen mehr objektiv und kritisch zu betrachten fähig ist. Zugleich kommt sein Fluchtversuch auch in seinen "Schwindel-Erzählungen" zum Ausdruck: sein Hazienda in Mexiko soll ein "Paradies auf Erden"[314] gewesen sein.

Das Motiv des Idylls, vekörpert durch einen fernen exotischen Ort, der Inbegriff des Lebens ist, spielt also nicht nur im Frühwerk eine Rolle. Ein Unterschied zu den vorher genannten Werken besteht jedoch darin, daß das Idyll in "Stiller" nicht nur auf der Ebene des Traumes, nicht nur als Sehnsucht nach etwas, was nie erreicht wird, zum Ausdruck kommt. Obzwar sich in Stillers Träumen und Erzählungen primär tatsächlich seine Sehnsüchte und unbewußte Wünsche manifestieren, ist zugleich auch eine Wirklichkeitsebene vorhanden, in der sich solche Traum- und Sehnsuchtsreisen auch verwirklicht werden. In bestimmter Deutung könnte auch schon die Realisation von Graf Öderland`s Traum zu den "verwirklichten Reisen" bzw. Träume hinzugezählt werden, es scheint jedoch angebrachter, in dieser Hinsicht beim "Öderland" von einem Übergangsstadium zu sprechen, denn das ganze Stück schwebt sehr betont zwischen einer Traum- und Wirklichkeitsebene.

Stiller macht Erfahrungen: er kann das vorgestellte Idyll auch "erproben". Seine Suche führt ihn zwar zurück in "seine Welt", zu den "seinen"; ohne die Zwischenstation des Fernseins ist jedoch seine Wandlung fast nicht zu denken. Nachdem er mit seinem sinnlosen Leben abgerechnet hatte, floh er in einen Ort, der vor allem mit seiner Andersartigkeit und Unbekanntheit reizend war: gerade dadurch konnte er als potentiell geeigneter Schauplatz für ein neues, anderes, sinnvolleres Leben funktionieren. Stil-

lers Wandlung ist bereits teils vollzogen, als er zurückkehrt:
der radikale Bruch mit der ihn umgebenden und seine Entfaltung
hindernden Welt trug sicherlich dazu bei, daß er sich vom "alten" Stiller lösen konnte.

Homo fabers Reisen erzielen im Gegenteil zu Stiller etwa anfangs keine "Wandlung": sie stehen alle im Dienst seiner Arbeit.
Wenn ihn auch unbemerkbar doch nicht für den Leser beginnen
seine Reisen jedoch allmählich in eine ganz konkrete Richtung zu
zeigen: Erstens weg von der unnatürlichen Zivilisation der von
ihm hochgepriesenen "entwickelten" Ländern in Richtung des Ar-
chaischen; zweitens weg von seinem selbstgewählten "modernen"
entfremdeten Dasein in Richtung auf ein Leben mit menschlichen
Beziehungen: dies kommt zum Ausdruck in der Begegnung mit der
eigenen Tochter und der einmaligen und einzigen Geliebten seines
Lebens, Hanna.

In späteren Werken dominiert nicht mehr der Reiz des Unbekannten - wohl damit im Zusammenhang, daß man "zu" viele Erfahrungen
hat und nicht mehr an etwas "Neues" glauben kann. Flucht- oder
Ausbruchsversuche finden weiterhin statt, die Rolle der idylli-
schen "Reiseziele" verschwindet jedoch allmählich: es wird nicht
mehr nach Idyll gesucht - die Vorstellungen von einem "wirklicheren Leben" ändern sich nach den erworbenen Erfahrungen. Sie
richten sich nicht um jeden Preis weit weg von allem, was einen
umgibt, sondern suchen immer mehr unter den gegebenen Verhältnissen nach einer möglichen Wandlung.

Der Schwank "Die große Wut des Philipp Hotz" kann auch als Ka-
rikatur solcher vergeblichen Fluchtversuche gedeutet werden, die
weniger eine Wandlung als ein Weglaufen aus Ohnmacht darstellen.
Hotz' Weglaufen stellt einerseits eine Art Bedrohung dar: durch
das Klarstellen seiner Entschlossenheit will er Dorli zwingen
ihn ernstzunehmen. Andererseits ist diese Flucht auch Ausdruck
seiner Ohnmacht und seiner Tatunfähigkeit: statt wirklich zu
handeln und zu leben, flieht er. Groteskerweise richtet seine
Flucht nicht in einen von anderen Frisch-Helden ersehnten Traumort, wo seinem Individuationsprozeß nichts in Wege stehen würde. Sein "Reiseziel" führt in die "Fremdenlegion": durch die
Betätigung dieses grotesken Elementes - ein Antipol zu dem sonst
gewohnten Traumort - läßt Frisch selbstkritisch durchblicken,
wie solche Fluchtversuche eigentlich (wahrscheinlich) mehr latent

als bewußt) das Ziel haben eben nicht weggehen zu müssen, sondern angenommen zu werden wo und wie man ist.

"Biographie" könnte ebenfalls als Beispiel dafür herangezogen
werden, wie belanglos das "Wo" im Gegenteil zu der eigentlichen
Frage nach "Wie" ist. Auch wenn Kürman sich doch nicht als besonders wandlungsfähig erweist.[315]

Der "Gantenbein"-Roman bringt auch in dieser Hinsicht einen
originell-spielerischen Lösungsvorschlag: Das Ich braucht eigentlich gar nicht dem Ort zu entkommen. Statt dessen erfindet
er sich eine bzw. mehrere neue Rollen, die an Ort und Stelle
durchführbar sind. Gantenbein scheint kein "Fliehender" zu sein:
er erfindet sich eine Rolle, in der er sich wohlfühlen kann. Bezeichnenederweise geht es aber auch hier nicht um ein Sich-Abfinden mit der Welt. Gantenbeins oder etwa Enderlins Suche sind
im Grunde genommen ebenso leidenschaftlich - entschlossen und
qualvoll, wie die eines Öderlands oder Rittmeisters. Nur daß
hier Sehnsucht und Qual anders zum Ausdruck kommen: der Akzent
liegt diesmal betont auf die eine innere Erfahrung, die nicht in
Träumerei von einem Idyll Gestalt gewinnt, sondern sich z.B. in
einer symbolträchtigen Vision - die aber sich zur realen Welt
knüpft - ausdrückt:

> "Das Morgengrauen vor dem offenen Fenster kurz nach sechs
> Uhr erschien wie eine Felswand, grau und rißlos, Granit: -
> aus diesem Granit stößt wie ein Schrei, jedoch lautlos,
> plötzlich ein Pferdekopf mit weitaufgerissenen Augen,
> Schaum im Gebiß, aufwiehernd, aber lautlos, ein Lebewesen,
> es hat aus dem Granit herauszuspringen versucht, was im
> ersten Anlauf nicht gelungen ist, und nie, ich seh`s, nie
> gelingen wird, nur der Kopf mit fliegender Mähne ist aus
> dem Granit heraus..."[316]

Der Ausbruchsversuch wird als "hoffnungslos" beurteilt und die
Fortsetzung der Vision läßt den vergeblich herausstrebenden Kopf
"lautlos" und "rißlos" in den Fels zurückziehen. Entschließt
sich Gantenbein zu einem "Bleiben", kann das gleiche von Enderlin nicht gesagt werden: in dieser Hinsicht stellen sie die zwei
Antipolen eines Ichs dar, ähnlich wie in "Santa Cruz" der Rittmeister bzw. Pelegrin. Im letztgenannten Werk kam die Zwiespäl-
tigkeit des Ichs zwar prägnanter zum Vorschein: Pelegrin trieb

mit den Sehnsüchten des pflichterfüllten Rittmeisters in der Welt herum. Eine Parallele ist vielleicht doch nicht fehl am Platz: im "Gantenbein"- Roman ist es Enderlin, der die Vision von dem sich herausstehlenden Pferdekopf hat. Er ist es, der sich einen Flug vorstellt bzw. Reisen unternimmt. Repräsentativ für das reife Werk jedoch geht es hier im Gegenteil zum Frühwerk vielmehr um eine Darstellung mit Einbeziehung realer empirischer Hintergründe. Da der Glaube an die rettende Kraft des Ausbruchs gestört ist durch die Erfahrung, wie alles Neue sich allmählich ins Gewöhnliche verwandelt, sucht man nicht mehr nach exotischen Orten, wo ein wirkliches Leben möglich wäre. So nennt Enderlin den Ausbruchsversuch des Mannes, der nur noch die eine Hälfte eines Paares mit "liebestoten Körpern" darstellt "verwegen und kindisch", denn er kann nach seinen Erfahrungen nicht einmal Begierde haben, nur noch "Sehnsucht nach Begierde".[317]

"WANDELN KÖNNEN ÜBER DAS WASSER"

Auch darf nicht außer Betracht gelassen werden, daß das Meer, "das andere Ufer" anfangs meistens als Symbol für das andere Leben, für ein wirklicheres Dasein dastehen und ihre Rolle auch im späteren Werk nicht verlieren, auch wenn sie nicht mehr direkt auf "das wirkliche Leben" hinweisen sollen, sondern freier assoziieren lassen: sowohl als Sinnbild der menschlichen Sehnsüchte, als auch einfach als Natur, die dem Menschen nahe steht, können sie dastehen. "Das andere Ufer" als Sinnbild für das reizende Unbekannte, wo man hinwill, steht vor allem im Frühwerk, wie schon Beispiele dafür gezeigt wurden. Meistens schwebt es nur einem vor - und deutet damit die Unerreichbarkeit eines Daseins an, das zu erreichen trotzdem die größte Tat wäre. Das Unerfüllbare sei eigentlich Anreiz zum Schöpferischen - lautet Frischs Formel. Das wirkliche, das andere Leben (das erst am anderen Ufer möglich wäre) ist geheimnisvoll und unnahbar wie eine leidenschaftlich geliebte Frau, die vor allem wegen ihrer Unnahbarkeit so leidenschaftlich begehrt wird. Auch das wirkliche Leben soll nur so schwer zugänglich sein, daß ihm allein schon deshalb unvergleichbarer Reiz und Wert zugeschrieben wird. Das andere Ufer bzw. das Meer wird in den Frühwerken als ein lebendig gewordenes romantisches Gemälde beschrieben; die Farben sind sanft und verschwommen: "sonniger Dunst" schwebt über das Wasser, die Wellen "glimmern"; auch die Geräusche der Welt sind am Ufer gedämpft: der Glokkenklang "summt" hier nur noch, die "Stille über dem silbernen Wasser" "brummt"; alles ist sanft und mild, vom anderen Ufer ahnt man mehr als man sieht: man "blinzelt" ein wenig und kann nur "das bläuliche Fehlen der Berge" wahrnehmen.[318]

Je unmöglicher es erscheint, ans andere Ufer gelangen zu können, umso mehr wünscht man es sich. Marion träumt davon, daß das "Unglaubliche" zur Wirklichkeit werden soll: sein höchster Wunsch ist "wandeln [zu] können über das Wasser".[319] - ein bei Hans Erick Nossack oft ertönender Wunsch; besonders dann erinnert der Ausdruck an Nossack, wenn auch noch ein Engel - ein ständiges Nossacksches Zeichen der Anwesenheit eines "anderen" Daseins - dazutritt. Frischs Marion ist auch ein "Auserwählter": er hat Kontakt mit dem "Engel", der ihn "über das Wasser" helfen könnte. Marion aber mutet sich diesen Schritt nicht zu; obwohl ihn der Engel - seinen Zweifel merkend - versichert, ihn nirgendwohin sonst als zu sich selbst zu führen:

"'Warum kommst du nicht?'

'Über das Wasser ... ?' [...]

'Wo, wenn du ein Engel bist, führst du mich hin?'

'Zu dir-. "

Und zum letzten Male:

'Warum kommst du nicht?'"[320]

Marion wünscht sich zwar nichts besser als das "Unglaubliche" zu erfahren, er wagt aber nicht "über das Wasser" zu gehen, nicht einmal mit der Führung eines Himmelsboten: mangels Selbstvertrauens bzw. Vertrauens am Engel, am anderen Dasein überhaupt. Mit seiner Kleinläubigkeit erinnert er an Jesus` Jüngling Peter, der es nicht wagte, auf dem Wasser zu gehen und den eben seine Verzagtheit untertauchen ließ.

Während in den oben genannten früheren Werken das Meer und das Ufer nur als Symbole dastehen bzw. nur als solche für die Aussage relevant sind, erscheinen sie in den späteren Werken auch in ihrer realen Existenzform. Ihre Symbolträchtigkeit wird nicht unbedingt in den Vordergrund gestellt, sie ist jedoch präsent. "Graf Öderland" könnte auch hier als eine Zwischenstation eingeschätzt werden, eben weil es besonders betont auf die Inenander-

flechtung von Fiktion und Realität, bzw. von "Wahrheit" und
Wirklichkeit baut. Denn Oderland hat in seiner Erinnerung eine
"offene See", die er zwar in seiner konkreten Erscheinungsform
beschreibt, wobei jedoch die innere Erfahrung dominiert: es ist
völlig belanglos, ob er einmal wirklich "Kapitän" war und auf
dieser See "kreuz und quer" fuhr. Umso wesentlicher erweist sich
jedoch seine Erfahrung, sein Wissen um die offene See, um ein
freies Leben:

"Einmal war ich Kapitän. O ja. Draußen auf der offenen
See. Mein Schiff hatte drei Maste, der Bug hatte einen
Schnabel, den ich heute noch zeichnen könnte, wie ein Adler. Wir fuhren nach allen Küsten der Welt, Kreuz und
quer. Ohne Ziel und Zeit..."[321]

Segeln bedeutet nicht nur für Oderland, sondern auch für Stiller "Freiheit", auch wenn es im letzteren Werk primär um ein
wirklich stattfindendes Segeln geht, das nicht mehr als Ausdruck
für Stillers Sehnsüchte steht. Wohl aber - wie in "Oderland" -
im krassen Gegensatz zu der "Welt" gestellt: beim Segeln ist
Stiller "wie ein Bub [...] so gelöst, so glücklich mit seinem
Spielzeug". Auch hier geht es also um eine Naturverbundenheit,
die der Erwachsene unserer Zivilisation nur noch als einen
"kindheitsähnlichen" Zustand erleben kann. Das Meer mit seiner
Stille beschenkt den sonst abgehetzten Menschen mit einer See-
lenruhe, nach der er sich in der "Welt", die nur "Tüchtigkeit"
von ihm erwartet, vergeblich sehnt. Deshalb träumt ja auch Lila
im "Gantenbein" - Roman "von einem Haus am MEER, einem Leben ohne Rollen".[322] Das Meer als Ort der uneingeschränkter Freiheit
im Gegensatz zu der "Welt", die mit ihren Forderungen keine Ruhe
läßt, die den Menschen Konformität abverlangt und Rollen aufer-
legt.

In "Stiller" läßt die Ruhe des Meeres die Ufer (hier die
"Welt" symbolisierend) in die Weite rücken, sie entfernen sich
"in herbstlichem Dunst" und nichts bleibt aus all den Sorgen und
Schranken der Welt. Man braucht nicht einmal zu sprechen: ein
völlig glücklicher Zustand der Sprachlosigkeit, in dem man keine
Worte braucht; der sogar die Welt in einer neuen - nicht in der
gewohnten! - Farbe zu erscheinen lassen fähig ist:

"Wie beim Segeln redeten sie sie wenig. [...] und die

Welt, so mit liegendem Kopf betrachtet, bestand überhaupt nur aus Farben, aus Glanz und Spiegelungen und Schatten, aus Stille und Klang..."[323]

Das Meer als realer Hintergrund und zugleich als Ort des Glücks tritt auch in "Homo Faber" auf: Sabeth und Faber erwarten den Sonnenaufgang auf Akrokorinth, mit Blick auf das Meer. Nicht die "Erde" sondern Meer und Himmel werden von den ersten Sonnenstrahlen "von Minute zu Minute" "heller". Was für Faber diesen Sonnenaufgang zu einem unvergeßlichen Erlebnis zaubert, ist Sabeths Glück:

"Sie sei glücklich, sagt sie, und ich werde nie vergessen: das Meer, das zusehends dunkler wird, blauer, violett [...] die erste Wärme und Sabeth, die mich umarmt, als habe ich ihr alles geschenkt, das Meer und die Sonne und alles, und ich werde nie vergessen, wie Sabeth singt!"[324]

Eine andere gemeinsame Begleiterscheinung des Glücks ist die Unbrauchbarkeit und Nichtnotwendigkeit des vielen Redens: Sabeth singt vor Glück, und Faber behält in seiner Erinnerung dieses Singen. Eine ähnliche Passage im gleichen Werk: in Cuba singt Faber vor Glück.

Fast schon ohne Symbolträchtigkeit, jedoch nicht ohne eine mögliche Verknüpfung an Vorstellungen, die der Begriff "Meer" evoziert, ist die gemeinsame "Atlantik-Suche" in "Montauk". Die Erzählung hat zwar auf den ersten Blick einen betonten Bericht-Charakter: bei dieser Konzeption ließe sich allerlei Symbolträchtigkeit gekünstelt und gezwungen nennen. Da es aber trotz der eingangs manifestierten "Aufrichtigkeit" des Autors nicht um einen simplen Bericht handelt, ist wohl auch nicht verfehlt dem Ort selbst - und damit dem Meer - eine Rolle zuzuschreiben, die mehr als Schauplatz eines wirklich stattgefundenen Wochenend-Ausfluges ausdrücken. Denn selbst die Rahmen-Geschichte verfügt schon über eine über den Bericht hinausweisende Symbolik: es geht nicht um das Erzählen einer Beziehung zwischen Max und Lynn, sondern um die Eindrücke eines alternden Mannes, der Romanfigur Max, der dem "aufrichtigen", sich von der Rollenhaftigkeit der Romanfigur zu befreien bemühenden erzählerischen Ich, mit seinen Erinnerungen und Einblenden, gegenübergestellt ist.

Einen Kerngedanken dabei stellt die Frage dar, inwieweit ein -
mit einer Menge von Erfahrungen beladener alternder Mann noch
fähig ist, neue Erfahrungen zu gewinnen und darin nicht nur ihre
alten Erlebnisse wiederzufinden. Denn die ständig aufdrängenden
Erinnerungen "stören". Sie machen das Leben "langweilig".[325] Sie
geben einem das Gefühl, daß es sich auch bei einem erhofften und
gemeinten neuen Erlebnis bloß um die Wiederholung eines schon
Erlebten handelt:

> "Es stört ihn, daß immer Erinnerungen da sind. [...] Auch
> ist das nicht in der Bretagne, wo er zuletzt am Meer gewe-
> sen ist vor einem Jahr. Die gleiche Küstenluft. Es kann
> sein, daß er das gleiche Hemd trägt, die gleichen Schuhe,
> alles ein Jahr älter..."[326]

Die resignierte Reminiszenz bezieht sich zwar nicht nur auf
ein Meer-Erlebnis: sie durchzieht eigentlich fast alle Einblenden des erzählerischen Ichs. Trotzdem kann eine besondere Bedeutung diesem Meer-Erlebnis zugeschrieben werden. Denn es geht
gerade um eine ständige Chiffre für den Begriff "Glück", für die
Suche nach dem wirklichen Leben. Und wenn auch von einem viel-
versprechenden, reizenden Glücksort - so wie einer auch Montauk
ist - eigentlich nichts Neues zu erwarten wäre, so hätte eine
Suche überhaupt keinen Sinn mehr. Und es erfolgt wirklich eine
Art Enttäuschung, die sich u.a. in dem Bild des Meeres ihren
Ausdruck gewinnt:

> "erstens ist das Meer nicht perlmuttergrau, die Möwen sind
> nicht weiß, der Sand weder gelb noch grau, nicht einmal
> das Gras ist grün ode gelb, das tiefe Gewölk nicht violett
> -."[327]

Die Enttäuschung stellt aber nicht die Suche an und für sich
in Frage, sondern nur die Suche der Figur Max, der - nach Beurteilung des "aufrichtigen" erzählerischen Ichs - nicht der Wirklichkeit entsprechende Erfahrungen beschrieben hat und daher zu
recht enttäuscht sein kann: der Fehler liegt daher nicht am
Meer, sondern an Max. Statt einer Bereitschaft zum authentischen
Erleben zeigte er falsche, klischeehafte Erwartungen.

Auffallend in Frischs Werk ist das ambivalente Wesen des Meeres bzw. seiner Symbolträchtigkeit. Obzwar sich auch Belege finden, wo mit "Meer" das Böse, die falsche und verdorbene Welt

gemeint ist - denken wir etwa an "Öderland", wo das Meer das in den Himmel emportürmende Santorin, die Hochburg des "Lebens" mit Verschlingen droht -, paart sich zum Begriff "Meer" zugleich der Begriff "Glück". Noch im gleichen Werk weisen die Wörter "Dunst" und "Dämmerung" genau wie in "Stiller" nicht im geringsten auf das Meer als "böse Macht" sondern im Gegenteil. Des Meeres Stille und Ruhe lösen den Menschen von der "Welt" los und geben ihm das Gefühl der Unendlichkeit.

In "Öderland" spricht der Staatsanwalt von der "blauen Finsternis des Meeres", das mit seiner "rauschenden" und "schäumenden Brandung" in schrillem Gegensatz zum "weißen" Santorin steht: die Welt bezeichnet das dunkle, trübe Meer. Das Leben der klare Himmel "ohne Dunst, ohne Dämmerung", bzw. das dorthin emporgetürmte "weiße" Santorin. Nicht aber in "Stiller", wo das Wasser zwar auch "schattig", "beinahe schwarz" ist, trotzdem erweckt es keine Assoziationen zu der bösen Macht der Welt, eher dann schon zu einer geheimnisvollen "anderen" Welt. "Dunst" und "Dämmerung" über das Wasser sind hier ebenfalls keine negativen Symbole: sie lassen die Hektik und verdrehte Wertordnung der Welt verwischen und vergessen.[328]

Noch ein Beispiel auf die Verbindung des Meer-Bildes mit dem Glück-Begriff: Ein am Meer erlebter heftiger Sturm begleitet Homo fabers Wandlung. Wie der Sturm die gewitterschwüle Luft erleichtert, wird auch Faber durch seine plötzliche Erkenntnis erlöst. Die ihn in Cuba blitzartig überraschende Einsicht über die Möglichkeit einer anderen, naturverbundenen Lebensart (im Gegensatz zu "The American Way of Life") bzw. sein hier erlebtes Glücksgefühl ist mit dem Bild eines Gewitters untermalt. Die katarthische Art von Fabers Erlebnis ist dadurch noch wirksamer hervorgehoben:

> "Mein Entschluß, anders zu leben - Licht der Blitze; nachher ist man wie blind, einen Augenblick lang hat man gesehen: die schwefelgrüne Palme im Sturm, Wolken, violett mit der bläulichen Schweißbrenner- Glut, das Meer, das flatternde Wellblech; der Hall von diesem flatternden Wellblech, meine kindliche Freude daran, meine Wollust - ich singe..."[329]

"DA FÄHRT ER HINAUS IN DEN SCHNEE"

Das andere meistbenutzte Bild, das mit der Glückssuche in Zusammenhang auftritt, das "Schnee"-Bild verfügt über eine ähnliche Ambivalenz: gerade wegen ihres ähnlichen Charakters - Meer und Schnee gelten als Ausdruck der Kraft der Natur. Sie stehen nicht unter Herrschaft des Menschen; gehören also nicht zu den vom Menschen eroberten und unterjochten Dingen, und sind als solche geheimnisvoll: einerseits reizend wegen ihrer Unerkanntheit, andererseits aber drohend wegen ihrer Unberechenbarkeit. Wenn man dies in Betracht zieht, findet man nicht als Kontradiktion, wenn Schnee sowohl fürs "Leben" als auch für "Tod" stehen kann.

Ein über das menschliche Vorstellungsvermögen hinausgehender Schneefall macht einen Techniker - der an die ausschließliche Macht der Vernunft glaubt - verständlicherweise nervös,[330] denn solche unbeherrschten Erscheinungen verwirren nur die vom Menschen erstellte Ordnung. In Fabers von der Vernunft beherrschten Weltbild haben unheimliche Assoziationen nichts zu suchen.

Nicht jedoch in "Oderland", wo der ungewöhnliche Schneefall vom Anfang an Oderlands ungewöhnlichen Ausbruch, wie etwa ein Schutzengel, begleitet.[331] Außerdem wird mit der Schneefall mit Epitheten geschmückt, die genauso für Oderlands Auflehnen bezeichnend sind: er ist stürmisch, erdbebenartig, genau wie die Staatsanwalts Tat.[332] Der Schnee als Begleiterscheinung des Ausbruchs umhüllt die "Tat" des Staatsanwaltes mit einer atmosphärischer Dichte: u.a. dadurch entsteht neben der realen Welt eine Art Traumland, wo Oderlands Ausbruch nicht nach dem Maßstab der Welt verurteilt wird, sondern im Gegenteil: geschätzt; er findet sogar Anhänger: sein Ausbruch wird zu einer Revolution.

"Die Spürhunde der Polizei sind hilflos, wie unser Verstand"[333] - sagt Doktor Hahn in "Oderland". Die Welt steht wieder verständnislos dem Fall gegenüber. Denn die plötzliche Wandlung des als ordnungsliebend bekannten Staatsanwaltes scheint für diejenigen, die weiterhin nicht über die Ordnung der Welt hinauszublicken vermögen, ebenso unbegreiflich wie das Auftreten einer Figur wie Pelagrin in "Santa Cruz" bzw. wie des Rittmeisters plötzliches Verreisen: alle drei Szenen sind von einem unheimlichen Schneefall begleitet.

Jedoch erscheint das Schnee-Bild bezeichnenederweise nicht nur als Sinnbild fürs Unbekannte bzw. für die Verwandlung Frischs Helden[334], sondern auch fürs Verstummen bzw. für den Tod. Der Mörder in "Öderland" - um noch beim gleichen Werk zu bleiben - empfand jahrelang und vor dem Mord "nichts als Schnee"[335]. Hier ist der Schnee wohl als Chiffre für Langeweile, Öde und Unlebendigkeit zu deuten: Schnee, der alles - diesmal nicht unbedingt "wohltätig" bedeckt, sondern eben der alles Leben verstummen läßt.

Auch in "Nun singen sie wieder" wartet Maria in der "Jahreszeit des Schnees" mit Furcht erfüllt, ob ihr stilles, tiefbegrabenes, fast schon hoffnungsloses Warten sich je erfüllt oder für immer begraben bleibt[336], wie es auch nicht ausgeschlossen ist. Die Parallele der Natur und des menschlichen Seelenzustands ist nicht zu verkennen: wie der Schnee über Leben und Tod entscheiden kann, wie er schützend bedekken und dadurch zu einer Neugeburt helfen kann oder aber zum Gefrieren bringen, in so einer Unsicherheit, die in beide Richtungen ausfallen kann, wartet Maria.

Denn es kann einen auch "für immer einschneien" - diesen treffenden Ausdruck, der sowohl dem Schutz-Charakter des Bildes als auch der Angst vor dem Unbekannten Rechnung trägt, prägen der Rittmeister und interessanterweise auch Pelegrin in "Santa Cruz".[337] "In den Schnee hinaus" fährt der Rittmeister - er geht jedoch nicht in den Tod, sondern "ins Leben".[338]

An einer Stelle in Frischs Oeuvre wird sogar das Schnee-Bild eindeutig als Begleiter des Todes - wie es auch bei H.E.Nossack jeweils der Fall ist - benutzt: "Hinaus in den tiefen Schnee. Ich wollte erfrieren." -erzählt das "Väterchen" in einer kleinen Geschichte des Tagebuchs II.[339] Hier geht es eindeutig um den Tod, um einen Selbstmordversuch.

In "Santa Cruz" steht "Schnee" ebenfalls nicht nur fürs "Leben", sondern mal auch für "Tod": der Rittmeister möchte noch einmal "weinen können, lachen können, noch einmal lieben können [...], bevor es uns einschneit für immer".[340] Auch Xaver in "Triptychon" fand durch "Schnee" seinen Tod: er ist vom Schnee getötet worden.[341] Bemerkenswert ist dieses Moment auch dann, wenn es hier nicht um ein symbolträchtiges Bild geht, sondern

einfach um eine Todesart. Ist man mit Frischs Vokabular ver-
traut, übersieht man solche Schlüsselbilder in seinem Oeuvre
auch dann nicht, wenn sie auf den ersten Blick gänzlich irrelevant erscheinen.

Wie der weiße Schnee in Frischs Werk allmählich schwarz wird,
ist wohl nicht belanglos. Besonders in Anbetracht dessen, daß
dieser Wandel auch für die Entwicklungslinie des Gesamtwerkes
kennzeichnend ist. So etwa die Mitte dieses Prozesses markiert
ein Gespräch zwischen Faber und Sabeth in "Homo faber": die jugendliche Frauengestalt - die also in diesem Sinne eine romanti-
sche Weltanschauung vertritt - findet den vom Mondlicht
beleuchteten Saumpfad "wie Schnee", während der "reife Mann",
der rational denkende Techniker ihn mit "Joghurt" vergleicht;
statt des symbolträchtigen, ausdruckskräftigen andererseits jedoch fast schon trivialen "Schnee"-Vergleiches tritt ein neues,
noch nicht abgedroschenes, ungewöhnliches Bild, das als Ver-
gleichsgegenstand nicht eine unheimliche Naturerscheinung, sondern - gemäß dem Geschmack des Technikers - ein vom Menschen
erzeugtes Produkt nimmt.[342] In der schon erwähnten "Glück" beti-
telten Geschichte des Tagebuch II. vergleicht man das Bewußtsein
der Niedrigkeit mit einer "grimmigen Sternenacht im Schnee".[343].
Schnee steht nicht mehr für das reizende Unbekannte, die weiße
Unschuld, den bedeckenden, wärmenden Schutz. Er ist kalt, grim-
mig und feindlich dem Menschen gegenüber. Diese Deutung des Bildes trägt auch dem "Holozän"-Roman Rechnung: Bezeichnenderweise
erscheint hier der üblicherweise weiße Schnee in schwarz ver-
kleidet:

"Im Winter, wenn es schneit, ist es ein schwarzes Tal.
Schwarz der Asphalt zwischen Schollen von Schnee, der zur
Seite gepflügt worden ist. Schwarz die Fußstapfen im nas-
sen Schnee, wenn es taut und schwarz der nasse Granit.
Schnee plumpst von den Drähten; die Drähte sind schwarz.
Auch auf den Dächern liegt Schnee; schwarz die Kamine. Nur
der Post-Bus bleibt gelb; er fährt mit Ketten, ihre Spur
ist schwarz...".[344]

Die Reihe des "Schwarzen" wird noch lange fortgesetzt: alles
Mögliche, auch wenn es normalerweise farbig ist, bekommt durch
den Schnee etwas "Schwarzes". Am Ende der Aufzählung steht jedoch das nach der Konzentration des "Schwarzen" auf den ersten

Blick wohl inlogisch bzw. ungerechtfertigt scheinende Fazit: "Alles in allem ein grünes Tal"[345] - das eigentlich ein die Erzählung durchziehender, immer wieder auftauchender "Wegweiser" zu sein scheint. Die nach der Häufung des "Schwarzen" als unsinnig erscheinende Behauptung von "Grünem" weist auf eine höhere Bedeutung hin: auch mit dem Bewußtsein der Nichtigkeit des Menschen im mächtigen Kosmos, auch mit dem Bewußtsein der eigenen Ohnmacht und Ausgeliefertsein unbekannten Kräften hat der Mensch das Leben zu bestehen. Solange er lebt, kann er seine Hoffnung nicht aufgeben, denn "Ohne Utopie leben nur die Tiere". In Kenntnis des Gesamtwerkes erhält dieses Paradoxon ihren Sinn: auch wenn man sich des Nicht-Erreichen immer wieder bewußt werden muß, kann man keine vernünftigere Wahl treffen als erneuerte Ansätze zum LEBEN zu versuchen.

Max Frischs Oeuvre enthält neben dem oft bitter - düsteren Ton, den das Bedürfnis des Aufdeckens der Mißstände der Welt rechtfertigt, doch einen Zug des Optimismus: Solange man nach einem WIRKLICHEN LEBEN sucht, solange man sein ICH nicht erstarren läßt, bleibt man LEBENDIG. Und darauf käme es nämlich an. Wenn man behaupten kann, wie es ein Gantenbein tut: "Leben gefällt mir"; wenn man das Gefühl hat: "Alles in allem ein grünes Tal", so ist der Mensch trotz seiner bitteren Erfahrungen doch nicht ganz verloren.

ZUSAMMENFASSUNG

Max Frisch gehört zu den Schriftstellern, die nicht mit einer aufklärerischen Absicht zum Schreiben kamen. Der Ausgangspunkt bei ihm ist jeweils seine subjektive Erfahrung: "... der zentrale Impuls ist der ganz simple, einfache, naive: der Spieltrieb, und die Notwehr: also die Gespenster zu bannen an der Wand"[346]

Daß sein gesellschafts-politisches Engagement mit der Zeit immer bedeutender wurde, spricht nicht gegen diese Aussage: der immer einflußreicher gewordene Schriftsteller wird sich seiner gesellschaftspolitischen Verantwortung allmählich bewußt und fühlt sich verpflichtet einzugreifen, wo es notwendig ist. Umso mehr tut er das, da sein Engagement eigentlich die gleichen Wurzeln hat, wie sein durch Kommunikationsbedürfnis, durch Sichselbst-ausdrücken motiviertes Schaffen: nämlich den Versuch, allerlei Erstarrung entgegenzuwirken. Ein wohlbekanntes Beispiel für die Ineinanderflechtung der aus dem gleichen Antrieb ernährten, zwei verschiedenen Gebieten seines Werkes, ist der Stiller-Roman, in dem der aus der eigenen Erstarrung herauszubrechen versuchende Stiller-White nicht nur gegen die Versteinerung des eigenen Ichs bzw. seiner Ehe kämpft, sondern zugleich auch die Erstarrtheit der Schweiz, der Schweizer Architektur etc. kritisch betrachtet.

Frischs Vorstellung über die Wirkungsmöglichkeiten der Literatur, die neben dem "Sich-selbst-Ausdrücken" auch die Aufgabe habe, Ideologie zu verunsichern, zeigt deutlich Parallele zu einer der für sein Oeuvre bezeichnenden großen immerwährenden Fragen von menschlichen Beziehungen: zu der Frage der Gewöhnung, der Wiederholung, der Routine des Alltags, die das Leben langsam aber unaufhaltsam ersticken lassen. Diese Flucht vor der Erstarrung, vor der Verfestigung ist ein immer wiederkehrendes Motiv des Werkes von Frisch, und dieses Motiv ist auch in seiner Konzeption über die Aufgabe der Literatur zu erkennen: Literatur sollte nämlich dieser Versteinerung entgegenwirken - indem sie die Realität, die sich hinter der Gewöhnung verbirgt aufdeckt und durch deren Öde angespornt nach einem "wirklicheren", "lebendigeren" Leben sucht. Nicht nur private Beziehungen sind von dieser Erstarrung gefährdet, sondern auch die Gesellschaft - erst nach dem Aufzeigen dieses Zusammenhanges ist es dem Frisch-Werk sicher gerecht, von einem gesellschaftspolitischen Engagement zu sprechen.

Frischs Helden sind „Suchende": Menschen, die erkennen, daß das wirkliche Leben sich nicht auf den öden und banalen jedoch üblichen Alltag beschränkt, sondern daß es auch ein sinnvolleres, wirklicheres, lebendigeres Dasein gibt. Mit diesem ihren Wissen um die Wahrheit bewaffnet brechen sie auf, nach dem „WIRKLICHEN LEBEN" zu suchen. Frisch läßt seinen Helden erkennen, wie die - sonst lesbar und wohlgeordnet scheinende Welt mit ihren „Werten" einen hindert, zu seinem eigenen sinnvollen Leben kommen zu können:

Noch ganz am Anfang der Werke steht die Klage darüber, wie sinnlos das gewöhnliche menschliche Dasein im Bannkreis des Geldes ist: Frisch nennt es „unwirklicher, als alles, was wir dafür opfern". Mit dem Gier nach immer mehr Geld lebend, verpaßt man die Chance eines wirklichen Lebens, indem man nur noch lebt, um Geld zu verdienen. Arbeit, wenn sie bloß eine geldverdienende Tätigkeit verkörpert, kann nicht Lebensinhalt sein und daher keine Freude mehr bringen. Durch die Gegenüberstellung der alltäglichen Figuren, bei denen Reichtum „Angst" heißt und derjenigen, die für ihr Leben neue Maßstäbe zu finden willens sind, verweist Frisch hier schon auf die Problematik des Lebenskünstlers bzw. des Versuchs, ihm zu entkommen.

Das Sich-Abfinden mit der Ordnung der Welt, mit dem Gewöhnlichen, das Genugtun-Wollen den Erwartungen der Welt, entfernt einen immer mehr von seinem eigentlichen Ich. Der andere - wohl fruchtbarere Weg - heißt Zweifel.

Von der Öde und Langeweile des Alltags, der nur noch als Ersatz fürs Leben steht, fühlen sich Frischs Helden bedroht. Sie versuchen aus dem lebenserstickenden Zustand der Ohnmacht der Gewohnheit herauszubrechen bzw. sich nicht mehr in den tödlichen Mechanismus der tagtäglichen Pflichten einzufügen.

Gewöhnung macht blind und verwandelt das Lebendige ins Leblose: Wo die Gewöhnung verwaltet, hat Leben keine Chance: das Übliche ödet an, man wird von einem Stumpfsinn gefesselt.

Das Perfekte stößt ab, wenn man schon die Erfahrung gemacht hat, wie das Fertige zugleich Erstarren bedeutet. Im Gegensatz dazu aber reizt das Offene, das Provisorische, das Noch-Nicht-

Angekommensein. Das Neue reizt besonders, wenn es als schreien-
der Kontrast zu der wohlgeordneten Langeweile, zu der lebenslose
Öde gestellt wird. Daher ein an die Gewöhnung eng knüpfender
Schlüsselbegriff des Werkes: Langeweile als lebenerstickendes
Element.

Mechanik in den menschlichen Beziehungen heißt bei Frisch:
einander, das wirkliche Ich des Anderen nicht wahrzunehmen, sondern sich mechanisch, nach dem Klischee gutbewährten Modellen zu
dem anderen verhalten. Diese Haltung läßt kein wirkliches gegen-
seitiges "Erkennen" und kein richtiges Miteinander zustandekommen.

Menschliche Beziehungen können einen nur beglücken, wenn sie
der tödlichen Gefahr der Erstarrung und Wiederholung zu entkommen fähig sind. Auch in diesem Postulat kommt Frischs Scheu vor
Festlegungen zum Ausdruck. Mit der Gestaltung von abstoßend wirkenden Arrivierten - Figuren, die an den festgelegten Normen
klammernd, an der Stabilität und ausschließlicher Gültigkeit
dieser Maßstäben glaubend ohne tiefgründige Fragen zu stellen
ständig vorwärtskommen, übt Frisch Kritik an die übliche Konformität. Solchen Figuren stellt er seine rebellistischen Helden
gegenüber, die sich auflehnen.

Frisch stellt seine der Öde überdrüssig gewordenen Figuren vor
die Wahl zwischen zwei Extremitäten: entweder endgültig in der
tödlichen Langeweile zu erstarren oder aber sich mit einem radi-
kalem Ausbruchsversuch aus diesem Zustand herauszureißen.

Fluchtversuche, um aus dem Alltag hinauszugeraten, unternehmen
fast alle Frisch-Helden. Bemerkenswert ist jedoch die Entwicklungslinie, wie diese anfangs oft von dem Ortwechsel die große
Wandlung erhoffenden Ausbruchsversuche sich in Frischs Werk allmählich von dem Äußerlichen auf das Innere des einzelnen Menschen verlagern. Leben scheint nicht mehr ausschließlich in
Peking, Santa Cruz, Hawai, Santorin oder etwa in Amerika möglich
zu sein. Es ist auch dort vorstellbar, wo das Leben bis dahin
verfehlt und versäumt wurde. Es geht nämlich nicht um den Wandel
der Kulissen, sondern um den Wandel des Ichs und des Bewußtseins
des Ichs.

Die beglückende Fähigkeit des Erlebenkönnens bekommt auf
Frischs Wertskala hohen Rang im Gegensatz zu der "Erlebnisschwä-

che", die den Menschen wesentlich an seiner Entfaltung hindert.

Ein Leben als Reproduktion, als bloße Wiederholung eines anderen Lebens oder aber des eigenen früheren; eine mechanische
Übernahme von geltenden Urteilen und angeblichen Werten führt
zur Herausbildung von Klischees, die kaum mehr ein eigenständiges Denken erlauben. Statt sich und den anderen richtig zu erkennen verfällt man Bildnissen, die auch eine Art Erstarrung
darstellen und sich so fest in das Bewußtsein des Menschen ein-
prägen, daß man sich nur noch mit großer Mühe von ihnen befreien
kann. Ebenso hartnäckig und verbissen prägen sich Vorurteile,
die dann unaufhaltsam zur Genesis von Feindbildern führen und
Unheil stiften - sowohl im Leben des Einzelnen als auch in der
Welt schlechthin. Daher kommt Frischs Ansicht nach vieles darauf
an, ob man mit Hilfe eigenständigen Denkens sich der Manipulation der Welt zu entziehen fähig ist und damit im Zusammenhang
ständig nach dem eigentlichen Ich, nach der Wahrheit zu suchen
bereit ist.

Die Erkenntnis, das Wissen um die Wahrheit ist zwar nur noch
ein erster Schritt auf diesem Wege, sie ist aber zugleich nicht
nur als erster Schritt relevant: die Erkenntnis selbst bedeutet
schon eine Art "Erlösung" für den mit der Öde der Welt abgefunden lebenden Menschen. Das Erkennen bewirkt eine Bewußtseinsver-
änderung und erweckt die Sehnsucht aus der Leere in das "Leben"
hinauszugeraten, indem es einen "Riß" in der nur scheinbar festen Mauer unserer Welt der Sicherheit wahrnehmen läßt.

Der Zugang zum "wirklichen Leben" erweist sich in Frischs Oeuvre als durchaus schmal: die bloß gewußte Wahrheit reicht noch
von weitem nicht hin. Das vor allem den Frühwerken eigene Streben nach Lebensintensität und Erlebnisfülle genügt ebenfalls
nicht. So erscheint das "Glück" in Frischs Oeuvre eher als
Wunschbild als Wirklichkeit des menschlichen Lebens. Und trotzdem gibt es keine andere Wahl, als darauf zu hoffen: denn ohne
die Hoffnung, daß es doch gelingt, wird das Leben unerträglich.
Daher die ständig erneuerten Versuche der Protagonisten, doch
das Leben zu bestehen.

Denn "Sehnsucht ist unser Bestes" aber entsetzlich ist die
Hoffnungslosigkeit. Wenn man aber auf Glück, Freude und Frucht-
barkeit des menschlichen Daseins hoffen kann, so hat das wirkli-

che Leben noch eine Chance. Auch das Bewußtsein der Kürze und Nichtigkeit dieses Daseins in kosmischer Relation darf einen ebenso wenig abschrecken, wie die Einsicht, daß man oft auch mit dem Wissen um die Wahrheit und dem Entschluß für ein "besseres" Dasein zu keiner wesentlichen Wandlung fähig ist, und statt sich Fortschritte auf dem angeschlagenen Weg anrechnen zu können, selber seine Rückschritte konstatieren muß. Aber eben dieses "Wachbleiben" ist ja ein Zeichen der Lebendigkeit, und so kann da nicht vom "Scheitern" die Rede sein. In diesem Sinne gibt das Konstatieren des "Unverwirklichten" nicht nur für Pessimismus Grund, sondern genauso für Optimismus. Solange man hofft, solange man lebendig bleibt, ist man nicht verloren, sondern auf dem Wege zum wirklichen Leben.

Diese komplexe, scheinbar paradoxe Botschaft ist aus dem Gesamtwerk herauszulesen: Frischs Optimismus wurzelt nicht in einer falschen Zufriedenheit - wie auch sein Pessimismus nicht in einem Nihilismus wurzelt. Im Gegenteil: er gewinnt gerade dadurch eine Überzeugungskraft, daß er eine kritische, eigenständige Weltbeobachtung als Hintergrund aufweisen kann und trotz der aufgedeckten Mißstände und Mängel doch zu einer Lebensbejahung kommen läßt.

Anmerkungen

1. Frisch, Bin oder Die Reise nach Peking. GW 1/645

2. Frisch, Schweiz ohne Armee? Ein Palaver. Limmat: Zürich, 1989

3. Max Frisch, Schweiz als Heimat? Versuche über 50 Jahre. Hrsg. u. mit einem Nachwort versehen von Walter Obschlager Suhrkamp: Frankfurt/M, 1990.

4. Gespräch mit Max Frisch. Tonbandmaterial des Verfassers der Arbeit; aufgenommen in Zürich, 27. Juni 1990.

5. Arnold, 44

6. Schuchmann, 6,12

7. Knopf, 147

8. Hoffmann, 91

9. Durzak: Dürrenmatt, Frisch, Weiß.

10. Am Beispiel Frischs dramentheoretischer Entwicklung könnte man u.a. seine Offenheit zur Wandlung, sein Bereitschaft zum Umdenken am besten veranschaulichen. Siehe dazu u.a. das von Gerhard P.Knapp hsg. Sammelband "Studien zum Werk Max Frisch. Aspekte des Prosawerkes" sowie in Text & Kritik Nr.47/48 Marianne Biedermanns Beitrag "Politisches Theater oder radikale Verinnerlichung" und Michael Buttlers Studie "Die Dämonen an die Wand malen" ebd., außerdem Frischs Briefwechsel mit Walter Höllerer. (Genaue Angaben zu den Werken im Literaturverzeichnis)

11. Bienek, 30

12. Frisch, Tagebuch 1966-1971. GW 6/

13. Frisch, Öffentlichkeit als Partner. GW 4/244

14. Bienek, 25

15. Arnold, 11

16. Frisch, Was bin ich?/1/. GW 1/14

17. Frisch, Öffentlichkeit als Partner. GW 4/245

18. Arnold, 15

19. Frisch, GW 2/76

20. Frisch, Über Zeitereignis und Dichtung. GW 2/285

21. ebd. GW 2/286

22. Frisch, Stimmen eines anderen Deutschland? GW 2/301

23. Frisch, Kultur als Alibi GW 2/343

24. Carl Spitteler proklamierte in seinem "Unser Schweizer Standpunkt" (hrsg. von Hans W.Kapp, Bern: 1964) die die enge Verbundenheit der Deutschschwizer mit den anderssprachigen Eidgenossen im Gegensatz zu der u.a. von G.Keller vertretenen Meinung über die Zugehörigkeit zum deutschen Sprachraum.

25. Mit dieser Behauptung soll keinesfalls Friedrich Dürrenmatts Rolle beim Aufschwung und Welterfolg der deutschschweizer Literatur nach dem zweitem Weltkrieg geleugnet werden. Gemeint war hier Frischs von der "Weltbürger-Haltung", die in diesem Sinne eben als Gegenpol zu dem seiner berner Herkunft ständig stolz bekennenden Dürrenmatt.

26. Obermüller, Klara: Die Literatur der Gegenwart in der Schweiz. in: Durzak, Manfred (hrsg) Deutsche Gegenwartsliteratur.

27. Frisch, Kultur als Alibi. GW 2/340

28. Frisch, Nachwort zu `Als der Krieg zu Ende war` GW 2/279

29. Die Verfasserin der Studie konnte sich im Zürcher Max-Frisch-Archiv persönlich überzeugen, wie häufig und erfolgreich beide Stücke auch noch heute aufgeführt werden.

30. Biedermann, Marianne: "Politisches Theater oder radikale Verinnerlichung." in: Text & Kritik Nr.47/48 S.56.

31. Frisch, Tagebuch 1946-1949, GW 2/349

32. Arnold, 41

33. Frisch, Tagebuch 1946-1949. GW 2/361

34. Arnold, 48

35. ebd.

36. ebd. S. 67.

37. "Stiller" gilt in der Literaturkritik am eindeutigsten als
    Höhepunkt Frischs Schaffens; "Homo faber", der "Ganten-
    bein"-Roman und die Tagebücher werden von den meisten auch
    als "große" Werke eingeschätzt.

38. siehe Dürrenmatt: "Stiller", Roman von Max Frisch. Fragment
    einer Kritik.

39. Hildegard, Der Weg in die Gegenwart. Geschichte des deut-
    schen Romans. Bd. III, 1978. S. 187.

40. Über die Rezeptionsgeschichte des Stückes siehe Walter
    Schmitz` Aufsatz "Zu Max Frisch: Triptychon. Drei szeni-
    sche Bilder." in: Gerhard P.Knapp (Hg.): Aspekte des Büh-
    nenwerkes. S. 401-424

41. Die Verfasserin der vorliegenden Arbeit fragte Max Frisch
    1990 in Zürich darüber, welches seiner eigenen Werke ihm
    am liebsten ist. In der Antwort darauf erwähnte Frisch,
    daß er sich zu den eigenen Werken mit der Zeit immer an-
    ders verhält, zur Zeit könnte er vielleicht die "Holozän"-
    Erzählung auf diese Frage nennen, die er für ein gelunge-
    nes Werk hält zugleich aber sehr bedauert, daß es wenig
    gelesen wird.

42. Arnold, 10,12,40

43. Bienek, 26,30,33,35

44. Frisch, Theater ohne Illusion. GW 2/332,236

45. "Ich bin heute der Meinung, daß das Theoretische nie meine
    Stärke gewesen ist. Ich hab`s natürlich auch versucht,
    aber ich denke anderen Menschen dann doch sehr nach, also
    ich glaube nicht, daß ich genuine theoretische Einfälle
    gehabt habe." Arnold, 13

46. Bienek, 34

47. Frisch, Zu Brecht: Frucht und Elend des Dritten Reiches. GW
    2/326

48. Arnold, 35

49. Frisch, Der Autor und das Theater. GW 2/342, 353

50. Frisch, Mein Name sei Gantenbein. GW 5/108

51. Frisch, Die Schwierigen oder J`adore ce qui me brule. GW
    1/586

52. Frisch, Was bin ich? (I), I/ 12

53. ebd.

54. Frisch, Kleine Erinnerung. GW 1/76-77

55. ebd. S. 77

56. Wir hoffen. Rede zur Verleihung des Friedenspreises des
    deutschen Buchhandels 1976. In: GW 7/18 Da u.a. gerade der
    zitierte Teil der Rede auch in das "Palaver" eingebaut
    wurde, bekommt der gedankengang eine verstärkte Betonung.

57. Frisch, Skizze. GW 1/184

58. Durch die Poet-Figur Marion im Tagebuch II. setzt sich
    Frisch wieder mit der in der Skizze behandelten Problema-
    tik auseinander: "...so viele behaupten, sie hätten nichts
    und brüsten sich damit wie Sie, und am Ende haben sie doch
    immer das eine: Angst um all das, was sie haben möchten,
    Angst, wie der reiche Mann, nur ohne Geld. Und ob das arme
    Teufel sind! Aber dann ist man auch kein Poet, Marion. Ein
    Poet, dachte ich immer, darf überhaupt nichts haben - auch
    keine Angst. [...] Wozu brauchen wir ihn sonst?"54 Frisch,
    Tagebuch 1946-49. GW 2/355, 356

59. Frisch, Rede an junge Lehrer. GW 4/212

60. Das Zitat lautet: "Geld: das Gespentische, daß sich alle da-
    mit abfinden, obschon es ein Spuk ist, unwirklicher als
    alles, was wir dafür opfern." -heißt es in einer kleinen
    Prosaschrift. Frisch, Am See. GW 2/404

61. Frisch, Money. In: Text und Kritik H. 47/48 S. 5-6

62. Frisch, Stiller. GW 3/545-546

63. Frisch, Mein Name sei Gantenbein. GW 5/207

64. ebd. S. 206

65. "Es gibt kaum ein Paar, das nicht spätestens bei der Tren-
    nung entdeckt, daß die Geldfrage zwischen Mann und Frau

nie gelöst worden ist..." Frisch, Mein Name sei Gantenbein. GW 5/88

66. Frisch, Der Harlekin, Entwurf zu einem Film. GW 2/657

67. Frisch, Der Harlekin. . . GW 2/690

68. Frisch: Tagebuch 1946-1949. GW 2/353

69. Gespräch mit Max Frisch. Tonbandmaterial des Verfassers der Arbeit; aufgenommen in Zürich, 27. Juni 1990.

70. Max Frisch: Schweiz ohne Armee? Ein Palaver. Limmat, Zürich: 1989. S.89.

71. Frisch, Stiller. GW 3/389

72. Im Tagebuch I denkt Marion über die reiche Andorranerin nach: "Von einer reichen Andorranerin, als sie starb, sagte die Welt: Sie hatte ein sehr gutes Herz. Nämlich sie hatte, SONST OHNE ARBEIT UND AUFGABE (Herv.vom Verf.), sehr viel Wohles getan [..] sie hatte Anfälle von schlechtem Gewissen. Das aber,wer weiß, schon das wäre ein großes LOb für die Verstorbene; ich habe wenige Reiche getroffen, die es so weit brachten." Frisch, Tagebuch I. 2/354

73. Frisch, Gantenbein. GW 2/207

74. ebd. GW 5/202-203

75. Frisch, Santa Cruz GW 2/11

76. Frisch, Graf Öderland. GW 3/55

77. Frisch, Stiller. GW 3/690

78. Frisch, Skizze. GW 2/742

79. ebd. GW 2/732

80. Frisch, Stiller. GW 3/379

81. ebd. GW 3/603

82. Frisch, Graf Öderland. GW 3/9

83. Büchner, Georg: Leonce und Lena. zitiert nach Frisch: Emigranten. GW 4/233-234

84. Frisch, Der Mensch erscheint im Holozän" GW 7/259 Die

"Zeit"-Problematik ist in dieser Erzählung von Belang:
durch den Notzustand in dem Tessiner Tal seines drohenden
körperlichen Untergangs bewußt geworden, erkennt der Prot-
agonist die unerbittliche Irreversibilität der Zeit, und
versucht daher in zunehmender Eile alles was ihm wissenswert erscheint, schnell zusammenzutragen: der sich bedroht
fühlende Mensch versucht über Natur und Kosmos Aufschluß
zu erhalten.

85. Frisch, Graf Öderland III/21

86. "...oft, wenn er (Stiller) so brütete, untätig, wie ein Lah-
    mer und verstockt und schweigsam, daß man vor Langeweile
    hätte sterben können, menschenscheu, lustlos, gleichgül-
    tig, willenlos..." Frisch, Stiller. GW 3/463

87. Bei der Beschreibung der (imaginären) Gerichtsverhandlung
    wird bemerkt: " Es ist nicht günstig für den Angeklagten,
    wenn die Geschworenen sehen, daß eine Zeugin ihn lang-
    weilt; Langeweile gibt einen Zug von Grausamkeit." Frisch,
    Blaubart. GW 7/333

88. Frisch, Graf Öderland GW 3/26.

89. ebd. S.15.

90. Büchner, Georg: Brief an Gutzkow. zitiert nach: Frisch. Emi-
    granten GW 4/235

91. Frisch, Stiller GW 3/685

92. siehe dazu u.a. P.K.Kurz` Bemerkung: "Außenseiter, Diversan-
    ten, Störenfriede, Zweifler und Narren bevölkern die zeit-
    genössische Literatur." in: Kurz,P.K.: Über moderne
    Literatur IV. S. 95.

93. Frisch, Bin oder die Reise nach Peking. GW 1/640-641

94. ebd. S.604.

95. ebd. S.640.

96. ebd. S. 624.

97. Frisch, Mein Name sei Gantenbein. GW 5/79

98. In dem Antwortbrief Stiller-Whites an Wilfried Stiller, den

Bruder,wird Stiller dessen bewußt, wie er menschliche Kontakte, wie etwa der zu seinem Bruder versäumt hatte. Warum es jedoch so kam, scheint ihm selber rätselhaft. in: Frisch, Stiller. GW 3/524

99. Frisch, Stiller. GW 3/768

100. Frisch, Homo faber. GW. 4/139 Ein merkwürdiger Kontrast zwischen Hanna und Faber veranläßt Hanna zu diesem Ausspruch. Sie hält im Gegenteil zu Faber nichts von Wissenschaft, Mortalität und Statistik, die jeweils bloß das Durchschnittliche, nie jedoch das EINZELNE, d.h. den jeweils konkreten Mitmenschen erfassen.

101. Frisch, Santa Cruz. GW 2/73-74

102. siehe dazu Fabers Aufzeichnung über Hannas Ausspruch, sie habe ihr Leben verpfuscht, reflektierend: "Ich sehe nicht ein, wieso ihr Leben verpfuscht sein sollte. Im GEGENTEIL (Herv.von ZS.B.).Ich finde es allerhand, wenn jemand ungefähr so lebt., wie er`s sich einmal in in den Kopf gesetzt hat. ICH BEWUNDERE SIE."(Herv.von Zs.B.) Frisch, Homo faber. GW 4/143

103. Vgl. zu dieser Problematik u.a. D.F. Merrifields Werk "Das Bild der Frau bei Max Frisch", sowie Mona Knapp`s "Kritische Anmerkungen zur gestaltung der Frau in Frischtexten" mit dem Titel "Die Frau ist ein Mensch, bevor man sie liebt, machmal auch nachher." in dem von G.P. Knapp hrsg. Sammelband "Studien zum Werk Max Frischs."

104. "Morgen ist Montag, und da hocken sie wieder alle an ihren Pulten. Tagein, tagaus. Wochen um Woche. Jahr um Jahr. Ein ganzes Leben lang. Nichts als arbeiten!" Frisch, Harlekin. GW 2/654

105. Frisch, Bin oder die Reise nach Peking. GW 1/630

106. Kosztolányi Dezsö: Boldog, szomorú dal In: K. D. összegyüjtött versei Szépirodalmi Könyvkiadó, Budapest,1980 S. 261. Die Roh-Übersetzung des Gedichts vom Zs.B.:

Glücklich-trauriges Lied

Ich hab` schon Brot und Wein,

hab` Kinder und Frau.

Wozu denn auch traurig zu sein?

Ich hab` genügend zu essen.

Ich hab` einen Garten, wo die Bäume sich

flüsternd bücken wo ich gehe,

und drinnen ist ein durch Nuß und Mohn

ständig vermehrendes Reichtum vorhanden.

[...]

Aber auf einmal bleibe ich stehen

mich quälend, auf den Tod bedacht,

so grabe ich nach dem tiefliegenden Schatz,

nach dem einmal gehabten,

wie ein Fieberkranker zur Besinnung gekommen,

gestört nach seinem Traum suchend,

herumtastend,

was ich ja mal so begehrte.

Doch hab ich den Schatz nicht, wofür ich damals brennte.

Ich bin auf dieser Welt zuhause,

im Himmel jedoch fremd geworden.

107. Frisch, Stiller. GW 3/752

108. Frisch, Homo faber. GW 4/10 vgl. dazu ebd.: Faber wird von seinem Nachbarn angeredet, um allein zu sein, nimmt er jedoch seinen Rasierapparat und zieht sich zurück. S. 9-10.

109. Frisch, Mein Name sei Gantenbein. GW 5/188-189

110. Frisch, Skizze. GW 2/731-732; wort-wörtlich wiederholt: ebd. S. 736

111. Rolf und Sybille leben, wie es sich in einer Ehe leben läßt; Rolf arbeitet, Sybille dagegen hat ihren Sohn; beide waren einander ziemlich sicher. Trotzdem verliebt sich Sybille auf einmal in Stiller. Rolf ist bestürzt, denn er "...hatte nie damit gerechnet, daß seine Ehe, seine eigene, in die Brüche gehen könnte wie so viele andere Ehen ringsum. Er sah keinen Grund dafür. [...] Das Leben, wie Sybille es sich erträumt hatte, war es allerdings nicht, andererseits auch nicht die Hölle, nur eben eine Ehe, wie viele andere, und sie machten jedes Jahr eine schöne Reise zusammen..." 111 Frisch, Stiller. GW 3/557

112. ebd. GW 3/628-629

113. Frisch, Mein Name sei Gantenbein. GW 5/264

114. ebd. GW 5/43

115. Frisch, Santa Cruz. GW 2/66

116. Frisch, Tagebuch 1966-1971. GW 6/350-351

117. Frisch, Mein Name sei Gantenbein. GW 5/121 vgl. die Anmerkungen 96 und 97.

118. Frisch, Stiller. GW 3/591

119. Arnold, 14

120. Frisch, Jürg Reinhart, I/274-275 vgl.dazu: "Denn diese Erwachsenwerden, wonach man sich so gesehnt hat, ist nun ein Verarmen..." ebd.

121. vgl. die Frühwerke, die jedoch nicht nur auf der Ebene der Aussagen der Figuren großen Akzent auf eine möglichst totale Wahrnehmung der Welt legen, sondern auch in ihrer Darstellungsweise repräsentativ sind für die wohl manchmal zu melodramatischem "bittersüßem" Ton verleitenden Wertvorstellungen des jungen Frischs, der durch sein Schreiben mit seinem eigenen unbewältigtem Ich fertigzuwerden versuchte.

122. Frisch, Bin oder die Reise nach Peking. GW 1/640

123. Frisch, Rede an junge Lehrer GW 4/207-216

124. Zorn, Fritz. Mars. Frankfurt/M. 1982, S.151.

125. Frisch, Rede an junge Lehrer GW 4/211

126. Frisch, Homo faber. GW 4/22

127. ebd. S.136

128. ebd. S.169

129. ebd. S.189

130. Frisch, Knipsen oder sehen. GW 1/71

131. Frisch, Bin oder Die Reise nach Peking. GW. 1/608-609

132. Frisch, Homo GW 4/186

133. ebd. S. 150 f.

134. Frisch, Stiller. GW 3/380

135. Frisch, Mein Name sei Gantenbein. GW 5/313

136. ebd. S.8.

137. ebd. S.91.

138. Eine Lösung auf einen "Alltagsstreit" um die Unordentlichkeit in der Küche findet Gantenbein, die auch Lilas Emp-
findlichkeit Rechnung trägt: wenn es keine einzige saubere
Tasse mehr gibt, so macht er nicht die ganze Küche blitz-
blank, sondern immer nur insgeheim soviel, daß es nicht
auffällt. Lila ist erleichtert: "Siehst du" -sagt sie, "
es geht auch so." Die Konsequenz lautet: "Alltag ist nur
durch Wunder erträglich." ebd. S. 108.

139. vgl. Kapitel 2. Abschnitt "Daß auch meine Sehnsucht reisen
darf"

140. Frisch, Mein Name sei Gantenbein. GW 5/91

141. Frisch, Stiller. GW 3/420

142. Frisch, Die Schwierigen oder J`adore ce qui me brule: "Un-
ser Leben geht hin, man weiß nicht wie, Frühling um Frühling, erste Abende bei offenem Fenster: -alles wiederholt
sich, nichts kehrt uns wieder, Sommer vergehen, Jahre sind
nichts..." GW 1/559

143. vgl. Schmitz, Walter: Das Werk (1931/1961). Studien zu Tra-

dition und Traditionsverarbeitung. u.a. S. 58, 73.

144. Frisch, Jürg Reinhart. GW 1/599

145. ebd. vgl. dazu Anmerkung 142: im gleichen Werk wird das Zitat wortwörtlich - zwar auch ergänzt - wiederholt.

146. Frisch, Die Chinesische Mauer. GW 2/141

147. Frisch, Chinesische Mauer 1965. GW 2/227

148. ebd.

149. Frisch, Triptychon. GW 7/121

150. ebd. S. 127. außerdem vgl.: "Jetzt hätten Sie ziehen sollen" S. 119, 122 "Du ziehst zu spät. Das habe ich dir immer gesagt. [...] man kann es dir zehnmal zeigen." S. 123 "Nicht einmal angeln kann er" S. 148, 149

151. ebd. S.126.

152. Frisch, Zürich-Transit. GW 5/435

153. ebd. Es wird Ehrismann immer mehr bewußt, daß er sein Leben dort verfehlt hat, wo er nicht wagte das zu tun wozu er Lust hatte. "Tu was dich lockt" /S. 445/ hat er einmal jemandem geraten. Jetzt fällt ihm ein, daß er wirklich nach diesem Prinzip leben sollte. Bei ihm also lautet die Formel: LEBEN = Lust haben.

154. Frisch, Blaubart. GW 7/334 Hier geht es ebenfalls darum, wie unterschiedlich bei Mann und Frau dieselbe Begebenheit - ein Vorgang zwischen den beiden - sich eingeprägt hat.

155. Frisch, Stiller. 3/421

156. vgl. dazu: Kapitel 2. "Erkennen, die einzige wirkliche Erlösung des Menschen"

157. Frisch, Stiller. GW 3/752

158. Frisch, Triptychon. GW 7/159

159. Frisch, Tagebuch 1966-1971. GW 6/344

160. Frisch, Biographie: Ein Spiel. GW 5/560

161. vgl. "Es gibt nichts zu sagen" Frisch, Skizze. GW 6/44

162. vgl. Katrin: "Wir sagen uns, was wir schon einmal gesagt haben" Frisch, Triptychon. GW 7/159 Francine: "Roger, wir haben alles gesagt" ebd. S.200

163. vgl. "Schließlich sind wir seit dreißig Jahren befreundet, obschon wir einander nichts zu sagen haben." Frisch, Blaubart. GW 7/360

164. Frisch, Biographie: Ein Spiel. GW 5/485,489

165. Frisch, Mein Name sei Gantenbein. GW 5/284-285

166. Frisch, Biographie: Ein Spiel. GW 5/564

167. ebd. S. 492

168. ebd. S. 541

169. Frisch, Mein Name sei Gantenbein. GW 5/64

170. Frisch, Don Juan GW 3/135

171. Frisch, Nachträgliches zu `Don Juan` GW 3/173

172. Frisch, Biographie: Ein Spiel. GW 5/502

173. ebd. S. 524.

174. Efeu-Vergleich in Homo faber. Wiederholung und Langeweile als typisch männliche Eigenschaften, die die Frau offenbar nicht charakterisieren in Gantenbein-Roman: GW 5/284-285; sowie in "Biographie": GW 5/486, 495; Wiederholung, die den Mann langweilt,nicht aber die Frau in: Biographie: GW 5/485

175. Frisch, Stiller. GW 3/407; 492

176. ebd. S. 604

177. ebd. S. 608

178. ebd. S. 408 f.

179. vgl. Dorli: "Dabei liebe ich ihn!" "Dabei bin ich so glücklich in unsrer Ehe!" Frisch, Die große Wut des Philipp Hotz. GW 4/437

180. ebd. S.450 vgl. dazu: S. 444.

181. Frisch, Stiller. GW 3/621

182. ebd. S.623.

183. ebd. S.434.

184. Frisch, Graf Öderland. GW 3/7

185. ebd. S.7.f.

186. vgl. Frisch, Biographie. Ein Spiel. GW.5/560 und Frisch, Skizze. in: Tagebuch 1966-1971. GW 6/44

187. Frisch, Skizze. GW 6/44

188. Frisch, Stiller. GW 3/592

189. ebd. S. 591.

190. ebd. S. 612

191. ebd. S. 477 f

192. Sein "Zorn" auf dem Flugzeug, da er "gestört" wird: "meinerseits keinerlei Bedürfnis nach Bekanntschaft [...] Ich hatte eine strenge Woche hinter mir, kein Tag ohne Konferenz, ich wollte Ruhe haben, Menschen sind anstrengend. Später nahm ich meine Akten aus der Mappe, um zu arbeiten; leider gab es gerade eine heiße Bouillon..." Frisch, Homo faber. GW 4/8

193. ebd. S. 15.

194. Walter Faber verträgt es nicht unrasiert zu sein; nach dem Rasieren fühlt er sich "freier" vgl: Frisch, Homo faber. GW 4/10

195. vgl: ebd. S. 22, 75 f.

196. Frisch, Die große Wut des Philipp Hotz. GW 4/435

197. ebd. S. 436.

198. Frisch, Stiller. GW 3/557-558

199. ebd.

200. ebd. S. 560.

201. Frisch, Triptychon. GW 7/125

202. Frisch, Blaubart. GW 7/333

203. ebd. S. 337.

204. Frisch, Vereinigung Freitod. in: Tagebuch 1966-1971. GW
6/95

205. vgl.ebd. S.87; S.318 f.

206. Zu den von Frisch "ungeschminkt" diskutierten sexuellen Al-
tersproblemen in literaturgeschichtlich. Zusammenhang:
vgl. Armin Arnold`s Studie zu der Problematik unter dem
Titel: "Näher mein Ich zu Dir: Die Problematik des Alterns,des Sterbens und des Todes bei Max Frisch." In:
G.P.Knapp(hrsg.),Studien zum Werk Max Frischs.Band 1. Aspekte des Prosawerks.

207. Frisch, Stiller. GW 3/592

208. Frisch, Nachwort zu Biedermann und die Brandstifter. GW
4/406

209. ebd. vgl: "Ich zweifle, ob es der wahre Himmel ist, was ich
gesehen habe [...].Sie tragen Orden, und es riecht nach
Weihrauch aus allen Lautsprechern..." S. 405. Außerdem:"Ich zweifle, ob es der liebe Gott ist, der mich
empfangen hat..." S.406.

210. Frisch, Harlekin. GW 2/658

211. Frisch, Unterwegs. In: Tagebuch 1966-71. GW 6/84

212. Frisch, VULPERA-TARASP, Juni 1969 In: Tagebuch 1966-71,
GW6/225

213. Frisch, Stiller. GW 3/675

214. Frisch, VULPERA-TARASP, Juni 1969 In: Tagebuch 1966-71,
GW6/227

215. ebd. S. 228.

216. Frisch, Mein Name sei Gantenbein. GW 5/34

217. ebd. S. 119.

218. ebd. S. 39.

219. vgl. dazu u.a.: Tagebuch 1946-49. GW 2/369; 2/279; 2/374;
Stiller. GW 3/467; 3/718; 3/749; Andorra. GW 4/509

220. Frisch, Die Schwierigen oder J`adore ce qui me brule. GW
     1/547

221. Frisch, Andorra. GW 4/507 vgl. dazu: Der Tischler ist über-
     zeugt, daß aus einem Juden kein guter Tischler wird:
     "Tischler werden ist nicht einfach, wenn`s einer nicht im
     Blut hat."(S.483) Daher will er nicht wahrnehmen, wie gu-
     tes Andri in seinem Beruf geleistet hat, und versucht ihn
     zu einer Tätigkeit zu überreden, die einem Juden passe:
     "Das ist,was deinesgleichen im Blu hat, galub mir, und je-
     dermann soll tun, was er im Blut hat. Du kannst Geld ver-
     dienen, Andri, viel Geld..." (S.486)

222. Frisch, Stiller. GW 3/629

223. Frisch, Rip van Winkle. GW 3/783

224. Es wird hier wohl nur auf eine mögliche Verwandschaft der
     beiden Werke hingedeutet: eine ausführlichere Analyse der
     beiden Werke in Hinsicht auf ihre Gemeinsamkeiten bzw. Un-
     terschiedlichkeiten wäre den Rahmen dieser Studie spren-
     gen.

225. Frisch, Rip van Winkle. GW 3/834

226. Frisch, Andorra. GW 4/509

227. ebd. S. 542.

228. Frisch, Überfremdung II. GW 5/387

229. siehe zu den verschiedenen Interpretationen zu "Andorra"
     u.a. Petersen, Jürgen H: Max Frisch. S. 76

230. Vgl. "Wohin sprechen? Die Andorraner sitzen im Parkett,
     nicht Richter, sondern ebenfalls Zeugen; der Zeuge, der
     spricht, wendet sich also nicht an den Zuschauer, sondern
     spricht parallel zur Rampe. " Frisch, Notizen von den Pro-
     ben. GW 4/571

231. Frisch, Triptychon. GW 7/121

232. Frisch, Überfremdung 2. GW 5/386

233. Frisch, Stiller. GW 3/719

234. ebd. S. 613.

235. Frisch, Biographie: Ein Spiel. GW 5/525

236. Frisch, Triptychon. GW 7/152

237. Frisch, Mein Name sei Gantenbein. GW 5/101

238. Frisch, Triptychon. GW 7/191-192

239. ebd. S. 190.

240. Frisch, Wir hoffen. Rede zur Verleihung des Friedenspreises
     des deutschen Buchhandels 1976. GW 7/10-11

241. Frisch, Unsere Gier nach Geschichten GW 4/262

242. Frisch, Die Schwierigen oder J`adore ce qui me brule. GW
     1/434

243. ebd. S. 481, 572.

244. ebd. S. 591.

245. ebd. S. 578.

246. Frisch, Montauk. GW 6/672

247. ebd. S. 627.

248. Frisch, Biographie: Ein Spiel. GW 5/503

249. Frisch, Graf Öderland. GW 3/8

250. Frisch, Unsere Gier nach Geschichten. GW 4/263

251. Frisch, Der Mensch erscheint im Holozän. GW 7/232

252. Frisch, Graf Öderland. GW 3/37

253. Frisch, Am See. In: Tagebuch 1946-1949. GW 2/406

254. Frisch, Homo faber. GW 4/50; 4/105-107

255. Frisch, Graf Öderland. GW 3/27-28

256. Frisch, Homo faber. GW 4/172-173

257. Frisch, Die Schwierigen oder J`adore ce qui me brule. GW
     1/498

258. Frisch, Der unbelesene Bücherfreund. GW 1/80

259. ebd. S.82.

260. Frisch, Bin oder Die Reise nach Peking. GW 1/650

261. Frisch, Splitter. GW 1/107

262. Frisch, Skizze. GW 2/723

263. Frisch, Biographie. GW 5/503

264. Frisch, Graf Öderland. GW. 3/49

265. Frisch, Die Schwierigen oder J`adore ce qui me brule. GW
     1/588

266. Frisch, Graf Öderland. Fassung 1951. GW 3/848

267. Frisch, Mein Name sei Gantenbein. GW 5/320

268. Frisch, Santa Cruz. GW 2/43

269. "Stäbe" gehören zum Alltag des Mörders ebenso wie des
     Staatsanwaltes: Mörder: "Sie können sich nicht vorstellen,
     Doktor, wie vertraut mir dieser Anblick ist: Immer diese
     sieben Stäbe, dahinter die Welt, so war es auch hinter dem
     Schalter, als ich noch arbeitete. . . " S. 19 Staatsan-
     walt: "Stäbe, Schranken, Gitter, Stäbe. [. . .] Wie die
     Stämme im Wald, die man fällen möchte, wenn man eine Axt
     hätte. " S. 27 Was Öderland als Alternative zu den einen
     jeden drückenden Schranken bietet, ist die Freude, das LE-
     BEN: Staatsanwalt: "Ich habe versprochen: Freude wird
     herrschen. . . " S. 41 Frisch, Graf Öderland. GW 3

270. Frisch, Bin oder Die Reise nach Peking. GW 1/610

271. Frisch, Homo faber. GW 4/177

272. Frisch, Bin oder Die Reise nach Peking. GW 1/610

273. Frisch, Stiller. GW 3/361

274. Frisch, Stiller. GW 3/623

275. Frisch, Tagebuch 1966-197. GW 6/8

276. "Hoffentlich falle ich nie aus der Rolle. Was hilft Sehen!
     [. . .] Wenn Lila wüßte, daß ich sehe, sie würde zweifeln
     an meiner Liebe, und es wäre die Hölle, ein Mann und ein
     Weib, aber kein Paar; erst das Geheimnis, das ein Mann und
     ein Weib voreinander hüten, macht sie zum Paar. Ich bin

glücklich, wie noch nie mit einer Frau. [. . .] Auch Lila
ist glücklich, wie noch nie." Frisch, Mein Name sei Gantenbein. GW 5/103-104

277. Frisch, Tagebuch 1966-1971. GW 6/104

278. Philipp Pilliod: Max Frisch. Gespräche im Alter

279. ebd.

280. Frisch, Tagebuch 1966-71. GW 6/170

281. Frisch, Bin oder Dir Reise nach Peking. GW 1/627

282. ebd. S. 624-628.

283. Frisch, Mein Name sei Gantenbein. GW 5/ Die Pferd-Symbolik
ist wohl ein Schlüssel-Bild des Romans: noch am Anfang
steht die eine Vision oder aber Traum von einem aus dem
Granit herauszuspringen versuchenden Pferdekopfs (S. 12
f.), die bildhaft-symbolträchtig die "Geschichte" vom
nackten Mann - in der ebenfalls u.a.eine Identitätssuche
und Ausbruchsversuch zum Ausdruck kommt - einleitet.

284. Bachmann, Ingeborg, Malina.

285. Frisch, Die Chinesische Mauer. GW 2/184

286. ebd.

287. Frisch, Graf Öderland. GW 3/10-11

288. ebd. S. 27.

289. Philippe Pilliod: Max Frisch. Gespräche im Alter.

290. Frisch, Stiller. GW 3/596

291. ebd. S. 689.

292. Frisch, Mein Name sei Gantenbein. GW 5/123

293. Frisch, Tagebuch 1966-1971. GW 6/172

294. Frisch, Triptychon. GW 7/196

295. ebd. S. 167.

296. Frisch, Der Mensch erscheint im Holozän. GW 7/267

297. Frisch. Kunst der Erwartung. Anmerkungen eines Architekten. GW. 1/189

298. ebd.

299. Frisch, Santa Cruz. GW 2/42

300. Frisch, Bin oder Die Reise nach Peking. GW 1/630,649

301. Frisch, Die Schwierigen oder J`adore ce que me brule. GW 1/594

302. Frisch, Mein Name sei Gantenbein. GW 5/73; 5/129;

303. ebd. S.80.

304. ebd. S.72.

305. Frisch, Bin oder Die Reise nach Peking. GW 1/604

306. ebd. S.643

307. Frisch, Santa Cruz. GW 2/41

308. ebd. S. 42.

309. Frisch, Zu `Santa Cruz`. GW 2/76

310. vgl. Frisch, Bin oder Die Reise nach Peking. GW 1/606, 608

311. Zu der mehrschichtigen Bedeutung der Schnee-Symbolik in Frischs Werk vgl. den Abschnitt "Da fährt er hinaus in den Schnee" in diesem Kapitel.

312. vgl.dazu: "ringsum das Meer, nichts als die blaue Finsternis des Meeres". in: Frisch, Graf Öderland. GW 3/54

313. ebd. S.55.

314. Frisch, Stiller. GW 3/391

315. Dabei müssen wir jedoch auf die Wandlungsfähigkeit der Frau (Antoinette) hinweisen, um kein eindeutig negatives bzw. einseitiges Bild von der Wandlungsfähigkeit des Menschen schlechthin anhand Frischs Werkes zu bekommen.

316. Frisch, Mein Name sei Gantenbein. GW 5/12

317. ebd. S.134-135

318. Frisch, Bin oder Die Reise nach Peking. GW 1/630

319. Frisch, Nachtrag zu Marion. Tagebuch 1946-49, GW 2/359

320. Frisch, Marion und der Engel. Tagebuch 1946-49. GW 2/500-501

321. Frisch, Graf Öderland. GW 3/27

322. Frisch, Mein Name sei Gantenbein. GW 5/173

323. Frisch, Stiller. GW 3/631

324. Frisch, Homo faber. GW 4/152

325. vgl: "Leben ist langweilig. Ich mache Erfahrungen nur noch, wenn ich schreibe." in: Frisch, Montauk. GW 6/624

326. ebd. S. 622.

327. Frisch, Montauk. GW 6/709

328. vgl: Frisch, Graf Öderland. GW 3/54 Stiller. GW 3/630 f

329. Frisch, Homo faber. GW 4/175

330. ebd. S.7.

331. Die Nachforschungen betreffs des Aufenthaltsorts des Staatsanwaltes sind wegen des ungewöhnlichen Schneefalls ohne jedes Ergebnis: auch darin kommt dei schützende Rolle der Schneedecke zum Ausdruck. vgl. Frisch, Graf Öderland. GW 3/32

332. Frisch, Graf Öderland. GW 3/11-12

333. vgl. Anmerkung 331.

334. siehe dazu noch: Frisch, Graf Öderland. GW 3/22, 27 Santa Cruz. GW 2/20 Skizze. GW 2/723, 725

335. vgl. dazu: Frisch, Tagebuch 1946-1949. Der Graf von Öderland. GW 2/411 außerdem: Graf Öderland. 3/14

336. Frisch, Nun singen sie wieder. GW 2/82

337. Frisch, Santa Cruz. GW 2/43, 44, 45

338. ebd. S. 63.

339. Frisch, Glück. in: Tagebuch 1971. GW 6/336

340. Frisch, Santa Cruz. GW 2/43

341. Frisch, Triptychon. GW 7/134

342. Frisch, Homo faber. GW 4/150

343. Frisch, Glück. Tagebuch 1966-1971. GW 6/337

344. Frisch, Der Mensch erscheint im Holozän. GW 7/240

345. ebd. S. 241.

346. Arnold, Gespräche mit Schriftsteller. S. 44.

Literaturverzeichnis

A. Zitierte Werke von Max Frisch

Frisch, Max. Dramaturgisches. Ein Briefwechsel mit Walter Höllerer. Berlin: LCB-Editionen, 1976.

Frisch, Max. Gesammelte Werke in zeitlicher Folge. Jubilaumsaus-
gabe in sieben Bänden 1931-1985, hg. Hans Mayer\ Walter
Schmitz, 1. Auflage. Frankfurt/M.: Suhrkamp Taschenbuch
Verlag, 1986.

Frisch, Max. Schweiz ohne Armee? Ein Palaver. Zürich: Limmat
Verlag, 1989.

Frisch, Max. Schweiz als Heimat? Versuche über 50 Jahre. hg. und
mit einem Nachwort versehen von Walter Obschlager.
Frankfurt/M: Suhrkamp, 1990.

Frisch, Max. Stichworte. Ausgesucht von Uwe Johnson. Frank-
furt/M: Suhrkamp, 1975.

B. Sekundärliteratur

Arnold, Heinz Ludwig. (Hg.) Gespräche mit Schriftstellern: Max
Frisch, Günter Grass, Wolfgang Koeppen, Max von der
Grün, Günter Wallraff. Becksche schwarze Reihe, Bd.
134. München: C. H. Beck, 1975.

Arnold, Heinz Ludwig. (Hg.) Text+Kritik. Zeitschrift für Literatur. Max Frisch. Heft 47/48 (1983)

Beckermann, Thomas (Hg.) Über Max Frisch. Frankfurt/M: Suhrkamp,
1971. Begegnungen. Eine Festschrift für Max Frisch zum
siebzigsten Geburtstag. Frankfurt/M: Suhrkamp, 1981.

Bienek, Horst. Werkstattgespräche mit Schriftstellern. München:
Carl Hanser, 1962.

Dossier/Literatur 2. Max Frisch. Reihe Dossier der Schweizer
Kulturstiftung Pro Helvetia; Zürich; Bern: Pro Helvetia; Zytglogge, 1981.

Dürrenmatt, Friedrich. "Stiller", Roman von Max Frisch. Fragment
einer Kritik. In: Mayer, Hans (Hg.) Deutsche Literaturkritik der Gegenwart. Goverts Neue Bibliothek der

Weltliteratur. Stuttgart: Goverts, 1971.

Durzak, Manfred. (Hg.) Deutsche Gegenwartsliteratur. Ausgangspo-
sition und aktuelle Entwicklungen. Stuttgart: Reclam,
1981.

Durzak, Manfred. Dürrenmatt, Frisch, Weiß. Deutsches Drama der
Gegenwart zwischen Kritik und Utopie. Stuttgart: Reclam, 1972.

Ellerbrock, Jochen. Identität und Rechtfertigung. Max Frischs
Romane unter besonderer Berücksichtigung des theologi-
schen Aspektes. Europäische Hochschulschriften, Reihe
23, Theologie; Bd. 249. Bern; Frankfurt/M; New York:
Lang, 1985.

Gassmann von Zollikon, Max. Max Frisch. Leitmotive der Jugend.
Abhandlung zur Erlangung der Doktorwürde der Philoso-
phischen Fakultät der Uni Zürich. Zürich, 1966.

Geulen, Hans. Max Frischs "Homo Faber". Studien und Interpretationen. Quellen u. Forschungen zur Sprach- und Kulturgeschichte der germ. Völker. Neue Folge. 17, Berlin:
Gruyter, 1965.

Gsteiger, Manfred (Hg.) Die zeitgenössischen Literaturen der
Schweiz Bd. 1. Frankfurt/M: Fischer Taschenbuch, 1980.

Hage, Volker. Max Frisch. rororo Bildmonographien 321. Reinbeck:
Rowohlt, 1983.

Hanhart, Tildy. Max Frisch: Zufall, Rolle und literarische Form.
Interpretation zu seinem neueren Werk. Kronberg: Scrip-
tor, 1976.

Heckmann, Herbert. (Hg.) Literatur aus dem Leben. Autobiographische Tendenzen in der deutschsprachigen Gegenwarts-
dichtung München; Wien: Carl Hanser, 1984.

Henningsen, Jürgen. Jeder Mensch erfindet sich eine Geschichte.
In: Literatur in Wissenschaft und Unterricht. 4/1971,
167-176.

Hoffmann, Frank. Der Kitsch bei Max Frisch: Vorgeformte Realitätsvokabeln. Eine Kitschtopographie. Kelmers Abhand-
lungen zur deutschen Sprache und Kultur 2. Bad Honnef:

Keimer, 1979.

Jaques-Bosch, Bettina. Kritik und Melancholie im Werk Max Frischs. Zur Entwicklung einer für die Schweizer Literatur typischen Dichotomie. Europäische Hochschulschriften, Reihe 1, Dt. Sprache und Literatur; Bd. 790, Bern; Frankfurt/M; Nancy; New York: Lang, 1984.

Jurgensen, Manfred (Hg.) Frisch. Kritik-Thesen-Analysen. Qeensland Studies in German Language and Literature 6. Bern: Francke, 1977.

Kiernan, Doris. Existenziale Themen bei Max Frisch. Quellen und Forschungen zur Sprach-und Kulturgeschichte der germanischen Völker. N. F; 73=197, Berlin; New York: Gruyter, 1978.

Kieser, Rolf. Max Frisch. Das literarische Tagebuch. Frauenfeld; Stuttgart: Huber, 1975.

Kjoer, JOrgen. Max Frisch. Theorie und Praxis. In: Orbis Literarum. XXVII/1972, 264-295.

Knapp, Gerhard P. (Hg.) Max Frisch. Aspekte des Prosawerks. Studien zum Werk Max Frischs 1. Bern: Lang, 1978.

Knapp, Gerhard P. (Hg.) Max Frisch. Aspekte des Bühnenwerks. Studien zum Werk Max Frischs 2. Bern: Lang, 1979.

Knopf, Jan. Verlust der Unmittelbarkeit. Über Max Frisch und die neue Subjektivität. In: Orbis Literarum. 2/1979, 146-169.

Kurz, Paul Konrad. Über moderne Literatur IV. Standorte und Deutungen. Frankfurt/M: Knecht, 1973.

Lusser-Mertelsmann, Gunda. Max Frisch. Die Identitätsproblematik in seinem Werk aus psychoanalytischer Sicht. Stuttgarter Arbeiten zur Germanistik 15. Stuttgart: Heinz, 1976.

Lüthi, Hans Jürg. Max Frisch. "Du sollst dir kein Bildnis machen". Uni Taschenbücher 1085. München: Francke, 1981.

Merrifield, Doris Fulda. Das Bild der Frau bei Max Frisch. Freiburg: Becksmann, 1971.

Nghi, Bùi Hanh. Zu Max Frischs Begriff "Das wirkliche Leben". Inaugural-Dissertation. München, 1974.

Petersen, Jürgen H. Max Frisch. Sammlung Metzler, M 173: Abt. D, Literaturgeschichte. 1. Auflage. Stuttgart: Metzler, 1978.

Ramer, R. Ulrich. Im Schatten der Eigentlichkeit. Studien über Rollen-Spiel und Flucht-Motiv im Gesamtwerk Max Frischs. Inaugural-Dissertation. Nürnberg, 1973.

Schäfer, Andreas. Rolle und Konfiguration. Studien zum Werk Max Frischs. Hamburgische Beiträge zur Germanistik; Bd. 10. Frankfurt/M; Bern; New York; Paris: Lang, 1989.

Schenker, Walter. Die Sprache Max Frischs in der Spannung zwischen Mundart und Schriftsprache. Quellen und Forschungen zur Sprach- und Kulturgeschichte der germanischen Völker, Berlin: Walter de Gruyter, 1969.

Schmitz, Walter. (Hg.) Materialien zu Max Frisch "Stiller". Frankfurt/M: Suhrkamp, 1978.

Schmitz, Walter. Max Frisch: Das Werk (1931-1961). Studien zu Tradition und Traditionsverarbeitung. Europäische Hochschulschriften, Reihe 1: Deutsche Sprache und Literatur 570. Bern; Frankfurt/M: Lang, 1985.

Schmitz, Walter. Max Frisch: das Spätwerk (1962-1982). Eine Einführung. UTB für Wissenschaft: Uni-Taschenbücher; 1351. Tübingen: Francke, 1985.

Schuhmacher, Klaus. Weil es geschehen ist: Untersuchungen zu Max Frischs Poetik der Geschichte. Diskurs; Bd. 1. König-stein/Ts: Hain, 1979.

Schuchmann, Manfred E. Der Autor als Zeitgenosse: gesellschaftliche Aspekte in Max Frischs Werk. Europäische Hochschulschriften: Reihe 1. Frankfurt/M; Bern; Las Vegas: Lang, 1979.

Stäuble, Eduard. Max Frisch. Gesamtdarstellung seines Werkes. 4. Auflage. St. Gallen: Erker, 1971.

Stephan, Alexander. Max Frisch. Autorenbücher 37. München: Beck/edition text + kritik, 1983.

Stephan, Peter. Dialog und Reflexion. Modelle intersubjektiver Beziehungen im Werk Max Frischs. Dissertation an der Freien Universität Berlin. Berlin, 1973.

Suhrbier, Hartwig (Hg.). Blaubarts Geheimnis. Märchen und Erzählungen, Gedichte und Stücke. Köln: Diederichs, 1984.

Szabó, János. Erzieher und Verweigerer. Zur deutschsprachiger Gegenwartsprosa der Schweiz. Würzburg: Königshausen u. Neumann, 1989.

Toman, Lore. Bachmanns Malina und Frischs Gantenbein. In: Literatur und Kritik. 10/1977, 274-278.

Ullrich, Gisela. Identität und Rolle. Probleme des Erzählens bei Johnson, Walser, Frisch und Fichte. Literaturwissenschaft, Gesellschaftswissenschaft; 25. 1. Auflage. Stuttgart: Klett, 1977.

Vin, Daniel de. Max Frischs Tagebücher. Studie über "Blätter aus dem Brotsack" (1940), "Tagebuch 1946-1949" (1950) und "Tagebuch 1966-1971" (1972) im Rahmen des bisherigen Gesamtwerks (1932-1975). Köln, Wien: Böhlau, 1977.

Zeltner, Gerda. Das Ich ohne Gewähr. Gegenwartsautoren aus der Schweiz. Zürich; Frankfurt: Suhrkamp, 1980.

Part 1

'... watch with glittering eyes the whole world around you because the greatest secrets are always hidden in the most unlikely places.'

—*Roald Dahl*

One

Mallow Court, Buckinghamshire, May 2000

It's the perfect day for a wedding. The wisteria twining around the arbour is in full bloom; the sprigs of white roses hand-tied with lavender silk ribbons have a hint of dew on their petals. The weather is warm with the slightest of breezes to ruffle the organza chair bows just so. High wisps of clouds decorate the sky like celestial confetti. There's a steady hum of bees in the borders and an iridescent butterfly floats from flower to flower. Daisies and buttercups dot the field where the white and silver striped marquee has been erected amid grazing sheep.

Perfect.

Most importantly – from my perspective, at least – the posh Portaloos, the five-tier cake, and the sushi chef from Nobu all arrived early this morning right on schedule, followed by a whole lorryload of chilled Pol Roger. As Winston Churchill once said of his favourite tipple: 'In victory, deserve it. In defeat, need it' – and I'm going to make sure that it's victory all the way. So it's a good thing that when one little thing did go wrong – the vicar's wife ringing yesterday to tell me that he's come down with stomach flu – I managed to sort a replacement quickly; thus keeping everything done and dusted.

And perfect.

'Fuck!' The bride-to-be cups her manicured hand and lights another Marlboro Menthol Light, flicking the match into the peonies. She looks at me with pure venom. 'You've ruined everything.'

I smile through my teeth. At this moment, Miss Heath-Churchley looks very little like her full-page soft-focus photo in *Country Life* that won her the 'attentions' of Mr Ernest –'call-me-Ernie' – Wright-Thursley. When she came round to the wedding fair, she showed me the laminated copy that she keeps in her holdall:

Miss Celestina Heath-Churchley of Albright House, West Sussex. Eldest Daughter of Charles August Heath-Churchley, OBE and Suzanna DuBois Heath-Churchley. Educated at Chichester Preparatory School and Cheltenham Ladies College with a degree in Equine Business Studies.

It's literally kept me awake at night wondering how they're going to hyphenate their surnames – try saying Churchley-Thursley five times fast. And do Heath and Wright just drop out of the equation forever? You'd think that as the manager of an elegant stately home open to the public, I'd know these things, but in this case I'm flummoxed.

'The vicar deeply regrets that he has the stomach flu...' I intone for the umpteenth time with growing futility. I lower my voice. 'It's lucky that I was able to find a replacement at such short notice. Your ceremony can proceed right on schedule.' I force myself to smile.

The soon-to-be-previous Miss Heath-Churchley – or 'Cee-Cee', as her bridesmaids call her – glares down her nose at me, taking in my faux-suede jacket, indigo jeans, and biker boots. It's as if she has a sixth sense that not only do I lack upper-class origins, I have no origins whatsoever. And as such, normally, I wouldn't have a problem telling her exactly where to take her two hundred guests, her horse-drawn carriage, her string quartet, harpist *and* dance band, her carb-free canapés, and her photographer from *Tatler* and stick them. But instead I take a deep breath and mentally repeat the old adage that 'the customer is always right'. Because with a 400-yearold house that's one of the finest examples of Elizabethan architecture in the South East, complete with glorious history, apocryphal royal visitors, and a huge annual maintenance bill, I have a responsibility to hold my tongue. Especially when 'Daddy' Heath-Churchley is paying an *awfully big* fee to hold his daughter's wedding in the award-winning gardens.

'A WOMAN vicar?' she practically spits. 'Who the *fuck* has a woman vicar? Couldn't you at least find a real one?'

'She's a fully ordained member of the Church of England.' I clench my teeth. 'In fact, she's a senior chaplain – the sick vicar's *boss*.'

Which isn't *exactly* true, but she doesn't need to know that. Actually, the vicar is my friend Karen from uni who got her doctorate in theology, and then took holy orders because, in her words, 'there are so many eligible men.'

'But everyone will think I'm a lesbian!' Cee-Cee moans.

'Surely not,' I reassure her. In fact, if the cringeworthy exploits her bridesmaids were recounting at breakfast are anything to go by, I know so. I try another tack: 'And anyway, I understand that women vicars are quite the thing now. Madonna and Guy Ritchie already have one booked.'

'Really?' she immediately perks up.

'Oh, yes – *haven't you heard?*' I take care to make every one-syllable word sound like two.

'No.' She stamps out the cigarette with the toe of her white satin Manolo, obliterating it into the paper rose petals. 'And where the fuck is Ernest?'

'I haven't seen him yet,' I say. 'Would you like me to ring the Golden Fleece and make sure he's had his wake-up call?'

'You'd better.'

'And I believe the vicar would like to meet with you both before the ceremony. Get to know you.'

'I bet *she's* a lezzer,' she pouts.

I want to laugh out loud, but in the interests of Daddy's cheque, I bite my tongue and keep shtum.

'Whatever.' She raises three fingers in a 'W' shape. 'I'm off to have a bath. There'd better be hot water.' She turns and begins walking back to the coach house where she and her bridesmaids are staying. 'And make sure my things are moved to the bridal chamber when I'm done,' she says over her shoulder.

'Of course,' I say to her spray-tanned back. '*Your highness*,' I add under my breath.

Catherine Fairchild, the owner of Mallow Court, warned me before the first wedding fair that most brides would want to be treated like royalty on their 'special day'. Though Cee-Cee probably demands to be treated that way all the time. It's not something I relate to – *I* was never the kind of girl who liked pink flouncy dresses and simpering Disney princesses. My socialist dad was proud of me for that, though sometimes Mum despaired. Every once in a while, she'd bring home a dressing up costume from the charity shop, only to find it later covered in mud and crumpled up in a ball in the corner of my room. I preferred being the pirate or the wizard, or – given my background – the communist revolutionary – in anything involving dressing up.

So it's somewhat ironic that now I'm in charge of a stately home where I'm hoping we'll eventually hold ten to twelve weddings a year. I've earmarked 'Daddy' Heath-Churchley's deposit for some work to upgrade the guest facilities. And as Cee-Cee's wedding is the first one being held at Mallow Court, it's imperative that it goes off without a hitch. Looking on the bright side, if we can satisfy her, most of our future weddings should be a piece of cake.

With Cee-Cee off to perform her ablutions, I go to check on the marquee. Inside, 'Mummy' Heath-Churchley, the maid of honour, and two bridesmaids are sampling the chocolate fountain and a bottle of Pol Roger.

'Has my stepson Christopher arrived yet?' 'Mummy' H-C asks.

'Not that I know of,' I say. 'I'll look out for him.' Not that I've a clue who he is – to me, one pedigreed toff looks the same as the next.

'Mummy' mutters a 'thank you' and pops the cork on another bottle. I take a final look around the marquee – everything looks shiny, polished, over-the-top and expensive. Feeling relieved that it's all in order, I return to the main house. After dealing with the vicar crisis, I'm due a cup of tea and some toast. The cool yellow stone glows in the morning sun, the light reflecting off hundreds of higgledy-piggledy mullioned windows. In a past life, someone like me would have been, at best, a servant at a house like this. But thanks to a first-class degree in Medieval Studies from Oxford, a well-connected tutor, and being at the right place at the right time, I'm running the show. Most of the time, working here is a delight.

In a little under three years, I've helped Mrs Fairchild turn the huge Elizabethan mansion that her father renovated after the war into one of the top tourist destinations in the Home Counties. Between the well-scripted tours, the organic tea room, the gift shop featuring traditional crafts and the artisan beers of a local microbrewery, the adventure playground, corporate away days and now the weddings, we're starting to turn a profit. And when the Churchley-Thursley wedding is finally over, I can turn my attentions back to my pet project – a 'Clothing through the Ages' exhibition to be held upstairs in the long gallery.

I'm almost at the kitchen door when suddenly an orange and

black Smart car zips around the crescent drive and screeches to a halt in the disabled parking space, sending gravel flying into the delphiniums. A woman in a dark trouser suit and white shirt jumps out, strawberry blonde curls bouncing at her shoulders.

'Karen!' I say, relieved to have a real-life, flesh-and-blood vicar on site. 'I'm glad you're here.' I give her a warm hug. 'Though…' I say into her ear, 'I'm not sure the bride is quite so chuffed.'

My friend waves her hand expansively. 'Never mind that, Alex. First I've just got to tell you – I met the most amazing bloke last night.'

'I thought you'd turned over a new leaf.' I grimace. 'What was it you said when you were ordained – "no more casual and meaningless encounters"? That you were going to live strictly "by the Bible"?'

'Ahh, Alex.' She uses her deep 'sermon voice'. 'This was neither casual nor meaningless. And it was definitely biblical – like Adam and Eve in the Garden of Eden.'

I roll my eyes. 'Probably more like Sodom and Gomorrah.'

'Touché.'

'The bride will be relieved to know you aren't a lesbian though.'

'What?' Karen raises an eyebrow. 'No – this was definitely a bloke. Big strapping lad. Built like a shire horse. Didn't quite catch his name – Eddie, or Denny, or something.' She shrugs.

'And where did you meet this "big strapping lad whose name you didn't quite catch"?'

'At the pub in the village, of course.' Her brow furrows. 'The Golden Fleece? You know – you booked the room. Last night. Short notice.'

'Yeah – sorry about that.' Normally, I'd have invited Karen to stay with me, or at least put her up in the guest accommodation. But the coach house was occupied by the wedding party, and the shower in my flat is bust. The only other alternative was the pub in the village. Where the groom and his party are staying.

'No matter. The night was a revelation. Let's just say that the dog collar has many uses.' She grins. 'Though not all strictly sanctioned by the ecclesiastical texts.'

'Karen!' I laugh. 'You're incorrigible.'

'Yes, well…' she checks her watch, 'let's get this show on the road. I should meet the bride and groom before I tie the noose for them…' she winks, 'I mean the knot.'

'The groom isn't here yet and the bride's having a bath, so would you like a cuppa?' I lead the way to the door of the house.

'Isn't there any champers?' Karen frowns.

'Well, yeesss…'

'Come on Alex,' she pulls my arm. 'Let's live a little.'

I allow myself to be dragged along a few steps before standing my ground. 'Really, Karen, it wouldn't look right, the vicar supping on a glass of bubbly… or two. Besides, I've got a few things—'

'Hey, you! Ms – what is it? Hart?'

I turn, cringing at the dulcet tones of Cee-Cee yelling at me from the door of the coach house. I mentally tick off everything that could be wrong: no hot water, a spider in the sink, new towels needed, bath gel the wrong scent…

'Where the hell is Ernie?' she whines. 'You said he was staying at some grotty old pub. And now, he's missing.'

'Missing?' I raise an eyebrow.

'I rang Ant. He went up and checked. He said he's not in his room – his bed hasn't been slept in.'

'Oh.' I swallow hard. 'He's… um… probably just on his way here.'

'Ernie?' Karen says, wide-eyed.

'Is *she* the woman vicar?' Cee-Cee frowns.

Before I can respond, a huge black SUV pulls up, driven by

Ant, the groom's best man. A half-dressed, dishevelled Ernie stumbles out of the passenger side holding an empty bottle of whisky.

'Darling...' he drawls, practically falling at the feet of Cee-Cee.

'Where were you, dearest?' she scolds in a little-girl voice. 'How naughty you've been keeping me waiting. We're supposed to meet the vicar.' She wrinkles her nose. 'It's... *her.*'

Cee-Cee looks at Karen, gesturing with her pearlescent nails.

Karen looks at Ernie.

Ernie looks at Karen. He lets out a little sputter.

Cee-Cee looks at Ernie...

Then Karen...

Then me.

Karen looks anywhere *but* at me.

'Umm actually...' Karen says, 'we've met.'

Cee-Cee screams.

Two

It takes over a year to plan a big society wedding. But it takes less than an afternoon to unwind one. Instead of 'I do's and church bells, Cee-Cee's shrieks are the order of the day.

'Not again, you bastard! How could you?'

I launch into action mode, shooing Karen off into the house; barring the *Tatler* photographer from the area; grabbing a broom when Cee-Cee starts smashing champagne glasses on the terrace one by one. I manage to save a few glasses, pass them around to the members of the bridal party who have come out of the marquee to watch the spectacle, and pour everyone a brandy.

'Cee-Cee sweetie, it meant nothing – just one last fling. You know, like the one you had on your hen night with that bass guitarist…'

A slightly squiffy 'Mummy' Heath-Churchley chooses that moment to jump on the bandwagon. 'How dare you?' She brandishes a half-empty bottle at Ernie. I gesture to the Robbie Williams lookalike who's fronting the dance band. He grabs her arms before she can physically unman her son-in-law-not-to-be.

'And what will Daddy say about cancelling this wedding AGAIN?'

I marshal together a few of the bridesmaids to help phone the wedding guests and cancel. I'm about to speak to the caterers when 'Mummy' Heath-Churchley's rage changes direction.

'And where's that whore of a vicar? I'm going to make sure she's... defrocked.'

Not that Karen's likely to mind – in a literal sense, at least. But I realise I haven't seen her since the moment of revelation, and I decide I'd better check on her. I find her sprawled out on the sofa in the blue drawing room.

'I'm so sorry, Alex!' She gulps back tears (and the last dregs of a bottle of Pol Roger nicked from the bar).

'You're sorry?!' I seethe. 'Too bad your "revelation" didn't include the fact that your "big strapping lad" was the groom! You knew how important this was to me. It was our first wedding. It had to go right. Instead, it's a complete disaster!'

'I had no idea who he was – really.' She looks more remorseful than I've seen her. 'I should go out and apologise in person.' Her lips inch upwards into a momentary smile. 'Do you think it would be awful if I asked Ernie for his number?'

She's joking – I think. 'You stay right here,' I command.

'Fine. Get yourself a glass – we can have that "long overdue catch-up" you promised.'

'What?'

She looks hurt. 'Or did you have me come all the way here *just* to marry your posh paying guests.'

Guilt pinches inside my chest. It's true that Karen did me the favour of coming up here at the last minute, and I'd said we could catch up down the pub. But at the last minute, I'd cancelled. I had lots of things to do before the wedding, and then Mrs Fairchild asked me to sit with her. She'd received a letter that had seemed to upset her, so I'd stayed at the main house until almost ten. When I'd got back to my flat, I'd rung Karen's mobile, but she hadn't answered.

'I'd thought we could catch up tonight,' I say. 'Since obviously, I won't have to stick around here for the wedding to finish.'

She shakes her head. 'I told you on the phone that I couldn't stick around. I've got a Venezuelan bishop coming round

14

tomorrow. It would have been nice to see you, but I guess you're too busy.'

'*Well, sorry,*' I say, getting riled. 'Sorry I couldn't make it down the pub, so you *had* to screw the groom. Sorry that I'd budgeted my *posh paying guests*' deposit towards upgrading the guest loos and the carpet on the stairs, and wanted everything to go well. And now I'll have to face Mrs Fairchild and tell her about the awful cock-up.'

'Gosh, Alex.' Her blue eyes are round and wounded. 'I had no idea how important those things were to you. I mean... guest loos? When we were at uni your mind was on "the sacred and profane in medieval architecture" and "historical mysteries surrounding the Ghent Altarpiece". Not to mention you-know-who. I'd no idea that these other things had taken over.' She shakes her head dismissively.

'That was a long time ago,' I say.

She nods, and in her eyes I see the reflection of my last year at uni, when she stood by me while I broke myself on the rock of a doomed love affair with Xavier, an Argentine poet who conveniently happened to be my academic advisor, but inconveniently happened to be married.

'Three years,' she muses. 'How things change.'

'Look, Karen,' I say, my anger rising, 'you were the one who told me that I needed to move on. So that's what I did!'

'Have you, Alex? Because to me it looks like you've been hiding away from the real world. I bet you never leave this place. Never have any fun.'

'They're not mutually exclusive,' I counter. Karen and I have never shared a common idea of fun. From the moment we began rooming together at uni, I discovered that she liked parties, waking up with strangers, and drinking a raw egg with Worcester sauce for breakfast. I, on the other hand, liked having small groups of friends over to discuss books and politics; taking long, solitary walks along the river, and curling

15

up in the window seat with a glass of wine and a mystery novel. I suppose it was because we were so different that we got along so well.

'I love it here,' I say, feeling defensive. 'I'm much closer to the real world now than I ever was at uni. And in the real world – whether we're talking medieval times or right now – vicars don't sleep with the groom on the eve of the wedding.'

'I guess I'd better be going, then.' Her natural enthusiasm seems to bubble out of her. She sets down the empty bottle.

'I guess you'd better. You can't drive in that state, so I'll find someone to give you a lift to the village.'

She stands up and gives her dog collar a little tug, straightening it. 'Look, Alex. I really am sorry.' She begins walking to the door. 'I was out of line. And for the record, I really *had* turned over a new leaf. For my penance I shall compose a sermon – something along the lines of "we're all human, and sometimes we fall from grace".'

'I know you're sorry, Karen. And I am too.' I sigh. 'I should have met up with you last night. We should catch up. I really miss you. It's just… well… I've been so busy.'

'Busy is good, Alex. Usually. And it's obvious that you've worked wonders on this place – it's lovely and polished, and seems to be practically running itself…'

'That's where you're wrong…'

She holds up her hand. 'But are you going to be doing this forever? You may love living here, but are you really happy? At this moment I may be in the doghouse with God. But it doesn't take Mother Teresa to see that you're lonely. You keep busy so you don't have to face real life. The bad – or the good. I mean, when's the last time you had a holiday?'

I hang my head.

'That's what I thought. Come visit me one of these weekends. I've got a spare room in the vicarage. It may be in Essex, but it's a hell of a lot livelier than here.'

'I'm sure.'

'Remember, you gotta be innit to winnit.' She winks.

'Can't I just enjoy what I've got? A steady job in a beautiful place. It may not be enough for you. But for me – things are good.'

'Are they, Alex?' she looks me deep in the eye. 'Are they really?'

'Yes.' But as the word leaves my mouth, I begin to wonder if it's really true.

*

When Karen's gone, I resolve to put this awful day behind me and get back to normal. The wedding party gradually begins to disperse, leaving in various limousines and taxis, and the cleaning crew gets to work. I sneak away to my office: a cosy little room with wood panelling, a carved stone fireplace, and a window seat with red velvet cushions. A big oak desk takes up most of the room. I sit down and turn on my computer. There are emails to check, calls to return, invoices to pay, workmen to schedule – all of which I can do in my sleep. Though admittedly, I *am* feeling a bit low. But surely, that will change when—

'Ahhem.'

A hulking figure in a black tailcoat and bulging white cummerbund occupies the entirety of the doorway. I recognise Charles August Heath-Churchley, father-of-the-bride.

'Oh,' I say, startled. 'Hello, sir.'

'You—' his jowls shake, Churchill style, when he rounds on me, his small eyes penetrating my inner armour. 'Who do you think you are?'

A loaded question, not that he's to know that.

'Do you know what you've done today? The damage you've caused to one of the nation's oldest, proudest families?'

'I've caused?' I look at him aghast. 'With respect, sir, that's not fair. I can't be held responsible for whatever the wedding party get up to in their own time.' Even if the replacement vicar is my best friend, I don't add.

Venom leaks out as he laughs in my face. 'Not responsible? What are you then, the cleaner? The gift shop girl? Some little nobody? I thought you were the manger here. And in my book, the manager is responsible for everything.'

Cleaner? Gift shop girl? The man can probably trace his family back as far as the Neanderthals – but does that give him the right to insult me?

'I apologise that the day didn't turn out as planned,' I say through my teeth. 'But I think we're done here.'

'Oh, we're not done,' he bellows. 'Not by a long way. I'll ring Catherine – have you out on your ear, make no mistake.' He turns his broad, pin-striped backside to me and begins walking away.

'Do your worst, *SIR*,' I mutter under my breath.

*

As soon as he leaves, I put my head in my hands. Despite my bravado, the whole awful business has ruined my day – probably my whole month. Catherine – he'd called Mrs Fairchild by her first name like he knew her. Working here at Mallow Court has become a lot more than just a job to me. Could he have enough clout to get me sacked?

No – that's silly. I straighten up, raking my fingers through my hair. Mrs Fairchild is not the type to be bullied by pedigreed buffoons. Her father, Frank Bolton – the 'Knicker King' – was working-class, a self-made man.

I check my emails and update my diary, determined to go on as if nothing untoward has happened. After today, I'll never have to see anyone connected to the awful Heath-Churchley clan again – unless they happen to relist Cee-Cee as an eligible bacheloress in another edition of *Country Life* and I have the misfortune to catch a glimpse of it in a dentist's waiting room or something.

And in the meantime – nothing else that 'Daddy' Heath-Churchley said has the power to affect me, nothing at all. I'm an independent woman. I don't need roots, or family history, or a fancy name or anything else to be happy just as I am.

Cleaner, gift shop girl... little nobody...

I whistle tunelessly to block out the words. It shouldn't matter – and I'm sure I'll be fine later – or tomorrow – or next week. But right now, a long-buried seed of self-doubt has been uncovered at the back of my mind. The worry that, as my unfortunate encounter proves, it takes a lifetime to forge an identity from nothing, and less than ten seconds to tear it to shreds.

Three

'Welcome to Mallow Court,' I say, my smile a little forced. It's a week since the Churchley-Thursley wedding debacle, and I've yet to put it fully behind me. Though Mrs Fairchild has made no noises about sacking me, I have an irritating gnaw inside me that won't go away. Have I put everything into my job at Mallow Court to avoid focusing on my own future? Is my life nothing more than a house of cards waiting to topple over?

'I hope you'll enjoy today's tour through one of the loveliest Elizabethan houses in the South East.' I make eye contact with a few members of the American tour group. 'The house was built in 1604 by a wealthy wool merchant who was also—'

Someone's phone goes off. I stop my spiel, waiting patiently (if a little pained) for a short bald man in a green bowling shirt to dig around his pocket, find his phone, take it out, squint at the name on the screen – and then, instead of muting it, answer it with a loud southern drawl: 'Hi honey, how are the kids?'

A few people scowl in his direction, and someone has the nerve to laugh.

He keeps on talking. 'Yeah, we're seeing some old house now.'

I clear my throat, glowering at him. He raises a pudgy hand like he'll only be a second.

When I first started working at Mallow Court, I wrote the script for the tours and gave them all myself. Now, however, there are two other full time guides. Usually for me, giving tours is a welcome break from admin and management, and I enjoy meeting people who are interested in the house. But lately, I've been struggling to maintain my enthusiasm.

'Before I continue,' I say as I wave the others forward into the library, 'I'd like to get a few ground rules straight. First, can I ask that you please put your phones on mute...'

Thus follows a good thirty seconds of grumbling, rustling, digging, and beeping.

The man on the phone finally hangs up and rejoins the group. 'Sorry folks,' he says.

I ignore his apology while the last of the phones go back into pockets and handbags. An elderly man in a Red Sox baseball cap takes advantage of the chaos to remove his chewing gum from his mouth, and stick it firmly to the bottom of a carved oak table.

'Also,' I say, my voice unnaturally high, 'I'd like to remind you that there's no eating or drinking inside the house.'

The old man grins at me through gapped front teeth, and pops another tab of Orbit into his mouth. I sigh. Next to him, a pear-shaped lady in a 'Go ahead, make my day' T-shirt raises her hand.

'Yes?'

'But there's a tea room, right? That's what the bus driver said. I want to buy some of that organic marmalade stuff for my daughter-in-law. And some artistic beer for me!'

'Of course. The tour will end at the tearoom and gift shop. Now, if we—'

Another woman raises her hand. 'And where's the ladies room? The bathroom on the bus was just so stinky...' She shifts from side to side, managing to look desperate.

'Outside to the left. And now, please can you hold your questions so we can start the tour? I promise I'll answer them as we go along.'

Another hand shoots up.

'Or at the end,' I say pointedly. 'Now, as I was saying...'

I gloss over the dates and identities of pale-faced subjects of old portraits. Lots of people who come to visit the house are interested in those things, but there's no use pretending that everyone is. Instead, I skip to the fun part.

'You might be interested to know about the current owner of the house – Mrs Catherine Fairchild. Her father, Frank Bolton, was known as "the Knicker King".' I smile as a few people whisper amongst themselves. 'His company was famous for British-made ladies underwear in the 1950s and 60s.'

There are a few sniggers now. It's the same with most groups, even the erudite ones.

'He was the first man in Britain to mass-produce the double gusset.' I say. 'For those of you who don't know what that is...' I raise my eyebrows mischievously, 'it's the business end of the knicker.'

Full on laughter now as this new information is considered and underwear jokes are 'cracked'.

The ice now broken, I move the group along to the billiard room. As I'm doing so, I come face to face with a tall, light brown-haired man that I didn't notice before who must have been standing at the back. He's much younger than the rest – early thirties, maybe. Instead of passing, he stops and looks me in the eye. His are the most delicious shade of chocolate brown that I've ever seen. An unexpected rush of heat shoots down my body.

'Umm,' I gabble, 'the next room is the billiard room.' Like that's not completely obvious (given the enormous green baize billiard table that's taking up pretty much the entire room).

I stumble through my description of how the game differs from pool, all the while aware of him watching me and listening intently. As I'm about ready to move the group on, he raises his hand.

'I have a question about Frank Bolton,' he says. His voice is deep, resonant, and definitely English.

'Yes?'

'Was it the ancestral home, or did he buy the house after the war?'

It's a perfectly valid question, but for a moment my mind goes blank. 'Mr Bolton purchased the house at auction in 1944,' I say eventually. 'It was quite run-down, and after the war, he began renovations to restore it to its former glory.'

'So how did he make his money?'

'Well...' I frown, 'it's like I said – knickers.'

'Before that, I mean. How did he make the money to found his underwear empire?'

I take a breath, determined not to blather an answer. It's a question that no one has asked me before, and I get the feeling that he's testing me. 'After the war there were lots of opportunities out there for ambitious young men,' I say. 'Frank Bolton came from a humble background, but he was hardworking and determined. He was a self-made man.'

I'm relieved that my answer sounds credible. In fact, I have no idea how Frank Bolton originally raised capital to buy an underwear factory, but the Americans nod appreciatively – they always respond well to the idea of a self-made man.

The group is clearly getting impatient. I continue the tour but can't seem to find my stride. I transpose dates and forget the names of former denizens of the house, who they married, and the scandals they caused. We go swiftly through the rooms on the ground floor. I give gentle reminders not to touch the delicate fabrics or to sit on the antique chairs – on autopilot. All the while, I'm aware of the man at the back, lagging behind, taking everything in.

The tour ends upstairs in the state bedroom where a young Elizabeth I was rumoured to have spent the night on her way to Hatfield following a visit to a northern cousin. When everyone has finished viewing the huge oak canopy bed, the group gathers in a clump at the top of the back stairs. I thank them and invite them to explore the kitchens and visit the gift shop and tea room below. Two people ask me if there's an elevator because their knees can't take the descent. I quickly direct them to the tiny lift we had installed behind the panelling. When they're sorted, I turn back, looking for the tall, chocolate-eyed man. There's no sign of him. My adrenalin ebbs away and is replaced by disappointment. For all his questions, I was hoping that maybe the attraction I felt for him was mutual.

I help the last few people down the stairs, drawing profuse thanks, one woman asking if I want to see pictures of her grand-children. I ooh and aww over her photos, then excuse myself on the grounds that I need to show her compatriot where the marmalade is. Really I'm hoping to catch sight of the brown-eyed man. But he has well and truly disappeared.

Four

I feel oddly shaken after the tour. The tall man had seemed very interested in the house and the family, yet hadn't bothered to stick around to ask me any more questions. Clearly whatever spine-tingling attraction I'd felt was one-sided. I go into the ladies loo – a wattle and daub structure added on to the back of the gift shop – and look at myself in the mirror.

I've always been tall, thin and lacking much of a figure, but despite eating leftover baked goods from the café, my clothes look baggy. My shower was fixed earlier in the week so at least I'm clean, but my hair – copper-brown and usually cut in a sharp, chin-length bob – could use a trim. My skin looks pale, lacking any kind of glow or lustre. I look older and wiser than my twenty-eight years – but not in a good way. In creating my own snug little world here at Mallow Court, as Karen would say, I've let myself go.

I pinch my cheeks to add some colour, but it only leaves red marks. Where is the sharp, feisty Alex who did debate club at college, and worked double shifts at the local Budgens to save money for uni? Where is the erudite Alex, who got a first class degree in Medieval Studies and fell in love with Xavier, an Argentine poet? Where is the real-world, down-to-earth Alex who never cared if others came from wealthier families, had nicer houses, fancier cars and pedigrees stretching back to the Norman Conquest?

The woman staring back at me in the mirror is a competent

25

business manager and a good curator of an important historical building. But other than that, I don't really know her anymore.

I lean forward and pluck away a stray eyelash. My eyes are greyish blue – as Xavier always said, the colour of the winter sea. Sometimes, people have asked me which side of the family that colour came from. Dad has brown eyes with gold flecks, and Mum has cornflower blue eyes. But the colour didn't come from either of them. Instead, I like to think that it came from my birth mother. I don't often think about her – Dad has never made a secret of the fact that I was the product of a 'new age' union. In other words, Dad met her while travelling around protesting against Nukes and following the Grateful Dead. And Mum – Carol, Dad's wife who's been my mum ever since I can remember – is the best mother I can imagine.

But just beneath the surface, there's an itch I can't quite scratch. Every day I extol the virtues of a house dating back to the time of Elizabeth I, and yet, I can barely trace my own history back to the early 1970s. Half of my make-up is from a woman whom I know nothing about, who came from a family I know nothing about. Half of me is a gaping wide hole that will never be filled with the roots of a family tree. Should I try to find out more? Will that somehow make me feel more complete?

Unable to shake the thought from my head, I go out of the loo and wander through the arch in the hedge that leads to the 'cottage garden'. Mallow Court is noted for its many garden 'rooms', each one bounded by tall hedges. The cottage garden is bursting with colour: white sweet pea, purple allium, pink foxglove, blue delphinium. Through the arch at the other side, I glimpse Mrs Fairchild in the 'white garden' cutting some lilacs for the vase in the great hall.

I smile and wave to her. I've never envied her growing up at Mallow Court. But I do envy the fact that she knows exactly where she came from – a family with a loving father that she

26

adored, two boisterous younger brothers, and a mother who, though she died when Catherine was in her early twenties, was by all accounts a prime specimen of a wholesome, upstanding 1950s wife and mother.

The question the attractive man asked pops back into my mind. How did the 'Knicker King' get the money to found his underwear empire? I know that Frank Bolton came from humble East London roots, but not a great deal more. Most visitors who come here are interested either in the history and architecture of the house, the spectacular gardens, or the valuable collection of antiques. Those who don't have any interest in those things often get a chuckle out of the underwear anecdotes. That's more than enough genealogy for most people.

But the question is a valid one, and something I should know the answer to, I suppose. I make a mental note to ask Mrs Fairchild to tell me more about her dad. But, right now, I feel the need to leave the idyllic hideaway of Mallow Court and breathe the grimy air of the real world for an afternoon. And though it's probably futile, I can pose a few questions about my murky heritage to the one person who might know.

I go back inside through the gift shop. It smells of a blend of rose diffuser sticks, honey-scented candles, lavender drawer liners, and lily of the valley *eau de toilette*. While I prefer the smell of old books, I can see why the shop does a roaring trade. We have a selection of gifts for the gardener, educational toys and books for children, greeting cards, jewellery, hats, patterned wellie-boots, tea towels and a good selection of potted plants and seeds – not to mention samples of the popular 'tea' beer brewed locally.

Edith has just finished ringing up a customer when I approach.

'I'm off to run an errand,' I say. 'Can you hold the fort?'

'Sure.' She smiles. 'Take your time.'

'Thanks. Are there any new candles in?'

'Ah,' she gives me a knowing look. 'Off to Abbots Langley then.'

'Well, it *is* his birthday on Sunday.'

'How about this one?' She leads me over to a shelf where there's a collection of candles in various floral scents. 'Green tea, vanilla, and verbena?' She hands me a little green candle in a glass votive.

I take a whiff. 'Yuck.' I wrinkle my nose. 'It's perfect.'

She wraps it up for me and I sign to put it on my account (minus my ten per cent employee discount). I leave the gift shop with the package, jump in my car, and weave my way through country lanes and gradually widening roads, back to civilization.

*

In this case, civilization is the busy Hertfordshire town of Hemel Hempstead, and a little M25-adjacent village called Abbots Langley. I wind through the residential roads and pull up in front of Ivy Cottage, the house where I grew up. The yellow brick house is of 1960s construction, with PVC windows and a glassed-in porch. The front garden is a mismatch of sickly-looking potted plants, climbing ivy and roses on rickety trellises, and a mint green Figaro with two flat tyres.

I don't bother to go to the front door, but instead go down a path at the side of the house. Rounding the back, I stop and blink – as always – at what's in the back garden.

It's an immaculate oasis of calm – a spiritual garden in the Balinese style. Coming off the back of the house is an oak-framed fluted roof with open-air sides. Leafy palms, stands of bamboo, and solar lanterns delineate the different spaces. There's a gravel Zen garden flanked by raised wooden decking; a meandering koi pond criss-crossed by twin arched bridges, and underneath the roof structure itself, the ground has been 'paved' with shredded rubber. It's here that I find Dad, his body bent in the middle in an upside down 'V', executing a perfect 'downward dog' pose. Perfect except for two fingers on his right hand that are raised off the ground, holding a cigarette.

'Hi Dad,' I say. 'How's it going?'

He lowers his knees and sits back on his haunches. He's wearing thigh-hugging cotton bottoms flared at the ankle. His chest is bare, revealing a virtual map of unfortunate tattoos – Chinese characters, a smudged version of the Indian goddess Shiva, her open arms now sprouting Dad's chest hair. He looks at me for a moment with his unreadable 'guru' face, then stands up, taking a long drag on the cigarette.

'It's not "*going*", Alexandra.' He gives me a little wink. 'It's all about inner stillness – remember?' He holds his arms open and I go for a hug, enjoying the feel of his airy-fairy solidity.

'Did Buddha smoke roll-ups, Dad?' I say when we separate. 'I thought you were going to quit.'

He waves the cigarette expansively. 'Throughout the centuries, many men of great wisdom have experimented with substances to help them experience the divine. Native American shaman are well known for using hallucinogens in their rituals. Then there's the Christian religions – using wine as a symbol of transubstantiation.' He grins wryly. 'And don't forget John Lennon – he's a religion all his own.'

'Yeah, Dad. I won't.' You can't possibly grow up in the same household with Dad and forget John Lennon.

He stubs out the cigarette into a Raku saki bottle. 'Anyway, to what do I owe the pleasure of this visit, your highness?' He nods his head in a mock bow.

I laugh. Dad, of all people, knows very well that I'm no princess. Instead of reading me fairy tales when I was little, he read snippets from Karl Marx, the *Bhagavad Gita*, and the *Guardian*. Mum, on the other hand, tried to overcompensate by taking me to every Disney film that came out. But Dad's non-traditional style won out. By the time I was old enough to form my own opinions, I decided that Cinderella needed to 'grow a pair' – stand up to those mean step-sisters and tell them to empty their own chamber pots. And while Snow White may have had hair as black as ebony, skin as white as snow and lips like the red rose, she was also as thick as a plank.

Still, ever since I took the job at Mallow Court, Dad won't let me live it down. He thinks that by working for the 'aristocracy' in a 'temple of the oppressor' as he puts it, I've crossed over enemy lines. In addition to being a pub manager by night and a private yoga instructor by day, Dad's the staunchest labour supporter imaginable. He hates the current party leaders ('closet Nazis, the lot') and is waiting for a British version of Lenin to appear out of the northern hinterland where Dad originally hails from. Although by the time I was in senior school, everyone was waving the banner of Glasnost and Perestroika, for Dad, it was a sad day when the Berlin Wall fell and even he had to admit that communism – at least of the Soviet variety – was a historic failure.

'Come the revolution, daughter, you won't be laughing,' he says solemnly.

'Okay Dad.' Sometimes, it's hard to tell if Dad is being serious or not. 'But until the revolution comes, are you allowed a birthday gift?' I hold out the little package.

He unwraps it warily, like it's some kind of capitalist Pandora's box ready to snatch his soul. He removes the candle from the box and holds it up to his nose. 'Lovely.' He nods approvingly. 'An inspired blend of ancient ingredients. I'll burn it later today for my new PiYo hybrid Pilates class.'

'Great,' I say. 'Happy Birthday.'

He waves his hand. 'Birthdays are just another turn of the wheel of birth, death and rebirth.'

'Yeah, um... speaking of which, I wanted to ask you some questions. About my mother.'

He lowers his body back down, and swings into a side-plank position. 'Your mum's at work today and then she's got a dental appointment in Hemel. She should be back around half four, depending on traffic. You're welcome to make yourself a cuppa and wait for her.'

'Not Mum,' I clarify. 'My mother – my real mother.'

He looks at me for a long moment. 'Don't let her hear you say that, you hear? "Real mother".' He shakes his head. 'It would break her heart.'

'Sorry – I meant "birth" mother. I know that Mum's my mother in every way that matters.'

Growing up, my parents made no secret of the fact that Mum wasn't my birth mother. But that aside, I wasn't encouraged to talk about it. Mum was mum – *is* Mum – and that was that.

'I want to know more about her. She's half of who I am.'

Dad stands up – or rather, gets to his feet and straightens his arms, stretching his hands into a 'mountain' pose. Slowly, he moves his left foot up the inside of his right leg, lifting his arms above his head and balancing on one foot in a 'tree' pose. 'What brought this on?'

'Nothing,' I bristle. 'Don't I have a right to know something about her?'

Dad gives me a searching look. 'I haven't kept her a secret, have I? You know almost as much as I do.'

'I don't see how that can be true,' I say, my irritation growing. 'After all, you – you know...'

'Impregnated her?'

'I was going to say met her. Got to know her. Enough to, you know...'

'Impregnate her.'

'Well... yeah.'

Dad closes his eyes and I can hear his deep belly breathing. 'Those were different times,' he says. 'More people believed in the dream back then.'

'You mean it was a free-for-all?'

'She believed – your birth mother.'

'Believed what?'

He switches legs. 'She believed that class shouldn't matter. She was from a rich family, grew up in a nice home, but she didn't want those things. We may have missed Woodstock and the early Vietnam protests, but there were a lot of us who believed in a better world. A world without hunger and war...'

I resist the urge to roll my eyes.

'You see this?' Opening his eyes, he points to a jumble of faded characters tattooed on his chest just below his heart. 'This is the name I knew her by: "Rainbow". I had it tattooed in Sanskrit. Her life was like a rainbow – brief but beautiful. You couldn't grab hold of her or possess her. And that was part of her beauty.'

'You say she came from a rich family? I don't think you've mentioned that before. What do you know about them?'

For a second his mask of calm drops and he wavers on his leg. His core muscles visibly contract as he steadies himself and puts his foot back on the ground. 'Nothing. We didn't talk about things like that.' He spreads his hands. 'Sorry. I'd tell you more if I could. We were both very young.'

'And how did she die?'

'You know this already,' he says. 'She was a fragile girl – never in the most robust of health. It was not long after you were born. She drifted off to sleep, and didn't wake up again. But that smile on her face – it was like an angel's.' He sighs. 'Nothing was the same after that. I didn't want to keep travelling around without her. So I brought you back here to put down roots. I met your mum, married her, and the rest is history. Your history. The only family history that matters.'

'I'm not sure about that,' I say, though it's clear that I won't convince him.

He lowers his hands into a Namaste position. 'Even so.'

'So that's all you know. You can't tell me anything more? You don't even have a photograph?'

'No, I don't. Other than up here.' He taps his head. 'Rainbow was a bright, flickering candle in a dark world. Her light went out, but not without leaving the world a better place.'

'How?'

'Well... there's you.' He smiles then, disarming me. I can see why half the housewives in greater Hemel Hempstead *and* Watford take his classes and have a crush on him, despite his – flaws. He grabs a crisp white towel from a wicker basket and wipes off his neck. 'You have her eyes,' he says. 'Her beautiful eyes, the colour of light rays breaking through storm clouds.'

For an instant, I can feel tears welling up. I turn away, looking at a clump of ornamental grass swaying in the wind.

Dad tosses the towel into a hamper, and lights another cigarette. The moment passes. 'Can I tempt you to stay for the class, Alexandra?' He exhales a thin tendril of smoke and uses the cigarette to light the candle I brought. 'It might give you some inner peace.'

'No thanks, Dad.' I hate yoga – always have, and probably always will. On the one hand, it doesn't get the heart rate pumping. On the other hand, it does hurt – never where it's supposed to, but I end up feeling it the next day. Odd places like my hips, my feet, or my wrists. And I don't find it relaxing either – I mean, it's an exercise class. Scented candles and soft sitar music aside, I'd rather relax by having a nice hot bath.

'Okay. But it was good you stopped by.' Dad puts out the cigarette and we hug each other again.

'Sure, Dad,' I say.

He flips through his CD collection and finds the pan pipes – my cue to leave. The sad truth is that I *do* seem to know almost as much as Dad about my birth mother. Clearly, I'm not going to learn anything more today.

On my way out, I have to flatten myself against the wall of

the house to let a trio of women pass – a blonde, a brunette, and a grey. 'Hi,' I say to them. Only the grey-haired woman mumbles a hello – the other two are looking daggers at me, like I'm a corrupting influence over their guru or something. 'God, he's good isn't he?' I say. 'My pelvic floor sure got a workout.' With a little wink at the two younger women, I walk off with a fake bow-legged limp.

*

In truth, I wasn't expecting to learn much from Dad, and although I feel a little disappointed, in many ways I'm relieved not to have uncovered any bombshells. I *am* lucky that I had a happy childhood, and still have a good relationship with my parents. That's always been enough for me, and it *should* really be enough.

Besides, the little I do know about 'Rainbow' doesn't make me all that eager to know more. Growing up in the late seventies and eighties, new age peace and love have never been my thing. Dad's eccentricities, if anything, turned me in the opposite direction. I suppose I would have been a disappointment to 'a bright, flickering candle' like my birth mother, who left her rich family for a 'higher' calling.

As I drive back to Mallow Court, I compare Dad's world view to the medieval world I studied at uni. In the middle ages, society was strictly regimented. Women who gave birth out of wedlock were shunned – or much worse – and most property was owned either by feudal lords or by the church. The glorious thing – the thing that drew me to the period in the first place – was the architecture. I fell in love with the Gothic churches – their tall stained-glass windows designed to let in divine light, and spires to scrape the sky. Religion also had a strict set of rules, and there was none of this wheel of death and rebirth nonsense. If you were good, you went to heaven; if you were bad, you rotted in hell. I'm glad I don't live in medieval times, but there is something to be said for simplicity.

I drive through the gates of Mallow Court and up the long, tree-lined drive to the house. Thinking of it as my home fills me more with a sense of guilt than a thrill. I remember when I first took the job – Mum had been excited, and wanted a private tour of the house. I'd expected Dad to rail on about 'trickle-down economics' and the 'tyranny of the upper class', but instead, he'd been strangely silent. All he'd said then – and repeated a number of times since – was 'I didn't raise you to be like that.'

I park at the back of the coach house – a two-storey half-timbered building that's been converted into accommodation for wedding guests – when we have some, that is. Inside, the lounge is a large, open-plan room with a beamed ceiling and white-washed walls. I go through the door marked 'private' that leads to a narrow staircase curving upwards to my flat in the loft.

Once the door is closed behind me, I feel the day's tension ebbing away. The main room is sharply eaved and doesn't get a lot of natural light, but I don't care about that. It's my own private space, and I love it.

I kick off my boots and sink into the soft, green velvet cushions of the sofa. The sofa was the first thing I bought when I got the job at Mallow Court and knew I'd be living on-site. It took three months before the work was finished to convert the flat, and during that time I had a room in the main house. When the work was complete, Mrs Fairchild asked if I wanted to stay on – we'd grown fond of sharing space by then. But I declined. The part of me that's Dad's daughter would never have been comfortable living in such an opulent house (not to mention one with an antique heating system and no power shower).

I lay back and stared at the skylight, watching the pink-edged

35

clouds pass above my head. The triangular walls at each end of the flat and the long wall that runs along the middle pitch of the roof are all covered with shelves jam-packed with books. Behind the sofa I've got a table – not a coffee table, but a long wooden library table with heavily carved legs shaped like the Green Man, that I found in a local house clearance shop.

Eventually, I get up and go to the kitchen. The door is cut into the long wall, and the book shelves run along the lintel above – a touch that I particularly like. I pour myself a glass of Malbec and grab a slab of cheese from the fridge and a box of water biscuits from the cupboard. I eat my dinner, and stare at my books – all well-loved and familiar… A vision of the brown-eyed man creeps, unbidden, into my mind. Sitting here next to me on the sofa with a glass of wine in his hand, looking at my books, chatting about architecture and the house, and life in general. I know it's a future that's not going to happen – he wasn't even interested enough to buy a postcard in the gift shop after the tour.

But who knows? Maybe someday there will be another someone – a thought I haven't even allowed myself to entertain for three long years.

I open a book, stare at the words on the page, and close it again. It's then that I realise that without my knowing, my delicately wrought shell has started to crack. And the chill wind of the unknown that's swirling just outside feels oddly refreshing.

II

13th November 1940, 12:00 a.m.

I stood there and watched the girl, fear and relief battling in my chest. The snowflakes melted as they hit the ground. It was so quiet that I could hear the hum of the camera behind me as Robbo filmed the grisly scene. 'Turn that damn thing off,' I said. But of course he was just doing his job.

Another siren began to wail in the distance. The girl had a heart-shaped face and strawberry blonde curls, now nearly black with soot. She stared up at me with round blue eyes that had seen more than any five-year-old's ever should. I knew those eyes. She put her thumb in her mouth and began to suck it.

'Are you hurt?' I asked.

She shook her head, looking small and scared. When I tried to draw her away from the rubble, she wouldn't budge. I knew then that someone else was inside.

'Is your mother in there?'

She nodded.

Hope deserted me as I crouched down and shone my torch in the hole and saw that the girl had been hiding under the kitchen table. I could just make out a pair of legs wearing ladies shoes. The legs were attached to a body, wearing a black dress and shawl. A silent wail rose up inside of me. 'Marina!' I croaked.

The foot moved. I pushed with all my might to move the

table. There was a cloud of black ash and rubble, something cracked beneath me, and my foot slipped, but somehow, I managed to lift the table and shove it to one side. There was a low groan of pain. She was alive.

But her right arm and half her face were missing.

'Mamochka?' The girl rushed forward.

'Stay back,' I said, but it was too late.

'No!' The little girl put a hand to her mouth. I tried to pull her back, but she leaned over her mother. Her mother reached under the shawl around her neck. 'Take this, Dochka, and keep it safe. It's yours.' Something sparkled on a chain as she placed it in the girl's hand.

Her fingers stiffened and her body began to convulse. A moment later, she fell still.

Five

The next morning, I'm awakened at 5 a.m. by pigeons cooing in the rafters. I roll onto my back and open my eyes, fully expecting to be back to my old self, the unsettled feeling gone. But something deep inside me has moved, like a glacier reshaping the landscape. *I'm happy,* I remind myself. *I know who I am; I have everything I want.*

In the rose light of morning, everything around me is familiar – my room with the scrolled iron bed and a white matelasse bedspread over the duvet. The varnished wooden floor is cold beneath my feet as I swing out of bed, groggy and in need of coffee.

I check the fridge and discover that I have no milk. Grumbling, I decide to go directly over to the main house and brew a pot of coffee there. I'm due to give a tour late morning, but I should have some time to work on the costume exhibition before the coach arrives.

After a quick shower, I dress in skinny jeans, a top and my suede blazer and run a comb through my damp hair. There's no mirror by the door, which is probably a good thing.

The gravel crunches beneath my feet as I walk across the circular forecourt and around the side of the main house. Mrs Fairchild is crouched down in the beds of the kitchen garden in her wide-brimmed straw hat, floral blouse, and gardening gloves.

She looks up from her weeding, startled for a second. I think of how preoccupied she's been lately and wonder what could be wrong. But then, she smiles like the first rays of sun and my worries melt away. 'Morning, Alex,' she says. 'You're up early.'

'I couldn't sleep,' I say.

'Well, no matter.' She takes off one of her gloves and rubs her wrist. 'It's such a beautiful day. And this is the best time to be outside.'

I glance at the blue sky and the bright flowers of the garden. 'It is lovely,' I say. 'And it will be even nicer after a cup of coffee. I'm out of milk at home. Do you want one too?'

'I'm okay for now,' she says. 'I left a lemon drizzle cake in the staff room. I bought it yesterday at the charity cake sale. Do help yourself.'

'That's nice of you, thanks,' I say warmly.

She puts her glove back on and digs up a dandelion with her fork. 'What else is planned for the day?'

'We've got a couple of tour buses coming later on,' I say. 'Then at teatime, a couple is coming for a wedding venue tour.'

'I'll make sure the flowers in the vases look tip-top.'

'They always do.' I grin. Mrs Fairchild always takes care to make sure the house not only looks lovely, but smells good too. She has a way with flowers, but more importantly, with people. Even though she's my employer, I've never felt ill at ease with her. She's one of the most open and friendly people I've ever met, plus she's part of a lost generation who are as good at listening as at talking.

'Thank you, child. It's nice of you to notice.'

'Sure. Now, I'd better go and put on the coffee. Since I'm getting an early start, I was thinking of working on the costume exhibition.'

Her smile wobbles. 'Um yes. About that – I left a few bits and bobs I thought you might be interested in. Don't feel you have to use any of them. It's just some of my things from the swinging sixties.'

'Great – I'll definitely have a look.'

She tilts her head, staring closely at me. 'You look a little peaked, Alex. Is there something wrong?'

'Oh no,' I wave my hand nonchalantly. 'I just didn't have a great sleep.'

She scrutinises my face. 'I hope you're not still bothered about what happened with the Heath-Churchleys.'

I shudder at the name – if I never hear it again, it will be too soon. The memory of being shouted down by Cee-cee's 'Daddy' crashes over me. I'd have understood if he'd gone on about how I ruined his little girl's special day – and even her life. That would have been reasonable. But interfering with one of 'the oldest, proudest families' in England? He made it sound like they were royalty and I was a common criminal who should be locked up *sans* key. I should have laughed in his face – why didn't I laugh in his face?

Cleaner, gift shop girl. Little nobody.

Some days, my humble origins feel less like a chip on my shoulder and more like a steel girder.

'To be honest, I am still a *little* bothered,' I admit. 'He said he was going to ring you up and have you sack me. I know you've been busy with your charity work, and I've barely seen you, but I guess I'm wondering if there's an axe about to fall.' I risk a smile.

'Oh Alex – I'm sorry if you've been worried about that!' Her mouth opens in mock horror. 'Charles did ring me up. We had a nice chat and I set him straight. He's like a big bull – blowing all kinds of steam and bluster. But really, he's harmless.'

I raise a sceptical eyebrow.

'I told him we'd return his deposit. I hope that's okay. It seems the least we can do since he's obviously very disappointed that the wedding didn't go ahead. After all, it isn't the first time.' Her blue eyes twinkle.

'I'll send the cheque back today.' I smile wanly, wishing the wild oats had all been sown before they entered my turf.

'Please don't look so forlorn, Alex.'

'Sorry.' I feign a smile. 'I just really wanted the first wedding to go well. And the money would have been nice. I've had to put off the lads who were coming to do the carpet.'

'But, Alex, you shouldn't put off your projects.' Mrs Fairchild looks distressed. 'You only need to ask, and I'll give you the money.'

'I know. But I don't want to do that. We're running a business, remember?' One of the few annoying things about Mrs Fairchild is that she has little concept of profit and loss. Her lifestyle is modest, despite living in a grand house, and she has enough money for her needs. So she doesn't always take my careful budgeting and book-balancing seriously. Don't get me wrong – it's better than the alternative – having to scrimp and save and count squares of toilet roll and recycle tea bags. But I see it as my job to make sure that the house earns its keep without charity or handouts – even from its owner.

'I know,' she makes a puppy dog face. 'But I don't mind putting in a little extra here and there. Birthdays and Christmas, you know.' She laughs.

'And that's much appreciated. But let's see where I get with this wedding couple this afternoon.'

I start to walk off – I really *need* a coffee. And maybe something sweet and carby. The lemon cake, or maybe a leftover scone from the tearoom. My mouth starts to water.

'You know, Alex…' she says, stopping me again. 'Sometimes I think I did the wrong thing to bring you here.'

'What?' I whirl around. 'I mean… I'm sorry – have I done something wrong?'

'Of course not,' she says brightly. 'I couldn't ask for a better manager. You know that.'

My stomach unclenches, but only slightly. 'Then, what is it?'

'I know you'll think I'm an old busybody. But I heard what

your friend Karen said. About your hiding yourself away here – and needing to get out more.'

I laugh freely. 'Karen and I have quite different lifestyles – as you may have gathered from what happened. She's the life of the party. I'm not. It doesn't mean I'm not happy.'

Mrs Fairchild taps the dried dirt from her fork. 'I was a lot like you, Alex. Believe it or not.'

'No,' I say without thinking. 'I mean… you're so outgoing.'

She smiles distantly, like she's slipping into a memory. 'I was a shy girl once,' she says. 'I didn't want to call attention to myself.'

'You – shy?' I grin. 'I don't believe it.' Mrs Fairchild is *definitely* not shy. She's president of the local WI, assistant music director of the church choir, and although there's a team of gardeners that come in once a week, she spends most days working out in the garden when the tourists are around, so she can 'meet nice people and have a chat' – usually about the best way to deal with bindweed, or how to keep a stone path free from moss. Whereas the parts of the job I enjoy most are researching the house, managing the staff (most of whom I consider to be my friends) – and generally, the parts that don't require too much contact with the visitors.

'It was years ago,' she admits. 'After I met George Fairchild, I came into my own. We were married for over forty years. But in order to meet him, I had to leave this house. I was a debutante in London.'

This time I snort. 'Surely you're not suggesting I do that…?' I try to picture myself with shoulder-length ringlets, a floaty white dress, and elbow-length gloves rather than my usual boots/jeans/blazer ensemble.

'I suppose it must seem silly to the modern generation,' she says. 'But I was happy to do it because it was what my dad wanted for me. I loved him so much…' she falters for a second. 'He always tried his best to make me happy.'

43

'I'm sorry, Mrs Fairchild, I didn't mean to be flippant.' Not for the first time, I find it a bit unsettling how to Mrs Fairchild, Frank Bolton's death is still raw even all these years later – a lot more years than her husband. Whenever she speaks about him, it's like she's been transported back in time and becomes 'daddy's little girl' again. It makes things a bit awkward sometimes, given that a fair few tourists come to hear our 'Knicker King' quips and have a laugh about double gussets.

'No matter. But take it from an old goat – your friend is right – it would do you good to get out more.'

'Everyone seems to have a lot of ideas about what I *should* be doing.' I cross my arms petulantly.

'Your friends just want the best for you.'

'So what do you suggest? That I go on a singles cruise? That I join a dating service? Sign up for ballroom dancing?'

'Probably. But I know you won't.' She picks up her fork and continues weeding.

I look fondly at the old woman – saviour of my bacon after the grubby situation with Xavier. After what happened with him, the entire university and everything connected with it made me sick to my stomach, and I decided to abandon my doctorate. For a few months I was like a leaky boat without a rudder, with no direction and no idea what to do with my life. I'd sunk so low that there seemed only one thing for it – I'd get a job. The problem was that despite all my years of higher education, I had no idea how to go about it.

The career centre seemed like an obvious place to start, so that's where I went. The woman at the desk eyed me warily, like I'd just blown in on a freak wind from Mars. I explained that I was leaving the university and wanted to get a job.' Amid the dark mahogany panelling, the plush carpets and the framed photos of gothic crochets and and leather-bound books, the words sounded grubby and uncouth.

I gave her my details and she pulled up my transcript on

her screen, looking from it to me and back again. I sat there growing increasingly uncomfortable, until at last she turned to me, wrinkling her nose like there was a bad smell.

'Have you tried *The Lady*?' she said.

I left her office hanging my head. She'd made it clear that a first class degree in medieval studies was worth exactly jack squat in the 'real world'.

Dutifully, I checked *The Lady*. There were jobs for nannies and secretaries and housekeepers. Cocooned as I'd been in my ivory tower like a bookish, auburn-bobbed Rapunzel, the real world seemed like a frightening place. What was I going to do with my life (and why on earth hadn't the question occurred to me before?). It's not as if I was independently wealthy. It's not as if my grants covered anything more than basic living expenses. Like so many other young academics, I'd originally assumed that I'd get a job teaching history – ideally at a university, but more likely at a sixth form college or girl's secondary school. But my recent tutelage in a broken heart had made me eager to leave academia, and besides, there was nothing remotely like that in *The Lady*.

The fact that I'd drawn a blank made me even more determined that this tawdry job idea was right for me. If the career centre couldn't help me, then I'd have to find someone who could. I went to see my academic advisor and laid my cards on the table. Due to personal circumstances, I wouldn't be sticking around to finish my thesis. Instead, I wanted a job.

To my surprise, he didn't look at me like I had two heads. 'Good for you,' was his immediate response.

'Can you help?' I'd said.

'Let me ask around.'

As a student of history, I'm not supposed to believe in things like karma or a divine plan. Things happen mainly due to a chain of events that leads one on to another. Nations rise and fall, wars are won and lost, and social changes occur largely due to factors that can be studied, analysed, and explained. Which is why, when my advisor called me in the very next day and laid a letter on the desk in front of him, I didn't dare to hope that my ship had come in.

'I'm going to recommend you for this position,' he said. 'That is, if you're interested.'

'Great. I'll take it,' I said immediately, feeling wary and hopeful at the same time. 'Can I ask what it is?' I added as an afterthought.

'An important benefactress of the university is planning to open her house up to the public. Rickety old Elizabethan place. A couple of hundred years out for you, maybe, but I'm sure you'll find the plumbing and heating system to be positively medieval.'

'Elizabethan is fine.' I waved my hand. 'As you say, what's a couple of hundred years?' The fact that the job involved history at all seemed like icing on the cake.

'She wants to run tours and whatnot – probably needs the money to keep the place watertight – I've no idea.' He doodled a pound sign on the side of the paper. 'In any case, she wants a manager.'

'A manager?'

'Someone to do the legwork. Tart the place up, deal with the legal hoops – fire alarms, disabled access, permits and whatnot. You'll hire the tour guides, set up the tea room and gift shop – all sorts, really.'

A manager. Although I'd never considered doing such a thing, and naturally wondered if I *could* do it, it seemed like a worthwhile challenge. And if nothing else, it would be a change of scene.

'It sounds great.'

'Yes, well...' he took out a handkerchief and blew his nose like a first chair trumpet. 'Let's just say you happened to be in the right place at the right time.'

And so I was. Looking back almost three years later, I still wonder: was it karma; a divine plan – or just blind luck? As I left my advisor's office and began packing my things to leave the university, I concluded that either way, surely it couldn't be worse than pulling pints or telemarketing.

And when I saw Mallow Court for the first time, I stopped caring…

That first time, it was a day not unlike today – the sun was out, wispy white clouds decorated the sky, and I came upon Mrs Fairchild at the edge of the lake garden wearing the same hat and floral-patterned blouse as now. She'd been on her knees weeding a bed of primulas amid a forest of silver birches, her back to me. 'Hello,' I'd said, trying not to startle her. She'd turned around and looked up, her face going pale for a moment like she'd seen a ghost. But immediately, she'd stood and greeted me, all smiles. 'I'm glad you're here,' she'd said as we shook hands. 'Very glad.' She blinked rapidly, her eyes watering. I suppose it was because it was a windy day and there was lots of pollen in the air.

In any case, over the course of the next few days and weeks; chats over cups of tea; brainstorming as we walked together through the house and grounds; and her suggesting that I convert the flat in the coach house so that I could 'walk to work', I'd felt welcome and valued. I also felt a strong connection to the house that I couldn't explain. I wasn't daunted by its size or its age. I quickly came to know its ins and outs and quirks almost like it was an old friend.

The house was actually in pretty good nick, and Mrs Fairchild didn't seem short of cash. Instead, she said she was eager to 'share' the house with outsiders – so that people could appreciate the house she'd been 'blessed' to inherit.

I suspected that Mrs Fairchild could have got on with many of the jobs herself – she already had lots of contacts in the local area among tradesmen and suppliers, a decent accountant, and lots of ideas. In contrast, I'd never 'managed' anything before, and while I threw myself into learning the job, I suspect that in those early weeks, I didn't totally earn my keep. Nonetheless, getting the job at Mallow Court, meeting Mrs Fairchild, and helping to convert a loved old house into a successful business, had been just what I needed at the time. What I still need now. So why is everyone telling me that my future lies elsewhere?

Mrs Fairchild looks at me like she can read my thoughts. She unloops a tendril of bindweed. 'Oh, go on now, Alex. No sulking. You know I love having you here and you're the best thing that ever could have happened to this place. But just remember, at some point, you need to look after number one. I don't want you to waste away here now that the business is up and running.'

'But... I'm not.' I stare at her. 'I have lots of ideas, and I love the house and—'

'I know you do,' she pats my arm affectionately. 'And you'll always find another project here as well as an open door. In fact...' she trails off, and suddenly the worried look I've noticed lately is back.

'Is everything okay?' I ask.

'Yes, of course.' A cloud passes over her face. 'I'm fine – it's you we were talking about.'

'But there's really nothing to say.'

'I'd hate to see you end up alone, Alex. Take it from me, it's not all it's cracked up to be. Even at my age, life is much more exciting with someone special in it.'

There's a sudden twinkle in her eye; a flush to her cheeks. An unlikely possibility strikes me. 'You sound like...' I trail off. No. It's impossible.

'Like I've met someone?'

I stare at her. 'Have you?'

'Well, it's early days.' Her face is suddenly all aglow. 'Early days. We'll see. But as for you, my dear, remember – when your ship comes in, you don't want to be heading to the airport.'

I shake my head, a little overwhelmed. 'Actually, I'm not a fan of planes or boats, Mrs Fairchild. I think I'll go inside now and make that coffee.'

Alone in the quiet of the house, I brew a pot of coffee. I drink two cups and eat a piece of lemon drizzle cake, my mind spinning. Mrs Fairchild *seeing* someone? Who could she have met, and where? It may be early days, but the fact that she's even mentioning it means it can't be *that* early. Part of me wishes I wasn't the manager here so I could have a good gossip about it with Edith. Or Karen. Even though she lives miles away in Essex, we usually talk on the phone a few times a week. But we haven't spoken since the Churchley-Thursley debacle. As she hasn't rung me up to grovel, I guess I'll have to be the one to break the ice. I take my Nokia out of my pocket and dial her number (perfectly aware that as it's before ten, she'll probably still be asleep). The phone goes to voicemail and I don't leave a message.

As I rinse my dishes in the sink, I ruminate on how it's Karen's fault that now even Mrs Fairchild seems to think I need to 'get out more'. How annoying! A vision flashes into my mind of the man on the tour with the chocolate brown eyes and I feel an unwelcome frisson of attraction. If Mrs Fairchild has a new 'distraction' it's just as well that I'm unattached and able to hold the fort.

I pour more coffee into a spill-proof mug and head upstairs to get some work done on the costume exhibition before the first tour arrives.

The exhibition is to be held in the long gallery on the first floor of the house. As I climb up the L-shaped main staircase I run my hand over the smooth oak of the banister, marvelling at the life-like quality of the carved fruit and leaves, acorns and roses. The dark wooden panelling and deep red of the stairway carpet runner is enveloping; womb-like. The landing at the top of the stairs branches into three corridors. I take the one to the left. A few metres on, the hallway is cordoned off with a floor-to-ceiling piece of plastic sheeting and a sign marked 'Exhibition under construction'.

I dip around the edge of the plastic. Even filled with naked mannequins, crates, display cases and information boards, the long gallery is a stunning space. The ceiling is a confection of white plaster, with the curving arms of geometrical shapes framing bosses with the family crest, Tudor roses, fruits of the sea and the forest, and emblems of the four seasons. Diamond-pane windows set into the panelling stretch the whole length of the hall on one side, letting in a flood of light even on the dullest of days. I can picture the ladies of old taking their 'exercise', strolling up and down in gowns of rich velvet and brocade, their hair pulled back in French caps and snoods set with seed pearls. They must have been lovely to behold: embroidering by the fireplace, playing the harp or bowed psalter, reciting prayers and poetry from a book of hours, their voices echoing down the length of the room. For a second I can almost sense the presence of people long dead. Then, with another swig of coffee, I get to work.

The exhibition of 'Clothing through the Ages' was my brainchild. It seemed a perfect way to bring the house to life, and provide a focal point to draw visitors in the busy summer months. Fortunately, someone from my degree program now works at the V&A. It only took one phone call to get her excited by the idea too.

Turning it into reality, however, has taken some doing. For one thing, although Mallow Court contains a wealth of antiques and valuable heirlooms, it doesn't have a security system to match. In order to convince the V&A to loan out their treasured textiles, I had to agree to get an expensive security system installed. The V&A woman who brought the boxes and crates looked none-to-impressed when I told her the system hadn't yet been fitted. After finally convincing her the items would be safe in my care until the fitters arrived, she carefully supervised the unloading of every mannequin and case of clothing, and I had to double and triple sign the pages of inventory and bills of lading.

Today I'm hoping to decide which pieces will be used for the exhibition, finish writing the tour leaflet, and find some interesting titbits for the 'children's treasure hunt' that's *de rigueur* these days.

A row of naked mannequins look on as I survey the crates. I notice that on one of the Savonarola chairs, there's a pile of clothing that wasn't there before. It's not in the microfibre, breathable, moth-proof slip covers of the V&A pieces, but rather in plastic dry-cleaning wrappers on wire hangers. These must be the things that Mrs Fairchild left for me to look at.

I go over to the pile and pick up the top piece. It's a fitted mini-dress in a rainbow-coloured paisley pattern that looks like something from 'Lucy in the Sky with Diamonds'. I grin, trying to picture a young Catherine – or maybe 'Cat'? – sporting the dress with patent leather boots, and a psychedelic headband.

On a whim, I take the dress over to the nearest mannequin and slip it over its head. I stand back and take a look. 'You look cool,' I say. 'Or is it "far out"?' She smiles her vacant, painted smile.

The next piece is a boucle coat with a black and grey hound-stooth pattern. I touch the leather collar, and the water-smooth satin lining. The lining appears to be hand-stitched inside – a couture piece. The label at the collar reads CHANEL.

Immediately I withdraw my hand, feeling guilty for not

wearing a pair of the white cotton gloves that the V&A woman left behind. The pieces from the museum are old and lovely – that much is certain. But to me, the Chanel coat is just as beautiful and special. More so, because I know the owner. Hopefully I can convince her to give me some spicy, real-life anecdotes of wearing it on the town in London – maybe to a Beatles gig or the West-End premiere of *Hair!*

The next few pieces are more great examples of their era: a lace fifties style wedding dress with an Audrey Hepburn collar, two early seventies paisley silk skirts, and an Yves St Laurent skirt suit. The clothing is an interesting insight into Mrs Fairchild's past, and I'm a little surprised at how stylish she must have been. Ever since I've known her, she's worn mostly gardening attire – smock, clogs, broad-brimmed sunhat. Not that I'm one to talk – my wardrobe consists mostly of tops, trousers and jeans. Nonetheless, I have a surprisingly strong urge to try on some of Mrs Fairchild's things. What had she said? – 'In many ways, I was like you.'

When I've been through the pile, I pick up the houndstooth coat again. It looks so classic and chic. 'You didn't see me doing this,' I say sternly to the line of mannequins, as I remove my blazer and drape it over a chair. Gingerly, I put on the Chanel coat. The lining is soft and fluid against my skin, the wool warm and enveloping. It's a perfect fit. I do up the leather tie around my waist and walk to the end of the long room.

I can imagine Catherine Fairchild in the early 1960s on a day trip to London, walking up Bond Street staring at the beautiful clothing in the shop windows. The coat would be in the window of a little boutique. Catherine would walk past, feeling free-spirited and happy. She sees the coat and instantly knows it will be perfect – and, in a cold house like Mallow Court, practical too.

At the end of the room there's a narrow mirror above a small inlaid table. I look at myself in the glass – it's like I'm a different person. I do a little twirl and shove my hands in the pocket. My right hand touches a crisp piece of paper and underneath, a soft piece of cloth with something hard and oval-shaped inside.

I take it out. The cloth is a small black velvet bag with a drawstring. There's a note pinned to the velvet scribbled in Mrs Fairchild's writing: *For Alex??*

Instantly, I'm intrigued. It's almost as if Mrs Fairchild *knew* I would love the coat most of all. I open the bag and remove a locket on a silver chain; lozenge-shaped, about the length of my thumb. The metal is tarnished to almost black, but it looks like silver. The locket is weighty and solid, and feels oddly warm nestled in my hand. The top is decorated with delicate blue forget-me-nots in silver and enamel, with tiny crystals that sparkle in the light. I turn it over looking for an inscription. The back is chased with a leafy pattern of flowers and leaves, but there's no inscription. On the long side of the oval is a catch. It's a little stiff, but eventually I work it open.

A tiny bird made of paper-thin silver mesh pops up. It stands about an inch high on a silver perch, and each of the tiny feathers on its wings are set with crystals or glass coloured like rubies, sapphires, emeralds and diamonds. There's a soft whirring sound, and slowly, the bird begins to rotate. I gasp. It's so beautiful and delicate – I suppose there must be a tiny battery inside making it move. The bird's lower beak moves on impossibly tiny hinges like it's singing, but no sound comes out. The bird rotates halfway around in its case and then stops. The mechanism continues to click and whir like it's stuck somehow. I close the case halfway and watch as the bird folds up like a miniature children's pop-up book, and goes back inside the locket. I open it again. The bird winds back to its starting position and begins its 180-degree rotation. I watch, mesmerised. It's such an odd, quirky little piece of jewellery, but charming too.

I unpin the note that says *For Alex??* Most likely, when Mrs

Fairchild was going through her old things, she found the locket and wrote the note to remind herself to ask me if I wanted to use the piece for the exhibition, and then forgot about it. Mystery solved. Still, I'll ask her about it next time I see her, and in the meantime, I'll lock it up somewhere safe.

I walk back the length of the room and put Mrs Fairchild's clothing back in the bags. I'll use all of it in the exhibition, I decide, even if that puts a definite modern bent on things. Maybe after the exhibition Mrs Fairchild might let me have the coat. I'm sure she'd rather have it worn than mothballed away in a wardrobe. Especially now that she's jumped on the 'Alex-must-get-out-more' bandwagon. Wearing this coat, I almost want to leave my little lair. Rejoin the world again. Almost. I put my blazer back on, and slip the jewelled bird into my pocket.

III

13th November 1940, 12:15 a.m.

I covered Marina's face with her shawl and turned away, swallowing back the bitter rush of bile. I had to be strong now – I had to think.

'Did you know her?' that damn'd Robbo said, putting down his camera.

I shook my head – it was easier that way.

'Damn shame,' he said. 'It's a devil's lottery.' Shaking his head, he walked off.

I took the girl over to the kerb across the street, away from the body of her mother. I put my coat down for her to sit on. As the snow floated around us, the world seemed stuck in slow motion. I sat down beside her. The thing in her hand sparkled in the darkness as her blackened fingers opened a catch. I watched, transfixed as a bird made of silver and precious jewels danced in her hand. It was the most exquisite thing I'd ever seen. The girl laughed, delighted with the trinket. But then, the bird stopped moving. Frowning, she tapped it like it was broken. I stared at her, wondering...

Seven

When I emerge from the long gallery, my tour has arrived and is waiting in the great hall. It's a group of sixth-formers, who spend most of the time whispering and chatting, and aren't the slightest bit interested in the house or the tour.

By the time I've ushered the group through to the café, it's nearly lunchtime. I take a quick walk outside hoping to ask Mrs Fairchild about the locket – but I don't see her familiar wide-brimmed gardening hat in any of the usual places. She's probably in the orchard or maybe out by the lake.

When the tour bus has left, I return to the house and check my schedule. There's a corporate drinks party in the Rose Drawing Room tomorrow evening, so I go there to make sure the room is ready. Before any corporate do, I always make sure that all the breakable knick-knacks are put away (sometimes guests have a tendency to overindulge, sending arms flailing and breakables flying), without making it look like anything has been put away.

The room is one of my favourites. The walls are panelled in warm oak, and the curtains and soft furnishings are tastefully done in oatmeal damask and soft rose brocades. There's a large log fire set in the fireplace ready to be lit on the first day of autumn. The Jacobean ceiling is a confection of white plaster.

I step over the silk rope that cordons off the room during the tours. One of the tables has a collection of Meissen porcelain on it. I pick up the statues one by one and put them in the mahogany sideboard. As I work, I begin humming the new Kylie song that's been playing on the radio constantly. Soon I'm in full voice. 'I'm spinning around, move out of my way... I know ba ha ba hum you like it like this... I'm breaking it down, I'm not the same...' I sing loudly.

A paper rustles.

'Oh.' Immediately I shut my mouth, flushing with embarrassment. I hadn't noticed Mrs Fairchild sitting in the high-backed armchair in front of the fireplace.

'Sorry to startle you, Alex.' She stands up, her face unusually pale and drawn. There's a piece of paper in her hand. She folds it quickly, stuffing it in the pocket of her cardigan.

'Gosh no! I'm the one who should be sorry. Hope you haven't gone deaf.' I grin.

'No.' She doesn't meet my eyes.

'Um, is everything okay?' I look down at the piece of paper – a letter maybe? – in her hand. I know it's none of my business, but I can't help wondering what it is that's upset her.

'Yes, I'm fine,' she says too quickly, her smile following too slowly for it to be true. She glances at the empty vase on a table next to the sofa. 'You're meeting the wedding couple in here, right? Should I cut some dahlias for the vase or would you like white roses?'

'Whatever you think is best.'

'I'll get to it.' Immediately, she stands up and leaves the room.

How odd, I think, as I finish putting away the breakables.

*

When I've finished in the drawing room, I go to the café to sample the day's leftovers (one of my favourite perks of the job). The lunchtime rush is over, and Edith and I sit in the staff room and eat the day's special – goat's cheese and spinach quiche (too vegetarian for my liking) – and share a bottle of organic elderflower and lime pressé. When we've finished eating and chatting, I stand up, fingering the velvet bag holding the locket that's still tucked away in my pocket. I'd completely forgotten to ask Mrs Fairchild about it when I saw her in the drawing room – she'd been so uncharacteristically upset that it slipped my mind.

'I need to ask Mrs Fairchild a few things about the costume exhibition,' I say to Edith as she heads back to the gift shop. I check my watch. 'I've got another tour now, but if you see her, can you ask her to find me?'

'Oh, I thought you knew,' Edith says. 'She left the house just before you came for lunch. She told me that she was off to visit a friend, and that she might be away for a few days.'

'A few days?' I sit forward, startled. Why didn't she mention it to me?

'Maybe I should have asked where she was going, but I didn't want to pry,' Edith says. 'She seemed a little… off.'

'I agree.' My voice gives away my concern. Mrs Fairchild normally acts like a kind of surrogate grandmother to me and the whole staff. She's always asking us if we're okay, and if we're going out somewhere, tells us to be safe. She's normally so sunny – one of those people who never seems to have her feathers rustled. Until recently, that is. Lately, she's been different – more guarded and evasive. In fact, I never would have suspected that she had a new romantic interest – not one that made her happy, at any rate. And the piece of paper that she put in her pocket? Was it a letter containing bad news? Like Edith, I don't like to pry, but maybe I should have asked her if there was something I could do to help. In any case, it's bad luck for me that she happened to go away just when I wanted to ask her about the jewelled bird. 'Let me know if she rings,' I say to Edith.

After that, bad luck seems to be the order of the day. On my next tour, an elderly woman takes ill in the billiard room.

I move the others on and go to the gift shop for help. By the time I'm back with Marta, one of the other guides, the woman is sitting on one of the fragile needlepoint chairs, having helped herself to a large slug of brandy from the cut-crystal decanter next to the cue rack. She's tipsy and loud as I escort her out to the coach, apparently having made a full recovery.

Meanwhile, the wedding couple arrives (I discover that for the first time since I've been here, Mrs Fairchild left without putting fresh flowers in the drawing room) at the same moment the men come to install the security system. By the time I emerge from the drawing room after talking with the bride and groom-to-be, the security people have wreaked havoc – running wires and cables everywhere, creating trip hazards, and causing the mains circuit to overload. While they're fixing it, none of the appliances in the café work, the credit card machine is down, and there are no lights in important places like the loos. Meanwhile, a couple comes in and takes a self-guided tour. No one manages to notice that they've got a great massive dog with them that leaves muddy footprints all over the carpeting.

'Oh, but we thought country house meant "dog-friendly",' the woman says indignantly, when I ask the dog to leave.

'You're welcome to leave him outside,' I say, my teeth clenched.

'Obviously not – he's a wolfhound with a *pedigree*.'

That word again. I give her my best *cleaner/gift shop girl/ little nobody* insolent look, cross my arms, and shake my head.

The woman huffs, jerks the dog's leash with one hand, her husband's arm with the other, and storms out.

All of the little crises end up getting sorted, but the general chaos has thrown me off my game. I'm further thrown when the lead security man offers me his card and says, 'Call me and let's go for a beer'. I shove it in my pocket with a mumbled, 'Thanks,' and my hand touches the velvet bag with the locket inside.

As the security men drive away, I hold the silver locket in

my hand, looking at the delicate lattice of forget-me-nots, seed pearls, and crystals on the case. I should take it to a jeweller to get it cleaned, and then add it to the costume exhibition. It must be from the 1950s – I've seen lots of costume jewellery at antique fairs with bright paste jewels. Granted, none were anywhere as delicate or exquisite as this. I decide to put it on the mannequin with the fit-and-flare wedding dress. Maybe Mrs Fairchild wore the locket for her wedding to George Fairchild? As soon as she's back, I'll have to remember to ask her.

After the house is closed to visitors for the day, the cleaning crew arrives. The other staff and I prepare the house for the night – drawing curtains, checking for any breakages, packaging up the leftover food to be dropped at a charity in the village. The other guides leave and Edith and I close up the gift shop, putting the day's takings in the small safe we have in the back room. We chat amiably about the earlier tours and how nervous the wedding couple seemed. Sometimes that happens – couples come to the house and are awed by the surroundings, and talk to me as if I'm 'to the manor born'. Despite my efforts to assure them that I'm not, this particular couple still seemed ill at ease and I'm fairly sure we won't be seeing them again.

'By the way,' Edith says as I'm still thinking about the newly-weds-to-be, 'there was a man here today – he acted kind of odd.'

'Odd? What do you mean?'

She shrugs. 'He's been here before. I've noticed him once or twice.'

'That's not unusual, is it? Maybe he lives nearby.'

'Maybe. It's just that today I was helping a customer carry some pots of roses to the till from outside. I was gone for maybe thirty seconds – a minute at the most. And when I came back inside, he was in the stockroom.'

I frown. 'What was he doing there?'

'He said he was looking for the loos. Which might have made sense if he was a first-timer.'

'And if there wasn't a big sign pointing to the toilets,' I add dryly. 'Did you notice anything missing?'

'No. Nothing like that.'

'That's good. If you see him again, let me know.'

'I will.' She goes over to the display of old rose bath products and rearranges a few things that have been moved.

'What did he look like?' I wipe the till area with a dust rag.

'Who?'

'The man you saw.' A pair of dark eyes invade my thoughts, along with a flickering flame of hope.

'Um, I don't know really. He had lightish hair – white even. And his skin was really tanned – a bit wrinkly around the eyes. He was at least Mrs Fairchild's age, maybe older – mid seventies maybe?'

'Oh.' Not *him* then. Disappointment oozes through me. 'Do keep an eye out,' I say. 'Hopefully, the new alarm will help deter any funny business.'

We finish tidying up the shop and I go with Edith while she gets her handbag. We go through the stockroom: L-shaped with a tiny sink, a door that leads to the staff room and then a longer section full of rows of shelving where we keep our stock. I practically trip over a stack of boxes that haven't made it onto the shelves yet.

'I'm going to straighten this room up tomorrow,' Edith says sheepishly. 'And do the garden party display. I'll come in early.'

'No need,' I say. 'I'll give you a hand.'

'Okay.' She smiles. 'Thanks.'

'You seeing Paul tonight?' I ask out of politeness. Paul is Edith's newish boyfriend who also happens to be a police officer. He pulled her over for a bust tail light, and the rest, as they say, is history.

She blushes to the roots of her dark brown hair. 'Yes. He's taking me to a new French restaurant in Oxford.' She grins.

'*Bon temps*! And have a drink for me.'

'Thanks. I will.' She glances at me hesitantly. 'Um, Alex – should I ask him if he has any single friends?'

'Please don't.' Not Edith as well! The last thing I need is to be set up on a blind date by my employee.

'Okay, sorry.'

I sigh. 'It's fine. I'm just not in that place right now. I'm happy with things the way they are.'

'Really? I know it's none of my business, but sometimes you look—'

I hold up my hand. '*I'm* fine.'

'Bored, I was going to say.'

'Well, I guess that's a patch on lonely or desperate, which is what Mrs Fairchild and everyone else seems to think.'

Edith shakes her head. 'You're a really cool person, Alex. You'll never be desperate.'

'Thanks. I'll keep that in mind.' I take out the security man's card and toss it discreetly in the drawer under the till, along with the cards from other workmen who have asked me out in the past. 'And you know, I've got the costume exhibition to keep me busy.'

'Yes,' she says. 'I took a peek inside the long gallery. It'll look great.'

'I hope so. There's still a lot to do.'

'You'll get there.' Edith says. 'Okay, well, I should get going. Have a good evening.'

'Enjoy yourself. Oh, and I'd better show you how to set the new alarm.'

We walk together to the front entrance. The alarm box is hidden out of sight in the vestibule. Edith and I puzzle over the instructions and I type in the code to set it.

'Okay, you've got thirty seconds to go out,' I say.

'Right. See you tomorrow.'

Edith goes out the door and closes it behind her. I turn off the alarm until I leave – otherwise I'm likely to forget and set it off when I go out the door. I go back through the house to the shop, pausing to flip through a book on medieval jewellery. The styles are completely different from the locket, but the quality and workmanship is of a similar standard. Is the jewelled bird really a piece of costume jewellery from the fifties, or could it be something else?

A noise from the stockroom startles me. Something must have fallen off a shelf. Irritation twists in my stomach. No matter how much I spend annually on pest control, even in summer, we never quite get rid of the mice.

I try to remember where the extra mousetraps are kept. In the cleaning cupboard most likely. I go back into the main part of the house. There's a broom closet inset behind the panelling next to the disabled loo. But before I tackle the mouse issue, I need the toilet.

The disabled loo is a long, narrow space that used to be a wood store, located behind the main fireplace in the great hall. It's painted a rich buttercream, and there's a small shelf above the toilet with a crystal vase filled with a bouquet of fresh camellias and tulips from the garden. Even the loo brush has a period-looking ceramic handle, and isn't what you'd call cheap.

I use the loo, wash my hands, and am off to find the mouse-traps, set them, then get working on the costume write-ups. I go to the door and turn the knob.

Nothing happens.

Eight

Note to self: when using the disabled loo in a 400-year-old house, always make sure to remember your mobile phone. I try the knob again but it doesn't move. This can't be happening. The door locks from the inside with a wrought-iron bolt, which I didn't bother to do up since I'm the only person here. There's a keyhole on the outside and an extra key kept on top of the wooden door surround. Sloppy, I know, but it's one of those things that's always been that way. But there's no one here who could have...

Outside the door, I hear the thud of retreating footsteps.

'Hey!' I cry. My heart leaps to my throat. I kneel down and check the keyhole. It's dark – the key is stuck inside. The strange man Edith mentioned and the noise in the back of the stockroom takes on a whole new significance. Someone's inside the house; someone followed me to the loo and locked me inside!

I take a breath trying to rationalise the situation. Maybe it was just a straggler who stayed past closing time, and then wanted to create a distraction so they could leave. Maybe they didn't know I couldn't get out. But whoever it was would have had to know where the key was kept and deliberately put it in the lock. And he – I'm convinced it's a he – must have discovered that Mrs Fairchild would be away and wasn't expecting anyone else to be here. Is he planning to steal something – Mrs Fairchild's things, or, God forbid, the V&A items? Or could it all be some kind of mistake...?

I press my ear to the door. The house is silent. I spend

thirty seconds hammering on the door and shouting 'help', not because I expect anyone to come to my rescue, but because that's what you *do* in these situations. I check to see if there's anything I can use to do the old paper trick – push a piece of paper under the door, knock the key out onto it, and then gently draw the paper and key back under the door. A nice idea – except that I don't have a piece of paper, and there's no room under the door to draw the key through.

Giving up on being clever, I climb up onto the loo seat and analyse the small window set high in the wall. If I was some kind of Olympic gymnast or circus contortionist, I might be able to lever myself up and squeeze through, but then I'd have to somersault through the air to avoid ending up head first in the 'old rose' bushes underneath. Obviously a non-starter, but I'm running out of options. As much as I love Mallow Court, the thought of spending the night in the disabled loo while an intruder is running rampant is not a pleasant prospect.

I open the window, just to satisfy myself that it's not a realistic means of escape. Immediately, there's a loud shrieking sound. I cover my ears, but my whole head is ringing with the noise. It's the new alarm. I thought I'd disabled it when Edith left, but I must have done something wrong. Though in this case, maybe it's the best thing I could have done. The alarm is wired directly to the security company, and any trip should bring them here in force. I sit down on the loo lid and check my watch. According to the security contract, the response time is only twenty minutes. I put my hand in my pocket and grip the smooth case of the jewelled locket. The silver warms quickly against my skin. There are many valuable things from the V&A upstairs, but I'm glad I have the bird with me. Though I know nothing about it, I already feel an affinity to it.

The alarm stops wailing for a few seconds, though my ears keep ringing. It starts up again, and then stops intermittently, and I feel like I'm locked in a cell being tortured. Eventually, the sound of a lone siren coming from outside jangles my thoughts. My rescue brigade has arrived! My body feels limp with relief. Maybe if it's the same bloke from earlier, we can go for that beer. Anything to get out of here.

'Help!' I yell through the small window.

There's no response, but all of a sudden I hear a loud thunk coming from the front of the house. I put my hand over my mouth, praying that they won't do something overzealous like use a battering ram on the ancient oak door. The alarm shrieks again and then shuts off. I hear the sound of heavy footsteps.

'In here,' I call out. 'I'm in here.'

There's a burst of muffled voices, then something bumps against the door. The wood strains against the hinges. 'There's a key,' I cry. 'Just turn the key – you don't need to break it down.'

The knob turns. I'm free.

'Thank you so much,' I say to the—

Oh.

I swallow hard. Three policemen in riot helmets and bullet-proof vests are standing before me, armed with night sticks.

'Hi.' I say. 'I'm glad to see you're taking our security so seriously.'

A fourth man, this one wearing a suit and tie, steps forward. He thrusts a battered ID into my face. Detective Inspector something-or-other. He holds up my handbag which I'd left by the door when Edith left. 'Is this yours?' he says sternly.

'Yes,' I say. 'My phone is just inside. If I'd had it, then I could have rung someone...'

'And this?' He holds up a brown envelope. 'Catherine Bolton' is scrawled across it in blue biro, the writing shaky and crab-like.

'No, that's not mine. It must be for Mrs Fairchild. Bolton's her maiden name—'

'Do you acknowledge that it was in plain sight on top of your handbag?'

'No. I've never seen it before.'

'Take her to the car,' the DI says.

'Wait,' I say, standing my ground. 'There's obviously some mistake. I'm the manager here. Someone locked me in the loo.'

'We had a call from a Catherine Fairchild – the owner of this house – that an intruder had broken in. Are you Catherine Fairchild?'

'No, of course not. She's not here.'

'So where is she?'

'I... I don't know. But—'

'Turn around against the wall, please, and put your hands behind your back.'

'Excuse me?' I blink.

'We're taking you to the station under caution for trespass.' One of the armed men steps forward and forcibly turns me to the wall. I turn to the side and see the officer take out out a pair of handcuffs.

'Wait!' I panic. 'You don't need those.'

'Take her to the car.'

'But – I live here!' I make a last ditch plea to stop this nonsense.

The detective raises an eyebrow. 'Is this your driving licence?' He holds up what, from the photo, is obviously my driving licence.

'Yes.'

'And your residence is Ivy Cottage, Abbots Langley?'

'No. I mean, that's my parents' house.' I've been meaning to change my address with DVLA. But I've never managed to get around to it.

'Yeah right,' the DI snorts. 'Take her to the car,' he repeats. 'And you,' he points to one of the armed men, 'search the house. Find this Catherine Fairchild and make sure she's all right.'

'But she's not here! I mean – I could call her...' I exhale in futility. 'Except, she doesn't have a mobile, and I'm not exactly sure where she is.'

DI Whoever silences me with a look and a tsk. Feeling once again like a common criminal, I hang my head and allow myself to be escorted out to the waiting police car.

Nine

I can't believe this is really happening. From the back of a police car, the familiar world that blurs by outside the window looks hostile and forbidding. I've done nothing wrong – why can't they just accept that? My skin crawls like eyes are peering at me through twitching curtains as we drive through the village. At least they haven't put the siren back on.

The nearest police station is in Aylesbury. When we arrive, the officer ushers me in through the back door, and down a grey corridor towards an imposing wooden desk. I feel like Josef K in Kafka's *The Trial*, arrested without knowing why. Except, I do know why – someone framed me. Why they'd do that is the part that's puzzling.

The officer escorts me to the duty sergeant who takes my details and confiscates my mobile.

'I'd like to make a phone call,' I say. 'I'm entitled to that, right?'

The sergeant shrugs and passes me back my mobile. My hand is shaking as I scroll through my contacts. I wish I knew who Mrs Fairchild is staying with so I could ring her and sort it out – but I don't. I scroll down, pausing at Karen's number – she's a vicar of the Church of England. Her voice will carry sway. But she lives in Essex – too far to come to bail me out. I scroll past Karen until I find Edith's number. She'll back me up – and maybe her boyfriend can put an end to this ridiculous nonsense. I ring Edith's mobile but it goes to voicemail. I hang

70

up without leaving a message. The duty sergeant smiles smugly, and holds out his hand for my phone. I relinquish it, the reality of my situation beginning to hit home.

A female officer comes and escorts me to an interview room. She gives me a quick pat-down, and immediately finds the velvet bag with the jewelled locket.

'What's this?'

I raise my chin indignantly. 'It's part of the costume exhibition I'm curating at Mallow Court in conjunction with the V&A.' If I'm hoping that will put her in her place, I'm dead wrong.

'What's it doing in your pocket, then?'

'Well, it's kind of a long story—'

She cuts me off with a raised hand. 'Save it.' She puts the locket in a plastic evidence bag, tossing it in the tray along with my mobile and handbag. 'Someone will be in to take your statement shortly.' She points to a moulded plastic chair on one side of a table. 'Sit.'

I sit. The female officer goes out with my things and returns a few minutes later with a Styrofoam cup of coffee I didn't ask for. She sets it on the table in front of me and leaves again. I take a sip of the coffee and begin to sputter – it's lukewarm and bitter, and I have to choke it down. With a sigh, I push the cup away and settle in for the long haul.

The room is tiny and painted a soul-crushing shade of grey-green. The table has a Formica top, the chair is hard and upright. On one wall is a large 'window' that lets in no light or air, but hides anyone on the other side who might be watching. I'm fairly sure no one is watching me – the station seems too short-staffed for anyone to take an interest in a lowly loo-breaker like me. Still, the fact that it's there, just like in TV crime dramas, makes me uneasy.

I get up, do two laps of the room and sit back down again. The minutes tick by – or maybe it's hours. They've taken my phone and I don't have my watch. Clearly it's some kind of plan to break me down. And that's fine – I'm ready to break. Anything to get out of here. But no one comes.

To pass the time, I think of how many other people have sat in this room, some deserved, some, like me, under unfortunate but false pretences. How many hours, days, weeks and years of productive human time have been sucked away into these depressing walls? How many cups of undrinkable coffee forced down, how many environmentally unfriendly Styrofoam cups tossed out? How many endless, pointless thoughts, self-debates and 'if onlys' generated?

I stare at the walls, the floor, the ceiling, my hands, when suddenly, outside of time, the door handle clicks. I'm half-expecting a man in a trench coat and Homburg hat, come to inject me with sodium pentathol, or maybe a sadistic vicar here to read me my last rites. At the very least, a bored-looking policeman with thinning hair and a thickening waistline, come to tell me that, unfortunately, his boss has been held up in traffic, and hopefully I don't 'mind' waiting a little longer.

Instead, I stare up at eyes that are as dark and brown as melted chocolate. Eyes that I recognise from the back of a tour of elderly Americans. They disturbed and intrigued me then, and now, I want to stand up and take a running swan dive into them.

'Ms Hart,' he says in the same sonorous voice that enquired about the origin of the 'knicker fortune'. 'I'm sorry there's been this mistake. I've spoken to DI Anderson, and you're free to go.'

I stand up, feeling limp and gooey, and generally dis-orientated. The fear that I've been holding inside rushes through my body like a passing fast train.

Thank you so much! I want to blurt out. But I take a deep breath and manage to compose myself. 'It's about time,' I say. My eyes meld with his as I point to the cup on the table. 'One more sip of that stuff and I'd have grounds to sue for police brutality.'

He laughs. 'Shame they let you go, then. I'd definitely have taken your case.'

He stands at the door and I walk past him out into the piss-yellow corridor. I'm aware of him watching me as I pause and look in both directions, unsure which way leads to the quickest exit.

'It's this way.' He points to my right. His hand is inches from mine, and I can feel a burning sensation in my skin at his nearness. And as eager as I am to leave before anyone can change their mind and throw me in a cell, I can't let this chance slip away.

'Who are you?' I say.

'Sorry, rude of me. I'm Timothy Edwards, call me Tim.' He holds out his hand. I put my hands on my hips.

'Okay, Tim,' I grill, 'and how do you happen to be here?'

Two officers turn down the corridor. He leans close enough to me that his breath tickles my hair. 'Happy to tell you everything. But can I buy you a real coffee?'

'A coffee would be nice.'

'Great. I know a little place just around the corner.'

Ten

I collect my mobile, my handbag, and the plastic bag with the locket, drawing a smirk from the sergeant and a scowl from the female officer. I resist the urge to tell them where to go, and follow my rescuer out of the station and into the street. He takes me to a chippie slash kebab shop round the corner that, from the look of the teenage hoodies occupying many of the tables, seems to be doing a rollicking post-arrest trade.

He buys us each a coffee and we sit down at a table by the window.

'Thanks for helping me,' I say, taking a long drink that warms my whole body. 'Sorry if I sounded ungrateful before.'

'That's quite all right, Ms Hart.' His eyes hold a twinkle of amusement.

'Please, call me Alex.'

'Alex.' He smiles. 'Seriously, I just happened to be in the right place at the right time.'

'Oh?'

'I was there to visit a client – a repeat offender, I'm afraid.' He spreads his hands apologetically. 'I'm a barrister. I'd just finished with my client when I walked down the corridor and spotted you in the interview room. Of course, I recognised you...' he stares at me and I blush. 'So I asked the sergeant why you were there. He told me, and I set him straight – I said I'd taken a delightful tour of your stately home and that you were no intruder.'

'Thanks. I'm not sure exactly what happened. But I do know that I was set up.' I tell him about someone locking me in the loo and the anonymous call to the police from a 'Catherine Fairchild'.

He raises a startled eyebrow. 'Someone actually locked you in? Did they take anything?'

'I'm not sure. But they left something behind.' I tell him about the envelope addressed to 'Catherine Bolton' left on top of my handbag. 'It must be from someone from her past,' I say. 'Bolton is her maiden name.'

'How bizarre,' he says. 'Really, you probably need to get the police around to check the house.'

'No,' I say firmly. 'Not after what I've just been through. I'll follow up with the security company. They're getting paid to sort things out.'

I finish my coffee and Tim gets up and procures me a refill. I watch him, admiring his tall frame, smart suit and neatly cut hair. 'Do you live around here?' I ask him when he returns.

'Actually, no. I live in London. I do most of my work at the Crown Court. So it really was a lucky coincidence that I was here.'

'Lucky for me, that's for sure.' I take a ladylike sip of my coffee. 'And what about the tour of the house that you were on? Why did you ask those questions about Frank Bolton?'

'Ah, so you remember me?' His face takes on the look of a satisfied cat.

'Of course I do.' I return his smile. I'm unused to flirting, but with him, it seems to come easily. 'And I certainly remember if anyone asks me questions I can't answer.'

'You did all right, if I remember correctly. "There were lots of opportunities available after the war for an ambitious young man",' he quotes. 'It certainly impressed the Americans. It's always nice to hear about a "self-made man" who came from nowhere and eventually managed to buy a stately home. It gives hope to the rest of us who aren't "to the manor born".'

'Like me too, then.'

He gives me a look of mock-surprise. 'Surely not. You're so well-spoken. Like a true Lady of the Manor. I've been trying to place your accent – is it Oxford or Cambridge?'

'Okay – I admit, it's Oxford,' I say, feeling a little defensive. 'I did my degree there.'

'I knew it must be one of the two – as you're working in that fancy house and all.'

'It's not like that.'

'No? So you didn't grow up eating your baby mush from a silver spoon?' It's clearly meant to be a joke, but I don't laugh.

'I grew up in a semi in Hertfordshire. Mum's an accountant in Hemel Hempstead. Dad's a yoga instructor.'

'Really? What kind?'

'Hatha,' I reply automatically. Everyone tends to ask this, though few people know the difference.

'And do you partake in the "flexible arts"?'

'No.' I shake my head. 'My idea of chilling out is a glass of wine and a book. Not that I get much free time. I like my job, so I work a lot.'

'Hmm.' He leans forward. 'Sounds like you don't get out much.'

'So I'm told. But is that really so bad?'

'No.' His dark eyes smoulder. 'Some of my favourite activities involve staying in.'

Before I can process the frisson between us, the moment is spoiled by the ringing of his mobile phone. He takes it out of his pocket, looking annoyed. I don't mean to overhear, but I can tell it's a woman, her voice sounding croaky and frantic.

'Yes, okay,' he says. 'I said I'd come by tonight, and I will.' He checks his watch. 'I'm leaving now. Watch *Newsnight* till I get there.'

There's more haranguing and a few seconds later, he hangs up, looking sheepish.

'Sorry,' he says. 'It's my gran. She's been having nightmares lately. Duty calls.'

'Of course. No worries.' I feel absurdly relieved that the caller wasn't a wife or girlfriend.

He takes a final sip of his coffee and stands up. 'Let me drop you home on my way.'

'It's not necessary. I can get a taxi.'

'Really, Alex. I'd feel better if I knew you were safe.'

I smile when he says my name. 'Okay, then.'

We leave the chippie together and walk a few blocks to his car – a swish-looking silver BMW.

I get in and he drives off – quite fast, in my opinion. Fifteen minutes later, we drive through the gates, just as a car from the security company is pulling out. Tim stops and I roll down the window. 'Is everything okay?' I ask the man in the car.

'Yes,' he says. 'We've checked the house and reset the alarm. I'll send someone round first thing tomorrow to speak with you.'

'Thanks,' I say.

Tim drives on down the tree-lined avenue, and eventually pulls up in front of Mallow Court. The house is dark, the silhouette of the roofline jagged and forbidding. I direct him through the gate around the side that leads to the coach house.

'Are you sure you'll be okay?' His forehead creases with concern.

'I'll be fine.' Inside, I'm warring with myself – part of me wants him to come in – have a drink; see what happens. Another part of me is relieved that he's due at his gran's.

'Here.' He takes a business card from his pocket. 'Go to your flat and then give me a call. I'll wait here until I get the all-clear.'

'Okay. Thanks.'

'And Alex, I'd love to have your number too. We can go out for a proper drink – or maybe dinner in London?'

'Yes, I'd like that.' Anticipation at the prospect fizzes in my chest.

I type my number into his mobile contacts, then and go inside the coach house and up to my flat. Nothing is out of order. I phone and let him know, watching as the tail lights of his car disappear down the drive. Then I go to the kitchen and pour myself an extra big glass of red wine, contemplating how my ordeal might have a happy ending after all. Karen would be proud of me, I muse. I consider ringing her, but decide that just for tonight, I'll keep my newfound plans for 'getting out more' under my hat.

*

I spend the next day dealing with the fallout from my bizarre experience. First, I do a walkthrough of the main house to see if I can spot anything missing. There's nothing obvious. However, when I check the voicemail on the office phone, I'm relieved to find that there's a message from Mrs Fairchild, apologizing for 'forgetting' to tell me that she was going away, and saying that she'll be back tomorrow. The message ends without her leaving a number. I pick up the envelope addressed to 'Catherine Bolton' that was left on top of my handbag and hold it up to the light. It's made of thick paper and I can't see through it. I'm tempted to open it – by locking me in the loo, someone has made it my business too. But just then the security people arrive for a debriefing and I leave the letter on Mrs Fairchild's writing desk.

The security people double check the house and once again find nothing. I remain hopeful that it was a one-off incident, maybe a prank, though I still have no idea who would do such a thing, or why. To be on the safe side, I have the security team install some cameras that will hopefully deter any after-hours shenanigans.

I gather the staff together and stress the need to keep their eyes open for anything suspicious, until I figure out what's going on.

'Gosh, Alex, I feel terrible that I left you alone last night,' Edith says.

'You couldn't have known,' I reassure her. 'It was a freak thing.'

'I wonder if it was the man I saw earlier.'

'Is there anything else you remember about him?'

'Not really.' She laughs awkwardly. 'It's like now that I'm with Paul, I don't really notice other men.'

'That's nice,' I say. Unhelpful, but nice.

'And what about Mrs Fairchild?' Edith asks. 'You say someone phoned up the police pretending to be her?'

'That's what I was told. She left a message this morning – just saying she'll be back tomorrow. At least we know she's well.'

'What do we tell her?'

This is something I've puzzled over. 'I'll let her know that that someone was snooping around. And to be on her guard. But I think she'll be safe. Whoever it was probably took advantage of the fact that she was away.'

'So it was planned, then?' Edith's voice holds a note of fear.

'I guess so. But the security team has checked everything now. We've taken action.'

'I could get Paul to come around.'

'No police,' I say firmly. 'Not until I talk to Mrs Fairchild.' I decide not to tell Edith about the envelope that was left by the intruder. 'Let's keep this under wraps for now.'

'Okay, boss.' Edith's face pinches into a rare frown.

*

79

That evening, I get a call from Tim. Hearing his voice sparks my adrenalin. 'Just calling to check that everything's okay,' he says.

'It's fine.' I smile down the phone, grateful for his concern.

'And are you there alone, or has the Knicker King's daughter returned home yet?'

'Not yet. She'll be home tomorrow. I'm not quite sure what I'm going to tell her.'

'I understand. Anyway, I'm calling to see if you can meet me for a drink in London on Friday evening. I'd love to see you again.'

'Friday...' The years of being 'out of the market' dating-wise press heavily on my shoulders. Do I play hard-to-get? Tell him I'm busy? Before I can decide, I hear myself saying: 'Friday would be fine.'

'Great. I can meet you after court. I'll text you where.'

'Perfect.' I hang up the phone feeling nervous, then stupidly excited, then nervous again.

I take the velvet bag with the locket out of my pocket where it seems to have taken up permanent residence, and undo the catch. 'I'll take you to London and have you looked at by a jeweller,' I say as the bird pops up on its perch and begins its slow half-rotation. Its beak opens and closes on impossibly fine hinges like it has a secret to tell me. But try as I might, I can't quite hear what it has to say.

IV

13th November 1940, 12:17 a.m.

Just then, another ambulance roared up. Flea – who I've known all my life – jumped out.

'What a goddamn mess!' he yelled to his partner. 'Looks like Jerry's given this place a proper fuck up the backside.'

'Shhh.' I pointed down at the girl. 'Mind your tongue, will you?'

'Righto, Badger. Poor poppet.' He patted the girl on the head, his gaze fixing on the jewelled locket in her hand. For a moment, his eyes seemed to sparkle with lust and the colours of the jewels. He looked away and glanced over at the body of the woman. 'Shit, Badger,' he said, 'it's not her is it?'

I felt a barely controllable urge to punch him, as I nodded my head.

Eleven

It seems that things are slowly getting back to normal when the next day, as I'm walking over to the house, Mrs Fairchild is getting out of a taxi.

'Alex!' she greets me with an enthusiastic hug and a kiss on the cheek. 'How are you?'

'I'm fine, Mrs Fairchild. But you left so suddenly. I was worried.'

'Sorry about that.' Her brow creases. 'It was a last minute thing – but I did let Edith know. I felt I needed to get some fresh air – away from here for a few days. So I went over Bath way to visit a friend.'

I pick up her overnight bag and carry it inside the house. We walk together through a series of doors and corridors that leads to her little private kitchen next to the staff room. 'And did your uh… friend… have a nice time too?'

'Of course.' She ignores my insinuation. 'My *friend* Marianne and her sister Gwen have a nice cottage in a village there. It's always nice to catch up with the old crowd.'

'I'm glad you had a nice time. When Edith told me you'd gone, I thought maybe it was with your new man. The one you mentioned…'

She chuckles. 'Understood. But when you get to be my age, you don't have to drive to Lover's Lane for a fumble in the back of daddy's car.'

'I'll keep that in mind.'

'Good. And anyway, I knew you'd be here to hold the fort.'

'Um, yes. About that...' I take a breath. 'I'm afraid we had a slight hiccup while you were away.'

I go over to the writing desk and hand her the envelope addressed to her. Just for an instant, her calm expression cracks. She recovers quickly, but I can tell she's doing a hell of an acting job trying to show that nothing's wrong. If only I'd opened the envelope before giving it to her!

'What's this?' Her hand quavers as she takes the envelope.

'I'm not sure. Someone left it here for you after hours. And locked me in the loo while they were at it.'

'No!' Panic flashes on her face. 'Are you okay, Alex?'

'Yes, it was just weird. Whoever it was must have hidden in the stockroom until we closed. Luckily the alarm went off. Which reminds me – I need to show you how to use it.'

'Yes, fine. I'm sorry you've had to...' She turns away, clearly unsettled.

'Mrs Fairchild?' I speak quietly. 'I can tell that something's wrong. Please, I want to help.'

'Nothing's wrong,' she says sharply.

I take a step back. In the three years that I've known her, she's never once raised her voice or spoken harshly to me.

Instantly, her face registers shock. 'I'm sorry, Alex. I didn't mean to speak to you like that. It's just – the idea of an "uninvited guest" here makes me nervous. You know I love having the house open to the public, and we've never really had any problems. But this... you could have been in danger.'

'I don't think so. Maybe I shouldn't have bothered you with it. I think it was just an isolated incident.' *At least, I hope so*, I don't add.

'I'm so grateful that you were here to handle it,' she says. 'You're doing a stellar job, Alex. As always.' She slips the envelope into the pocket of her cardigan. 'Now, I've really got to get on with the garden. I've been gone for nearly three days –

the weeds must be having a field day – if you'll excuse the pun.' She walks over to the door and puts on her gardening clogs. It's obvious that she's not about to trust me with any confidences. I put my hand in my pocket and clasp the locket. The silver is warm and smooth, almost like a living thing.

'I'll let you get on,' I say. 'But there's just one more thing.' I pull out the locket, holding it up for her to see. 'I found your note – and this.'

She stares at the locket like it's a hypnotist's crystal. Her blue eyes grow wide, her lids heavy. 'Oh – that. I forgot I left it.'

She's lying – I can tell. But why? I hold the locket out to her. 'Do you want to take it? It's a lovely piece.'

Her hand trembles as she reaches towards the locket but doesn't take it. 'No, I don't want it,' she says as she lowers her hand. 'It's just a trinket I've had ever since I was a girl. A child's toy.'

'Really? I've never seen anything like it.'

'I thought that… you might like to see it.'

'Thanks.' I ignore the sudden awkwardness. 'If you tell me more about it, then I can do a write-up and put it in the exhibition along with your lovely clothing.'

'No,' she says firmly. 'I mean… I don't want it on display. It has sentimental value, but that's all. My father gave it to me. It was just after the war. I don't like to think about those times.'

'I understand.' Though I don't, really. Why would she have put it with the costume exhibition things if she didn't want it displayed? And the connection to the war… I glance at her through lowered lids and do the maths. It's never really occurred to me that Mrs Fairchild must have been alive during the war. To me she's always seemed more like late fifties than late sixties. I want to question her further, but her face seems distant and shuttered.

'Anyway, maybe you can put it back in my jewellery box? Locked up.'

'Of course.' I feel a strange reluctance to let it go.

'I'll take it up now,' I say, still lingering. 'Though… I am going down to London on Friday to visit a friend. If you want, I could take it to a jeweller and get it cleaned. Maybe find someone who could tell me something about it?'

'I think you're wasting your time, but if you want to, then go ahead. I know of a man you can take it to – the Clockmaker – at Hatton Garden.'

'The Clockmaker? Who's that?'

'Just ask anyone around there – they can direct you.'

'Okay… but…'

She pretends not to hear me. 'Now,' she says briskly, moving to the door. 'I really must be getting on.' With a final glance at the silver locket in my hand, she purses her lips and goes outside.

Twelve

Normally I'd say that whatever's bothering Mrs Fairchild is none of my business. If she wants my help, she knows she can always ask. But the 'uninvited guest' has made things my concern. Mrs Fairchild has seemed preoccupied for a few weeks – even before the Churchley-Thursley wedding. I should have realised that something was wrong back when she asked me to sit with her in the evenings a few times. But I didn't begin to worry until that day in the drawing room, when I saw her tucking away a piece of paper into her pocket. Was that related? Is she being blackmailed? The idea that Mrs Fairchild could ever have given anyone grounds for blackmail strikes me as ludicrous. But I also wonder why she left the jewelled locket for me to discover only to be so evasive when I asked about it. I enjoy a good mystery as much as the next person, but as I sit on the train to London, all the unanswered questions rattle worryingly inside my brain.

The little towns blur by as the train speeds towards the capital. I clasp the velvet bag inside my pocket, wondering again about the locket. Personally, I've never been into wearing jewellery, and other than a few gifts for Mum over the years, I've never bought anything fancy or expensive. Even I, however, have heard of Hatton Garden – a street near Chancery Lane that's the centre of the London jewellery and diamond trade.

I take the *A to Z* out of my handbag and check the map again. After I'm done at Hatton Garden, I'm supposed to meet up with Tim. My stomach does a little flip at the thought of going on a proper date – he'd texted me the name of a wine bar near the Crown Court. I've been 'hiding away' for so long, that I have no idea what to do or say. I'll have to rely on the fact that he's a barrister – he talks for a living. In any case, I don't have to worry about it for another four hours yet.

It hits home that I really ought to 'get out more' when the train pulls into Euston Station, and a sudden wave of panic rises up into my throat. I LOVE London, I remind myself. Every year when I was a girl, Dad and Mum used to take me to see a panto on the Saturday before Christmas. After the show, they'd take me to Hamleys. Jammed into the crush of Christmas shoppers, Dad would pull me aside and indoctrinate me with the shameful decadence of western culture, scoffing at the children fighting over Power Rangers and Cabbage Patch Dolls. Mum would secretly get lost in the crowd and sneak upstairs to buy me a Barbie doll or a stuffed toy. For me it was the best time of the year.

When I got older, Mum used to sometimes take me to Oxford Street to buy summer clothes, while Dad would skulk along behind regaling us with horror stories about how my denim shorts were probably made by five-year-old children in a Bangladeshi sweatshop, and that the manufacture of my trainers was contributing to the melting of the polar ice caps. Even so, I loved London, and secretly vowed that someday I'd have a little flat near the British Library. My dream was to spend my days reading books, my nights frequenting eclectic coffee houses, and my weekends visiting free museums and galleries. I came close when Karen offered to let me move in with her after she graduated uni. But by then I'd met Xavier and was bent on staying on at Oxford. By the time my relationship finally went balls up, Karen had moved into a vicarage in Essex. Which didn't quite have the same appeal.

I grip my handbag tightly as I step off the train, my ears

assaulted by the vast echo of sounds. Men and women wearing suits and carrying briefcases rush past me, and I deliberately slow down to let them pass. I buy a coffee and a pain au chocolat from a kiosk in the main station, and take the escalator down to the Tube. My eyes flick over posters for books, films, the new Tate Modern, and West End musicals, but for some reason all I can think about is Mrs Fairchild and the fact that when she was a girl, the Tube stations were used as air raid shelters. How awful it must it have been for people living back then – the rush of panic when the sirens began to wail, the frightful irritation of having to leave meals uneaten, valuables unattended; children pulled by the hand out of their homes without having used the toilet or finished their schoolwork. Grabbing the ugly, alien-looking gas masks down off the coat rack pegs, and rushing to the shelter, wearing bathrobes, hair curlers, slippers – whatever hour it happened to be.

I hug the right side of the escalator as a man clomps down the iron steps, clearly in a rush. How did people overcome the claustrophobia of the queue to get down the narrow stairs? Did their eyes gloss over the posters reminding that 'loose lips sink ships', 'make do and mend', and to always 'keep calm and carry on'? And how did it feel – that peculiar mix of fear, boredom, and 'Blitz Spirit'? I've seen films where people in the deep shelters bonded together – singing, knitting and sewing, playing with the children, all the while keeping a cool head, a stiff upper lip and that indomitable 'never say die' British mindset.

But how did it really feel – as the ground shook with the explosions topside, wondering if you'd have a home when you emerged, wondering if your cat made it, or the elderly neighbour who didn't answer when you knocked? Maybe he was in the bath or maybe he'd gone out. Or maybe he had the wireless turned up so loud that he didn't hear the sirens, and even now, his life had been snuffed out. And for a little girl like

Catherine Fairchild – or Catherine Bolton as she was back then – the things she'd seen and endured must have caused deep, if well-disguised, scars.

My blood feels like ice water as a Northern Line train pulls up to the platform in front of me. I try to hang back, but the sheer volume of people propels me forward and I end up wedged between a Rastafarian and a pair of Japanese tourists, my nose in the armpit of a man in (none too fresh) workman's overalls.

I change to the Central Line at Tottenham Court Road, feeling like a hamster in a maze. The new train rumbles eastward, jostling me as it speeds up and slows down, with people pushing on and off. By the time it pulls into Chancery Lane, my whole body is in a cold sweat. I push my way off the train, trying to stay calm amid the crush of people. This shouldn't be hard – everyone's doing it. But away from the rarified atmosphere of Mallow Court, it's like my insides are trying to claw their way out of my skin. I grasp the stair railing and pull myself upwards. No one looks at me or stops to ask if I'm okay. This is London, after all.

Finally, I manage to emerge from the stairs into a circle of grey-white sky. I breathe in the dense air of bus exhaust and cloying humidity, glad to be above ground again. I join the flow of pedestrians walking down Holborn towards the Inns of Court and the Sainsbury's head office under construction at New Fetter Lane. The architecture in this part of London is a fascinating mix of Victorian, Gothic, brutalist, and modern office blocks. I cross the street (narrowly avoiding being mown down by a cyclist) and turn down the unassuming little lane that is one of the premier jewellery and diamond centres of the world.

I loosen my grip on my handbag a little. Displayed in each brightly lit shop window is a fortune in sparkling stones and finely crafted silver and gold jewellery. It's doubtful anyone would bother trying to nick my bag in a place like this. The further I walk, the less I'm sure what I'm doing here – I see nothing that resembles the little 'trinket', as Mrs Fairchild called it, and I can imagine that most of the sales clerks in the shops I pass – all of them wearing expensive suits befitting a high-class clientele – would do little more than turn up their noses. There's also no sign of any clockmaker.

Eventually I come to a shop that sells jewellery-making tools and findings. It looks less imposing than the retail jewellers, so I go inside. I browse the rows and rows of pliers and files, wax forms and chemicals, and even full-scale workbenches with skins underneath to catch tiny metal filings. At the back of the shop is a barred window with a sign advertising 'Precious Metal Sales'. I go up to the window. An old man is reading the *Racing Post* while idly fingering an unlit cigarette.

'Ca' I help you, luv?' he says.

'I'm looking for the Clockmaker.' Saying it makes me feel foolish. Of course he won't know—

'Oh, aye,' He raises a busy white eyebrow.

'You know who I'm talking about?' I'm relieved that it isn't a wild goose chase after all.

''Course, luv. It's just arou'd the co'ner.' He waves with his cigarette. 'Little alleyway back o' Churchley & Sons.'

The words suck away all sense of relief. *Churchley & Sons*. It can't be the same Churchley as in my ill-fated wedding couple, can it? What terrible luck that would be.

'You got that, luv?'

'Yes,' I croak. 'Just around the corner. Thank you – you've been very helpful.'

'Ta, luv.'

Feeling light-headed, I leave the shop and find that 'arou'd the co'ner' proves to be anything but 'just'. I turn at the end of the block as he indicated and find myself in a warren of backstreets and alleyways that curve in odd directions. It doesn't take long before I'm lost. I stop and ask a woman on the street, but she's never heard of Churchley & Sons. My heart lifts in the hope that it doesn't actually exist. I ask a man further down who's sweeping the street in front of a hole-in-the-wall sandwich shop. 'Just around the corner,' he says, pointing back the way I came. My hopes plummet. 'You can't miss it.'

I can miss it, and do. I stop and ask another two people and end up practically back where I started. Then, I realise it's been there all along right in front of me. Unlike the small shops along the street, it's actually a huge facade of white marble taking up almost half of a block, looking more like a government ministry than a shop. The entrance is flanked by white pillars with a pediment on top, and the only sign is a brass plate saying 'Churchley & Sons, Fine Art Auctioneers' and a golden bell. It's clear that the firm does not cater to riff-raff like me. I consider ringing the bell and running away – like we used to do as kids to uptight neighbours. But I spot the security cameras above the door and decide that I've had enough attention from the police lately.

And luckily, I'm not interested in Churchley & Sons anyway, but somewhere around the back. Like Alice down the rabbit hole, I plunge into the twist of alleyways that lead from the street around the back of the huge white building. I end up in a loading bay, flattening myself in between a row of bins as a delivery lorry squeezes past. When the lorry is gone, I hear it – a sound – regular and steady, yet somehow, jumbled too. I walk faster down the alley, the sound getting louder. The tiny street twists sharply at the end in front of a brick building with a few tags of graffiti. A door in the wall is standing partly ajar. The sound is coming from inside.

I go through the door into a corridor. Suddenly, all hell breaks loose. Bells – I've set off an alarm! Memories of the police station come rushing back. I'm about to run away when the alarms begin making another sound: 'cuckoo, cuckoo'. There's a chorus of four chimes, and everything begins to cuckoo at once.

Clocks – lots of them! As realisation dawns, the knot of tension inside me begins to unravel. I've definitely found the place.

'Hello?' I call out.

There's no answer, so I go down the corridor and stare through the open door at the end. In front of me is the most bizarre workshop I've ever seen. There are mountains of clocks – clocks on walls, clocks on shelves, a forest of grandfather clocks, clocks in various states of dishabille on a long workbench, their intricate metal innards carefully laid out. There are carriage clocks and funky alarm clocks, digital clocks, and a whole wall of cuckoo clocks. Everything is jumbled and the wooden floor is covered with fine metal dust and boxes of tools and piles of papers, books, and diagrams. I feel like I've stepped back in time, or maybe forward. One by one the clocks stop chiming, whirring, buzzing, and cuckooing, and fall back into a steady drone of ticking. Rhythmic yet completely out of time. For the first time in what seems like days, I grin.

From a corner of the room, a throat clears.

I jump – still startled from the clocks going berserk. Turning around, I see a desk, piled high with stacks of books and papers. I peer into the dim light, expecting to see a wizened old man with wild white hair, a monocle, and a leather apron – something straight out of Dickens. But the man who stands up from behind the desk is anything but...

He's tall – very tall – with a rangy but strong-looking body. His hair is dark brown, and comes almost to his shoulders, curling a little at the bottom. His chin is covered with a stubbly beard, but his cheekbones and facial features are well-defined and almost delicate. He looks about thirty and is wearing faded jeans and a Pink Floyd *Dark Side of the Moon* T-shirt. But the thing that draws my attention and keeps me staring is his eyes. Pale and blue – almost luminous as they lock with mine.

He gazes at me silently with a half-smile on his face, bringing his fingers to his chin in consideration. I notice how long and slender they are. I find I can't look away from him.

'I was going to say carriage clock,' he says. 'But maybe pocket watch. Hmmm. Strange – usually I can tell right away.'

'Sorry?'

'What you're looking for.'

'I'm not actually here to buy a clock,' I say.

'That's what they all say.' He winks conspiratorially at me. 'But you know what? I usually find that there's something here for just about everyone. Look at this.' He picks up something off the desk. It's a Mickey Mouse watch on a red leather strap. 'Walt Disney gave this to Julie Andrews when she starred in *Mary Poppins*.'

'Really?'

'Yes, look here. There's a mark.' I notice that his nails are on the long side as he points to a scratch in the metal so tiny that I barely notice it. 'It says: "Thank you for the magic, Love Walt".'

'I never would have known,' I say.

'And here,' he strides over to a shelf and takes down an ugly-looking black box. 'This is one of the earliest clock radios ever made. A Casio.' He holds it out. 'It's not really digital – it has plastic numbers that flip around.'

'I had one of those in my bedroom as a kid.' I say. 'Gosh, I'd forgotten.'

He chuckles. 'I had one too. Funny how time flies, isn't it?'

'I guess you would know.'

'You'd think, wouldn't you?' His eyes catch the light and glint like a pale moon as he puts the clock back on the shelf. 'But actually, when I'm in here working, it's the one place where I really lose track. Time is passing all around me, but I don't even notice it.'

'That is odd,' I say.

'But you aren't here to talk about time, and you aren't here to buy a clock. So...' he considers me, 'do you mind if I ask – why are you here?'

'I don't mind,' I say with a laugh. The roomful of clocks – and the man himself – are so odd that I feel strangely at ease. I've never been that interested in clocks – I expect most people aren't – except as useful devices to tell me whether I'm early, late, or just being stood up. But here, in this place, clocks seem intrinsically interesting.

I take the velvet bag out of my handbag and set it on the worktable. My hands fumble with the cords. I finally manage to open the bag and take out the locket. As I put it in front of him, I watch his face – after all, first impressions tell a true story. He picks up the heavy silver lozenge, the chain coiling over his long fingers. His brows draw close together. Something flickers in his eyes: disbelief.

He flicks open the catch. The bird pops out and begins its slow mechanical rotation, silently moving its delicate beak, the crystals on its feathers sparkling in the light of his work lamp. He stares at it, clearly fascinated. It's like he's forgotten that I'm there. He snaps the locket shut and opens it again, still mesmerised.

'Amazing.' He stares at the bird, all trace of amusement gone from his face. 'Where did this come from?'

'It belongs to a friend. I said I'd take it to have it cleaned. But I'm also hoping to find out something about it.'

'I'm not sure I can help you with that,' he says. 'I haven't seen anything like it before.'

'Oh.' I can't quite hide my disappointment that he can't tell me anything about it.

He moves behind his worktable and turns on a bright magnifying light. 'I think it ought to be able to sing,' he says.

'Sing?'

He searches around on the desk, picking up one tool after another and discarding it. Finally, he settles on a thin sharp probe like a dental instrument. He holds the locket under the light and prods delicately at the metal joint that makes up the bird's throat.

'Something's stopping it from turning all the way around,' he says. 'And, if I'm not mistaken, there's a music box inside. The bird ought to sing.' He looks up at me. 'Do you mind if I have a fiddle about? I won't damage it, I promise.'

'Um, sure. That's why I'm here.'

He holds up a magnifying glass and peers down the bird's throat, probing with the wire instrument.

I lean in closer until our heads are almost touching. His dark hair falls in a curtain over his eyes and I can't see his face, but I watch his long fingers as they deftly probe down the bird's throat.

'It's swallowed something,' he says, with the gravity of a veterinarian trying to help an injured animal. 'It's jamming the tiny wheels and gears inside.'

He passes me the glass and I peer into it. Close up, the mechanism seems even more complex. But because I don't know what I'm looking for, I can't tell what's out of place.

He sets down the wire probe and takes another tool from the leather roll – a tiny pair of pliers that wouldn't look out of place in a doll's toolbox.

'There's something wedged in there pretty good,' he says. 'I'm surprised it works at all. Maybe a child once tried to feed the bird.'

'Maybe.' I wonder if Mrs Fairchild was that child. Seeing the mechanism through the glass has led me to question once again whether this really is just a child's trinket. To my, albeit untrained, eye, it looks like a delicate work of art.

The Clockmaker's hand is rock steady as he performs the necessary surgery. It seems to take a very long time. I hold my breath, willing it all to go well.

'There. Got it!' Gingerly he pulls on the object that he's hooked with the pliers. Something flashes gold in the light and he sets a piece of metal onto the table.

'A key!'

'Yes.' The Clockmaker continues to perform post-operative work on the bird. He goes through a succession of miniature screwdrivers and probes, checking the joints, dabbing oil on with a paintbrush, and tightening unbelievably tiny screws.

I pick up the gold key and turn it over in my hands. It's tiny – just over a centimetre long, with a trefoil design at one end, and notches at the other. It reminds me of the key I had to my pre-teen diary – pink faux leopard skin with a gold lock – where I wrote down all of my precious twelve-year-old secrets. Or perhaps it's the key to a jewellery box? I hold it up close and peer at it. There are a few scratches on the notched end of the metal, but no other markings.

'That should do it,' the Clockmaker says, grinning proudly. 'Watch this.' The bird folds up on its tiny hinges and he snaps the locket shut. He opens it again. The bird springs to life on its perch and begins its slow rotation. Instead of stopping halfway around, the bird continues a full rotation. The hinges on its beak move, and this time, there's a delicate tinkling sound as the music box inside begins to play. I gaze at the small object in the hand of the Clockmaker, mesmerised by its delicate perfection.

'Wonderful, isn't it?' His face is lit by the pure delight of a child looking into the window of a toyshop at Christmas. I feel a spreading warmth inside me, like holding a cup of hot chocolate after throwing snowballs. He senses me looking at him and smiles, but neither of us speak for a long moment. That silence, as much as anything else about him, makes an impression on me. Finally, when the tune comes to an end and the bird gradually begins to slow its rotation, he snaps the locket shut.

'Thank you!' I say. 'I never knew it could sing.'

He dabs a bit of oil on the outer hinges. 'I wonder what the song is,' he says.

'I could ask Mrs Fairchild – she's the owner.' I sigh. 'But I'm not sure she'll know.'

'Fairchild did you say? That name – it sounds familiar.' His face darkens. 'Where did you say this came from again?'

'I didn't.' All of a sudden, it's like a heavy mist has descended between us. 'The owner lives in a house called Mallow Court. Up near Aylesbury.' I figure I owe him at least that much of an explanation.

'Mallow Court.' He puts his fingers to his chin, considering. 'You know, I've definitely heard of that place. In fact—'

But I never do learn what 'in fact' he's heard, because just then, a door flanked by two grandfather clocks opens at the side of the room. An attractive blonde woman comes into the room, wearing a smart skirt suit, and high heels. 'Chris…' she says, a teasing smile on her face. 'You know you've got a meeting with— oh sorry…' she sees me and cuts herself off '… sorry, Mr Heath-Churchley – I didn't know you had a customer.'

Heath-Churchley.

'No worries, Agatha,' he says. 'But can you tell Dad I'll be up later? I'm in the middle of something.'

Dad! My mouth gapes open in stunned horror. Maybe it should have been obvious given the location of the shop, but I can't believe that the Clockmaker – of all people – happens to be a member of my bogey-family.

The woman purses her high-gloss lips and looks at me in disdain. The Clockmaker turns back to the locket, but I snatch it away, along with the key, and shove them both into the velvet bag.

'Sorry, but I've got to go.' Despite being surrounded by clocks

I check my wrist for a watch that isn't there. 'Thank you for your time, Mr... um... Heath-Churchley. I can show myself out.'

I turn and make for the door.

'Wait a minute,' he says. 'Please.'

I whirl around, frantically digging in my handbag for my purse. Money – he must want money for the work he did. 'Of course – I'll pay now. How much?' My voice jitters.

'No. That's not it.' He looks positively wounded. Of course – the rich never like to talk about money. 'I was just wondering – I mean, I don't even know your name.'

'It's Alex.' I'm too flustered to come up with a fake name at the drop of a hat. 'Thank you again for your help. If you do want payment, then send an invoice to Mallow Court.'

I reach the door and duck out into the alleyway just as the clocks begin to chime the half hour. The cuckoos pop out and I hear their sound echoing behind me, sounding like 'stupid, stupid, stupid...'

Which is nothing short of the truth.

Thirteen

I walk quickly away from the workshop, vaguely retracing my steps through the warren of streets. It's as if I've emerged from a cosy, magical world into a reality much grimmer than before. The sky is dark and a few heavy raindrops begin to fall. I don't have an umbrella, and it only takes half a block before the sky opens up and rain pours down with biblical force.

I put my head down and run, but the rain soaks through my jacket, filling me with a cold, wet gloom. Why didn't I just stay where I was and wait out the storm? After all, does it really matter that the Clockmaker is a Heath-Churchley? Just because 'Daddy' was awful to me and the wedding disaster still haunts me as my first real failure as manager at Mallow Court, does it follow that the sins of the father must be visited on the son?

Though the more I think about it, the more disdain I feel. The Clockmaker may be holed up in his quaint little workshop – but it's still attached to 'Daddy's' auction house. He hasn't exactly struck out on his own. Not when there's a sexy PA who probably has an intercom at her desk but decides to seek him out in person. He may be eccentric, but he's still a man, and must be rich and posh at that.

And what's more – Mrs Fairchild knew! She suggested I take the bird to the 'Clockmaker' – sent me into the jaws of the lion. What had she said? "Ask anyone around there – they can direct you". If she knew that, she must have known the rest.

Incensed, I storm to the Tube. Just as I'm about to descend

into the bowels of subterranean London, my phone rings. It's Tim. In the strange world of wind-up clocks and mechanisms that don't run on batteries, I'd almost forgotten the reason I came to London in the first place. For a nanosecond, I consider rejecting the call – I'm soaked and in no fit state for man or beast. Instead, I barge my way into the recessed doorway of a wigmaker's shop and answer breathlessly on the sixth ring.

'Hi Alex, you haven't forgotten me, I hope.' His voice is deep and resonant. And given where I am, I wonder what he would look like in his barrister's wig – and nothing else.

'How could I forget my "get out of jail free" card?'

'Not only free – but I'm going to buy you a proper drink.'

'I could use one.'

'Did you get my text about the wine bar? I'm done in court for the day.'

'Yes, I'll see you in about twenty minutes.'

'Good,' he says. 'And Alex...'

'Yes?'

'I'm looking forward to it.'

'Me too.' My spirits lifted, I end the call and head into the Tube.

*

'Hi, over here,' Tim calls out as I enter the wine bar. Butterflies flit in my stomach as he looks me up and down and seems to like what he sees. I must look like a drowned rat who's crawled out from one of London's underground sewers – but whatever floats his boat.

'It's lovely to see you again.' He leans in and kisses me on the cheek, his lips just brushing the corner of mine. I shiver – he's quite handsome, and besides, it's been a while since anyone bothered to kiss me.

'You too.' I take in his perfect suit, clean-shaven square jaw and light brown hair that's shiny and tousled from the rain. If anything, he's almost *too* good-looking. Who knew that was possible? Surely a man like him would be better off with an equally well-groomed woman, like the Heath-Churchley PA – with the whole nine yards of highlighted hair, manicured nails, aerobicised thighs, and mile-high heels. Rather than someone like me.

'So how was your journey?' he says.

'It was fine, and thanks for inviting me. It hasn't been the best day.' I grin. 'Forgot my umbrella – as you can see.'

'I like the slicked-back look.' He tucks a stray strand of wet hair behind my ear. I lean in and let myself be warmed by the lustrous brown of his eyes. 'But let's get a drink down you right away. Hopefully then things will improve.'

'They already have,' I flirt back effortlessly.

'Good.' He flags down a server and I order a large glass of Zinfandel. When the server has left and the obvious banter is exhausted, I twist a beer mat between my fingers. I still haven't worked out how much I should tell him – the fact is we've only met once – twice if you count the house tour. So before he can ask me what I've been up to, I jump in first.

'So, how was court today?'

'Fine.' His nose twitches. 'It was the usual stuff. An old lady was suing the council because she slipped and fell on the library steps. She wanted her day in court – more to complain about the reduced opening hours and the fact that they don't have the two latest Jackie Collins books than about the access issues.'

'Really?'

'Really.'

'So did you win? I take it you represented the council?'

'Oh, I won, all right. I usually do. But I wasn't representing the council. I got her a settlement for one hundred and fifty pounds plus expenses: train fare to court and a bun at the station. Now she can buy Jackie's latest – maybe even a signed copy.'

I smile. 'Sounds like a fair result. And I must say it's umm…' I pause to think of a word other than 'attractive', 'refreshing… to meet someone who is for the underdog, not against them.'

He lowers his eyes, reading my subtext. 'Oh, that's me, all right. Widows, orphans – the more downtrodden the better.'

I detect a touch of cynicism but forget it immediately when he puts his hand over mine.

'I see…' I leave my hand where it is, aware that I'm blushing. 'It all sounds very philanthropic.'

'What a word!' he says. 'Another old chestnut from – where did you say? Cambridge?'

'Oxford.' I withdraw a fraction.

'Ah, that's right.'

'What?' I joke. 'I mean, you're a barrister. Hardly a job for your average blue-stocking.'

He laughs. 'No, I suppose not. But I am most definitely from humble origins.'

'So you said before. And where exactly is that?'

'East London.' There's a hint of pride in his voice.

'Oh? Which part?' In the years I spent in suburbia followed by my time in 'the city of dreaming spires', I've had little chance to get to know anyone from what could be classed the 'rougher' areas of London. And looking at Tim Edwards, I certainly wouldn't have pinned him on the map as coming from there.

'Near Shoreditch. A little street of semis that in its heyday used to be a Georgian terrace.'

'Used to be?'

'It was mostly destroyed in the Blitz. Then in the sixties some sadistic architect with a passion for concrete and pebble-dash got his hands dirty. Gran's lived in the same road her whole life.'

'How interesting.' I think back to my Tube ride earlier when I was wondering how people survived the Blitz. Not something I've thought much about before, and now, it's come up again.

'A lot of the elderly people I represent were alive in those days,' Tim says. 'Believe it or not, even all these years later, there are still quite a few wrongs that need righting.'

His face hardens momentarily, and I'm not quite sure what to say.

*

In the end I have a drink too many, and the inevitable moment arrives when the bar gets crowded, several groups are eyeing our table, and it's time to fish or cut bait. I'm warmed by the wine and laughing at some of his anecdotes that prove Tim's a true crusader for the underdog. Suit or no, it's an attractive quality in a man. Then there's those eyes...

We stand up and I lean on his arm as we make our way to the door of the pub. With each step, I teeter on a knife-edge – my mind telling me that it's too soon – to go with him to 'see his flat', have a nightcap, let one thing lead to another – but my body is looking to take a leaf out of Karen's book. I mean, what do I have to lose—?'

'I've had a lovely time,' he says, kissing me on the cheek. 'I hope we can do it again soon.'

'Oh – right.' All my 'will I? – won't I?'s disappear in a cloud of bus exhaust. That's it then, the evening's over – early by all accounts. 'Yes, me too,' I recover. 'Thanks for the drink... and the company.'

An SUV speeds through a puddle, splashing me. But by then, I'm already sobered up.

'I've got a big case on Monday that I need to prepare for,' he explains, obviously sensing my disappointment. 'No rest for the wicked.'

'I should get home too.' I lift my arm to hail a taxi. 'Good luck with your case.'

'Thanks. And maybe we could do dinner next weekend?'

Instantly I brighten. I know I'm supposed to play hard-to-get and that there are dating rules for these types of situations. But I don't know them, and I've never liked playing games. 'I'd like that,' I say.

'Great. Because there's someone I'd like you to meet.'

'Oh?'

'My gran.'

I give a flippant little laugh. 'I'm flattered. But isn't it a little soon?'

'Maybe. But I've got the feeling, Alex, that she'll want to meet you sooner or later.'

*

I decline his offer to come with me in the taxi. Although he seems to have brought out an unfamiliar damsel-in-distress complex in me, I'm perfectly capable of looking after myself. At least we've made plans to see each other again.

I manage to catch the 21:30 train, feeling tired but satisfied. As the train rumbles out of London to the countryside beyond, I close my eyes and reflect on the two very different men I've met up with today – Tim, and 'Chris' – the PA had called him – Heath-Churchley. Oddly, though he may be from a blue-collar background, it's Tim who seems the slightly stiffer and posher of the two, but that could just be his legal training. And Chris – despite being from one of the 'nation's oldest, proudest families' – came across as unassuming and approachable. Not that it matters in the slightest. Because even the thought of him brings the shameful words of 'Daddy' Heath-Churchley exploding into my head: *'What are you – the cleaner? The gift shop girl? Some little nobody?'*

'Daddy' H-C was angry, and he had a right to be – but not at me. I should have stood up for myself at the time. Instead, I sat there like a limpet on a rock, captive to the tide of abuse.

And while he hadn't actually managed to get me sacked, the curse of that awful day has crawled from the woodwork like a plague bacillus. Because I don't know how much help, if any, the Clockmaker could have given me in finding out about the locket, but I won't be going back there to find out.

Fourteen

When I wake up the next morning, I'm still tired and a little groggy from my evening out. The velvet bag is on the bedside table where I put it. I take out the locket and open the clasp. The bird rotates in a full circle, its beak moving in time with the tinkling melody. The tune is sweet and brisk like a folk song, and yet, there's an undertone of sadness there also. If I knew what the tune was, maybe I could discover where the locket came from.

And then there's the golden key. I tip it out of the bag into my hand. Another mystery. 'What do you open?' I mutter, turning it over. It's obvious where I need to start looking for answers – Mrs Fairchild.

I think back to the years we've known each other – how I've come to consider her as so much more than an employer. She's a friend – a confidante. A sort of adopted grandmother, always willing to sit down and chat over a pot of tea and a plate of scones or a Victoria sponge, always open and approachable. Until recently.

Now, it's like a smothering velvet curtain has come between us. I want to move it aside, show her that I'm here for her and willing to listen and help any way I can. How can I get her to confide in me? Why did she throw me to the wolves – the Heath-Churchley family – when she knew what had passed between us?

I glance at the note on the bedside table: '*For Alex??*'. I've kept it, just in case I start thinking that I imagined the whole thing. On some level, she must want to tell me – want me to be involved. But it's obvious that there's something very painful under the surface. The last thing I want to do is make it worse... I'll need to tread carefully.

I tuck the jewelled bird and the key back into the velvet bag. I'll put them back in Mrs Fairchild's jewellery box where she keeps her engagement ring and other jewellery that her husband, George, gave to her over the years. Though, I admit, as I slip the bag into my pocket, I've already got used to carrying the locket around with me, almost like a talisman...

I check my diary: three tours scheduled for today, with one guide on holiday, so I'll be stepping in. Unfortunately. Until I get to the bottom of things, giving house tours has become an unwanted distraction.

I shower, dress and put on the coffee maker in the kitchen. While the machine is burbling in the background, I unplug my mobile phone from its charger. I feel instantly better when I see that there's a text from Tim Edwards.

I had a great time last night. Looking forward to dinner.

There's also an apologetic text message from Karen. I decide to give her a call while I'm waiting for the coffee to brew. She answers on about the sixth ring, sleepy and cross. But when she hears it's me, she revives a little.

'Alex! I'm glad you called. I've done quite a bit of meditation and prayer over what happened. I really am sorry.'

I smile down the phone. 'I know. And – don't worry. What's done is done.'

'Yes. I know. And I've come to the conclusion that if God wanted me to be a nun, he wouldn't have set up the C of E.'

'He didn't – Henry the Eighth did.'

'Technicalities...'

'Whatever.' I laugh. 'But I've taken it on board what you said about my needing to get out more.'

'Really? Do tell.'

I give her the lowdown on Tim, holding the phone away from my ear so that her grand whoop! and 'Go Girl!' doesn't deafen me.

'But he didn't ask me to stay over,' I add. 'Should I be worried?'

'Not a bit – that means he must like you a lot.'

'But why me?'

'No idea.' She gives a mock snort. 'But just go with it.'

I then tell her about the widows and orphans.

'He sounds perfect for you,' she says. 'The proverbial match made in heaven.'

I roll my eyes. 'We'll see. But there's more too.'

I give her the short version of other events – from finding the jewelled locket, to being locked in the loo, to the way that Mrs Fairchild is acting. As per usual, Karen glosses over most of it. 'It sounds like some kind of a prank,' she says, when I describe the call to the police from someone pretending to be Catherine Fairchild.

'But what about the envelope and the letter? Do you think someone could be blackmailing her?'

'Hard to believe. I mean, do you really think Mrs Fairchild is hiding some deep dark secret?'

'I wouldn't have thought so. But how well do I really know her?'

'You're a good judge of character. I mean – we're friends. Right?'

I detect a note of remorse in her voice. 'Yeah, we are. And I'm sorry I got so mad.'

She laughs. 'Okay. By the powers vested in me by the church, I pronounce that we're both forgiven. Deal?'

'Deal. But listen, there's something else too.'

I tell her about my visit to the Clockmaker. I don't mention that he was attractive, though in a quirky, unconventional way.

'So what is this jewelled locket? Could he tell you anything about it?'

'I don't know. I ended up leaving in a hurry,' I say, rushing the punchline. 'Turns out, he's a Heath-Churchley.'

'No!' she groans. 'The sins of the vicar visited on the flock.'

'Something like that.'

'Did he know who you were?'

'I don't think so. I panicked and left before he could figure it out. I didn't want "Daddy" to know I'd been there.' I sigh. 'I need to do something, though. I'm sure that whatever's bothering Mrs Fairchild has something to do with that locket. Otherwise, why would she have left a note that says *For Alex??* with the exhibition things, and then not want me to use it?'

'Maybe she doesn't know anything about it – like she said.'

'But why have me take a look at it?'

'Don't take this the wrong way, but it sounds like you've been reading too much Miss Marple.'

'No, I haven't. It *is* important... I'm sure.'

All of a sudden at the other end of the phone I hear a soft moan and a playful slap.

'Karen,' I say, 'is there someone there with you?'

'Whatever gave you that—' She gives a high-pitched giggle. 'Stop that – go back to sleep.'

'I'm going now,' I grumble.

'Good idea,' she says. 'If the locket is that important, then you'd better get to work on it.'

I hang up the phone, unsure whether to be in awe of Karen's exploits or downright disgusted. In any case, she can do what she likes, but *I'm* going to make myself useful. I go over to the main house to put the locket in Mrs Fairchild's jewellery box. As I pass the dining room, I notice that a few place settings along the banqueting table have been moved, and a glass

109

is tipped over and broken. I detour into the room.

The dining room is part of the original Elizabethan manor. The walls are covered in dark wooden panelling with a carved frieze of fruit and animals along the top. The ceiling is white, geometric plaster, and there's a huge fireplace with an intricately carved mantle taking up one entire end of the room. The dark walls contrast with the flood of light that comes in through the large, diamond-paned windows that run the length of the room. The focal point is the long table in the centre of the room on which a tableaux of faux food is set.

I go over to the table and fix the display, wrapping the pieces of broken glass in a cloth serviette, and taking another cheap glass out of the sideboard to make sure nothing looks amiss. As I'm about to go and dispose of the glass, I notice a single sheet of paper lying on a chair near the fireplace. Although this is one of the main rooms on the tour, Mrs Fairchild likes to sit in here sometimes because it's opposite the modern kitchen. She must have left the paper behind. I pick it up to move it somewhere so it won't get lost when the next coachload of people begin tramping through. Certainly, I don't mean to pry into Mrs Fairchild's private business, but I notice that the paper is a page photocopied from a small notebook or journal. The writing is small and cramped and definitely not hers.

Giving in to my natural inclination to be nosy, I set down the serviette and begin to read. It's a single entry of a diary dated November 1940. My heart seizes up. An ambulance driver sees a girl crawl from the rubble of a bombed housing terrace. She lifts her head and begins to catch snowflakes on her tongue. The image is beautiful and heart-breaking all at once.

But at the bottom of the paper is an angry scrawl in blue biro – the same as on the envelope I found. '*I know what he did!*' it says.

'Alex?'

'Oh!' I jump. Mrs Fairchild enters the room carrying her

knitting bag. She looks down at the paper in my hands. I brace myself as a cloud drifts across her face.

'Sorry,' I say, quickly holding out the paper. 'I was doing some tidying up in here. A tour is due in half an hour. I think you left this.'

'Thank you.' She takes the paper, folds it, and tucks it into the pocket of her cardigan. Then she turns to leave.

Afraid the moment will be lost, I speak in a low voice: 'Please, Mrs Fairchild, I want to help. You know I do. And I think you want me to.'

She stops walking and turns to me, her face sunny as if nothing's wrong. 'I keep forgetting where I've left things.' Her voice is pleasant, matter-of-fact. 'It happens when you get old.'

'What is the jewelled bird, Mrs Fairchild?' I press.

She runs her hand over the carved wood of the door frame. 'It's just a locket,' she says after a moment. 'A pretty piece of jewellery.'

Time is ticking, and my tour will be arriving soon. I put my hands on my hips, determined to wait her out. 'Tell me...' I say.

Still hesitating, she looks at my face, but I have the feeling that she isn't seeing me. That she's in another place and time altogether.

'Frank Bolton gave it back to me,' she says finally. 'I'd lost it somehow. But then, he was there, in the orphanage, and he gave it to me.'

'An orphanage?' I say softly. 'Are... are you the girl in the diary entry?'

My question seems to teleport her back into the room with me.

'Yes.' She nods. 'I was orphaned in the Blitz – in a raid on East London. My mother was killed, but I managed to crawl out of the wreckage.'

'You're an orphan?' Shock reverberates through me. I never would have guessed – not in a million years. As far as I – and the world – know her, she's the daughter of Frank Bolton, the Knicker King. 'I had no idea.'

Her smile fades. 'I don't like to talk about it, as I'm sure you can understand.'

I nod, my stomach roiling with empathy. Technically, I'm not an orphan because I have a dad, even if I never knew my birth mother. But growing up, I sometimes used to wonder about her the same way an orphan would do.

'And in fact, there *is* nothing to talk about,' she adds. 'It was so long ago. And to me, Frank Bolton is my father. The only father I've ever had or needed. When he collected me that day, he said everything would be fine. And it was. I was his daughter in every way that mattered. I was happy.' She pauses and something inside her seems to deflate. 'As for who my blood relatives are – I've long come to grips with the fact that I'll never know.'

'I'm sorry,' I say lamely.

'There's no need.' She smiles reassuringly. 'Young people these days have different ideas – modern ideas. If you're adopted, you go in search of your birth parents as a rite of passage. But it wasn't like that in my generation.' She squares her shoulders. 'We had orphanages and matrons, not foster homes and social workers. You learned to keep your head down and know your place. And if you were lucky enough to be adopted – and extremely lucky to be adopted by good people who raised you as their own – then you didn't ask questions. You didn't look a gift horse in the mouth.'

'I understand.'

'And remember,' she continues, 'we didn't have fancy computers or the worldwide web. The orphanages had sealed records – or no records at all. And there were thousands of children orphaned during the Blitz – I wasn't the only pebble on the beach. Even if I wanted to, I couldn't discover the truth.'

'I understand,' I repeat.

She lets out a long sigh and leans against the door frame. 'I know you do, Alex. But not everyone does. There are some people who refuse to let sleeping dogs lie.'

'Is that what the message meant – the one at the bottom?' *I know what he did!* Angry words, but what do they mean?

Mrs Fairchild's face goes pale. 'I've no idea what that means. It's probably just some prank. Just like the uninvited guest locking you in the loo.'

'Surely a prankster wouldn't have access to Frank's diary—'

'It's not Frank's diary,' Mrs Fairchild says with a frown. 'It's the diary of the ambulance driver who pulled me from the wreckage – a man called Hal Dawkins. His nickname was "Badger". There was a photocopy of the inscription inside the front cover – it must be with the other pages.'

'You've been sent other entries? Is that why you've been—?'

'Alex? Are you there? The tour bus has arrived.'

I curse under my breath as Edith appears at the door.

A wave of relief seems to pass across Mrs Fairchild's face at the fact that our conversation is at an end. She glances out the window, where a large silver coach has disgorged a group of Japanese tourists, their leader hefting a Burberry umbrella to guide them to the front of the house.

'Thanks,' I say to Edith. 'Would you mind showing them into the great hall? I'll be there in a minute.' When Edith has left, I turn back to Mrs Fairchild, determined not to give up quite yet. 'When you were telling me about Frank Bolton and the orphanage, you said that he gave the jewelled locket "back" to you? What did you mean?'

Mrs Fairchild looks momentarily confused. 'My mother had it,' she says. 'She gave it to me as she was dying. She told me to take it and keep it safe.' Her face grows stricken. 'But then I lost it. I don't know how, but I did.'

'Well, it's great that you got it back.' I remove the velvet bag from my pocket. 'I'll lock it back up in your jewellery box. I took it to London yesterday and showed it to the Clockmaker – like you suggested. Who…' I feign nonchalance, 'incidentally, happened to be a Heath-Churchley.'

She smiles guiltily. 'Yes, you've caught me out. I didn't tell you beforehand so as not to deter you. The H-Cs are old family friends. I recalled that the son fixed clocks – has a reputation for it, apparently. I met him a few times when he was young. Always seemed like a nice chap.' I detect a slight twinkle in her eye.

'Right.' I swallow hard. 'Anyway, I managed to locate him, and he had a look at it.' I take the locket out of the velvet bag. 'Turns out it's actually a music box. It was broken and he fixed it.'

'Broken?' She stares at the locket in my hand like she's seeing it for the first time. 'Yes, it was broken – that's right, I remember now.' The shutters drop down over her face and I know she won't share whatever it is she's remembered.

'There was a key shoved inside.'

'A key? To what?'

'I was hoping you might know.'

She shakes her head emphatically. 'No.' Her response is disappointing, but I believe her.

'Have a look at this.' I open the clasp on the locket. The bird pops up on its metal perch and begins its slow dance around in a circle. The impossibly tiny hinges on its beak move, the jewels catch the light, and it 'sings' its song like the tinkling of bells.

Mrs Fairchild's cornflower blue eyes grow wider and rounder, following the bird like she's in a trance. Almost uncannily, the years seem to melt off her face. A sound comes from her throat – a low hum. She closes her eyes. As the song begins again, she opens her mouth and words come out. Words to a song in a foreign language that I don't understand. But the melody is sweet and simple – a lullaby, maybe. Suddenly she opens her eyes and gasps. 'Put that away!' she yells. She cups her hand over mine and snaps the bird back into its silver cage. Her eyes are alight with a strange fire. 'Mamochka?' she says, grabbing my arm.

'Mrs Fairchild?' I whisper.

Her eyes roll upwards and she sags against me. I just manage to drag her to a chair where she collapses in a dead faint.

'Help!' I call out, rushing to the door. 'I need help!' I can hear the footsteps of the tour group, the hum of their voices, and shutters snapping on cameras.

Edith rushes over. When she sees Mrs Fairchild draped on the chair, her hand flies to her mouth. 'What happened?'

'She collapsed. Fainted, I think.'

'Should I call an ambulance?'

Behind Edith in the hall, I hear footsteps and worried voices.

'Distract the tour.' I switch to damage-control mode. 'She's got some smelling salts somewhere – I'll try those first.'

'In the kitchen drawer, I think.' Edith says. 'I'll go check.'

'Okay.'

I go back to Mrs Fairchild and smooth the silver hair back from her face. 'It's okay,' I whisper, though in truth I'm terrified to see her like this. 'Whatever's going on, we'll sort it out together.'

She murmurs something, and my heart seizes up in anticipation of her speaking again in whatever language is programmed deep within her brain. But then her mouth clamps shut and the wrinkles deepen around her lips.

'Found them!' Edith returns holding out a little green vial of smelling salts.

'Thanks.' I open the vial and hold it under Mrs Fairchild's nose, turning away myself to avoid the overpowering odour of ammonia. She breathes in, and her nose twitches. She begins to stir just as the lady with the Burberry umbrella enters the room, followed by a clump of tourists. There are a few exclamations in Japanese, and all of a sudden, the click of a camera.

'No photos please!' I jump to my feet and rush over to try to move the crowd out the door. But halfway there, my foot catches the edge of the rug and I go sprawling to the floor. The room explodes with the light of photo flashes and the exclamations of gleeful tourists getting way more excitement than they bargained for on their tour of an old English house.

Part 2

'Only when the clock stops does time come to life.'
—*William Faulkner*, The Sound and the Fury

V

13th November 1940, 12:25 a.m.

Flea and his partner began loading the ambulance with the rest of the bodies. The girl started to shiver, going into shock. 'Stay here,' I said to her. I went to the front of the ambulance and rummaged around for a spare blanket that wasn't already covered with blood. I found one – coarse and crumpled – behind the passenger seat and pulled it out. When I turned back, Flea was bending over the girl's mother, his fingers groping her hand.

'What are you doing?' I said sharply.

'Nothing, mate,' Flea stood up, quickly slipping his hand in his pocket. 'Just checking for a pulse.'

We stared at each other and I saw something unexpected. Cruelty. It was like we hadn't known each other all our lives and that I was seeing him for the first time. He took a cigarette out of his pocket and lit it. The moment passed.

'Go on then,' he said. 'Help us finish loading up.'

I went back to the girl and put the blanket around her shoulder. Her face was blank as she hugged her knees to her chest. Then I helped Flea load Marina's body into the ambulance. Had she been wearing a ring – the plain gold one she often wore so no one would question her having a child? Her fingers were bare and bloated now. I pretended that her blown-apart limbs were just waxworks like in the museum we visited once on a school trip. That the explosions in the distance were fireworks set off for bonfire night. I went about my work as an actor in a pantomime. One of those Greek tragedies maybe, where everyone goes crazy and ends up killing each other.

When the ambulance was loaded, Flea stood ready to slam the door. 'You want a ride back to base, Badger?'

'No,' I said. 'I've got to get the girl to safety.'

'Take her to Sadie's,' Flea said. 'She loves taking in strays. Cats usually. But in this case, she might make an exception.'

I nodded. As much as I wished there was another option, it would have to do for tonight. My bedsit was no place for a little girl, and I knew she should have a woman to comfort her. Flea's landlady – a big, mumsy Northerner – would do.

Flea got into the ambulance, his eyes lingered again on the locket around the girl's neck. As they sped off leaving only me and her, I felt her eyes burning question marks into my skin: What will become of me? Will you leave me too? Why did you save me when there's nothing left?

Fifteen

I manage to revive Mrs Fairchild with a cup of tea, and get her propped up on the sofa by the fireplace. I ask Edith to look after her, for fear that seeing me might cause her to relapse. When I catch up with the tour group, a few people whisper and point; and though I try to salvage my dignity, it's a lost cause. I lead the group through the house as quickly as possible. When the last stragglers are dispatched into the gift shop, I go back to the dining room, but Mrs Fairchild is gone. I find Edith coming down the stairs. 'She wanted to go to her room,' she tells me. 'I said that one of us would check on her after lunch.'

'Thanks,' I say.

Edith and I return to the gift shop and help out Katie – the girl minding the till – with the customers. When the tour bus finally leaves, I go up to look in on Mrs Fairchild, but her door is shut and there's no answer when I knock. Disappointed, I go outside to the garden and find a quiet bench under the grape arbour. I ring Karen and tell her what happened. 'The song sparked a memory in her,' I say. 'She started singing in a foreign language.'

'Weird,' Karen says. 'What language was it?'

'I don't know. Polish? Russian? I'm afraid to ask. She's still in shock.'

'Well, I guess if you can't ask her, you'll need to go back to Plan B.'

'Plan B?'

'You have to go and ask you-know-who.' Karen is matter-of-fact. 'And make sure you keep me posted.'

You-know-who. As much as I hate to admit it, Karen's right.

*

The next day, first thing, I go over to the house to check on Mrs Fairchild, but Edith tells me that she has a migraine and doesn't want to see anyone – by which I assume she doesn't want to see *me*. I arrange for the staff to check on her periodically, and then head back to London.

I retrace my steps from last time, wending my way through the narrow streets to the strange little workshop behind the auctioneers. Heath-Churchley or no, I need to see the Clockmaker.

I arrive at five minutes past the hour, so this time there's no fanfare of chimes to herald my entrance, just a background ticking like a distant hive of bees. It's strangely comforting to find the man I've come to see alone in his workshop just the same as before.

Instead of announcing myself, I stand at the door watching him work. Over his strange light-blue eyes, he has on a pair of industrial goggles, and his tall frame is stooped over as he heats a piece of metal with a blowtorch. When the metal glows red, he shapes it with a tiny instrument, then quenches the metal in a vat. The liquid makes a sizzling sound and steam rises up. It's such an odd trade for a posh public school boy, but watching him work with precision and focus, he's obviously in his element. Dad always used to say that 'the apple never falls far from the tree', but nonetheless, he seems much different than the other members of his family that I've had the misfortunate to become acquainted with.

He removes the metal from the quench bath and drops it into

another vat. He turns a knob to heat the liquid, and puts down his tongs. Then he turns in my direction, like he's known all along that I've been watching.

'Hi Alex.' He removes his goggles and pushes his dark hair off his face. 'I was hoping you'd come back.'

'Hi,' I say, unexpectedly pleased that he's remembered my name. 'I'm sorry I ran out last time. It's just—'

'You discovered my dubious family connections,' he says with a smile. 'Before I could even introduce myself properly. I'm Chris – or' – he straightens up with exaggerated stiffness – 'Christopher, if you ask my father.'

'Unfortunately, your father is not my greatest fan.' I outline the circumstances under which we had the misfortune to meet. I tell him exactly what his father called me, and about his threat to have me 'out on my ear'. Raw emotion wells up inside me – I shouldn't care what some buffoon said to me in a fit of anger, but I guess my peasant skin isn't as thick as I like to think. All the while I'm speaking, he continues to work, but his face creases deeper and deeper into a frown.

'But you haven't been sacked, right?' he sounds concerned.

'No. Luckily my boss, Catherine Fairchild, is too sensible to be bullied.'

'Okay, that's good.' To my surprise, he starts to chuckle. 'Poor you,' he says. 'I know it isn't funny, but that's the way it is with my father – you either have to laugh or cry.'

'I wanted to tell him where to go.'

'You should have!'

'I couldn't though. I was only doing my job – throughout the whole debacle. I thought I was doing the right thing – by getting the substitute vicar.' I shake my head. 'Little did I know.'

'What a cock-up all around – no pun intended. I can just picture Cee-Cee's face. Getting her comeuppance can't have been pleasant.'

'What do you mean?' I raise an eyebrow.

'The wedding was supposed to have happened last year. Until Cee-Cee hooked up with someone on her hen night. They cancelled a week before, rather than on the day. But the result was the same.'

'Another cock-up.' I give a little laugh.

'I'm afraid so.' He chuckles too. 'My baby half-sister isn't exactly a nun. What *must* you think of us?'

I wave my hand. 'Well, if your family is that "old and proud", I suppose you can do what you like.' I pause. 'But I didn't know she was your *half*-sister.'

'Same father, different mother,' he clarifies. 'My mum was from another stodgy old family – the Stanleys. Cee-Cee's mum was Dad's bit on the side. Dad and Mum divorced and he married Cee-Cee's mum. My mum's remarried too. She lives in the south of France.'

'Got it,' I say. 'Come to think of it, the mother-of-the-bride mentioned a step-son – were you supposed to be there at the wedding?'

'Yes,' he says. 'Cee-Cee and I aren't close, but we're still family. I never made it, though. I got a phone call saying that the wedding was off just as I was about to leave London.'

'Well, at least it wasn't a wasted trip.'

He tidies up the tools on his desk back into their slots in the leather pouch, still looking amused. 'Yes, but now, I'm afraid, we've all got to go even further afield. Since you've seen so much of my family's dirty laundry, Alex, you might be interested to know that the wedding's back on.'

'What? You're kidding.'

He grins. 'Now that the wild oats are well and truly sown, they can get down to the business of being Mr and Mrs Churchley-Thursley. Try saying that five times fast.'

I laugh. 'It's good to hear they worked things out – I guess.'

He nods. 'Third time's a charm – maybe. Though Dad isn't

going to spring for a venue like yours again. It's a registry office and reception at the family pile in Scotland.'

'Such a shame.' I pull a face in mock sympathy.

'Isn't it just?' He finishes putting away the tools and indicates around him. 'As you can guess, I'm a bit of a black sheep.' His face is warm and merry. I can't quite figure him out, but in spite of everything, he makes me feel at ease. 'But enough about sordid family details. I don't suppose you came all the way here to talk about Cee-Cee's wedding. At least, I hope not.'

If Tim had said the same thing, I'd have taken it as flirtatious innuendo. But from Chris, I interpret it for what it is – interest in the locket.

'I brought this again.' I take the jewelled bird out of its bag and lay it on his worktable under the light. 'I need to find out more. Mrs Fairchild told me it was just a "trinket" – a "child's toy". She can't – or won't – tell me much else.'

He picks up the locket and turns it over in his fingers, once again looking almost mesmerised by the glittering jewels, the enamel and the filigree work. He flips the locket open with his thumb. The jewelled bird sings its song once through, and he closes it. 'A child's toy,' he muses. 'Maybe.'

My spirits droop. 'If that's all it is, then I don't want to waste your time…'

He glances at me, his pale eyes sparkling. 'The question is, though, who was the child?'

'What do you mean?'

He sets the locket back on the table and moves over to his desk – an antique table at the edge of the room covered with towers of books and papers.

'Have you heard of the House of Fabergé?' He takes a book from the top of the stack. It's bookmarked in several places with yellow stickies.

'As in the Russian Easter eggs?'

'That's the one.' He sets the book in front of me. It's hardbound with a blue and silver jewelled egg on the cover. 'They were most famous for eggs. But really the eggs were just the tip of the iceberg.' He flips the book open to the first sticky. There's a picture of a splendid gold and enamel clock. 'They did jewellery of course, but also clocks and music boxes. Read the description.'

He points to the text under the photo and I read the passage aloud: *'The Charlottenburg Clock featured an intricate gold and enamel dial with tiny gold-leaf edged scales that fanned out into a sunburst. Inside, the brass clockworks were elaborately chased and could be seen upon opening the clock face. However, it's most notable feature was its internal glockenspiel works which featured a menagerie of clockwork animals and birds.'*

'Birds!' I flip through the next few pages. 'Is there a picture?'

'Sadly not. Many of Fabergé's most priceless pieces were lost in the various wars: the Russian Revolution, World War One, World War Two.' He sighs. 'The Charlottenburg Clock was one of the casualties, I'm afraid.'

'That is sad,' I say. 'But this description…' I point to the passage, 'sounds very promising. Do you think this bird could have been made by the House of Fabergé?' My heart thumps harder against my ribs.

'Maybe.' His voice is measured, but his eyes have a cool fire in them. He's excited too.

I turn to the next tabbed page. There's no photo, but a block of text has been bracketed in the margin. I skim the passage – it's all about notable forgeries and fakes of everything from Fabergé Easter eggs to jewels that belonged to the Romanovs.

'Oh,' I say, deflating. 'You think it's a fake, then?'

'No, that's not it.' He flips through the book and his fingers accidently brush mine. There's a palpable jolt of electricity between us. 'It's just that we can't be certain, can we? Not without examining it thoroughly. We'd be looking for a mark, if there is one, and then we'd also need to establish its provenance.'

'How would we do that?'

'Well…' he picks up the locket again and holds it close to his face, examining the enamel work and tiny jewelled forget-me-nots on the case. 'It's important to be able to trace the "story" of the piece. Who owned it, where it came from, how it ended up where it did.'

I exhale dejectedly. 'That could be a problem. Like I said, I'm not sure Mrs Fairchild knows very much. It might have belonged to her mother, but then Frank Bolton reunited her with it in an orphanage.'

'Frank Bolton?'

'He was the owner of Mallow Court. He made his money in women's knickers after the war. He adopted Catherine after she was orphaned in the Blitz.' He's clearly eager for any information I might have – and vice versa. But a seed of guilt has sprouted in my chest. Mrs Fairchild is in a fragile state, and my pumping her for information isn't helping. She seemed reluctant to tell me that she was an orphan, and about her early memories. Then, she went into a state of shock, singing in another language, and fainting in front of a tour group. It doesn't seem right that I share her confidences without her permission. 'That's really all I know,' I finish.

'The lack of provenance complicates matters. But if you like, I could examine the locket. Its internal workings are due a good cleaning and oiling anyway. What I did before was just a start. If I find a mark, then you can take it from there.'

'And if there's no mark?'

'It's still a fine piece of jewellery.' He smiles.

'Okay,' I say, 'that sounds reasonable. So does that mean I have to umm… leave it with you?'

'I assure you that I'm a consummate professional.' He makes his voice sound extra-posh. 'And I can give you a receipt for it that carries the weighty reputation of the Churchley & Sons name on the letterhead.'

'Well, in that case,' I grin, 'okay.'

'Great. Now, if only I can find it.'

While he shuffles papers around on his desk looking for the letterhead, I have a nose around the workshop. The range of flotsam and jetsam extends well beyond just clocks. There are two RCA vinyl record turntables, a 1940s radio, and a reel-to-reel film projector like we had at primary school. 'What are all these things?' I ask. 'Are you a collector?'

'Not really,' he says. 'They're broken bits I've picked up here and there. I've fixed most of them, but haven't got round to selling them.' He smiles wryly, giving me the distinct impression that he probably never will get around to it. 'The truth is, I like to take things apart and put them back together. I can just about manage the electronics they made up to about the late eighties. After that, it's more about computers than mechanics. Not my thing, I'm afraid.'

I laugh, realising that I haven't spotted a laptop or even a clunky old desktop computer. There's something unprepossessing – and quite charming, actually – about that fact. 'Right,' I say.

'Ah, here it is, we're in luck.' He pulls out an engraved folder of rich cream letterhead with Churchley & Sons embossed in black cursive writing. He scribbles something on the paper, tears the sheet off, and hands it to me.

Without looking at it, I fold it and shove it in my bag. 'Thanks,' I say, 'and will you ring me when—'

We both jump as the telephone on his desk – circa 1980s, I'd guess, with a hard plastic receiver, push buttons, and a twisty cord – rings loudly. Chris looks at me apologetically.

'Go ahead,' I say.

He goes over and picks up the receiver. 'Hello,' he says. 'Oh, hi, Sidney.'

I pretend to keep looking around, but I keep my eyes and ears on him.

'Oh, that's not good.' He holds the receiver away from his ear a fraction. 'No, sorry.'

The voice on the other end rises in pitch. It's clearly a woman.

'I'll need to check,' he says, hesitating.

More animated talk on the other end.

'Okay, I hear you. I'll leave here in about an hour. I should make the six o'clock ferry, depending on traffic.'

I resist the urge to cover my ears or walk out of the room. It's like this phone call – and whoever the woman is that the Clockmaker will be 'leaving in an hour' to see – has broken the spell of this odd little world.

With a sigh, he hangs up the phone.

'I'll let you get on.' I pick up my handbag, trying not to look at him, or the locket I'm leaving behind in his care.

'Sorry about that,' he says. 'I've got a family thing at a friend's place on the Isle of Wight. She's worried about my dad and stepmum arriving before me, so I need to leave soon.'

'Fine. You go. Um...' I point to the locket. 'Do you want me to bring it back another time?'

He looks wistfully at the silver lozenge. 'I'll put it in the safe,' he says. 'It will save you another trip.'

A bitter and unwelcome tang of disappointment floods my mouth. A woman 'friend' is removing this man from his clocks, to have a cosy little 'family thing' on the Isle of Wight. Undoubtedly in a huge Victorian retreat with a Grecian-shaped swimming pool, and its own private ballroom. And the jewelled bird, which had so fascinated him just minutes ago, will have to spend a night or two in the safe. And I... well – I'll return to Mallow Court, curl up on my sofa with a glass of wine and a book, like I've done so many times before – like I've been *happy* doing so many times before. But now...

'Fine, whatever,' I wave my hand dismissively.

'Okay then.' He pushes his dark hair back, seemingly chastised by my brusqueness. 'And of course, I'll call you as soon as I have some results.' He gives me a disarming smile that I don't return. 'To be honest, I'd rather be here working on it.'

'I'm sure.' I shrug.

The clocks begin to chime in unison as I turn to leave. The cacophony hurts my ears, and just like last time, I can't wait to be gone.

Sixteen

As I walk to the Tube station, I keep thinking about 'Sidney-from-the-Isle-of-Wight'. I could look her up in *Country Life*. There's probably a lovely soft-focus full-page advert of an 'eligible young lady'. Or maybe a 'taken' one. Perhaps there's another Heath-Churchley wedding in the offing – maybe I should have tried to sell Mallow Court as a venue. The very thought makes me sick to my stomach.

On the Tube, I stare at the people around me, annoyed with myself. I have a perverse image of Christopher Heath-Churchley going up the walk to the pebble-dashed semi in Abbots Langley. He'd be wearing jeans and a band T-shirt, stretching out his long legs as he sits in the yoga studio while Dad pours him a pot of green tea and Mum fusses over bringing him a plate of sausages cooked with kale. He and Dad would probably talk each other's ears off. Until Dad learned of his pedigree. Then it would be 'off with his head'. So the fact that it will never happen is just as well.

I then imagine Tim Edwards in the same situation. A champion of widows, orphans, and the underdog. Right up Dad's street. Somehow, though, I can't see him sitting quite so easily in the yoga studio – it must be that each time I've seen him, he's been wearing a suit. There's something a bit too polished, almost too perfect about him. Still, it could happen, I think.

The train home is delayed, so I decide to get a coffee and

bun. As I'm taking out my purse to pay, I find the receipt from Churchley & Sons that I'd stuck in my bag. I unfold it while I'm waiting. The writing is practically illegible, but I make out the words: *Jewelled bird mechanical locket, possibly Russian late 19th Century.*

A sense of excitement grips me. Could the locket really be a Fabergé? Part of me wishes that I'd shared with Chris everything I know – about Mrs Fairchild singing a song in a foreign language, almost like she was in a trance. Could the language be Russian? I think it could. But even so, surely, that must be a coincidence.

I wait over an hour for the train together with all the other annoyed passengers. I use the time to phone Edith and ask how Mrs Fairchild is. Edith tells me that she seems to be recovered – eating and drinking normally – but has kept mainly to her room. The Mrs Fairchild I know never spends much time in her room, and I'm still troubled by what happened.

By the time I arrive back at Mallow Court, the house is closed for the day and all the staff have left. I let myself inside the main house and climb the stairs to Mrs Fairchild's room. Her door is shut and I can just make out the sound of her heavy, even breathing. Disappointed, I decide not to wake her and return to my flat.

The red light on the message machine is flashing. For a second, hope soars in my chest. Has the Clockmaker discovered something else? But of course not – he's with 'Sidney' – he's probably on the train to Southampton right now. Except – silly me – of course he wouldn't take the train. Instead, he'll be driving down the M3 to the ferry in some fancy sports car – a Porsche, maybe – with the top down and the radio blasting Pink Floyd. My blood simmers with indignation. Chris Heath-Churchley – with his ripped jeans and band shirts – is a fraud.

Instead, it's Tim. His deep voice vibrates a chord deep in

my abdomen and I instantly feel a little bit better – quite a lot better, actually.

'Hi Alex,' he says, 'I hope you're well. Would you like to have dinner on Friday? Give me a ring when you can...' The message clicks off.

'Friday will be just fine,' I say aloud. Funny how keen I now am to 'get out more'.

I pick up the phone and ring Tim. It goes to voicemail, so I leave a message about Friday asking when and where. As soon as I hang up, I can hear Karen's voice in my head haranguing me for not playing harder to get. But the 'rules' don't interest me. Xavier and I never bothered with anything like rules. A memory rises to the surface: Xavier's silky voice calling me his 'amo', running his fingers over my naked thigh as we made love *al aire libre*. But the memory brings the pain and anger flooding back – all the while we were engaged in 'extracurricular activities', Xavier's wife Maria-Terese was at home in Argentina, getting the nursery ready for their firstborn child. Just as well that I'm shot of him.

I wrest my mind back to Tim. Admittedly, things feel a bit less 'organic' than they did with Xavier. But maybe that's not a bad thing.

Thankfully, Tim rings back while I'm still stewing in my juices, and we make plans for Friday. He offers to come up to me (I'm relieved that he doesn't suggest me meeting his gran again – which he must have realised was a bad idea). I volunteer to come to London instead. Let him deal with the awkwardness of putting me on a train – or not – at the end of the evening.

When we've hung up, I eat dinner and flip aimlessly through the channels on the television, feeling oddly restless at having a night in by myself. When I finally lie in bed and fall asleep, my dreams are marred by chocolate eyes, ticking clocks, and the key to something that is just out of reach.

VI

13th November 1940, 12:30 a.m.

'Come on, let's get you inside. It's not far.'

The girl got to her feet and staggered a few steps. I worried that I might have to carry her the whole way. Robbo came back, his camera slung over his shoulder.

'You need help?' he asked. 'A lift somewhere?'

'Nah,' I said. 'I'm taking her to a mate's house. His landlady will look after her. It's just down the road.'

Nodding, he tugged the strap on his camera. 'Got some good footage tonight. Of you and your partners – our brave British ambulance crew.'

Something in the way he said it made my hackles rise. 'Why bother?' I snapped. 'Who wants to see pictures of this shit?'

'Someday, someone might.' He walked off into the night.

The cold seared my skin as we walked together without speaking, her tiny hand in mine. I reran what I saw – Flea, bending over the body – putting something in his pocket. One thing for sure, he wasn't just checking her pulse. I thought of the rumours I'd heard about the looting – kids stealing coins from the gas meters, thieves lifting military medals and anything else they could get their hands on. It was despicable. As if we weren't all suffering enough. But I've known Flea since childhood – he's an upstanding member of the ambulance crew – a public servant. I'd trust him with my life. Out here, in the *horror and the chaos, the mind can play tricks on you. I must have seen wrong.*

The snow had stopped completely by the time we reached the dark terrace of workmen's cottages. In the kitchen window I could make out a tiny crack of light visible under the black-out curtains. I must remind Sadie to tape it up or else she'll get a visit from the constable. But I was relieved to see the light. Good old Sadie – she could always be counted on for a late night supper of beans on toast and the kettle still warm. The girl would be safe here.

'Here we are,' I said. 'Let's go inside and have a hot drink and something to eat.'

It was as if she didn't hear me. Her eyes were huge and glassy – like she was still back at the top of Larkspur Terrace, playing with a jewelled locket and catching snow on her tongue over her mother's body.

As I untangled her hand from mine and adjusted the blanket on her shoulders, I firmly tucked the pendant on its silver chain into the neck of her dress. 'Your mother would have wanted you to keep it safe,' I said. 'Best if it's out of sight.'

Seventeen

Still half asleep the next morning, I crawl out from under the duvet and automatically reach for the jewelled locket, thinking it's on my nightstand. I have a moment of panic when I discover it isn't there. But of course I left it with Chris the Clockmaker, which leads me to unpleasant thoughts of 'Daddy' Heath-Churchley, 'Cee-Cee', and Sidney-from-the-Isle-of-Wight. But as the sun floods through the skylight, the clouds drift from my brain. What does any of that matter when the locket might turn out to be a Fabergé?! I don't know much about jewellery, but that sounds very special.

When I've showered and dressed, I go to check on Mrs Fairchild before the day's tours and visitors arrive. On my way to the house, I notice how the kitchen garden is awash with summer colour – sweet peas, calendulas, dahlia, peonies. There's also sound everywhere – I didn't know before I moved to 'the country' just how much noise there could be – pigeons cooing from the rafters, bees buzzing in the lavender, the ducks and geese by the river's edge exchanging morning greetings, the crunch of my footsteps along the gravel path. Just before the door to the house, I stop. From beyond the hedge arch at the end I can hear the sound of thwack, thwack, thwack. I catch a glimpse of Mrs Fairchild's wide brimmed hat in what is known as 'the secret garden'. I'm relieved to see that she's up and about, going about her gardening as usual.

'Good morning,' I call out loudly, as the scrolled iron gate screeches open.

The thwacking sound stops, and just for an instant, everything seems still – even the insects. Then she waves her shears at me from behind a topiary of a peacock.

'Hello,' she calls out. 'Lovely morning. I'm just off to the garden centre to get some more aphid spray.' She shakes her head and gestures around her at the beds of old roses that frame the edges of the garden. 'These roses aren't thanking me for taking a day off sick.'

I stand in the gateway under the clematis arch. 'Are you feeling better, Mrs Fairchild? I was really worried about you.'

She sits down on an iron bench that's turned green with lichen and pats the seat next to her. 'I'm fine, Alex. Really.'

'Good. It's great to see you up and about.' I sit down next to her, enjoying the sun on my face, the sound of the bees and the scent of the roses. But only for a second. I glance sideways at Mrs Fairchild, noticing that her face is still very pale.

'I know it may not be the best time,' I say, hesitating briefly, 'but there are some things I've been wondering about. Some questions... um... that I wanted to ask you. When you're up to it, I mean.'

She bows her head in a gesture I recognise – from when I did it myself in the police interview room. 'Go on then,' she says. I can tell that she's keeping a stiff upper lip – literally. 'You're right. You deserve to know more. Go ahead – ask your questions.' A cloud passes over her face. 'Though, you may not like the answers.'

'Maybe not.' I brave a smile. 'But you see, I feel responsible for what happened. When I showed you the locket, after I had it repaired, you got...' I choose my words, '... very upset. You obviously recognised the tune that the music box played. You started singing in a foreign language. And then you fainted.'

'Did I?' she flicks at the dirt under her nails. 'Yes, I suppose I did.'

'What was the language?' I cross my fingers behind my back. 'Was it Russian?'

She stares down at her fingers, then at the edging of the lawn, then up at the wisps of cloud in the sky. Everywhere but at me. 'Yes. It was.'

'You said a word too – *Mamochka* – I think. Does that mean mother? Was your mother Russian?'

'I suppose she was. Though… I never really thought of her as my mother.' She frowns. 'Frank Bolton got married shortly after the war ended. To me, his wife, Mabel, was my mum, though she didn't give birth to me.'

'I know the feeling,' I say.

Mrs Fairchild fidgets uncomfortably on the bench but doesn't answer.

'Can you tell me everything you remember about your birth mother?' I say. 'It might help me find out more about the locket.'

'I don't remember much.' Her eyes glaze over as she lapses into memory. 'I was very young when she died in the bombings. Four, maybe. Or five.'

'What was she like?' I say softly.

'I remember a kitchen,' she says, staring into the distance. 'The wallpaper was yellow with stripes. Green stripes. She was standing at the stove. I tiptoed in behind her. She'd left the bird on the table. I was so excited because she'd never let me touch it or any of her special things that she kept under her bed. The bird was fragile and precious – I don't remember her telling me that, but I knew it. The chain clanked on the table as I picked it up. She jolted at the noise, and turned and screamed. The hot water in the pan flew towards me.'

'How awful.'

'She said something – I don't know the words now, but

back then I understood. She thought that the bad people had found her.'

'Who were they?'

'I don't know.' She inclines her head.

'What happened next?' I coax.

'I screamed, and she realised it was me. She dipped my burned arm into a tub of cold water so that it wouldn't scar. She was scolding me, and fussing over me, and crying all at the same time. She wrapped a strip of tea towel around my hand, here.' She traces a blue vein in her wrist. 'But I was still scared. Because I loved her. She was...' she closes her eyes, searching deep in her mind for the word, '... *Mamochka*.'

I reach out and take her hand. Her eyes remain closed, but she doesn't pull away.

'Mamochka was always afraid,' she continues. 'That much I remember very clearly. Always looking over her shoulder – jumping at shadows. We lived in a basement, I think. Next to the yellow kitchen. She didn't like to leave. Sometimes she had to go out to the shops, or up to the street for deliveries. She hated that.'

'But you don't know why she was afraid?'

'No, I don't.' Her eyes open suddenly and she withdraws her hand. 'As I said, I was very young. I remember the sirens – to me it sounded like the screech of a giant, flying dragon. We had to huddle in the dark – the wine cellar or under the kitchen table. I couldn't look at books or play with my doll. I was supposed to go to sleep, but how could I? All that racket above us – outside. The house shaking and shuddering. Night after night. I wanted to make Mamochka proud by being brave, but really, I was scared.'

'I'm so sorry.' The words sound hollow and impotent. 'It must have been such a terrible time – terrible in a way that people of my generation can't even imagine.'

'Yes, that's true.'

'And what about the locket? Where did your mother get it?'

'I don't know.' She looks momentarily confused. 'All I knew was that it was a pretty, shiny thing. She had a wooden box of pretty things under her bed that I wasn't supposed to know about. But I loved the bird best. I wanted to play with it, but she wouldn't let me. She'd slap my hand if I tried. Then later – not long before she died – the tune stopped playing. She told me it was broken, and that I should forget about it.'

'Did you ever see a small gold key?' I say, hoping to encourage her.

'No – I don't think so. Unless the box under her bed had a key? I don't remember much of anything. Just impressions. The only thing that's real to me from that time is the bird – I remember the bird. And *Mamochka* singing. I didn't – remember it, that is – until you opened the locket and the bird sang that song.' She begins to hum, but doesn't sing the foreign words. 'That's when it all started to come back – the yellow kitchen, being afraid of the screeching dragon, the sting as the hot water hit my skin. I guess…' her lip quivers, 'I blocked it out. The way people do.'

'Yes. That's common, I think.'

She sighs again. 'There was another kitchen,' she says. 'With a big woman who talked funny. She had a lot of cats. I don't know who she was, to be honest. All I remember is that her kitchen was very brown. The wallpaper, the furniture, the floor. And there was a clock that looked like *Mamochka*'s box. I remember, the bread tasted like sawdust and the beans were very runny. I didn't like them. But I didn't want to say.'

'And *Mamochka* wasn't there?'

'She was dead.' She turns away and wipes a tear from her eye. 'When I was in the brown kitchen, *Mamochka* was dead.'

I remain silent, hoping she'll tell me more.

'I cried – I remember that. I sat at the table in the brown kitchen and cried. I'd lost it you see. I'd lost the bird.' She stares at the wall. 'I know I had it. There in the snow, I had it. But then, it was gone.'

'Did someone take it?'

She ignores my question. 'I remembered what *Mamochka* said with her last breath. She told me to keep it safe. She meant the bird, I suppose...' She presses a hand to her temple like the memory hurts. 'Oh, I don't know! It was so long ago.'

'It's okay,' I say gently.

'Then the people came – a man and a woman. I suppose the big woman must have called them. They took me away in a big black car to the orphanage. It was so cold, and I missed those runny beans on toast.' She shudders. 'And the bird – most of all, I missed the bird.'

When she finally looks up, her eyes are bloodshot and haunted. Sixty years later, and the memories are still raw for her. And maybe for someone else, too? Could that explain why, someone is haunting her with the past? Though nothing in her story gives me even the slightest clue as to what she could be blamed for.

'And then what happened?' I gently urge her to continue.

'It was horrible there,' she says. 'I don't want to think about it. There were so many of us – all sleeping in tiny camp beds. It was freezing. There was no coal – no heat. And the food – well, you couldn't really call it food. I've no idea how long I was there – days? Weeks maybe? And then miraculously...' her face blooms, '*he* was there – Frank Bolton. Someone pushed me down on the playground outside. I skinned my knee and I was crying. I ran to the matron's office. A man was there. He had light hair and a nice smile – he looked very jolly. For a second, I thought he was Father Christmas. He winked at me and held his hands behind his back. "Pick one," he said. So I did.' She giggles like a girl. 'The first hand was empty. I felt so sad. But then, he told me to try again. I picked the other hand. And just like that, he held out the bird.'

'But how did he get it?'

'He said, "This belongs to you, right?" He winked again. I was crying and laughing, all at the same time. He knelt down and took me in his arms. He smelled like chicory coffee and carbolic soap. So – safe.' She smiles angelically. 'He put the bird around my neck and said that everything would be all right. That I'd never have to worry about anything again. And you know what? It was true. He gave me a good life – a happy life.'

'I'm so glad.'

Wiping her eyes, she stands up, and walks towards the tall wrought-iron gate. I can see how upset she is, and I hate that I'm making things worse with my questions. But she was the one who set me on the trail of the locket. She's the reason I'm doing this.

'Why you?' I say before I can stop myself.

She stops walking. 'What's that?'

'I mean, I'm sure you were an adorable five-year-old,' I say, 'but there were thousands of orphaned children. And Frank Bolton had a wife and later on, two sons. It wasn't as if he couldn't have children of his own. Why did he adopt you?'

She stands absolutely still, staring straight ahead at her exit route. Slowly, she turns to face me. 'Maybe the question *you* need to ask is: why you? Why would I put you, Alex Hart, manager of Mallow Court, on to the trail of the jewelled bird?'

Since I've been the one asking all the questions, she's caught me off guard. 'I don't know,' I say truthfully.

'Look at me, Alex.' Her blue eyes are wide and earnest. 'Look very hard. I promised that I wouldn't tell you directly, but now...' her body begins to tremble and a fresh line of tears snakes down her cheek, '... now you deserve to know.'

I stare at the old woman – my employer, but also my friend –– standing in her beloved garden, where I know she's happiest of any place on earth. The last three years rewind themselves in my head – from the day the letter seeking a manager ended up on my advisor's desk, to our first meeting, to all the conversations we've had, the laughs we've shared, the problems big and small that we've tackled together – the daily intertwining of our lives here at Mallow Court. The breath leaves my chest like I've been flattened by a very large bus. Too late, I raise my hands in crash position, as if to somehow ward off the shock.

'You're my... my...'

'Your grandmother,' she finishes, her eyes shiny with tears. 'The mother of your real mother. My Robin...'

My mouth makes a wide 'O' but no sound comes out.

'Yes, Alex, it's true.' She takes a tentative step towards me, dabbing her eyes with a tissue. 'I wanted to tell you before – so many times. But I couldn't. So I decided the best way would be to give you the bird – the only thing I have left of my mother. I knew you'd ask questions about it and want to discover the truth about my family – *our* family. Because family is so important. I guess I never really understood that until I lost my daughter – your mother.'

She reaches out her hand. I take it, feeling the warmth as her blood courses through her veins. *My blood*.

'Tell me,' I whisper hoarsely.

She stares up at the passing clouds, marshalling her strength. 'Robin was a free spirit,' she says. 'Practically from the minute she was born. She was a sickly baby so I worried about her – which she resented. We never really saw eye to eye on much of anything.' She sighs. 'She was a modern girl. Whereas, I was very traditional. I mean...' she lets go of my hand and gestures around her, '... we lived here.'

I stagger over to the bench and collapse onto it, clutching the arm for dear life.

'When she turned seventeen, she couldn't wait to leave home. I gritted my teeth and let her enrol on an art course in

London. I thought that would be enough.' She shakes her head. 'But it was just the tip of the iceberg. She fell in with a "bad crowd" – at least that's what George and I thought of them. It was like the sixties all over again, but without the innocence. They had the long beads and flowing hair, and the drugs too. But they were anti this and anti that. Protesting, travelling around. She certainly wasn't studying art.'

I stare at a bee buzzing in white roses, trying to take in what she's saying.

'Next thing I knew, the postmarks on her letters came from America. She'd become a groupie following after some band – the Grateful Dead. She told me not to contact her – that she and her friends were founding a commune. Live a pure life in a peaceful, classless society. They were going to sever all contact with "warmongers" in the outside world.' She shakes her head. 'My first instinct was to get on a plane and go find her. She was only eighteen. But George persuaded me not to. He thought I was too protective – that we needed to let her "sow her wild oats" and whatnot.' She sighs. 'Afterwards, there was a part of me that hated him for that.'

'She... died?'

'Yes.' She bows her head. 'She died because she didn't have any proper medical attention when giving birth. She had an internal haemorrhage. As a child she used to get tired and bruise easily. But I had no idea that having a baby would... you know...'

'I killed her.' The words escape my mouth and echo around the hidden garden, screaming into the cracks in the paving stones, poisoning the air, the trees, the flowers, every molecule of beauty around me. 'I killed my mum.'

'No, dearest Alex.' Mrs Fairchild sits down on the bench – at the other end, giving me space. 'It's not true. It was a dreadful mistake made by others – by Robin, by my husband, by me.' She shudders. 'She should have been in hospital, not in that horrible… place. But hindsight is twenty-twenty, of course.'

I put my head in my hands.

'And your dad feels it most keenly of all.'

'Dad?' Anger boils up inside me. 'So he *has* known the whole time.'

She lays a hand on my shoulders. 'Please, Alex. I don't want to drive a wedge between you and him. Not now of all times when the whole family has to stick together.'

'So he's the reason I wasn't told?'

'He made it clear that it was his place to tell you or not – not mine. I respected that. But maybe we were all wrong, I don't know.'

'*Maybe* you were wrong?' I stand up, my hand shaking with the urge to rip out a rose bush by the roots and dash it onto the path. I settle for standing up and kicking the stone wall behind me. Hard. The sting in my toe feels good. 'How do you think I've felt all these years, not knowing? When the answer was right in front of me all the time.'

'He and Carol were doing what they thought was best for you.' Her voice holds a pleading note. 'He didn't want you to blame yourself for her death. He also wanted to make sure you had a loving family – him, and your mum, their parents, your aunts and uncles. You didn't need the burden of being different.'

'It sounds like his misguided socialist mumbo-jumbo.' Every vein and artery in my body is sizzling with anger – at Dad – at the lies I've been told and the truth that's been withheld until now. I close my eyes and try to picture a calm, peaceful place. But the first thing that comes to mind is a 'family' trip to the seaside when I was eight, building a sandcastle with Mum while Dad did tai-chi about twenty feet away. I open my eyes. The woman in front of me looks suddenly much older than I've ever seen her before. Good old, sunny, friendly Mrs Fairchild. A woman I'm proud to know and proud to be… working for. Despair racks my body.

'And this job? That was all a sham too, wasn't it? It wasn't a manager that you wanted, was it? It was me.'

'Is that so wrong?' Her face is stricken. 'I was heartbroken when I lost my daughter – and I never wanted to lose you, Alex. But at the time, I agreed to stay out of your life, like your dad wanted, and he agreed to keep me informed about you. We spoke on the phone sometimes, and he sent me the occasional photo of you. You have the same eyes as my Robin.' She gulps. 'And later, when you were at Oxford – I was *so* proud. When I learned you were at sixes and sevens with your young man, I guess I was once bitten, twice shy – I worried that maybe you'd go off to Argentina after him, and who knows what would happen then.'

'*I* wouldn't have done that.'

'And I did need a manager for the estate.' She spreads her hands. 'All I did was make sure my letter ended up on the right desk at your university department.' She smiles sadly.

'So why now?' I say, 'Why keep silent for so long, and now spill the beans?'

'Your dad called me – told me you'd been asking questions. It was the same day I received the second diary entry. And then, there was the "uninvited guest". I don't know what it all means, but there's trouble brewing – I can feel it. I told him that enough was enough. That you had a right to know the truth.' She bites her lip. 'And as soon as the words were out of my mouth, I knew I should have done it years ago.'

I slump back down on the bench, my heart ripping in two. All the questions. All the lies. And yet, does it matter? This woman next to me is my blood relative. My grandmother. She's told me the truth – finally, belatedly. She's given me that – and so much more along the way.

I lean over and put my arms around her. She moves closer to me, not speaking. I appreciate the silence. There are too many chattering ghosts, too many screaming questions. Too many accusations, recriminations, and confessions. And all the while, the bees fly from flower to flower, a bird pecks at the cracks in the path, leaves rustle as a squirrel jumps from a tree and runs along the top of the wall. Life, in other words, goes on.

Mrs Fairchild rests her head against mine. A common pulse beats, cementing the connection between us. Her blood is in my veins, my blood in hers. Right now, for this one unexpected moment, all the rest of it doesn't matter.

Nineteen

She leaves me there – we both know I need some time alone. A whirlpool of emotions is threatening to pull me under. There's joy in finding a connection with a person I already feel strongly for, and sorrow at what Mrs Fairchild – my grandmother – has suffered over the years, hiding her pain behind a sunny smile. And then there's the revelations that I've received. All this time, I'd thought I would gain something by learning the truth, but instead, I feel like I've lost myself. It's almost worse because of the half-truths; the little titbits of information I've been drip-fed over the years – the fact that 'Rainbow' was my dad's new age soulmate, the fact that they couldn't be bothered with things as patriarchal as surnames, and the fact that my mother died 'shortly after my birth'. And I can only surmise that I was told these things to sate my curiosity just enough so that I didn't go asking a lot of questions.

It's infuriating and wrong – and there's only one person who's responsible for it.

Which is why, after stewing in my juices in the rose garden for a good long while, I ask Edith to take over for the afternoon. I jump in my car and drive as fast as I dare to Abbots Langley, and the pebble-dashed semi that in another lifetime I called home.

Unfortunately, I arrive at a bad time. I pull into the road and have to park five houses away because all the nearer spaces are taken. Then I see two women in sleeveless tops and cotton yoga pants rushing around the side of the house carrying rolled up mats. It's Dad's late afternoon Hatha yoga class. And I'm just in time.

I get out of the car and stalk around the side of the house. As I approach the 'spiritual garden' at the back, I can hear the calming music – pan pipes and sitars – that Dad plays for the warm-up, and smell the sandalwood incense. It makes me want to throw up.

My boots crunch through the pebbles of the meandering path. I cross the little bridge with the koi fish underneath, and arrive at the entrance of the outdoor pagoda. Underneath the flat, spreading roof, at least twenty people – mostly women, but also a few men – are lying on their mats doing belly breathing. At the front of the area on a small dais, Dad is lying on his mat. He's wearing his usual all black yoga kit – tight T-shirt showing off a well-developed abdominal core; ankle-length flared trousers, bare feet. His auburn hair is a little bit too long and curls at the end – something that I know his women yoga students particularly admire. 'Breathe in,' he's saying. 'Bring the air from your mouth all the way down to the centre of your abdomen.'

I breathe in deeply. The extra oxygen fuels the anger inside me like bellows to a fire.

'Breathe out. Slowly, shhhhh.'

I exhale sharply clenching my fists at my side.

'Let the spirit flow through you.'

I purse my lips. No one notices as I walk over to where the CD player is plugged in. The sitar makes a flowing riff, and a flute takes over the melody.

'Focus on your belly breathing. The tension is leaving your body.'

'No, it bloody well isn't!' I jerk the cord out of the wall.

There's a collective gasp as all heads turn towards me and a few people scooch up onto their elbows. Instead of sitars, the sound of the nearby motorway invades the spiritual garden.

Dad moves into a lotus position, lacing his hands. We stare at each other for a few seconds. I know that he knows that I know...

'Do we have to do this now, Alexandra?' He hangs his head.

'I'm afraid so.' I put my hands on my hips. 'I'm happy to go into the house if you want. I wouldn't want your "followers" to learn that you're a big fraud.'

'Okay.' Dad drops the 'spiritual voice', 'Shania...' his eyebrows raise as he looks to a lithesome black woman in the middle of the group, 'would you mind taking the class?'

'No problem,' the woman says. But by now, a few people are already sitting up and whispering together.

Dad gets to his feet. 'Shall we go for a walk in the garden? I always find it calming.'

'Whatever.' I follow him along the path.

We walk a short distance and he pauses on the footbridge. 'The bamboo is doing well, isn't it?' He says. 'Do you remember when we planted it together?'

'I do. It was ten years ago – I was on spring break. Add that to another eighteen years, and you'll get my whole life. Which equals the amount of time you've been lying to me.' My breath is angry and shallow. 'All that time, Dad. You lied to me about my birth mother and my real grandmother – whom you knew about all along.'

He leans over the railing and looks down at the colourful koi fish. He's still doing his deep belly breathing, damn him.

I trot out the trump card. 'I mean, is that what Buddha would have done?'

From behind me a sentence drifts into my ear. 'Didn't know she was adopted.' I hadn't realised that I'd been speaking quite so loud. And while yoga bores me to tears, I hadn't realised that the class was quite so eager for distractions.

Dad seems catatonic, so I turn back towards the roofed

area. 'I'm not adopted,' I snap, looking for the culprit among the acolytes. 'He's my real Dad. But he's been spinning a yarn all these years about some new age hippie fling and that he didn't know my birth mother's last name.' I inhale. 'He failed to mention that he's been in regular contact with my maternal grandmother, and didn't bother to tell me that she even existed.' I put my hands on my hips.

Dad lays a hand on my shoulder, startling me. 'Would it help if I said I'm sorry?'

'It might. Not that that will give me back all those years.'

A silver-haired woman glares at my dad. 'How could you do that? She can't get in touch with her spiritual self if she doesn't know the truth.'

A few other people murmur their assent.

'It wasn't like that.' Dad spreads his hands, his northern accent coming to the fore. 'I just wanted her to have a "normal" family – Carol and I, and our relatives. Is that so wrong?'

'She had a right to know,' another woman says.

'I don't know,' someone in the back chimes in. 'It sounds like he had his reasons.'

'I think children should be told everything and allowed to decide for themselves,' a grey-haired lady says.

'We did tell her.' Dad rubs his neck as his tension threatens the peaceful space. 'She knew that her birth mother died.'

'But not that I killed her!' I shout. 'That she died giving birth to me.'

'That's precisely why we didn't—' Dad protests, but he's cut off by the gaggle of his followers.

'Is there any of that ginkgo tea? The poor child can surely use a cuppa...'

Dad sits down on his dais; his normally relaxed hand trembles a little like he's craving a cigarette. I know I am – and I don't even smoke. Two of the women get up and lead me to a table where there's a Japanese tea pot and a forest of little

Raku cups. Except for one woman rolled up like a pretzel and two men chatting about whether relegated Watford will be promoted again, the others get up and follow suit, chattering and socialising. Class dismissed.

I take two tea cups and go over to Dad, sitting down beside him. I hand him a cup, and then take a swig of the foul-tasting, bitter liquid.

'I thought I was doing the right thing for you – and for Mum,' he says.

'Yeah, I know. Mum – you always think she needs protecting. But what about Mrs Fairchild – I mean, Grandma Catherine? Doesn't she count?'

'She's your birth grandma,' he says. 'She wasn't a part of our lives any more than your birth mother was. Not really. Not for the important moments – like when you fell off your bicycle and needed stitches; or when you got chickenpox and were off school for a week; or needed cups of cocoa brought when you were studying for your A levels.'

'She might have wanted to be.'

He shakes his head grimly. 'Is that what you wanted, then – to go to see her in that big fancy house, and have her buy you expensive toys? Make a fuss over you, treat you like some kind of princess? And then drop you home in her fancy car with the leather seats, so you could return to your tiny house and your tiny bedroom, and beans on toast for your tea?'

'Come on, Dad. This isn't about a class struggle. It's about right and wrong. My grandmother lost her daughter. She was grieving. Then you took away her only grandchild. That was wrong.'

'Maybe.' Dad bows his head. 'I just thought our lives would all be simpler – less cluttered, and more authentic – without you having to carry all that baggage. We were happy. You were happy... *are* happy.'

'Authentic! What a load of tosh.'

153

Dad shakes his head. 'I did what I thought was best, Alex…' his voice has an unusually desperate edge. 'I'm sorry if it was the wrong thing.' He reaches out and removes my teacup from my trembling hand. Then, he leans over and folds me in his arms.

The chatting around the tea area ebbs and a few of his followers make audible sighs, like their spiritual leader has just made a remarkable display of selflessness. Whatever. My tears begin to flow, and are absorbed by the thick organic cotton of his T-shirt.

'I love you, Alex,' he whispers into my ear. 'I probably don't say that enough, but it's true.'

'Me too, Dad.' Disentangling myself, I wipe my eyes with a tissue. Despite all Dad's bluster and mumbo-jumbo, I know that he only meant to do the right thing. His version, anyway. 'I'll call you, okay?'

'Yeah.'

I walk over to the CD player and plug the music back in. The sitar and pan pipes take over where they left off. 'Sorry to disrupt your class,' I say to the clump of students gathered around.

'Oh, no problem, dear,' the silver-haired woman says. 'I'm sure my core muscles will thank you for it tomorrow.'

Twenty

I feel a little better after busting up the yoga class – there's nothing like kicking the stones in a spiritual garden to stir things up when you're feeling low. I return to my car and sit there for a long time, staring at the familiar street, the familiar houses, the setting for my familiar life growing up in a loving, if slightly eccentric middle-class family. Dad's right, I don't regret my childhood or my life. It's my grandmother that I feel for. Whereas I lacked someone I didn't know existed, she lacked someone that she did.

And there's another person that my new-found knowledge is likely to hurt – Mum. I turn on the engine and crawl through rush-hour traffic to that dubious experiment in urban planning, Hemel Hempstead, or, 'Hemel' to the locals. It's already five o'clock by the time I pull into the car park of the building where she works as an accountant for an insurance company. I worry for a second that I will have missed her, but then I catch sight of her ginger updo and the floral rainy day coat from Boden that I bought her for her birthday. She's chatting and laughing with a friend, and I consider driving off and just letting her get on with her day. Dad can tell her – or not – about what happened.

But I open the door and get out of the car. Whatever Dad might decide, *I've* decided that she deserves to know.

'Mum,' I call out, waving my hand. 'Hi.'

'Alex.' Her face clouds over. 'Are you okay?'

'Yes, Mum,' I say. 'I mean, I'm not ill or anything.'

'Good.' She lets out a long sigh of relief. I feel guilty then for worrying her by not ringing ahead. Two years ago, Mum had a cancer 'scare' when they found a lump on one of her breasts. It turned out to be nothing, thankfully. But ever since then, Mum's had a strict vegetarian diet (luckily, vegetarian includes chips) and she's been jumpy whenever either of us get so much as the sniffles.

'Can I talk to you?' I give her friend a pointed look.

'See you later, Carol,' the friend says. 'I'm agile working tomorrow so I won't be in.'

'Okay.' Mum smiles. 'See you next week.'

The friend walks off.

'Shall we go home?' Mum suggests. 'I've got a nut roast ready to go in the oven.'

'No thanks, Mum.' (I've always hated nut roast). 'Is there anything here we can grab?'

'Well,' she says briskly, 'there's the chippy.'

'Okay. I'll buy.'

We walk together back out to the main road near the train station. I can smell the chippy miles before we reach it, and my stomach rumbles in anticipation. Mum natters brightly about her work – the cake stall for the summer fete, a new hire in finance ('so good-looking – and single, I think'), a sari-print top she thought I might like in Fat Face. Although we have very little in common, I've always thought of Mum as one of the best people in the whole world. She's open and honest, and homely, and – in a word – *normal*. She reads the *Daily Mail* and *Hello!* likes cooking but hates ironing, watches *Eastenders* and *Emmerdale*, hates herbal (including ginkgo) tea. She prefers step aerobics to yoga, and couldn't tell a Gothic arch from the Arc de Triomphe. She votes for any candidate she likes the look and sound of, regardless of political party. Looking at Dad and me, it's easy to believe that she's not my biological mother.

'So Alex, how's your job going?' she says as we stand in line to order (chips and mushy peas for her, a large cod and no chips for me).

'Fine.' I know she's gearing up to ask me why I'm really here. I tell her about the increase in tours we've had lately and the costume exhibition that's opening soon.

'It sounds lovely,' she says wistfully. 'I must come again soon and visit your gift shop – I love the old rose hand cream you stock.'

I promise to bring her some next time. We bring our drinks to the table. I note that she almost imperceptibly purses her lips before her next question. 'And how's Mrs Fairchild getting on?'

I take a long sip of my Diet Coke. 'Not so well.'

'Oh?' she cocks a well-plucked eyebrow. 'She's not ill, I hope.'

'No. Just... you know... family troubles.'

Mum's mobile rings. She fumbles for it in her coat pocket. 'Just a second,' she says, 'it's your dad.' She presses the button to pick up. 'Hi, Duck,' Mum says. 'I'm just having some supper with Alex.'

I stare at the cars passing outside the window and listen to the loud sizzling of deep-frying fish and chips. I try not to pay attention to their conversation. Mum mostly listens as Dad talks for a long time. She glances up at me a few times, but her face gives nothing away.

'I understand,' she says finally. 'Bye.'

With a sigh, she ends the call. I stare down at the initials carved into the wooden table, all of a sudden wishing that I hadn't come here; that none of it had 'gone down' the way it did.

'You've known all along, haven't you, Mum?' I say. I wait for the sweeping tide of anger to come over me, as it did when I confronted Dad. But it doesn't come. Instead, I just feel a strong urge to protect Mum, and wish fervently that I didn't have to hurt her now.

'You may think that your dad is to blame,' she says, looking distressed. 'That he's the reason we didn't tell you everything.

But that's not true. He's not one for secrets and things. It goes against everything he believes in. He did it to protect me.'

'But Mum...' I sputter. 'Why? Did you think I wouldn't love you? Did you think I'd love some dead woman more just because she gave birth to me?'

'I don't know.' She stares down at her bitten-off nails. 'Yes. Yes, I suppose that is what I thought.'

'But that's crazy.' Our food arrives at the table, but neither of us touch our plates.

'Is it?' Her blue eyes begin to water. 'Maybe. But I couldn't take the risk. You see, Alex, I couldn't have children of my own. You were everything to me.'

Tears well up in my eyes.

'I was madly in love with your dad,' she says. 'He was so arty and creative, and full of ideas. Then there was the whole Indian thing – the Kama Sutra and all.'

'Too much information.' I blurt out.

She blobs a lake of ketchup onto her plate and stabs a chip into it. 'But the best thing about meeting your father was the fact that he had you. We were a complete package; a ready-made family.'

'Why couldn't you have children?' I ask quietly.

'I had an infection when I was a teenager. It made me infertile. Your dad didn't mind – he had his hands full with a baby, starting up his business – all that. He was open and honest with me about what happened with... your birth mother.'

'That I killed her.'

'No, Alex!' Mum reaches out and grabs my hand. 'From what I understand, she died of a health condition. Having a baby put too much strain on her and she started bleeding. Haemorrhaging. Your dad and his lot didn't have a clue. A transfusion might have saved her if she'd been in hospital. But she wasn't.'

I swallow back a sob. For my birth mother, I feel a remote

kind of sadness – for someone I've never met, and never will meet. Whereas Mum's pain is on display right in front of me.

I go over to her side of the booth and put my arm around her. The tears begin to flow down her face like droplets of rain on a window.

'We should have told you everything – that you had a grandmother who was alive. But the idea of it made me feel like there was a hole in the pit of my stomach. I didn't want her around – looking at me and judging me. Knowing I could never be as good as her rich, well-brought up daughter. Thinking that I was a rubbish mother not fit to raise her granddaughter.'

'No one could ever think that!' I say. 'Not ever. And certainly not her. Mrs Fairchild was sad about losing her daughter, but she would have respected you and Dad, I'm sure of it.'

She takes a tissue from her pocket and dabs her eyes. 'I know – and I'm sure you're right.' Turning to me, she grabs my hand in earnest. 'Oh Alex, just tell me – can you ever forgive me for what I did?' She shudders. 'The fact is I would do it again in a heartbeat. I love you, Alex. You're my daughter.'

'And you're my mum; of course I forgive you – and Dad, for that matter.' I lean in and rest my head against her cheek. 'I just wish you would have trusted me, that's all.'

'Yes,' she concedes, 'We should have done. Probably. It's just that I...'

'... couldn't take the risk,' I finish for her.

'Exactly.'

I kiss her cheek and return to my side of the booth to eat my cod. She plays with her chips in the pool of ketchup, for this one moment her seeming more like the daughter and me the mum. 'So what happens now?' I say.

She takes a sip of her drink. 'Now you know the truth. I suppose you need some time to take it all in. Then, I'll be happy to answer any questions you have.' For the first time, I see a ghost of a smile cross her lips.

'Actually, I've got some questions that need answering now. Starting with, what do you know about Catherine Fairchild?'

'Not a lot, I'm afraid.'

'Did you know she was orphaned in the Blitz?'

Mum shakes her head.

'And adopted by Frank Bolton.'

'Adopted! I never would have guessed. I remember meeting her that first time when you started working at the house and we came to visit you. She's so proper and well-spoken. She oozes class and good breeding.'

'I think those things come from going to good schools.'

'Yes, maybe,' Mum concedes. 'In that case, it sounds like she was very lucky. There must have been so many children orphaned in the Blitz. It was nice of Frank Bolton to adopt her.'

'Yes. Very nice...' I hesitate.

'You think there's more to it?'

'I don't know. It's just that a few odd things have been happening lately.' I tell her about the envelopes being left by the 'uninvited guest' – omitting the part about me being locked in the loo and then arrested.

'That is odd. And a bit unsettling.'

'I read one of the letters,' I say. 'It was a diary entry. From the war – during the Blitz.'

'Really? And you don't know who's sending these diary entries? Or why?'

'No – I've no idea.' I tell her about the locket, wishing I had it to show her – but it's still with the Clockmaker in his safe. I recount Mrs Fairchild's 'episode' when I showed her the newly restored musical bird and she fainted.

'How awful.' Mum's brow furrows in concern. 'So what are you going to do?'

'Get to the bottom of it.' I trace my fingers over the carved initials in the wood. 'And learn more about my birth family... if that's okay with you?'

'Oh, honey, of course it is.' She purses her lips. 'I just worry, that's all.'

'I know, Mum.' I take her hand across the table and give it a squeeze. 'But I'm fine, really. Or else… I will be. It's just a lot to take in right now. But I want to find out more – about the locket and about Catherine Fairchild's mother.'

Mum withdraws her hand and fiddles with her wedding ring, lost in thought. 'I might be able to help,' Mum says slowly. 'It's a long shot – a very long shot.'

'What?' I lean forward.

'Well, I could speak to someone in our life insurance department at work. They've got people who trace family medical histories. Granted, not that far back, but…' she shrugs. 'I could make a few calls.'

'Really?'

'It may well come to nothing, though.'

By some unspoken cue, we both get up from the table. 'You never know, Mum,' I say. 'And in this case, I think it's worth the risk…' I give her a long hug and a kiss on the cheek.

On the way to her car, I promise that I'll drop in for Sunday lunch – ('nut roast sounds great, thanks – or maybe I'll bring a vegetable curry') – and give Dad a call in a day or two to help him heal his wounded chakra.

Twenty-One

My meeting with Mum has taken the storm out of my sea. When I return to Mallow Court the lights are off – Mrs Fairchild has choir on Thursday nights – so I don't try to seek her out. Instead, I collapse on the sofa with a glass of wine, too tired to think, but with my mind racing.

I stare up at the skylight and the silver grey clouds, aching inside over the things I've learned. I feel desperately sorry for the birth mother I'll never know, and for Mrs Fairchild – my grandmother (it will take me a while to get used to thinking of her in those terms) – who luckily broke the silence and contacted me (though I'm still miffed that it wasn't solely my skills as a manager that she was after). And Mallow Court – I now understand why, deep down, I felt an affinity to the house from the first moment I saw it. It's a part of me too.

But as Mum said, I'll need some time to take everything in and process it. In the meantime, it's the future I need to be focusing on. And first off, I need to get to the bottom of the anonymous diary entries and stop whoever is harassing Mrs Fairchild.

I filter back through the memories that my grandmother imparted when we spoke in the garden. It was a jumble – understandably so – but she was vivid enough in describing *Mamochka* – who lived in fear of something, or someone, in a little flat next to the yellow kitchen.

Then, between the yellow kitchen and the orphanage,

Mrs Fairchild mentioned a brown kitchen. Maybe a foster family? And throughout, the one common thread is the jewelled bird. A pretty locket given to Catherine by her dying mother. The locket then disappeared for a short time, and Catherine was reunited with it at the orphanage by Frank Bolton. How did he end up with the locket? And why did he adopt her?

The questions spin around in my head, colliding with the raw emotions of the last few days. Whatever the truth is about Catherine Fairchild, it's my truth too. She's my grandmother. My grandma...

*

I must have dozed off because the next thing I know, my phone is ringing, jarring me awake. It takes me a second to realise that I'm in my flat – safe and sound. In my dream I was running away from a storm of fire, as bombs exploded all around me and a black cloud of rubble flew through the air. My brow is drenched with sweat.

Moving in slow motion, I reach for the phone on the table. 'Hello,' I say groggily.

'Alex? Is that you?'

'Yes.' I sit upright. The voice on the other end of the line melts the terror of the dream away. 'Hello, Tim.'

'I hope you haven't forgotten about dinner – if tomorrow night's still good for you?'

'Yes, it is.' In truth, with everything that's been going on, it had slipped my mind. But now, butterflies flit around my stomach like I'm talking to a teenage crush.

'Good. Shall we say seven – I know a great little French restaurant...'

We make plans for the following evening. Despite my recent personal earthquake, I can still feel anticipation bubbling below the surface. Seeing Tim will be a perfect escape from all the tumult in my life. He's a safe, upstanding member of the community, with good values – and very attractive. Meeting him again was surely pure luck – or maybe karma – but either way, I plan to enjoy myself.

When the call ends, I get up from the sofa to have a bath. As I'm running the water and steam is rising up into my face, the phone rings again. My towel falls to the floor as I hurry out of the bathroom to get to the phone. I reach it on the sixth ring, and pick up breathlessly.

'Alex? It's Chris Heath-Churchley here.'

All of a sudden, I'm aware that I'm standing there stark naked. But I don't feel cold – not at all.

'Hi Chris!' I say.

'Sorry to call so late. But I may have found something.'

'What?'

He hesitates. 'I'd rather, well… could you come by? It may well be nothing. The thing is, I just don't know.'

'Okay?'

'Can you come tomorrow afternoon?'

'Hold on.' I quickly check my diary. I've got to finish my leaflet for the costume exhibition so it can go to the printers, and then give a lecture on Elizabethan architecture to a luncheon group at noon. And then, there are the bold letters I've written down in relation to the evening: Dinner with Tim – 7 p.m. *La Bouteille Rouge*.

'Would three o'clock work?' I say.

'Yeah.' His voice is sharp with a tension I've not heard before. 'See you then.'

The line goes dead in my hands.

*

In the morning I go over to the main house to go through the day's schedule with the guides, and make sure Edith is okay holding the fort again. As I near the door to the staff entrance, I notice a brown envelope lying on the mat, like a viper waiting to strike. I feel a sickening sense of violation – someone must have come here in the night and left it. All of the security cameras are inside, so there's no telling who it was. The envelope is addressed to 'Catherine Bolton'. I pick it up, determined to open it and get to the bottom of what's going on without disturbing her further. I turn it over to see if I can open it without tearing it. The glue is stuck together so I start to tear the top of the long edge—

The door opens in front of me. It's Mrs Fairchild – Grandmother, I remind myself – in full gardening regalia: rubber clogs, floral-patterned blouse, wide-brimmed straw sun hat. She looks every inch the carefree retiree out to spend a pleasant morning among the roses and dahlias. Except for her eyes – which look dark and sunken like she hasn't slept.

'Good morning.' I say, feeling a bit awkward and unsure what to call her.

'Hello, Alex. Did you sleep well?' Her smile seems forced. Before I can answer, she points to the envelope in my hands. 'Is that for me?'

'It was left on the mat.' Reluctantly, I hold it out to her.

'Thank you.' She takes it from me, her eyes snagging on the torn edge, and puts it in her trouser pocket.

'No problem. Oh, and by the way, I told him off.'

'Your dad?'

'Yes.'

She brushes my arm with her fingers. 'I'm sorry to cause you so much pain, Alex. But it's been eating away at me for a long time. And until I get to the bottom of things, I thought it best you knew the truth.'

'It's fine. And I'd like to help.'

'I know,' she says. 'But right now, I need a little bit of time. The past is difficult enough. It all feels very raw. I hope you understand.'

'Um, sure,' I say, disappointed. 'I'll be around – you know where to find me.'

'I'll get on with the weeding then. It's supposed to rain later.' With that, she walks off, her clogs crunching along the gravel path.

My instincts say to run after her – insist she enlighten me about the envelope and whatever's inside it – more journal entries, I assume. But after several years of being her employee, I don't feel comfortable pulling the 'granddaughter' card. I decide to head for familiar territory – the estate office. On the desk, the message machine light is flashing. There are several wedding inquiries, and a woman ringing about a lost scarf. 'I think it must have been in the main house – or maybe the garden. Or the woodland walk, you know – by the river.' That narrowed down, she asked if I could please have a look, as it was given to her by a 'dear friend who moved away to Australia'. Taking it as a sign, I decide I could do with a walk and go out into the garden to look for the scarf.

It's a pleasant day – a bit hazy with a light breeze. I head down by the river and along the paths of the woodland walk, losing myself in the copse of birches and beeches. I think about all the people who have lived in the house and walked here before me. Frank Bolton was the first one of his family to live here, so even if I was related to him by blood – which, because my grandmother is adopted, I'm not – I couldn't claim kinship with past denizens. It strikes me how despite finding an important link to my own heritage, the chain is disappointingly short.

The walk curves across a little bridge to the shores of the lake. There's no sign of the scarf, so I return to the main gardens. I 'happen' upon Mrs Fairchild in the rose garden, sitting on a curved stone bench between v-shaped yew hedges. Leaning next to her is her rolling edger – her knees have dirt on them and she's clearly been at work. But she's just sitting there, staring off into space. In her lap is a piece of paper. She doesn't seem to notice me, and a moment later she stares down at it. Tears glisten in her eyes.

'Mrs Fairchild?' I say softly, taking a few steps towards her.

'Alex.' She folds the paper swiftly in half. 'Sorry – I was miles away.'

'Sorry to bother you, but I'm looking for a scarf that someone lost. White with blue poppies – it has sentimental value.'

'I haven't seen it.' For a second she looks up at me like I'm a complete stranger rather than her newly claimed grand-daughter. 'Sorry.'

She seems to want to be alone – and normally I'd respect that. But it hurts that she's not letting me in so that I can help. 'I think we need to put a stop to this,' I say. 'We can't have people turning up and leaving envelopes where they aren't meant to be.' I purse my lips. 'And clearly, you're upset.'

I'm hoping – and half-expecting – that she'll hold the paper out to me. Let me read it, get involved, and make it go away. After all, why not? Granddaughter or not, I'm a trusted employee and I'd never betray a confidence.

Instead, she tucks the paper away in her pocket.

With a sigh, I turn to leave.

'Wait, Alex,' she says.

I turn back. She's smiling in the old way – like when we were just employer and employee and there was no long shadow between us.

'You're right,' she says.

I cross my arms. 'Fine. But you'll need to fill me in or I'm going to have to take action.'

'Okay,' she says. 'You win.'

I move closer and stand before her.

'Someone has been sending me things,' she says. 'Diary entries that relate to my childhood during the war. All that remembering – not to mention the changed circumstances between you and me – well, admittedly, it's been a difficult trip into the past.'

'I understand. It's been hard for me too.' I manage a smile. 'But good too.'

She stands up from the bench, her eyes still moist. 'Would it be okay if I...?' she holds out her arms and I go into them. She squeezes me tightly. I can feel the rise and fall of her chest, the beating of her heart. She smells of floral soap with a hint of linseed oil.

'I love you, Alex,' she whispers. 'I've always loved you. I just wish I'd told you sooner.'

'I... I love you too, Grandma.'

She pauses for a fraction of a second – then her worried face blooms into a smile. 'I've waited a long time to be called that,' she says. 'I didn't want to pressure you. But, if you could... learn to see me that way, then I'd be so glad.'

'I do see you that way,' I say. 'Deep down, I think I've felt it all along.'

'Oh Alex.' She kisses my cheeks and wipes her eyes. For a moment the shadow has passed, but I know it's lingering in the background.

We come apart. I hesitate, wanting to maintain this new closeness, but knowing that there are still more questions that I need to ask. I walk over to one of the rose bushes and breathe in the vibrant scent.

'So do you have any idea who might be sending these diary entries?' I ask off-handedly.

'No. I figure someone found the diary and decided to make some mischief. I can't imagine it's more than that.'

I sense she's still holding something back. But at least it's a start. 'Okay,' I say firmly. 'I'll let it go for now, but if there are any more envelopes – or people coming round at night to leave them on the doorstep, then I'm going to get the police involved.'

She gives a little laugh, but her eyes are mirthless. 'Actually,' she says. 'I already have.'

'What?'

'My "friend"…' she gives me a little wink, 'the one I told you about? He's with the police – a former DI. I've told him what's going on and he's going to help.'

'Oh.' I'm a little hurt that she got him involved, whereas for me, getting information out of her has been like pulling teeth. 'And does this "friend" have a name?'

'It's David.' Just saying his name takes ten years off her face.

'How did you meet him?'

'He's retired now, of course, and recently moved up here from London. He gave a talk at a WI meeting about elder safety. He walked me home afterwards, and well… as they say, the rest is history.'

'That's great.' I swallow back a dollop of jealousy. Having just found my biological grandmother, I'm a little reluctant to share her so soon.

'Anyway, he said he may be able to find who's doing it.'

'Okay. That's good. And… what about the locket?'

'What about it?'

'Do the diary entries mention it? The Clockmaker told me that it might be more than just a toy or a trinket. He thought it might be valuable.'

Mrs Fairchild takes her gardening gloves out of her pocket and picks up her trowel. 'I very much doubt it. But you're welcome to find out what you can. In fact – if you like it, it's yours.' She rests her hand on my arm. 'My mother gave it to me when she died – it's the only thing of hers that I have. I would have given it to my daughter. Like a family heirloom. That never happened.' Her smile fades. 'I came upon it when I was looking through some of my old things for your costume exhibition. I always loved it, but it was painful too, so I kept it packed away. But when I saw it, I knew that you should have it – when you found out the truth. But then the diary entries started coming, and things just seemed... too complicated.' Her shoulders slump a little.

'I understand,' I say. I put my hand on hers, as my chest swells with emotion. Maybe it's because my grandmother never got the chance to give the locket to her daughter. Or maybe it's because the truth has finally come to light and she can pass it on to me.

VII

13th November 1940, 1:30 a.m.

'Poor Lamb,' Sadie said. The kitchen was brown and homely, smelling of overcooked meat and male cat. 'Put her by the fire and let's get a hot drink in her.'

I ushered the girl over to the table. On the wall was a wooden clock that I hadn't seen before. I stared at the brass pendulums as they swung back and forth, blurring before my tired eyes like shooting stars. Sadie came over to me.

'You did right to bring her here,' she said to me. 'We'll make her nice and comfortable on the sofa. Though, she can't stay – she'll have to go to the church. Be evacuated with the others.'

I nodded. Of course she couldn't stay. But I didn't want her going to an orphanage either. 'Can you give me a few days?' I asked.

'Yeah. Poor mite.'

'You seen Flea tonight?' I said.

She snorted. 'I ain't seen him in weeks except at breakfast. He's out all night. Working – so he says.' She lowered her voice. 'But I'm not sure I believe him.'

'What do you mean?' I asked sharply. The image of him bending over the dead woman had lodged itself in my mind, refusing to budge.

She leaned closer to me. I braced myself for the words I didn't want to hear. 'He's got a lady friend out Hackney way,' she whispered. 'I think she might be up the duff.'

'Oh.' My knees felt week with relief. I knew Sadie was a good judge of character – she'd never let Flea live here if he was... up to something. I had to stop imagining things. Like the rest of us, Flea was just out there doing his bit.

'Though, he pays his rent on time, so who am I to judge?' she said. 'What about you, Badger – you well?'

'As can be expected. You?'

I sat back, only half-listening, as she launched into a lengthy account of her son, Miles, who's 'out flying missions against them Jerrys'. I know she thinks the boys from the neighbourhood – me, Flea and Spider – aren't pulling our weight because we're not in the RAF. I thought of the blackened bodies in the street – they'll live again, rising up in my dreams until I wake up screaming. And I was glad she didn't know the truth about what I've seen.

The girl quickly became groggy and I carried her over to the sofa. As I tucked her under the crocheted blanket, I saw the silver chain around her neck. I thought of Flea's face as he laid eyes on it – her one small treasure. I pulled the blanket up to her chin. Sadie was here – she'd be safe... and I'd trust Flea with my life... but would I trust him with this...?

No. I couldn't.

'Good night,' I whispered but she was already asleep. Gently, I reached under the blanket and undid the clasp. She didn't even stir.

I kissed her on the forehead, and slipped the jewelled bird into my pocket.

Twenty-Two

I leave the garden, having been gifted a jewelled locket of unknown provenance, and very little in the way of reassurance. For all her denials, I can tell that the diary entries *are* bothering my grandmother. Even if her policeman beau can sort things out, I worry that a fair bit of damage may have already been done.

I tick off my morning tasks – doing the final proof of my guide for the costume exhibition, touching base with the PR firm, which I've hired to do the publicity, and contacting suppliers who are providing food and drink for the grand opening.

Edith and the other staff are busy with visitors and tours, and Mrs Fairchild doesn't come inside from the garden even for her usual morning cup of tea.

At lunchtime, I muddle my way through a speech on Elizabethan architecture to a local history group – luckily most of them seem more focused on putting away the authentic 'meat feast' than on my talk, so I don't have to field many questions.

When my talk is over, I have just enough time to go back to my flat and get changed to go to London. I feel a bit nervous – both about my date with Tim and my meeting with the Clockmaker (though I now think of him as 'Chris'). But I'm also glad to be taking action. If my grandmother can't – or won't – tell me more about the diary entries, then at least I can continue my own enquiries on the locket.

I get the train from Tring, and watch the suburbs blur by,

my mind churning. An hour later, the train pulls into Euston. Walking through the station makes me feel uncomfortable – probably because I'm wearing 'date' clothes for my dinner with Tim later on. Instead of my usual blazer and jeans, I'm wearing a floaty silk chiffon skirt in emerald green that Karen once persuaded me to buy in the sales. I've worn it exactly once – right now. I've also got on a black sleeveless vest and waterfall cardigan. And my boots – black patent with pointy toes – I couldn't face a 'date' without boots made for walking.

I take the Tube to Chancery Lane and wind my way through the maze of little streets off Hatton Garden. I'm eager to hear what Chris has found out, but he'd sounded a bit strange on the phone. Maybe he's discovered something bad – that the locket is a fake or that it's not a Fabergé at all. Even before I knew I was Mrs Fairchild's granddaughter – and before she'd gifted it to me – I'd become very invested in the theory that the locket might be something special. Now, I'm hoping that its origins may be a vital clue to finding out more about her mother – my great-grandmother – and our family history.

I walk past the cool marble facade of 'Churchley & Sons Fine Art Auctioneers' and around the back to the alleyway. At the door in the brick wall, I stand still listening to the hum of ticking clocks. Part of me wants to turn around and leave – avoid the disappointment I know I'll feel if the jewelled bird turns out to be nothing much. And maybe I could have done that before... but not now. Though I can't help but wonder – will we all be better off if I succeed?

... Or if I fail?

*

I go through the door with trepidation not just about the locket, but about what kind of time Chris had with 'Sidney' on the Isle of Wight. The 'down-on-one-knee' kind? Not that it's even vaguely any of my business – and I most *definitely* don't care.

The quarter-past the hour cotillion heralds my entrance as I walk slowly down the corridor to the workshop and stand on the threshold until one by one, bells and chimes fall silent. The ticking sound that replaces them is steady and rhythmic like the beating of a mechanical heart.

I don't see the Clockmaker – where is he?

A sharp laugh filters in through the door that leads to the auction house. It's open a crack, and a yellow rectangle of light spills into the workshop. A man, and a woman. Chris – and the blonde PA?

I *don't care*. Clenching my fists at my side, I march up to the door. 'Chris?' I call out loudly.

The laughter stops. I fling open the door. The blonde PA is standing in a corridor holding a tray of teacups. She glances in my direction and I draw back. Heavier footsteps come towards me. I hurry back to the centre of the workshop and stand in front of the workbench like I've been there all along.

'Alex?' Chris says in his deep voice.

'Sorry to disturb you,' I say flippantly. 'I thought we had an appointment.'

'Yes, we do.' Chris comes into the room. He's wearing loose-fitting jeans and a 'Nine Inch Nails – Head Like a Hole World Tour' T-shirt. I assess his face – good-looking in a craggy way, but impossible to overlook the slightly geeky air of a boy who plays with toys all day. Not the kind of man you'd expect to be quite so popular with the ladies. And yet…

'Did you have a good time with Sidney,' I can't stop myself from asking.

His pale blue eyes twinkle. 'It was okay. How about you?'

'No – I've never met her,' I quip.

He laughs heartily. 'Good one.'

I almost manage a smile.

He goes over to his desk and flips through his papers. 'But you've been well, Alex?' He looks up, studying me. 'You look very nice.'

'Thanks.' My cheeks flush. 'But actually, I've been better.'

'Oh?'

'It's fine. Just a few family issues – you know?'

He gives a huff of laughter. 'I'm no stranger to those, believe me.' He picks up a notebook from the desk. 'Do you want to sit down? I'm guessing you want to hear what I've discovered.'

'I'm surprised you've even had time to look at it.'

'I came back early from the Isle of Wight,' he says. 'I couldn't wait to get started.'

'Oh. So no engagement then?' The words are out of my mouth before I'm even aware of having spoken them.

'What do you mean?' He seems genuinely surprised.

I lower my eyes, embarrassed at my own presumption. 'Well, you, Sidney, her family, your family. A romantic place like the Isle of Wight...' I pause. 'But of course, it's none of my business.'

A slow smile creeps over his face. 'It isn't like that. Sidney's a family friend.'

'Ah.' While I'm processing this information and trying to fathom why I feel so relieved, he pulls out a piece of paper and a sheaf of photographs.

'I had a good look at the locket,' he says. 'I took most of it apart. But don't worry... I put it back together.' He grins. 'It's a remarkable thing – so intricate and well-made. A true piece of art.'

'And what did you find?'

'Nothing.' His eyes are strangely bright. 'I found nothing. No mark – nothing at all.'

'Oh.' Disappointment creeps into my voice. 'That's bad, isn't it?'

'Maybe – but not necessarily.' He signals for me to sit down in the orange vinyl visitor chair. I take a seat and he hands me the photos one by one. To me, most of it looks like parts from a machine catalogue – close-ups of tiny gears and wheels. 'The fact that it doesn't have a mark in any of the usual places might be very significant. But it's too early to know yet.'

'Didn't you say before that no mark was a bad thing?'

'I did – but that was when I thought that the bird might be a Fabergé workshop piece. Those do have a mark.'

'So it's not a Fabergé?'

'I said it's not a Fabergé workshop piece.' He grins slyly.

'I'm not following.' I hand the photos back, feeling a little exasperated.

He opens a book – a different book on Fabergé than the one he showed me before – and points to a highlighted passage. I bend down and read it.

Although most Fabergé workshop pieces bore a Work-master mark, the finest pieces produced in the workshop often bore no mark. These were the pieces commissioned by the Tsar and the Romanov family themselves, often to give as gifts to special friends or family members.

I look up at him in disbelief. 'The Romanov family? Surely you can't think—'

'We can't be certain just because there's no mark,' he says. 'That could mean that it might not be a Fabergé at all – there is that possibility.'

'So is it or isn't it? How can we ever find out one way or the other?'

'We may never know for sure – that's the way it is with art and antiques, I'm afraid. All we can do is find out if the rest of the pieces of the puzzle fit together regarding its provenance. But if you want my opinion...' His face erupts into a grin.

The Clockmaker believes that the jewelled bird might have once been a special piece commissioned by the Romanov family!

'My God.' I feel suddenly breathless. 'Could it really be true?'

'I haven't had a chance to do a great deal of research,' he admits. 'Just on the marks. There were many different marks depending on who produced a piece, and where. I don't know a lot about Imperial Russia in the early twentieth Century. I believe the Tsar was Nicholas II and his wife was Alexandra.'

'There were several children too,' I say. 'And a lot of cousins, aunts and uncles. It was a pretty big family – a dynasty. The Tsar and his immediate family were murdered by the Bolsheviks during the revolution. I'm not sure about all the others.'

'Sounds like you do know a thing or two about it.'

'Not really – just general knowledge. But there is one other thing...' I take a breath. I've trusted him this far, so I decide to tell him about my grandmother and her strange trance when she heard the bird 'singing'. 'Mrs Fairchild sang a song in a foreign language,' I say. 'I couldn't understand a word of it. But she told me later that it was a song *Mamochka* used to sing.'

'Mamochka? Is that Russian for mother?'

'Yes.'

We stare at each other, eyes wide. The unspoken possibilities are a charge in the air crackling between us.

Twenty-Three

When Chris hands me back the velvet bag, I can't resist taking the locket out and looking at it. He's cleaned and polished every millimetre, and the silver and gems sparkle under the bright light of his desk lamp. How could I ever have mistaken it for something modern?

'I'm almost afraid to touch it,' I say, nesting it in my palm.

'Let's not get ahead of ourselves,' he says. But I can sense that he too has done just that. 'Remember, until its provenance is proved for certain, it's just a pretty piece of jewellery, not a priceless treasure. Though the gemstones and the white gold setting are valuable in their own right.'

We both watch as I open the case and the bird 'sings'. It looks precious and magical, like a mythical creature out of a fairy tale, and the sound of the tiny music box is clear and bell-like. It feels like we're both in a kind of trance, held in thrall by this tiny object. When the bird has finished its rotation, I shut the case. Without warning, the troubles and anxiety that have been plaguing me come rushing back. Mrs Fairchild – my grandmother – the diary entries – the 'uninvited guest'. My upcoming 'date' with Tim. Involuntarily, I shudder.

'Are you okay, Alex?' Chris reaches towards me. I can feel the energy in his fingers, but at the last second, he pulls back.

'Yes, I...' I stammer, feeling disarmed. 'It's just a lot to take in. I... suppose I'd better let you get on. And I have some errands in London to do this afternoon.'

A shadow of disappointment crosses his face. I ignore the little voice whispering in the corner of my mind, that actually, I'd much rather stay.

'Maybe I'd better leave the bird with you for now,' I say, 'to keep it safe?'

'Fine with me, but are you sure?'

'Yes.' I'm sure that if he keeps the bird for me, then at least I'll have a reason to come back here again.

'Okay,' he says. 'I'll put it back in the safe. Do you want another receipt?'

I stare at the locket for a long moment. In a way, I'm longing for a receipt on his weighty letterhead, stating that the bird is 'possibly Imperial Russian'.

'No,' I say swiftly. 'I trust you. But can we keep all this quiet for now?' I add, as he walks me to the door.

'Of course. Scout's Honour.' He clasps his fist to his chest.

I study him narrowly. 'You were never a boy scout.'

He makes a face like I've wounded him, barely holding back laughter. 'No. But I always wanted to be.'

'Fair enough,' I laugh.

He opens the door for me.

'I'll do some research and see what I can find about the Imperial Family,' I say.

'Good. I'll keep digging on my end through whatever I can find on Fabergé.'

'Okay, Chris. I'll see you soon.'

He looks at me for a long moment, his crystal blue eyes unreadable. 'I'll look forward to it,' he says.

So will I, I think as I walk up to Clerkenwell Road and hop on a bus. I've got several hours before my dinner with Tim, and I'm dying to do more research on a possible connection between the jewelled bird, Fabergé, and the Russian royal line. So I get off the bus near Kings Cross and walk the short distance to the British Library. Luckily, I still have a valid reader pass from my student days. I enter the building, awed as ever by the huge rotunda of the main reading room, surrounded by floor-to-ceiling bookshelves. Apparently there are over four hundred miles of shelves in the place, and as much as I'd love to do so, I've no time to explore them all.

In the main catalogue, there are literally hundreds of books on the Romanovs and thousands on the history of Russia. I pick three at random.

Two and a half hours later, I have my original three books open on my table, along with a dozen others. My hand is tired from writing notes, and I'd kill for a coffee. But other than that, I've barely noticed the time passing.

I reread over my notes. I've discovered that Nicholas and Alexandra, the last Tsar and Tsarina of Russia, had five children. Alexei, the only son and heir, was a sickly boy who suffered from a disease called haemophilia. Anastasia is perhaps the most famous child, as there were rumours that she survived the murder of her family, and even some pretenders who cropped up over the years. The less famous siblings are Olga, Tatiana, and Maria.

In 1918, the entire family was taken to Ekaterinburg in Siberia and placed under house arrest. In the middle of the night, they were taken out into the yard where they faced a firing squad.

One particularly macabre account records that the bullets aimed at Alexei originally ricocheted off him because he had gems sewed into his clothing that acted like armour. But alas, it wasn't enough. His killers had plenty of wherewithal to pump him full of more bullets, until one hit its deadly target.

It's all very tragic, and I feel a rush of sympathy for the family – especially the children – who were murdered for the 'cause' of communism. Fleetingly, I wonder how much Dad knows about all the blood shed on behalf of the 'glorious' red crusade.

I turn to the paper where I've taken notes about the other

Romanovs who managed to escape Russia and survive the revolution. I was surprised to learn that there are literally hundreds of ancestors and descendants still out there. Even Prince Phillip's grandmother was a Romanov who settled in Greece after her escape. But for the last Tsar and his immediate family, there was no escape.

I stare at the shelves of books wondering how on earth Mrs Fairchild ended up with a piece of jewellery that might – and, I admit, it's a long shot – have belonged to a member of the Romanov family? Despite Chris's enthusiasm, it seems impossible. And more impossible still will be to prove anything one way or the other.

*

As I leave the library, I feel a little bit deflated, realising that in all probability, this quest I've embarked on will turn out to be a wild goose chase. I spare a thought for the jewelled bird – bedded down for the night in Chris's father's safe, amid stock certificates, property deeds, and other valuable items. As for Chris – he's probably left his workshop for another 'non-date' with another 'just-a-family-friend'.

The stuffy, exhaust-blackened air of a hot summer evening gradually brings me back to my senses. I jettison Chris H-C from my mind, and catch a bus down High Holborn towards Shoreditch, and my 'date' with my 'get-out-of-jail-free-card' – Tim Edwards. I plan to keep all the recent goings-on to myself, and focus on trying to enjoy a night out with an attractive man. The bus eventually sets me down in front of Shoreditch Town Hall, where we've agreed to meet. My stomach feels light and fluttery at the potential for what this evening might – or might not – hold.

Twenty-Four

'Well, I must say, you look fantastic!'

I feel a tiny bit perturbed because Tim's comment immediately puts me off guard, and I know that I'm blushing. He seems to mean it though, and I'm glad that he appreciates the effort I made.

'Thanks. So do you.' It's the truth – and I'm sure he knows it. Tim looks smart-casual in a pair of khaki trousers with a razor-sharp crease, and a pink Oxford shirt. The pink sets off the dark brown of his eyes – which I'm sure is deliberate.

He laughs and brushes my hand with his finger. The touch resonates up my arm. 'I hope you're hungry. I've booked a great little French Bistro in Shoreditch – did I tell you? It's called *La Bouteille Rouge*. It's brand new.'

'I'm sure I can find my appetite somewhere,' I say teasingly.

We walk together down the high street. It's lined with cranes and buildings under construction, and the pavements are teeming with young, trendy professionals and arty types. Being neither arty, nor trendy, I feel out of place.

'Alex?' I realise too late that Tim is speaking to me about something – the weather? The sky has turned a threatening shade of steel grey, and drops of rain begin to speckle the pavement in front of me.

'I don't really mind the rain,' I say, stabbing blindly for a response. I can tell right away that I've answered the wrong question.

'Oh – well, that's good.' He frowns.

We reach the restaurant – it's intimate and delightful, with dripping candles set in old wine bottles on the table, and bread with garlic-flavoured olive oil. But for some reason, I can't relax. Tim orders a nice bottle of wine: Côte de Nuit, I think. I drink two glasses in quick succession. Tim skilfully keeps the conversation going, but he seems a bit tense. I try to pay closer attention as he talks about his hobbies: rock climbing, windsurfing, and five-a-side football. My sense of dismay grows, as I know nothing about those things. But just as I've given up trying to think of something to say, he changes the subject.

'So, have there been any more visits from your intruder?' he says.

'No,' I say. Immediately I correct myself: 'Well, actually, he's been leaving letters for Mrs Fairchild that are upsetting her. Diary entries.'

'Diary entries?' Surprise flickers across his face. 'Whose diary?'

'An ambulance driver from during the war. He rescued her from a bombed-out building. The memories are painful, and it's making her upset. I thought someone might be black-mailing her.'

He laughs uneasily. 'Has she done anything to interest a blackmailer?'

'Not that I know of.'

He pours the last of the wine from the bottle. 'Though I suppose there are some unanswered questions about her father.' His voice deepens.

'Her father?' I sit forward, startled. 'You mean Frank Bolton.'

'Of course. Who else?'

'He's actually her adoptive father. She was orphaned. But what do you mean?'

'Hey, relax, I was only joking,' he says. 'I was remembering our first meeting – my question on the tour?'

'Oh. Right.' I laugh too, scolding myself inwardly. I really need to lighten up; try to enjoy myself. Tim deserves that, surely.

He flags down the waiter requesting the dessert menu and two coffees. Then he leans forward and brushes a strand of hair back behind my ear, letting his finger trail along my cheek. Once again, I start to wonder what the rest of the evening might hold in store. Out of superstition, I bought a day return train ticket in the hope the return part would end up being wasted. But I find him surprisingly hard to read. One minute he's flirty, and the next he's feeling the need to 'educate' me or ask me uncomfortable questions. Not something I take kindly to, if I'm honest. But then he melts me all over again with those eyes.

'So Alex...' he leans closer to me, the flirtiness back to the fore, 'would you like to go for a walk?'

'A walk?' I swiftly realign my expectations. A walk isn't exactly a taxi ride to a nice hotel, but it could be the one thing that leads to another. 'Around here?'

'Yes.'

'Okay.' I don't normally think of Shoreditch when planning a romantic evening stroll, but I'm willing to be persuaded otherwise.

On our way out the door, he chats to the waiter, as if to underline the fact that he's a regular. When we're out on the pavement, he turns to me with a white-toothed smile. 'Thanks for a lovely time,' he says.

'Shouldn't I be the one to say that?'

He laughs and puts his hand on my back to steer me left down the pavement from the restaurant. I wait for him to take my hand, but he doesn't.

'Where are we going?' I say.

'You'll see.' His smile broadens.

Something in his manner raises a tiny spectre of worry.

Instead of walking towards the trendy bustle of Hoxton Square, we head down the main road towards Hackney. I look at the buildings we pass. At street level, most of them are down-at-heel takeaways, drycleaners, and betting shops. Above street level are brick flats, mostly sixties and seventies by the look of them. From what little I know of modern London history, East London was hit particularly hard by the Luftwaffe during the Blitz. It's a shame they couldn't have rebuilt with a little more architectural sensitivity.

'This area was levelled during the war,' Tim says, as if reading my mind.

'It looks like it's never really recovered.'

He slows down. 'Why do you say that?'

I realise that I've offended him. 'It just looks a bit... um... eclectic,' I say, steering clear of 'seedy'.

But again he guesses my true meaning. 'I suppose it is beneath what you're used to, but this is near where I grew up.' He sounds like a little boy being bullied. 'I thought you might like to see it.'

'I didn't mean to offend you, sorry.'

'It's okay.' He seems to recover. 'I guess I'm just a London boy through and through.' He finally takes my hand. 'Come on,' he says.

A few blocks further on, he steers me into a dark residential road with a road sign saying 'Larkspur Gardens'. The first few houses look old – Georgian. Then, it's as if part of the terrace was sawn away, and the rest of the road is a long line of red-brick semis.

'This way,' he says. 'We're the last house on the right.'

I stop walking. '*We?*'

He chuckles. 'Sorry, I should have warned you. It's Gran's house – she really wants to meet you.'

He's all charm and polish once again, whereas I feel like a caged animal is clawing its way out of my chest.

'Your gran? No really...' I fake a laugh, caught off guard. I really had thought he'd seen the better of this. 'I don't want to impose.' I make a show of checking my watch. 'I mean – it's late. It wouldn't be right.'

My hand still in his, he draws me closer, his eyes soft and melting. 'Come on, Alex. I've told her all about you. Just come in for a cuppa.' Heat radiates from his skin as he leans down and brushes my lips softly with his. Adrenalin surges through my body, waking up long-sleeping parts. 'And after that, we'll see, shall we?' His breath tickles my ears. Then he takes a very small, but very disappointing, step back.

'Oh – all right.' I hate myself for giving in. But, after all, what harm can it possibly do to have a cuppa with his gran?

Twenty-Five

My feet grow increasingly leaden as we near the end of the road. The house is tiny – the two semis together look like a small house that's been chopped in two. On his gran's side of the sickly hedge separating the two halves, there's only the door and a small window on the ground floor, and an upper floor with the same footprint. In front, there's a large wheelie bin and a black recycling crate that's overflowing with empty wine bottles – she must enjoy a tipple or three. The net curtains are drawn, and I can hear the sound of a TV. The green paint on the door is flaking off, and there's a NO JUNK MAIL sticker above the mail slot. Tim walks up to the door and bends down to get a key from under a pot of dead geraniums. He unlocks the door and gestures for me to go inside. Somehow, because the place looks so unwelcoming, I know I can't back out.

'Gran,' Tim calls out. 'We're here.'

We go into a tiny hallway, barely wide enough for Tim to walk straight in without knocking coats off the wall rack. The house smells of cigarette smoke and deep-fried chips. In another room, the TV switches off.

'Wait here,' he says. He goes through a door into the front room, closing it behind him. 'I brought Alex,' I hear him say.

All of a sudden, I have a strong urge to bolt.

The reply is muffled, but I hear Tim say: 'Now Gran, you said you'd be on your best behaviour—'

'Bring her in – I want to meet Catherine's granddaughter.'

An elderly female voice says. My pulse jolts. It's a set-up – just like it was when I was locked in the loo and then arrested. Suddenly, I have the strong feeling that it's all related.

Tim comes out a moment later, all smiles. 'Sorry,' he says in a low voice. 'I just wanted to remind her that you were coming.'

'I heard what she said – she knows I'm Catherine's grand-daughter. How does she know that? I mean – I didn't even know that until yesterday.'

'Really?' For the first time he looks concerned. He reaches out to pat my arm. I flinch. 'Catherine and my gran are old friends,' he says.

'Old friends?' I hiss. 'You should have told me.'

'I'm sure gran can tell you more. Why don't I go make some tea?'

I steady myself against the wall, trying to calm my breathing. The anonymous envelopes, the diary entries, and the 'uninvited guest' have made me jumpy and suspicious. And now, a relative stranger and his grandmother seem to know more about me than I knew myself. But maybe I'm overreacting. Maybe Catherine and this woman are old friends and she rang and told her what happened. It's possible. I stare at Tim's handsome face. His brow is furrowed in worry. Either he's a very good actor, or else I'm completely off base in suspecting him of anything. Still, the whole situation is making me very uncomfortable.

'Really, this isn't necessary. In fact, I think I'd rather get a taxi back to the station. The trains only go every hour—'

'Tim?' the old woman calls out.

'Just a minute, Gran.' He spreads his hands in a pleading gesture. 'Just say hello... please.'

I sigh, feeling cornered. It would be rude to just walk out on an elderly lady, and if she really is a friend of my grandmother's then I really ought to pop in and say hello. And then make a hasty retreat.

'Some date,' I mutter under my breath as I walk into the lounge.

A woman is sitting on the sofa, covered up in a well-worn pink and green afghan rug. Her black hair is streaked with grey, and she's wearing a purple velvet tracksuit and a pair of flip-flops – something I can't imagine Catherine or any of her WI friends wearing. Her face is a map of wrinkles, and her nose has a reddish tinge of burst capillaries. Still, I have the feeling that she might not be quite as old as she looks.

The room is shabby, crowded with a brown three-piece suite and a giant television. On one wall is a shelf full of knick-knacks, and next to the sofa is a small table and a bookcase. There are overflowing ashtrays on every available surface. The only colour in the room is a large framed photograph of Tim in a robe and mortarboard smiling smugly, holding his law diploma against a background of Lincoln's Inn.

'Hello.' I force a smile. 'Mrs—'

'Edwards.' The woman looks up at me with deep-set eyes the same chocolate-brown colour as her grandson's. But instead of looking warm and melting, hers look murky and unfriendly. Her hands quaver as she holds a cigarette to her mouth and lights it with a plastic lighter. Her lips purse around her cigarette as she considers me. 'Have a seat,' she says.

I sit on the saggy brown armchair nearest the door, in case I need to bolt. 'Nice photograph,' I say, pointing to the photo of Tim.

She blows out a thin column of smoke. 'He was the first one in the family to make good.'

I don't even attempt to respond. I know Tim said he was from a humble background, but there's an undercurrent of desperation and hostility here that I hadn't expected.

She ashes the cigarette and gives a rasping cough. 'Graduated top of his class, he did. No one expected that, I can tell you.'

'It's impressive that he represents people in need,' I say, at last on semi-firm ground.

'Humph,' she snorts. 'People in need. That's his mistake. Never try to help people in need – won't get you anything but grief.'

'I suppose it can be a bit thankless.' *Where is Tim to rescue me? How long does it take to boil a kettle?*

'Thankless! Yes – *you* could say that, Catherine's Granddaughter.'

For some reason, the way she says that sends a chill through me. I stand up, itching to leave – why did Tim bring me here? His gran seems to be a few cards shy of a full deck. Is he trying to test me – see if I could tolerate his family before things go too far? Right now, it's a test I'm going to fail.

'I think I should go see how Tim is coming with that tea.'

'Sit down,' she says sharply.

I'm so startled, that I do as she says.

'Most people think it was a long time ago,' she says. 'After all, I was only a bun in the oven when it all happened. I didn't even meet Catherine till much later – when her dad forced her to come back to the old neighbourhood and look down on the rest of us. But it was a long hard shadow over my whole life, let me tell you. And my daughter's life, and Tim's life too.'

'I'm sorry, I have no idea what you're talking about.' I don't bother trying to sound polite.

She stubs out the cigarette, and stares at me intently. 'My father was a good man,' she says. 'A hero. He drove an ambulance during the Blitz.'

'Oh?' I feel an icy stab of concern. 'That sounds very noble.'

'Noble,' she guffaws. 'Yes, it was noble. He saved lives. People were screaming, burning, maimed. The bombs whined overhead, and most people went to the shelters. But my father didn't. He was out there in the midst of it all, risking his life to save others. And where did it get him? Where did it get him, I ask you?'

'I have no idea.'

'It got him arrested, that's what. Then they sent him to the Front, where he got a bullet in the back for his troubles.'

I look at her sharply. 'Really?'

'Here, look.' She levers up and takes a black leather-bound book from the shelf next to the sofa. It's an old photo album. She opens it – I catch a glimpse of baby pictures in colour – most likely Tim. But instead of showing me photos of him naked in the bath or with Superman pants on his head, she flips to the back of the album where some old newspaper clippings are pasted on with flaking glue. The first clipping shows a heavy-set man with a mop of chestnut hair being led away in handcuffs. The date on the clipping is 1950 and the title reads: 'Wartime looting cover-up exposed'.

Feeling the weight of her eyes on me, I skim the article. According to the report, Winston Churchill himself hushed up arrests of looters during the Blitz in order to maintain public morale and the 'Blitz Spirit'. The article speaks of a man who was arrested in late 1940 for looting, but his case never went to trial. His name is Harold Dawkins.

'Dawkins?' The name sounds familiar but I can't place it.

'Hal Dawkins. My father,' the old woman says.

I continue to look down at the paper so I don't have to look at her. 'I'm not quite sure I understand,' I say.

'No?' she rasps, grabbing the book away from me like I'm unworthy to be granted access to her precious memories. 'What exactly don't you understand? My father was arrested but never tried. He couldn't put up a defence; prove that he was innocent. Instead, they hushed it up. Sent him to the Front. And he was killed.'

She shakes another cigarette from the pack and lights it.

'He never lived to see his child born – me.' She flips over

another page. There's a short telegraph pasted there, regretfully informing the next of kin of Harold T. Dawkins that he was killed in the line of duty.

I stare down at the words on the page trying to imagine how it would feel to receive something like this about my own father. Unwittingly, my eyes fill with tears.

'Yes, now you begin to see.' Mrs Edwards sniffs. 'My mum fell apart because of the whole nasty business. It ruined all our lives. But it won't ruin Tim's life. He's made good, I tell you.'

I swallow hard and turn to face her. 'It all sounds very tragic, and I'm sorry for the loss your family suffered. But why are you telling me this?'

'Tim says you're a nice girl. That you know nothing.' She flips the scrapbook to the last page and sits back.

I stare at the grainy black and white photo on the page. It shows three men in some kind of uniform standing together, arms around each other's shoulders. The man on the end is holding a bottle of beer – and I recognise Hal Dawkins from the other photographs in the album. But it's the man in the middle that I look at. A man I recognise from numerous photographs kept in pride of place at Mallow Court. The beloved adoptive father of Catherine Fairchild...

Frank Bolton.

Somewhere deep inside of me, a light goes out. I force myself to look up at the old woman, to see the truth imprinted behind her eyes – her version of it, anyway.

'Yes,' she says, 'that's Frank Bolton.'

'And?' I struggle to keep my voice level.

She shakes her head. 'Everyone loved my father, Hal. He was a laugh – not to mention good-looking and smart. Always willing to lend a hand for a bit of graft, or spot a round of drinks with the last of his wages. He and Frank might have grown up together on the wrong side of the tracks, but my father was on the up and up. And Frank, well, he was jealous. He was one of those quiet types who kept his head down like a worm in the dirt. He could have made a clerk at the factory or maybe a civil servant. But instead, he stood on the shoulders of giants – my father – and heaved himself out of the muck. All the way to that fancy house in the country that Catherine's so proud of.'

'Yes, he made something of himself. What's wrong with that?'

She laughs, bearing a set of yellow-stained teeth. 'My father had one flaw. He thought his charm would see him through anything. So when the chips began to fall, he didn't take it seriously enough. When Frank accused him, people listened.'

'So you're saying that Frank accused your father of looting?'

'Aye,' her lip curls upwards as she stabs a gnarled finger at Frank Bolton's image. 'My father died for a crime he didn't commit. And your grandmother – the *lovely* Catherine – she's been living off the back of it ever since.'

'No – I don't believe you.' I grip the grungy sides of the chair.

She shakes her head. 'You may be a nice girl, but you seem a little thick. It was despicable what they did. Frank – and others like him. Stealing from people's homes when he was supposed to be saving lives. When people got home from the shelter, everything was gone – art, jewellery, money, even clothing. But who could they complain to? Nobody wanted to hear that the Blitz Spirit was a big load of cock and bull. Certainly not the police.' She laughs bitterly. 'And it got worse too. Looting from corpses – even from people who weren't dead yet – helping them on their way.'

All my muscles tense up at once. I want to laugh in this woman's face. Get up and leave, slamming the door behind me at the indignity of her accusations. But instead, I sit there, rigid, my jaw clenched.

'And Frank's other friend...' she points to the third man in the picture, 'he was posh. His family had friends in high places. Handy when it came to disposing of things.'

'You...' I gasp, 'you have no proof.'

'No?' When she smiles, her crooked teeth make her look like a witch. 'You don't know what I have and what I don't have, now do you, girl? You'd better ask Catherine – she might tell you differently. My father, you see, he fancied himself a bit of a scribbler. He loved keeping his journals.'

'How dare you!' I push away the photo album and catapult up from the sofa. 'You're the one who's trying to frighten Mrs Fairchild. I've seen what you've sent her. Entries from a diary – your father's diary, I suppose – with nasty little notes scribbled in the margins. That's harassment.'

'I'm just letting Catherine know what's what – for now anyway...' she cackles a laugh. 'Now who's looking down on who?'

'She doesn't deserve any of this. And neither do I.' In two strides I'm at the door. 'I've heard enough. Goodbye.'

The old woman continues to laugh as I rush out of the room. My way is blocked by a smiling Tim in the hallway, carrying a tray.

'Cup of tea?'

*

I push past him and run out into the night. Behind me, I can hear Tim shouting at his gran. 'What did you say to her? I thought you just wanted to have a chat?'

Tim yells out the door as I run: 'Alex? Alex!'

I double my pace, petrified that he's going to chase after me. I pull out my phone – if he follows me, I'll have to ring – I don't know! – 999. I'll tell them... that I've been brought here under false pretences, and then stranded in the middle of East London... or... something. I key in my pin as I rush around the corner of the road and practically ram into someone walking the other way. 'Oh!' I call out, my arms wheeling to stay on my feet. The other person has no such problem. It's an old man with a walker. His gnarled hands grip the handles and he doesn't even waver. There's a small dog at his feet that starts barking its head off at me.

'Down, Winston,' the man commands. The dog gives one last yap for good measure.

'Sorry,' I say, my heart kicking in my chest. 'I wasn't looking where I was going.'

The old man gives a concerned tsk. 'You should be looking up there.' He points a crooked finger at the sky. 'Bomber's moon – that's what we called it.'

I look up at the full moon that's come out from behind a dark bank of cloud. Suddenly, my eyes begin to swim and it's like I can see the dark silhouettes of planes blocking out the light, come to kill, maim, and wreak havoc on London.

'You were there?' The words come out of my mouth before I've even thought them.

As if sensing my distress, the dog lets out a whimper. Is it me, or is everyone in this neighbourhood just plain bonkers?

'Oh aye. Flew Spitfires – beautiful little plane. And I was born and raised on this street. Whenever there's a moon like this, Winston and I come and keep an eye out. I'm not about to let Jerry force me out of my rightful house and home. No ma'am. Miles Pepperharrow – that's me – is going nowhere.'

I lean down and pat Winston on the head. 'Sounds sensible, Mr Pepperharrow,' I say. 'But *I* need to get somewhere – any idea where I can get a taxi?'

He points in the opposite direction from Shoreditch. 'Try two blocks over. It's a busy road. Lots of 'em about.'

'Thanks,' I say, hoping he means taxis. 'You and Winston take care now.'

'Oh we will, young lady,' the old man says. 'We sure will.'

Part 3

There will come soft rains and the smell of the ground,
And swallows circling with their shimmering sound;

And frogs in the pool singing at night,
And wild plum-trees in tremulous white;

Robins will wear their feathery fire
Whistling their whims on a low fence-wire;

And not one will know of the war, not one
Will care at last when it is done.
                    —*Sara Teasdale*, 'Flame and Shadow'

13th November 1940, 3:30 a.m.

I left Sadie's house and started walking. The snow had melted into soggy puddles, and clouds covered the full moon. I wandered back up the road thinking of what I'd seen, and why tonight it affected me more than before. But of course I knew why. Marina. I tried to distance myself, forget her name. Forget that I knew her. It was casual after all. But the girl... those eyes. The truth in them staring at me like a mirror...

I put my hand in my pocket and touched the locket. It was heavy and warm, almost like a life force in itself. I knew I was right to take it – keep it safe for her. I'd give it back... I could trust myself.

Though my shift was over, I walked back to the ambulance dispatch. Two men were huddled around the table drinking cups of bitter chicory coffee. 'Evening,' I said. One of them grumbled a reply. As I put the kettle on again, I heard uneven footsteps outside. A man walked in – not Flea, but damn'd Robbo with his camera.

'What are you doing here?' I said.

'Nice to see you too,' he said. 'I'll have a cup of tea since the kettle's on.' He put something on the table. 'Brought you this,' he said.

It was a black and white photograph – it seems like a lifetime ago that he was here taking photos of 'our brave ambulance crew' for a newspaper article. The photo showed me – and Flea and Spider – looking years younger. Looking happy. The living embodiment of 'Blitz Spirit'. And now Spider's family home is a pile of rubble – the poor bastard's still on his shift and won't even know it yet. And Flea... well...

'It's for you,' he said. 'I made some copies. Keep it to show your kids someday, and your grandkids. Show them that you did your bit.'

'Yeah.' I tucked the photo into my pocket. 'Like you, you mean.'

He shook his head. 'Bum leg. Even your lot wouldn't have me.'

He turned to leave. The kettle began to spit and hiss.

'Wait a minute, Robbo,' I said. 'What else have you seen?'

He shrugged. 'Enough.'

'Sit down,' I said. 'Tell me.'

Frank Bolton. 'Knicker King', philanthropist, pillar of society and saviour of a crumbling Elizabethan house called Mallow Court. Frank Bolton – the beloved adoptive father of Catherine Fairchild, my birth grandmother.

Though he's not related by blood, he's still the trunk of my newly discovered family tree. But does he also have a secret side to his dossier – a dark side that's remained hidden over almost sixty years? Is he the kind of man who would capitalise on the misfortune of others – steal from innocent people during one of the darkest moments of history – and then frame another man for it, issuing him with a death sentence in the process?

For my grandmother's sake – and my own – I don't want to believe it. But despite knowing the ins and outs of the country house he purchased and restored, I know very little about him. The question that Tim asked that day on the tour resonates in my mind: How did he make the money to buy the factory? I'd made up an answer on the spot – 'the war provided a lot of opportunities for an ambitious young man'. Little did I know then what kind of 'opportunities' may have arisen for Frank Bolton.

The taxi lets me off at the station and I have to run to catch the last train. The carriage is stuffed full of people eating stinky Burger King food, and I stand near one of the doors, feeling sick to my stomach. I've worked so hard to turn Mallow Court into a business, make it my home, and find out the truth about my family – but could all of it be built on lies and criminal acts?

And what about my grandmother? For over sixty years, Frank Bolton has been the rock on which her life was built. Even in death, she idolises him. How will she react if she even suspects the accusations being made against him by Mrs Edwards?

I think back to how upset and preoccupied she's been lately. The brown envelopes, the journal entries, they must be the 'proof' that Mrs Edwards spoke of. It's not Mrs Fairchild herself that's being blackmailed, but her family name, her respected adoptive father, and her right to be in the place she's called home for sixty years.

I clench my fists. How dare Mrs Edwards upset my grandmother like that? But what if… what if what she told me is true?

The train disgorges me an hour later to a dark platform where no one is about. In the dimly lit car park, every shadow holds a possible threat. Tim – the handsome man with the chocolate eyes – the man who wanted me to meet his gran – and now I know why. 'A friend' of Catherine – that's what he'd said she was. Is it possible that he didn't know what she was about?

My phone rings in my bag and the hairs prickle on the back of my neck. While I was on the train, my phone rang five times – Tim. I didn't answer, of course. I let the call go to voicemail now too.

I hurry to my car and drive back to Mallow Court. When I'm closeted in my own little flat with the door double-bolted, I sink down onto the sofa and take out my phone. Tim has left three voicemails. My thumb hovers over the delete button, but I force myself to listen. At least I should know what I'm up against.

The first message is breathless and frantic. 'Alex, it's me – I'm so sorry. Please, pick up and let me explain. Gran's a little unstable – as you probably guessed. She told me what she said to you – I had no idea, really. I'm sorry I was so long in the kitchen – a call came in from work that I had to take. Please, pick up – I—'

The message cuts off. I put the phone down, my heart slowing for the first time since I ran out of the house in Shoreditch. Could Tim be for real? All my instincts scream 'no!'

I put the phone back to my ear and listen to the next message.

'Please Alex – I need to explain. Can we talk? I'll come to you. Tomorrow. Call me back.'

Tomorrow. Oh God. What can I do? I'll have to call him back – tell him not to come. To stay away from me—

Voicemail goes to the last message. This time it's just a click.

I turn on the TV to try and occupy my brain as it whirrs, trying to make sense of everything – and coming up woefully short. Mrs Edwards surely posted some of the diary entries – she as good as admitted it. But try as I might, I can't see her coming all the way to Mallow Court to leave an envelope on the doorstep. So did Tim do it for her? Does that explain why he 'happened' to be in the area? Was he the person who locked me in the loo, conveniently showing up later at the police station to play the knight in shining armour to my damsel in distress?

I flip aimlessly through the channels with the remote, bypassing late night game shows, shopping channels, and phone sex adverts. I settle on a documentary on the bombing of Dresden – it seems appropriate. In the lower right-hand corner is a little man – the sign language interpreter. The narrator is going on about tonnes of explosives, and numbers of burning buildings. The interpreter seems to give up midway through and spreads his hands in a big 'boom' gesture. Then he stands back to 'watch' as the bombs fall and there's footage of women and children rushing out of burning houses with as much as they can carry, and getting flattened by the sheer force of the firestorm. It's so awful and yet mesmerising – I want to flip the channel and yet I can't look away. I think of my grandmother – but also of Mrs Edwards and the man that I bumped into walking his dog – Mr Pepperharrow? I can't imagine living through what they did – the terrible fear, the pain of loss, the total and complete ruption in the fabric of normal life.

The narrator starts up again. 'In the end, the city was reduced to a smoking ruin.' The interpreter twiddles his fingers like smoke rising to the sky as the footage shows the devastation. I've had enough. I turn off the TV, go to the kitchen, and pour myself a very large glass of red wine. I lay down in bed with the full glass on the bedside table next to me. I turn off the lights but keep my eyes wide open – staring at the light leaking around the edge of the curtains from the 'bomber's moon'.

*

I wake up in a tangle of damp sheets the next morning, after tossing and turning with nightmares. There's a sharp knot of tension in the pit of my stomach as I get ready to go over to the main house. I desperately need to speak to my grandmother – though I'm at a loss as to what I'm going to say.

Her gardening clogs aren't in their usual place by the door, and I surmise that she's already up and out. I go outside to look for her. The garden is full of life – birds in the trees, bees already buzzing from flower to flower, the ducks and geese by the riverbank wide awake and preening. I check the usual places, but I don't find her. Admittedly, it's a relief not to have to regale her with Mrs Edwards's allegations. In telling off the old woman for harassment, I hope I've put a stop to the brown envelopes and nasty accusations scribbled in the margins of an old journal. But the truth has a strange way of outing itself, and I have the strong feeling that there's more still to come. My only weapon is to do my own research. Abandoning my search, I get the coffee brewing in the staff kitchen and closet myself in the estate office to look up Frank Bolton on the worldwide web.

The search generates a surprising number of results, mostly related to him as the chairman and CEO of *Intimates Unlimited* and a few that are related to his death almost a decade ago. There are also some articles that chronicle the modest details of his early life. I learn that he was born in Warrington in 1915 and his family moved to East London when he was still a boy. His father was a warehouseman for a cloth manufacturer and his mum was a school teacher. By all accounts, Frank was a smart boy – if a touch reserved – and he got himself an apprenticeship in the business office of the clothing manufacturing company where his father worked. Just as he was working his way up the corporate ladder, war broke out. He was wounded in the shoulder early in the Norway Campaign in April 1939, and when he returned to London and the Blitz began, he became an ambulance driver.

This last piece of information chills my blood. The article confirms what I already know from the photo. Frank Bolton was an ambulance driver – just like Mrs Edwards had said. *But...* I remind myself sternly, this doesn't mean that Frank Bolton did anything wrong. On the contrary – he risked his life to save others – he was a hero more than anything.

The article then talks about his career in ladies underwear. He purchased a disused factory at auction that made thermal underwear, elastic, and RAF uniforms. After the war, Bolton took advantage of new fashion trends and began making ladies' undergarments and nylon stockings. His unique selling point was the 'double gusset', which he used a few racy adverts of hand-drawn pin-up girls to market. In the 1950s there was a new-found focus on luxury goods that the average person could afford. What better than British-made lacy pants?

I stare at the tiny photo of his first factory. Frank Bolton sounds like a legitimate businessman, who happened to be at the right place at the right time – a kind of Sir Alan Sugar for ladies' knickers. The article talks about Frank's marriage – to a pin-up girl named Mabel – and their two sons, Henry and Daniel. There's a brief mention of the house – Mallow Court – that he purchased, contents and all, in a dilapidated state. It also mentions an adopted daughter, but doesn't give her name.

I shut down the website, questions battering my head. Why did Frank Bolton adopt a wartime orphan? Why did Catherine, and not his sons, inherit the house? And then there's the most pressing question of all: what do I do now?

Indecision eats away at my brain like acid. I need to see all the diary entries that Mrs Fairchild has received so far. Even if they wouldn't stand up as 'proof' in a court of law, they could make things look bad for Frank Bolton. I need to lay out the whole case in front of me and see what picture it forms. Surely, that's what Tim, the barrister, would do.

Tim. My skin crawls as I think of the 'uninvited guest' – stalking me from the stockroom – locking me in the downstairs loo. Then, calling the police – or maybe having his gran make the call pretending to be Catherine Fairchild – and having me arrested. Then conveniently turning up just in time to 'rescue' me; worming his way into my life with his deep voice, dark eyes, and the sob story about 'widows and orphans'. What a fool I was to trust him. What a fool I was to trust any man after bloody Xavier!

I go out the main door to look for my grandmother when all of a sudden, gravel sprays and a silver car pulls up. The car nips into the disabled parking space, and Tim jumps out brandishing a bouquet of white lilies wrapped in cellophane. Speaking of the devil...

'Alex!' he says. 'I came as soon as I could. I need to explain—'

'You *need* to move that car.'

He has the nerve to laugh, obviously thinking that I'm joking. That in and of itself is enough to set my hackles on edge. He takes a few steps towards me, holding out the flowers.

'I mean it,' I growl, keeping my hands at my side. 'I'll have it towed, and you along with it.'

'Alex, please. Let's get a coffee. I know you must be upset—'

'Upset? You think I should be UPSET?!?' I barrage him with an outpouring of my suspicions. From blackmailing an old lady about her family history to falsely imprisoning me and gaining my trust under dishonest pretences. 'And then, to top it off,' I shout, 'you put me through the ordeal of meeting your crackers gran!'

'Alex, pull yourself together.' He sets the lilies down on top of his car and puts his hands on my shoulders. I pull away. 'I *like* you, Alex. A lot. Why do you think I'm here?'

'I don't know.' I snap. 'Maybe to leave another unmarked envelope with an upsetting diary entry?'

'That's ridiculous,' he says. His voice deepens like he's addressing a hostile witness. 'I haven't left any envelopes here. I came here to the house and took your tour because I was curious. Gran's had that photo album around for so long. She talked about Catherine Bolton like they were old friends – that's what I thought, anyway. So I wanted to learn more.'

'Why?' I cry. 'So you could wreck an old woman's retirement?'

'Because Frank Bolton knew my great-grandfather,' he says. 'He's the only link I have to his past. His life was cut short, as you know, by the accusation of looting. He didn't get a trial – Churchill himself hushed it up. Nowadays it would be seen as a miscarriage of justice. But back then, during those dark days... I guess there were reasons for it.'

'Do you think your great-grandfather was innocent?'

'I really don't know.'

'So why now? Why bring it up after all these years?'

'Because it's only recently that she found proof. Her

father's journal. She read through it, and immediately saw that it supported her theory that her father was innocent. And implicated Frank Bolton in the process. So now, she's got a real bee in her bonnet.'

'More like a hornet's nest. And where did she find this precious diary anyway?'

'She's been sorting out some old boxes in the attic.' He scratches the non-existent stubble on his chin. 'I gather she found it in some box of her father's things.'

The fight flows out of my body, leaving me limp. Mrs Fairchild suspected as much.

'And what does she want with us? Money? Some kind of justice?' I round on him. 'Is she another one of your "widows and orphans" who are trying to right past wrongs.'

'No,' his voice softens. 'She's my gran. She may be a bit off sometimes, but I love her. I'm not going to lie – when she first told me the story, I did feel that a terrible injustice had been done – to my own family. But I also told her that it was most likely too late to do anything about it. I advised her to forget the whole thing. Try to let it go.'

'Well, you sure succeeded.'

He takes a step forward, reaching out to me again. I step back, but this time, when he persists in putting his hand on my arm, I don't jerk away.

'Gran did send a few of the diary entries through the post.' He hangs his head. 'She admitted that when she first saw the diary – inscribed with her father's name, and telling all about those terrible times – she wanted Catherine to know the whole upsetting truth. I'm really sorry, and I hope you won't hold it against her. But neither she nor I left anything here at the house, and for the record, I certainly didn't lock you in the loo.'

I draw back. 'But what about your being there at the police station – to "rescue" me? You can't expect me to believe that you "just happened" to be at the right place at the right time.'

I stare him down, sure that I've caught him out.

Instead, he starts to laugh. 'You're right – it wasn't a total coincidence.'

'It wasn't?' I tense up again.

'No,' he smiles. 'Well – not really. The truth is, I'm friendly with one of the police officers at the station. He's helped me on a couple of cases in the past, and though he's supposed to be retired now, he's still around a lot seeing his mates. After I did the house tour, we went down the pub for a drink. To the Golden Fleece – you know it?'

'I know it,' I say through my teeth.

We spent the whole afternoon catching up – I hadn't seen him in a while. I told him why I'd come up to these parts, and about visiting Mallow Court. I told him about this smashing tour guide I'd met – very sexy, if you want to know the truth.'

I stare at him, my face growing hot.

'So when he heard about the arrest at Mallow Court, he put two and two together. He rang me. I came to rescue you.' His voice softens to a purr.

I want to believe him as he takes me by the shoulders again and draws me to his chest. He tilts my chin up with his finger, and leans in, his lips brushing mine. Part of me wants to pull away, and part of me feels like jelly. I stand there, not quite responding, but not quite protesting either.

When finally we come up for air, he holds me at arm's length. 'I *really* like you, Alex. Please say you forgive me.'

'I forgive you.' The words stumble out of my mouth.

'Good. I won't keep you any longer – I'm due in court this afternoon. But I'll ring you later.'

'No... I mean... I don't know.'

He brushes a lock of hair back from my cheek. 'Sorry about the car,' he says with a sideways grin. 'Next time I'll take care to park properly.'

He takes the lilies off the top of the car and thrusts them

into my hand. I stand there watching until his car disappears in a cloud of gravel dust. He had an explanation for everything. But in actual fact, his assurances have made me even more unsettled.

If he's not responsible for what's been going on, then who is?

Twenty-Seven

When Tim is gone, I put the flowers in a vase and go to look for my grandmother. She's nowhere to be found, and when I ask Edith, she reminds me that Mrs Fairchild is away for the whole day at the Hampton Court Flower Show. I sit Edith down and tell her about the revelation – that I'm Mrs Fairchild's granddaughter. I'm expecting her to be surprised, but in actual fact, she just nods her head.

'It explains a lot,' she says. 'The way you two are around each other – and – I've always thought you looked a bit like her.'

'Really?'

'Yes.' She smiles. 'Oh Alex, I'm happy for you.'

'Thanks,' I say. I decide not to tell her that my new-found contentment might be woefully short-lived.

After talking with Edith, I go up to my grandmother's room to look for the diary entries, but when I go upstairs and try the knob, the door is locked. I have a master key in the estate office, but I feel too guilty to use it. Instead I closet myself in my office, and sink into the deep leather desk chair, leaning against the desk with my head in my hands.

I think about Tim's visit – the memory of the kiss turning sour in my mouth. The attraction I felt for him has become irreparably blurred by the inky doubts that have crept in around the edges. Regardless of what he may believe himself – there's no denying that it's his gran who's made the accusations against Frank Bolton – terrible accusations. And it was Tim who brought me round to meet her so she could throw those in my face.

The scholar in me tries to view things dispassionately – there are mysteries, yes – and most likely I'll never know the 'truth'. I didn't study medieval history for years without learning that truth is often simply whatever is written down by the survivors. And in this case, I've yet to see a shred of real evidence proving that Frank Bolton was anything other than the upstanding man he seemed. Or that Hal Dawkins – Tim's great-grandfather – was innocent of the crime he was accused of. But assuming that the diary is a voice from the grave, I'll have to find some way to prove that Frank Bolton is innocent. Because if I don't, then my grandmother will suffer.

Despite the worries battering my head, I manage to go through the motions – checking in with the PR company about the costume exhibition, scheduling tours and wedding venue viewings, fishing a nappy out of a blocked loo, escorting out a woman who decided to smoke a cigarette in the Tudor kitchen next to a very dry store of firewood.

When the tours are ended for the day, I go into the green drawing room just off the main hall, where a number of old photos are displayed. The room was updated in the early 1900s by a rich American owner who was a relation of Rockefeller's. There's a stunningly ornate plaster ceiling, but other than that, the room is cosy rather than grand – papered in green silk with an embossed ivory leaf pattern and furnished with comfortable, if slightly saggy William Morris print chairs and sofas, and a number of dark wood occasional tables.

At the rear of the room there's a mullioned bay window with a seat filled with cushions. In front of the window is a huge Steinway Grand purchased by Frank Bolton as a present for his wife Mabel. As far as I know, neither Mabel, nor anyone else in the family ever played piano. Occasionally there's a concert in the great hall, and the piano is moved there by a crew hired in specially. But other than that, it spends most of its life in this room, with its lid firmly closed. There, it serves as the perfect stage for Mrs Fairchild's photos. There are several wedding photos, and one of her husband holding a blue fin tuna he caught in Fiji. There's a photo of her daughter, Robin, as a baby, and a few of her as a smiling girl with blonde hair. I've seen these photos so many times before, but now it's like I'm looking at a stranger. *My mother.* I peer at her closely – there's very little resemblance between her and I. Only the eyes maybe... I'm not quite sure how that makes me feel. There's a photo of me, also, as part of a group shot of the staff taken last Christmas. The rest of the surface of the enormous lid is filled with photos of her beloved adoptive father, Frank Bolton.

I pick up the nearest photo – it shows Frank shaking hands with Tony Blair at a charity lunch for the blind. Frank must have been in his late sixties at the time, but even so, he's still a good-looking man. His hair is thick and white, his skin has a healthy tan. He's not a tall man, but he's well-built with a broad chest and shoulders. The main feature that I note, however, is the self-composed look on his face, the camera catching a blur of warmth in his blue eyes. According to my grandmother, his smiles were rare, and mostly reserved for his family. She said that he was a man who 'loved life'. From this photo, I can believe it.

One by one, I analyse the other photos of Frank. He's captured in many different settings – sitting at an easel in the garden, dressed in a tuxedo for a ball, giving a cheque to a charity for displaced coal miners. His upright demeanour never seems to waver. Either he has a clear conscience, or worryingly – if the allegations against him are true – no conscience at all.

I set down the last photo, wiping my fingerprints off the frame with my shirt. There's nothing in Mrs Fairchild's shrine to indicate that her adoptive father might have had a dark and ruthless side – a side that allowed him to steal from others in order to amass a 'life-loving' fortune. But then again, there wouldn't be. What about the photos she doesn't have on display, and Frank Bolton's own photos, papers and personal effects? I can't imagine that she ever would have thrown them away. But where are they?

Something catches my eye on a little table next to the fireplace that's normally empty. It's another photo frame but this one is face down on the table. I can't say I've paid a great deal of attention before to the old photos around the house, but I know it doesn't belong there.

I turn the frame over. It's another picture of Frank Bolton, this one in black and white. He's wearing his ambulance uniform and posing with his arms chummily around two other men. Hal Dawkins, and the unknown friend in the photo that Mrs Edwards showed me. It looks like it must have been taken at the same time. I undo the little swivel hooks on the back of the frame and take the picture out. The paper is brittle and yellowing, but there's an attribution stamped on the photo: *Robert Copthorne – November 1940*.

November 1940 – the month and year when Hal Dawkins was arrested! I peer closer. Just below the date, I can just make out three words written in faint pencil: *Flea, Badger, Spider*.

Flea, Badger, Spider. I puzzle over the words. Could they be nicknames? I recall my grandmother telling me that the diary was inscribed as written by 'Badger' – Hal Dawkins. If – and it's a big *if* – I'm going to proceed under the assumption that Frank Bolton and Hal Dawkins are both innocent, then perhaps it's the third man who's guilty. What had Mrs Edwards said about him? *He had friends in high places.*

At the very least, I should find out who he is. I put the photo back in the frame and leave it face down on the table the way I found it.

Twenty-Eight

After another night tossing and turning, it's after ten o'clock by the time I get to my office to check the day's schedule. While I owe the PR company a few last minute bits and pieces for the costume exhibition, I'm relieved to find that I have no tours or meetings. I'm about to go outside to look for my grandmother when Edith appears in the doorway.

'Alex? Oh there you are. I was about to ring your mobile.'

'I umm... overslept.'

'There's a man here to see you.' Her eyes have a surprised twinkle in them.

My heart takes a swan dive. Tim – it must be Tim back to see if I'm still 'all right'. Maybe hoping for another round of 'kiss and make up'. And I realise then that I don't want to see him – not now, and perhaps, not ever again. In theory, I've forgiven him. But by taking me to see his gran, he's opened a can of worms that can't be closed again. I'll never be sure if I can trust him. Our budding relationship has withered on the vine.

'Where is he?' I ask.

'In the café.' She frowns at my lack of enthusiasm. 'He asked me what you liked. I told him – coffee and scones. I hope that's okay?'

'It's fine, thanks.' I can't be mad at Edith. Not when I haven't confided in her – or anyone – about what's happened. After I've got rid of Tim, I'll call Karen, I decide. It will help to talk to someone neutral, even if there's bound to be a pep talk at the end of it.

'Okay.' She gives me a little wink and heads back in the direction of the gift shop.

I quickly comb my hair and apply a coat of lip gloss – Mum always said that it's good to look one's best when sending a man packing. Steeling myself, I walk down the corridor towards the tea shop. I don't have time to plan what I'll say to Tim. I'll have to wing it.

There's a delightful scent of coffee and fresh-baked scones, and the café is noisy and crowded. My stomach rumbles. I look around but don't see Tim. But then my eyes rest on the tall, leggy man sitting at a little corner table by the window. My stomach gives an excited flip. Although he's wearing his usual T-shirt (today it's The Rise and Fall of Ziggy Stardust and the Spiders from Mars) and jeans, seeing him out of his workshop is like glimpsing him in a whole new light. I allow myself to acknowledge for the barest fraction of a second, how unique – and rather stunning – Christopher Heath-Churchley is.

'Hi Alex!' He stands up as I approach his table. 'I hope it's okay me turning up like this?'

'Of course.' I enjoy the strange bubbling feeling inside me as he kisses me casually on both cheeks. 'It's great to see you.'

'Do you have time for a coffee?' He holds up a silver number five that he must have got at the counter. 'I took the liberty of ordering for two.'

'Yes, great.' I sit down, feeling better than I have in days.

Adele comes over to the table carrying a tray. 'Here you are, sir.' She sets down the tray and gives me a surreptitious wink, which I ignore.

Chris takes the cups and saucers off the tray. He's ordered a pot of coffee and a basket of fresh cinnamon scones. My favourite. He pours the coffee. I'm aware of his long legs stretching out close to mine.

'I was curious to see Mallow Court.' He cuts his scone in half, spreading it generously with butter. There's amusement in his pale blue eyes. 'Though I wasn't quite sure I'd be welcome given my "family connections".'

I laugh. 'Your £9.50 admission fee is as good as anyone else's, I suppose.'

He laughs too. Just being here in his presence, I feel light inside; at ease except for a strong undercurrent of attraction. Unwittingly, I realise how with Tim, there was always a faint air of judgment about him – about my education and my job – which makes me feel defensive. And regardless of his apologies and excuses; stories about meeting old friends down the pub and 'wanting me to meet his gran for a cuppa', all along he was hiding things. The attractive chocolate eyes of memory turned out to be more like deep, muddy quicksand.

I realise that Chris is staring at me, and that he's asked me a question that I didn't hear. He's no longer laughing or smiling.

'I know it may be none of my business, but are you sure you're all right, Alex? Do you want me to leave?'

'No!' I say. Without thinking, I reach out and take his hand – just for a moment – before realising what I've done. I withdraw swiftly and take a sip of my coffee. The liquid is dark and bitter – I've forgotten to put in the milk and sugar. What *is* wrong with me? 'I'm sorry,' I say, pouring milk into my cup. 'It's just that some things have been going on here and I'm kind of stressed. Some of it's normal – like, we've been busy preparing for the costume exhibition. But there are other things too. I probably shouldn't say, but...'

But I want to tell him; confide in him. It doesn't matter who his father is, or what schools he went to or what car he drives. As far as I know, he hasn't judged me on those things. It's *me* who hasn't looked beyond what's in a name, to the person that my instinct says he is. A good person. Someone that I'm going to trust.

He sits in silence waiting for me to continue. That in itself says a lot. Having made the decision to tell him everything, I struggle only with figuring out where to begin.

'Someone is out to hurt Mrs Fairchild,' I say. 'My grandmother.'

It's like a floodgate has opened. I start by telling him how my parents hid the truth about my birth mother and grandmother from me. 'It was done for noble reasons,' I say, 'but the revelation knocked me for six. I'm still getting to grips with it.'

He listens intently to my story, his face occasionally slipping into a frown.

'And now,' I continue, 'she's been receiving anonymous letters. Diary entries from back during the war.'

'Whose diary?' he asks.

'The diary of a man called Hal Dawkins. He was an ambulance driver, along with her adoptive father, Frank Bolton. Hal Dawkins pulled Catherine out of the wreckage during the Blitz.' With an embarrassed sigh, I proceed to tell him about Tim – leaving out certain salient details such as my erstwhile attraction to him, and the kiss that had once seemed promising – and meeting his vindictive gran.

'So this Tim person brought you to this woman under false pretences?'

Somehow in the safety of his presence, I'm able to laugh about it for the first time. 'It was unbelievably awful,' I say. 'It was like…' I hesitate as a wicked thought enters my brain, 'like you introducing me to your dad and him realising that I'm the "little nobody" who ruined his daughter's wedding.'

'Yeah,' he laughs awkwardly. 'I get it.'

'She genuinely feels aggrieved – and if what she said was true, then I can understand why. But in any case, I was completely ambushed.' I shake my head. 'And Tim claimed afterwards that he didn't know what she intended to say. He had a good story –

for all of it. But the fact is – he admitted that she sent the diary entries to Mrs Fairchild. I can't get around that, can I?'

His pale eyes cloud with concern. 'I'd stay away from this Tim character – and his gran – if I was you.'

'Yeah. I'm going to.'

'But what exactly is she claiming?'

'She says that her father was framed for looting – a crime for which he paid the ultimate price.'

'But how does that implicate Frank Bolton?'

'She says that he was the real looter – and that the diary entries prove it. She said that Frank Bolton was the one who gave trumped-up evidence against Hal Dawkins – got him arrested.'

'Whew,' Chris whistles. 'Quite a business.'

'Yes.' It's as if a great weight has been lifted from my shoulders. I sense that my troubles are in safe hands – skilled hands – that can make sense of the most delicate and complex machinery; hands that can make a long mute mechanical bird begin to sing again. What had he told me that time in his workshop? 'I take things apart and put them back together again.' It's my turn to sit back, while he mulls over the information.

'It's a fascinating story,' he says finally, 'and tragic, no doubt. But there are lots of gaps, and, it would seem, very little proof. We need to figure out where we can find more clues.'

My mind processes the crucial word: *we*. He's going to help me. I don't have to do this alone.

'I agree.' I smile broadly. 'But I'm not quite sure what to do next.'

'I've got a few ideas.' He pushes back his chair and stands up. 'Like for starters, I think we need another pot of that delicious coffee.'

*

Time seems suspended as we sit at the table, drinking coffee and eating scones, bandying about theories and strategies. The tea shop becomes more and more crowded as lunchtime approaches, but only a small part of me is even aware that an outside world exists. The conversation gradually becomes a general 'getting-to-know-you' chat about our lives. When he asks, I tell him about my background – my dad, and my mum. The chip on my shoulder shrinks. Chris is fascinated by my dad's dual penchant for yoga and Karl Marx.

'He sounds totally unique,' he says, smiling. 'Which is so rare these days.'

'He's that, all right,' I say. 'What about your family?'

His grin fades. 'I've never had the best relationship with my father.' He slits open a scone, spreads the butter, and closes it up again before taking a bite. 'Even as a boy. The fact that I liked to take things apart and fix them drove him to distraction.'

'I can imagine.' I shudder to recall my own limited acquaintance with 'Daddy' Heath-Churchley.

'He might not have minded if I'd been interested in racing cars, or yachts, or airplanes – something that was – in his eyes, at least – more impressive, and more practical.'

'Oh, much more!'

'But clocks...' he grimaces. 'That went down like a lead balloon. He never cared much for my mum's family. But I got on with them. Great-grandpa Jeremy was a real clockmaker – not just a repairman like me. He taught me everything I know.'

I mull this over. 'I don't see why your father isn't pleased. I mean, you repair and value antiques and your workshop is right behind the auctioneers.'

'As you can probably imagine, Dad did try to get me interested in the family business. But for him, it's not about the art and antiques. It's about our fees. He couldn't care less what comes and goes through our doors.'

'But that can't be completely true. Surely a lot of checking must go on – for the artworks at least. To make sure they're authentic.'

'Of course,' he says. 'Provenance is all important. It's the foundation of our sterling reputation. Without that reputation, we couldn't attract the big buyers and sellers. But in our case, we keep our fees slightly lower than the competition – your Christie's and Sotheby's and the like – by not doing our own in-house research. I guess you could say, we maintain our standards by only accepting the best – pieces with genuine, untarnished provenance.'

'Unlike the jewelled bird,' I say.

'Well...' he spreads his hands. 'Yes.'

'That's okay,' I say. 'It's a family heirloom anyway. Mrs Fairchild said that she would have passed it to her daughter – my birth mother. But instead, she's given it to me.'

'Really? That's great. It's a fascinating piece – an incredible work of mechanical art. Much more interesting – in my opinion, at least – than your average Chippendale dining set or old master painting.'

'You really think so?'

'I'm here aren't I?' His pale eyes gleam with amusement.

'And here I thought you were just seeking the pleasure of my company.'

'And if I was, would that be... out of order?' His eyes lock with mine. I stare into their crystalline blue. For an instant, I'm transported away, to a magical place where the sun is shining, and I'm stretched out, warm and languid; utterly at peace. A hand reaches out and touches my skin. Every cell in my body seems to open up like a flower. I blink back to reality. Chris has leaned across the table and taken my hand, stroking it with a touch so light that I'm sure I'm imagining it. Almost – except for the shimmering sensation drifting through my entire body.

I put all my effort into remembering how to speak. 'I... um... what was the question?' are the only words I can find.

The moment is shattered by the ringing of a phone. It takes me a good long second to realise that it's my phone, squawking in the pocket of my jacket. I grapple for it, hoping it rings off. It doesn't. I'm aware of Chris watching me as I check the screen. *Tim Edwards*. Of all the blasted inconvenient times...

I press mute. Chris shifts in his chair. 'I really should be going—'

'No,' I say. 'You don't have to go. We could...' I struggle to think what it is that normal people do. People who like each other – a lot. At least, that's how it is on my side. There's no point in trying to pretend any more that my interest is purely casual – or professional. 'Go for a walk,' I venture. 'In the garden. It's a lovely—'

The phone rings again, cutting me off.

'Damn it,' I mutter.

'Go ahead.' He sips the last of his coffee.

With a reluctant sigh, I answer. 'Yes?' I say, curtly.

'Alex...' Tim purrs, his voice deep. But instead of vibrating strings deep inside me, this time, I just feel annoyed. 'I wanted to check how you're doing.'

'Fine. I'm fine.' I glance up at Chris. He's taken out a mobile phone and is scrolling through his text messages.

'Listen,' he says. 'Can we go for a drink? I've read through the diary. What's there anyway. Some pages are torn out at the end.'

'Torn out?' I feel like I'm being led on a merry dance.

'Yeah. I asked Gran. She doesn't know anything about it. But I'm trying to find out more.'

'Please don't bother.' A sense of disquiet rises inside me. 'We'll never know the truth of what happened back then. I'm sorry for what happened to your gran's father, really I am. It's so tragic. But right now, I need to focus on my family. We need to put this whole thing behind us and move on.'

'Are you sure about that, Alex?' His voice holds a veiled

threat. I can sense his face morphing into something ugly at the other end of the phone. 'Sure you can *put it all behind you* just like that?'

'Well, if you've read the diary and there's anything else to say, then maybe you can send me an email.'

'No – I want to see you. I thought that we were... that we had...'

Sensing that I need 'rescuing', Chris clears his throat loudly.

'Who's there?' Tim says.

'I'm just about to start a tour,' I lie. 'So actually, I have to go. Bye Tim.' I press the button to hang up and sit back in the chair, feeling shaken.

Chris puts away his phone, looking concerned. 'Are you okay, Alex?' he says.

I'm about to say I'm fine but then I catch myself. I'm not *fine*. Why should I lie and say otherwise?

'I don't think he's going to let sleeping dogs lie,' I say. 'If word gets out about Frank Bolton being a criminal... I don't know what my grandmother will do.'

'But surely, that kind of thing just adds colour to this place.'

'She won't see it that way – nor do I.'

'I understand.' He nods 'So we're back full circle – how do we find out the truth about Frank Bolton?'

'Well, there's another man in the photograph Tim's gran showed me. It was Frank Bolton, Hal Dawkins, and someone else. The three of them are in another photo I found here in the house. There are some names written on the back. "Robert Copthorne" – he's the photographer, I think. And then "Flea", "Badger", and "Spider".'

'"Flea," "Badger", and "Spider"? How odd.'

'I'm guessing they were nicknames.'

Chris frowns. 'Can I see the photo?'

'Of course.'

We get up together and he takes our tray to the counter. I'm only half aware of the noise in the café, and the fact that Adele and Chloe are giving me 'thumbs up' gestures. The other half of me is aware of Chris's solid presence as he follows me down the corridor and through a door in the panelling that leads to another corridor.

'I'd like to see more of the house,' he says as we walk. 'It seems so quirky – if that's the right word.'

'Perfect.'

'Though not today, I'm afraid. I'm due back in London. There's an auction of nautical timepieces coming up and the catalogue is due at the printers tomorrow. I've still got a couple of pieces to have a look at.'

'Sure.' I enjoy thinking about Chris in his workshop taking apart clocks and putting them back together. Though, somewhat less if it's connected with his father's auction house. 'This won't take a moment. It's just in here.'

I take down the rope across the door and usher him into the green drawing room. Although he's undoubtedly grown up in a lovely house – or *houses* – I'm still pleased when he lets out a low whistle.

'What a lovely, cosy room.'

'It is. My grandmother loves the light in here. And...' I raise an eyebrow, 'looking at the photos of her father.'

'Quite the shrine to Frank Bolton,' Chris agrees.

I go over to the table where I left the photo and am disturbed to find that it isn't there.

'I left it here,' I say. 'Someone's moved it.' My grandmother? I haven't seen her this morning, but then again, I've been *otherwise occupied*. I search the room but don't find the photograph anywhere. Part of me wonders whether this is the work of the 'uninvited guest'. The fact that I'm certain Tim couldn't have anything to do with taking the photograph doesn't make me feel much better. Maybe I'm just going mad. 'I'm sorry.' I look miserably at Chris. 'I swear it was here yesterday.'

'No worries,' he says. He checks the black plastic Swatch on his wrist. 'I really should be off now – you don't mind, do you?'

I do mind – more than I'd like to admit. But of course I don't say so. Instead I smile and assure him that it was lovely meeting up with him and that I hope he will indeed come round for a proper tour of the house.

'I will.' He smiles in a searching way that makes me blush.

'Great.'

I lead the way out of the green drawing room and into the corridor that leads to the great hall. The guide on duty at the front door raises a questioning eyebrow at me as we go past.

Chris stops and examines the carving on the panelling next to the front door. 'Amazing place,' he says. 'You're very lucky.'

'Yes.' I grin. 'Yes, I am.'

Outside the door, he stops, looking confused. 'I'm in the overflow car park,' he says. 'Which way is that?'

I point to the path that leads to the car parks.

'Ah, I remember now,' he says. I can tell he's lingering. 'I'll call you,' he says. 'We can arrange things – and let me know if you find that photo.'

'I will.' I step forward a fraction. The air crackles between us. A family with two small children and a pram come up the path from the car park, chatting and laughing noisily. A moment later, the guide is outside waiting to greet them. The moment passes.

'Goodbye, Alex.' Chris turns and walks off down the path.

*

I watch as he drives away – instead of a swish Aston Martin or Jaguar, he's driving a sensible blue Rav4. My eyes follow the thin trail of exhaust as the car disappears through the front gates. If I'm honest, I was hoping that he would kiss me. But how can I want that when only days ago, I thought I was falling for Tim Edwards? Now, the very idea makes me shudder. What *was* I thinking?

I'm forced to put everything aside and give an impromptu tour to a family and a few other people who arrive practically at the same time. As I give my spiel about the house, the other puzzling issues come back to the fore. Where is the photo I found earlier? Did Mrs Fairchild take it – of course, she must have. No big mystery.

'... and I was just wondering if you knew what year they installed the indoor toilet?' a woman on the tour is saying.

'Oh, yes...' I wrench myself back to reality. 'It was 1945, the year Frank Bolton renovated the house. He and his wife Mabel couldn't stand the idea of "roughing it" in their own home.'

'It's a very lovely house,' the woman says. 'Frank Bolton sure was lucky.'

'Yes, lucky,' I say. 'That's certainly one word for it.'

Part 4

We shall defend our island, whatever the cost may be, we shall fight on the beaches, we shall fight on the landing grounds, we shall fight in the fields and in the streets, we shall fight in the hills; we shall never surrender.

—*Winston Churchill*

13th November 1940, 3:50 a.m.

'*I've seen them cut the fingers off a dead woman to get her diamond rings.*' *Robbo took a long drag on his cigarette.* '*Or they'll find a dying bloke and "help him on his way", then take his wallet and watch.*' *He shrugged.* '*Happens a lot.*'

'*But it's criminal!*' *His account made me feel unclean. I touched the trinket in my pocket, fiddling with it nervously. I knew I planned to give it back, but right now, someone could easily misinterpret what I'd done.*

'*It's war,*' *Robbo replied.*

'*That doesn't make it right.*'

He blew out a ring of smoke. '*I've seen a lot of wars in a lot of places. I've seen acts of amazing courage and self-sacrifice – just like the posters say. But I've also seen it bring out the worst in people. Things happen in the dark, in the chaos.*' *He spreads his hands.* '*It's survival of the fittest. And everything has a price.*'

'*And what do you do about it – these things that you've seen? In the dark, and the chaos – when you're holding your camera. Do you just stand there?*'

He met my glare unflinching. '*I don't hand out medals, and I don't put people in jail. You can judge me for that if you want. I bear witness – through my camera. You may think that's not important. And you may be right...*' *He stubbed out the cigarette on the table.* '*In fifty or a hundred years, I won't be around to know one way or the other. Neither will you.'*

I clenched my fists – I wanted to hurt him – stop his philosophising. Every night I'm out there risking myself to save others – and not just people's bodies either – but their whole way of life. Isn't that what we're supposed to be fighting for?

I didn't realise I'd spoken aloud until he laughed in my face. I launched out of my chair – to take him by the collar and give him a good shaking. But just then someone else stumbled into the room. It was Spider. And he was crying.

Twenty-Nine

When the tour is finished, I go outside in search of Mrs Fairchild. In the time since we last spoke, everything has changed. There's been good news: discovering that the jewelled bird might *possibly* be a rare object of royal provenance; and bad news: pretty much everything else. There are more questions, and few answers. And now, there's a new threat.

How much, if anything, does my grandmother know about the looting allegations? How much of the diary has Mrs Edwards sent her? I replay Tim's call in my head, and the thinly veiled threat – that we wouldn't be able to 'put it all behind us' so easily. It's imperative that she lets me see all of the 'evidence' that she's been presented with so far. I also want to ask her about the photograph that's gone missing. One thing's for sure – we need to work together to prepare for whatever may be coming.

I catch a glimpse of her wide-brimmed hat just outside the walled garden, at the edge of the lawn that stretches down to the lake. She's sitting on a bench watching a pair of swans glide along in the shimmering water.

And she's not alone.

The man next to her – maybe five years or so older than she – with white hair and an athletic build – stands up. She stands up too and they smile at each other. He gives her an old-fashioned kiss on the hand. She says something and he laughs, and a moment later, they're embracing. I should go away – I've no right to invade her privacy. She'll introduce me to her 'boyfriend' when she's ready. But instead of turning away, I remain where I am, just out of sight. I feel a powerful urge to protect her. She's suffered enough loss in her life, and I don't want her retirement to be marred by any more heartbreak.

Not that it will be. I watch as the embrace ends, and they laugh together over something he's said. They're clearly gaga for each other. And why not? My grandmother is an energetic, attractive older woman – the personification of 'sixties is the new fifties'. Not to mention... wealthy. That last point, however, gives me pause.

I slip under the yew arbour and watch as the man turns and, with a little wave, goes off down the path by the river that leads to the village. He throws a bread crust to the pair of swans and hops over the stile at the edge of the woods, disappearing from sight. My grandmother gathers up the remaining food and rubbish from their picnic and stuffs it into a wicker basket. I give it another minute, and decide that it's safe to approach.

'Oh, there you are.' I pretend I've only just spotted her.

'Hi Alex, dear,' she says. 'Lovely weather, isn't it?'

'Yes, it is.' She looks happier and lighter than she has in days. I make a point of not looking up at the gathering rain clouds. 'Did you enjoy the flower show yesterday.'

'I did.' Her smile is warm. 'I've filled the potting shed with new plants. They had some spectacular new "old roses". I was just about to go off and start planting them.'

'Great,' I say. 'I wanted to let you know that Chloe is making pasties.' My grandmother loves fresh beef and onion pasties, and Chloe, originally from Cornwall, makes them just the way she likes them. 'But I see you've already had lunch.'

'Yes,' her face glows. 'I was meeting a friend.'

'A friend?' So that's how she's going to play it. 'That's nice. Lovely day for it, as you say. Did she have far to come?'

I'm not sure if I'm glad or not that she takes the bait. 'Actually, it was a *he*.' Her schoolgirl grin says it all.

'Was it the policeman by any chance?'

'It was. He's called David – I think I told you? You just missed him, in fact. I've told him about you, of course. If you'd come a little sooner, I would have introduced you.'

'So it's serious then?'

'Oh no,' she gives a girlish laugh. 'It's just a bit of fun.' She closes the picnic basket.

'And what about the…' I lower my voice, '*other matter* that he was looking into for you? Did he get to the bottom of who's sending the diary entries.'

Her sunny face clouds over. 'No. Not yet. He's very concerned, of course. But as there haven't been any threats he says to just wait and see what happens. No new envelopes have come, have they?'

'No. But I would like to see the diary entries as soon as possible. I need to know exactly what we've got to contend with.'

'But I don't have them.' She looks suddenly confused. 'I gave them to David. I forgot to ask for them back.'

'Oh.' A quiet anger seeps through me. Policeman or no, she's trusted this 'friend' – whom she's known for five minutes – rather than me, her only granddaughter. I decide that it's time to cut to the chase. 'Do you know a Sally Edwards, by any chance?'

'Edwards? Well, I don't know…'

'Her maiden name was Dawkins. Sally Dawkins.'

Her face betrays the answer. She sighs like she knows it. 'I do – did. We weren't friends. Not then, not now, and in truth, I hadn't thought of her for years.' She purses her lips like a piece of a puzzle has clicked in place. 'Until recently, that is.'

'So you know it's her? Sending the diary entries?' I feel affronted by the wild goose chase my grandmother has led me on.

'No…' she hesitates. 'I mean, I suspected it might be her.' Her lip curls in distaste. 'Remember, Alex, I have very little memory of that time. Thinking about it – and what must have happened

233

– has been hard. Most of the entries were about the rubble, and then my time at the house with the brown kitchen. There's also some business of photographers and looters – but of course I have no memory of anything like that.' She shakes her head. 'I don't know why she sent them but I have a feeling that she's holding something back. That I've been told the joke but haven't heard the punchline.' She inhales sharply. 'That damned woman!'

I've never heard my grandmother curse before, and now I see how much Sally Edwards's mean-spirited actions have been affecting her. I'd been prepared to tell her everything I'd discovered so far. But now, I reconsider. My grandmother obviously doesn't know about the possible link between Frank Bolton and the looting. If I can prove Frank Bolton had nothing to do with it before Sally Edwards does her worst, then I will have stripped her of the hold she seems to have over us.

My grandmother takes her gloves from her pocket. 'Anyway, I'm sorry about the diary entries – I should have made copies. I just wanted them out of the house – away from us here.'

'I understand.' Sort of.

'Now, I must plant my new acquisitions before it starts raining.' She takes a few steps in the direction of the potting shed. 'I'll be in later.'

'Sure,' I say, taking a breath. 'But there is one more thing. I'm afraid it can't wait. When I was tidying up in the green salon yesterday, I found a photo – of Frank and two other men. This morning, it was gone. Have you seen it?'

I watch as her face turns from 'love's first blush' to 'ghost white', ending up in a shade of 'gardening glove green'.

'That photo's missing?'

'You didn't put it somewhere?'

'No.' She twists the gloves in her hand.

'No worries,' I say with a reassurance I don't feel. 'Someone probably tidied it up.'

'Okay.' The lines in her face deepen with worry. 'Let me know when you find it. I don't like the idea of photos getting lost.'

'Sure. Can you tell me about the photo?'

She starts walking again, slowly this time. I trail after her, carrying the picnic basket.

'It was one of a series taken by Robert Copthorne,' she says. 'They called him Robbo. He's mentioned in the diary. He took newsreels mostly – of ordinary people during the war doing their bit – land girls, the home guard, the WI, evacuated children. And, of course, the devastation from the bombings. He was a master at capturing the horror of those times on film. They showed his newsreels in the cinema before each show. I think there were some old film reels of his up in the attic once.'

'Really? I'll have to check him out.'

'You should do – his work was important in documenting the war. Sadly, he died only a few years after it ended. In Cambodia or Vietnam – someplace like that. A fever, I think. It was in the news at the time.'

'That's awful.' I shake my head, wondering how many secrets a man like that took to his grave.

We reach the potting shed and she unlocks the door. I know I should let her get on with her planting, but as she herself is fond of saying, 'in for a penny, in for a pound'.

'There was something written on the back,' I say. '"Flea", "Badger", and "Spider". Were they nicknames of the men in the photo?'

'I think they must be.' She sighs. 'The names are used in the diary too. Hal Dawkins was killed in the war, I think. And the other man was Jeremy Stanley.'

'Stanley? That name sounds familiar.'

She gives me a sly little wink. 'He was related by marriage to your bête noire.'

'My who...?'

What was his name? Peppercorn? No – Pepperharrow. And his little dog – Winston. It's a long shot, but who knows?

It's possible that the ghosts of Larkspur Gardens aren't completely at rest.

Thirty

As the bus slows down at the stop, I have the urge to stay put, to bury my nose in the greasy copy of the *Metro* that someone left on the seat next to me, and keep riding until the bus trundles back to civilization. The door wheezes open and immediately, my senses are assaulted: by the din of East London traffic; the smell of curry and car exhaust; the brown and grey of the buildings. A large, colourfully dressed African woman tries to manoeuvre a huge double pram through the door, without much success. I relinquish my seat and help her lift it into the bus. Just as the door is closing, I jump off. The bus pulls away, and raindrops begin to fall.

I wander past betting shops, hair salons, discount fabric shops, falafel and curry houses – getting increasingly wet. I recheck my *A to Z*, just to make sure my destination really exists and wasn't just a one-time gateway to the past.

But eventually, I see the sign on the little road that seems almost like a different world from the main street. Here it's quieter, and I can no longer smell the fried chips or rubbish.

Larkspur Gardens.

I walk more quickly now, desperate to avoid running into Mrs Edwards – or, worse still, Tim himself. It's only then that I realise I don't know the old man's house number.

But on this point, I get lucky. Halfway down the road, I spot a postman on a bicycle. 'Excuse me,' I say. 'I'm looking for a resident – a Mr Pepperharrow.'

'Pepperharrow?' he scratches his beard. 'He's the third house from the end – number sixty, I think.'

Keeping my head low, I continue walking. There's an air of decay about the houses in the road – much more noticeable now that I'm here in daylight – cracked paint and plaster, dirty windows, tiny lawns gone to weed, overflowing bins.

I stop in front of the third house on the right. The number sixty is half-hidden by a scraggly climbing rose. There are a few buds which seem to be deciding whether opening up is worth the bother. The recycling bin out the front is filled mostly with food tins. There's a neat stack of *Daily Telegraph*s tied with twine next to the bin. The door is painted yellowish-beige. Steeling myself, I ring the bell.

There's no sound from within. I have a sinking feeling that no one's home, and it's a wasted trip. I wait for a full minute, then knock again and put my ear to the door. I can just make out a shuffling sound coming from inside. All of a sudden, a dog yaps.

'Hold your horses,' an old man's voice rasps from within.

My heart accelerates as a deadbolt thunks, the door rattles, and finally, it opens a crack and an eye peeks out below a brass chain.

'No soliciting,' he says, his shaky hand making ready to pull the door shut in my face. Winston sticks his nose out the door, sniffing the air.

'Mr Pepperharrow,' I say quickly. 'We ran into each other once before – during the bomber's moon?'

The eye narrows sceptically. 'You should go to the shelter,' he says. 'Oh, I know there's all them people and all that pushing and shoving. But the wine cellar won't save you if the house comes down on top of you.'

'Oh.' I'm taken aback. 'Of course – I will go to the shelter. But first I just want to talk to you for a minute. About – what happened here. Umm... in 1940.'

'Are you a spy? For the young whippersnapper down the

240

road? Never liked him, I'll tell you that for free. Too slick for his own good, that's for sure. And why didn't he join up – that's the question.'

'Yes,' I flub. 'That's the question. One of them. But actually, I'm here for a different reason.' I throw all my eggs in one basket. 'I want to talk about the Russian lady.'

There's a sharp intake of breath and then a silence. I brace myself for the force of the door slamming in my face.

The chain jingles and a moment later, I'm inside.

Miles Pepperharrow leads the way, step by cautious, deliberate step, into a sitting room. After giving my legs a cautious sniff, Winston stays close to his master's side. The sitting room is small like Mrs Edwards's, and similarly decorated in shades of brown. But instead of ashtrays and magazines, there are books everywhere. Piled on the floor, on coffee tables and sofas, on shelves from floor to ceiling on three of the four walls. Hardback books, paperback novels, coffee-table books, loose-leaf notebooks. All with a common theme: war. The Great War, WWII, Korea, Vietnam, Iraq, Afghanistan, the Cold War, the Wars of the Roses, the Spanish Civil War. On the shelves, the books are mostly about military history and strategy: *The Birth of the Panzer*; *Warplanes in the 20th Century*; *To fly a Poussemoth*. Interspersed on some of the shelves, serving as bookends, is a collection of model planes. Most are made from sturdy metal, lovingly painted. I pick up one of the models and run my finger delicately along one of the dagger-shaped wings. I immediately think of Chris – he would appreciate the craftsmanship that's clearly gone into them.

'That's a Spitfire.' Mr Pepperharrow points at the model I'm looking at. 'Beautiful little plane; handled like a dream with those wings. But she had more than just looks – she was deadly too. She had a 500 mile range, and a powerful Merlin engine. She could reach a top speed of 362 mph. With eight machine guns standard, she could deliver 160 rounds per second.'

'Really?' Unexpectedly interested, I look at the model plane with a new respect.

'Yes, young lady.'

If I ever had any questions about the war, people in it, or people who may or may not have lived on Larkspur Gardens during the Blitz, one look around and I have no doubt that I've come to the right place. But what am I really looking to find out? The truth, or the version of it that I'm hoping for?

He sits down in an armchair by the gas fire. He's wearing plaid pyjamas, and on the collar is pinned a rumpled paper poppy. Winston settles on top of his slippers. 'Sit anywhere, young lady,' he says. 'I'd offer you a cuppa, but my leg's playing up like the devil today. Maybe if I rest for a minute—'

'Can I get you some tea, Mr Pepperharrow?' I offer with a smile. 'I'm sure I can find my way.'

He peers at me. 'Yes, if you like. It's all there in the kitchen.' He gestures with his shaky hand. 'Builder's for me, please.'

'Builder's it is.' I leave the room and go off to the kitchen, hoping that with a cuppa in front of him, Mr Pepperharrow will find it harder to turf me out if he doesn't like my questions.

The kitchen is small and clean, except for a pile of dishes in the sink. While I'm waiting for the kettle to boil, I squirt some soap on a sponge and give them a good washing up. On the wall near the sink is a calendar. It's this year's but the photos are all black and white come-hither pin-up shots of 1940s models: Betty Grable; Jane Russell, Rita Hayworth. I find it vaguely sweet that this probably counts as racy to Mr Pepperharrow.

I search the cupboard and find teabags and a pack of Hobnobs. I make two mugs of builder's tea and put the biscuits on a plate. Piling everything on a tray, I go back to the front room.

Mr Pepperharrow has pulled a tartan rug over his knees, and the gas fire has been turned on – the room is boiling. Winston is snoring softly in doggy dreamland. Mr Pepperharrow is flipping through a new biography of Winston Churchill that I know got good reviews in the *Telegraph*. When I enter, he sticks a needlepoint bookmark in his place and closes the book. I set the tea and biscuits down on the table next to him. 'Hobnobs,' he says, looking surprised and pleased. 'My favourite.'

'Mine too.'

I sit in the chair opposite him. On the mantle above the gas fire are some family photos. Two boys in military uniforms on the deck of a ship, an old wedding photo of Mr Pepperharrow, and, I assume, his wife. A photo of a young girl – a granddaughter maybe? – hugging a huge Pooh Bear at Disneyland.

He sees me looking at the photos. 'Not a great world to bring a family into,' he says, 'but me and the missus, may she rest in peace, did it anyway. Two fine sons, three grandchildren. I can't say I regret it.'

I smile. 'You have a lovely family.'

'Family is important,' he peers at me. 'It's the reason why we fight on. And now you've come in search of yours.'

'Umm... how did you—?'

Tilting his head sideways, he studies my face and smiles dreamily. 'You're her spitting image,' he says. 'Different hair maybe, and clothes, obviously. But the eyes – grey blue with those amber flecks. Not many have those, I reckon.'

'Sorry,' I say, flustered. I'm aware of my heart kicking hard beneath my ribs, 'but who exactly are you talking about?'

'Why, Marina, of course.' He narrows his eyes like I've gone thick. 'The Russian lady. That's who you came to see me about, wasn't it?'

'Marina.' I say the name out loud, letting it settle on my tongue. The Russian lady. Her eyes – the same as mine...

A cloud of scepticism crosses his face. 'Who did you say you are again?'

'Sorry.' I take a sip of tea to hide my flushed face. 'I'm Alex Hart. I work at Mallow Court – up near Aylesbury. The house is owned by Catherine Fairchild. My grandmother. She's the adopted daughter of Frank Bolton, if the name means anything.'

It obviously does mean something. A hundred emotions seem to flare up at once on Mr Pepperharrow's face. His hand trembles as he sets down his teacup on the table, the liquid sloshing over the rim onto his Churchill biography.

'I know the name,' he says.

I'm afraid I've said the wrong thing and that he's going to clam up. I quickly turn tack, back to the subject that got me through the door in the first place. 'I'm here to find out anything you can tell me about Marina. You see, I have something that might have belonged to her – a locket.'

His sunken eyes grow round and huge. He starts like he's going to get out of his chair, but his 'bad leg' seems to prevent it. 'You have Marina's locket? I wondered where it got to.'

'It's with a specialist right now who's repairing it. Otherwise I would have brought it with me.' I shrug apologetically. 'But I really don't know anything about Marina – where she came from, who she was, and why my grandmother ended up with her locket. I was hoping you could help me.'

He stares off as though he's only half listening. His eyes rest on a clock hanging on the wall between the windows. It's a simple wooden carriage clock with a white enamel face and brass roman numerals. There's a brass escutcheon on the case for a winding key. But the clock itself is stopped, the hands pointing to 11:50.

'I told her she shouldn't be pig-headed. That she had a duty to go to the shelter.'

'Where was the shelter?' I ask, hoping to get him talking freely.

'At the school,' he says. 'They had a deep cellar. The nearest

Tube was too far away, of course, so she was supposed to go there. But Lord Stanley had a wine cellar. Marina thought that would be safe enough.' He bows his head. 'But she was wrong.'

'The Stanleys? Was she related to them?'

'No, of course not.' He guffaws. 'They were upper class – lived in the big Georgian house at the top of the road. Marina was the cook. Lived in a tiny room on the lower ground floor just off the kitchen. Suited her, it did.' He shakes his head. 'Kept her head down in case anyone came looking for her.'

'Who – who would come looking for her?'

'The Bolshies. Secret police or NKVD.'

'Why would they have been after her?'

'Who knows? She never talked about her time in Russia. Clammed right up.' He shakes his head. 'But I think lots of them Russians that came here were at risk. Stalin and his goons weren't ones to let well enough alone.' He sighs. 'I would have protected her, though, if she'd let me.' His eyes grow vague. 'She was twice my own age when I met her,' he says. 'Forty if she was a day. And with a babe in tow. But even still I fancied her. It wasn't just that she was a looker – though she was. She also had the voice of an angel. She used to sing the babe to sleep. She had a deep, melodious voice, almost like a cello or a bassoon. Those songs in Russian – they could tear at the heartstrings even if it all sounded like gibberish.'

'I can imagine.' Those songs – the words and melodies buried in the subconscious of an elderly woman who remembers little else about her early life. Mrs Fairchild – my grandmother – is undoubtedly the 'babe in tow'. 'And who was the father of the baby?'

'Psshaw,' he waves a hand. 'She was a looker like I said. I wasn't her only admirer.'

'I see. So you don't know for sure who the father was?'

He stares at the blue flames. 'I didn't say that.'

'Please Mr Pepperharrow, I know it's painful if you had feelings for her. But I really need to know.' Pieces of the puzzle swirl in my head just waiting to click into place. 'Was Frank Bolton an 'admirer'?'

His grey eyes scan my face. 'Maybe.'

Thirty-One

I sit back and stare into my teacup, finally seeing the truth – it's the only logical explanation. Frank Bolton didn't just adopt a little girl with a pretty face – he sought out a very particular orphan.

'He was her father,' I say. *My great-grandfather.* A low, deep tremor passes through me. Frank Bolton – whatever the truth is about him – he's part of who I am.

Mr Pepperharrow shrugs. 'Only Marina knew for sure.'

'But you believe it?'

'He adopted her, didn't he?' He twiddles his gnarled fingers. 'I doubt Frank would have done that out of the goodness of his heart.'

'Would you say Frank was – how shall I say this – a good man?' I can't quite disguise how desperate I am for him to confirm this, especially now that I know I'm related to him.

'He did his bit. He was in Norway – that was a bad business for all our boys. When he came back, he started working the ambulance crew. Of course...' he lowers his voice, 'doing that, he wasn't risking his life the way those of us of us in the RAF were. *I* was flying Spitfires.'

'You did an amazing thing for your country,' I say.

'Oh aye. Not that you kids these days really understand. You'd be speaking German now if it wasn't for the likes of those who fought.'

'I'm sorry to dredge all this up. I know it must be difficult, even after all this time.'

'I was the one who loved her – Marina, I mean. If she'd survived, and if she would have had me, I could have loved the little poppet too.'

'That's... lovely.' A tear wells up in my eye thinking of this man, and my great-grandmother, and his love for her that's survived all these years.

Nudging Winston off of his feet, he gets up and hobbles over to the broken clock on the wall. He takes out a pocket handkerchief and gently dusts the case.

'I know a man who could fix that clock for you if you like, Mr Pepperharrow. I'm sure he'd do it for free. In appreciation of your sacrifice.'

He stares at the clock, his back to me. 'I don't want it fixed. Not ever. *She* gave it to me – told me to keep it safe. So I took it to me mum's. It's not valuable, but it's special because of her. But when I returned from my mission, I found out that she was gone. The Stanley house took a direct hit, they said. The little girl survived. She stayed with Mum for a day or two. By the time I got back, the clock had already run down – there never was a key to wind it. I set the hands at 11:50 – that's when the bomb hit.' His eyes glisten with unshed tears. 'Every time I look at that clock, I think of Marina, and remember.'

I wipe my eyes, unable to speak.

'Yes, well,' he says, 'It was a long time ago – as you say.' He begins pacing the room. 'I suppose I should give you the clock if you're her great-granddaughter.' His face looks momentarily stricken.

'Please – keep it,' I say. 'I can see that you treasure it. It should stay here with you.'

'Thank you, young lady.' He gazes at me with a sad smile, and I have the feeling that it's not me he's seeing, but *her*.

I gather together the empty teacups onto a tray. I'm filled

to the brim with emotion, but I need to pull myself together. I came here to get information and ask questions, no matter how difficult the answers may be to hear. Focusing on the old man's face, I take a deep breath. 'There's one other thing I wanted to ask you, Mr Pepperharrow. It's about Frank Bolton – or maybe one of his ambulance driver colleagues. Were you ever aware of any looting going on around here during the Blitz?'

His eyes narrow, seeming to sink into his face. The thin wrist leaning on his cane begins to tremble. 'What are you implying, young lady? Back then, it was all about pulling together and keeping a stiff upper lip. We all helped each other; had each other's back. Don't they teach you kids about the "Blitz Spirit" these days?'

'They do, sir,' I say. He staggers back towards the chair and I take his arm to steady him.

'Course there were always gangs,' he concedes, 'and kids looking for coins in the gas meters. But I don't think that's what you're talking about, is it?' He raises an eyebrow in suspicion.

'No. I'm talking about your neighbour's – Sally Edwards's – father, Harold Dawkins. He was an ambulance driver accused of looting. He was sent to the front, and died there, I understand.'

'And well he should have.' He bangs his fist on the Churchill book. 'Criminals and conchies – disgraceful. When the rest of us were putting our lives on the line night after night.'

'I understand. But was it certain that Mr Dawkins was guilty? It couldn't have been anyone else?'

'Well, it was mayhem back then – absolute chaos. You have no idea. Oh, I know what they say – looting wasn't the worst a body could do. It was a good time for criminals – rapists, murderers, black marketeers – that's for certain. Should have shot the lot of 'em, I say.'

'Um, yes. It's just that Mrs Edwards seems to think that her father was innocent. That they got the wrong man. She found his journal which implies that the looter might have been...' I hesitate, unwilling to say it out loud, '... someone else.' I take a breath. 'It would be horrible if there had been a miscarriage of justice.'

'Oh, so that's what this is about is it? You're a friend of *his* are you? That young spiv from down the street.'

I frown. 'You mean Tim Edwards?'

'Aye, that's the one.'

'I wouldn't say we're friends. But it was his grandmother who made the accusations. She showed me a photograph of three men – her father, Frank Bolton and Jeremy Stanley.'

He nods. 'One of Rob Copthorne's photos. Robbo was always skulking around in the darkness, that one. He saw things – oh yes, I know he did.'

'Yes, he must have. Mrs Edwards said that of the three of them, Frank was the looter. I'm sure you can understand that I need to find out the truth – one way or the other.'

He shakes his head slowly. 'I'm afraid I can't help you, girl. I was flying missions. I knew Frank Bolton – didn't like him much, but that was because of Marina. I had nothing against him otherwise. Jeremy was "out there",' he circles his finger next to his ear. 'He loved his gadgets and his clocks.' My stomach takes a nosedive at the mention of the word 'clocks'. 'I can't see him stealing anything, unless it was some old junk that nobody else wanted.'

'And Hal Dawkins?'

'I knew him a good long while.' He considers. 'Though never well. He was a bit of a glad-hander. A chameleon. Acted like your best friend to your face. But underneath – well... I don't know.'

I stand up. 'Thank you, Mr Pepperharrow, you've been very helpful.' I leave him – in his chair staring at Marina's clock. I quickly wash up the cups and the biscuit plate and put them away. As I'm about to pop my head back in the front room to say goodbye, I hear the thunking of Mr Pepperharrow's stick coming towards me.

'Young lady,' he says.

'Yes, sir,' I say brightly. 'I'll just be going now—'

'Everything I did, I did for *her* – you won't forget that, will you?'

I reach out and give his arm a quick squeeze. 'I won't forget, Mr Pepperharrow. I promise. And let me know if you change your mind about wanting that clock repaired.'

My meeting with Mr Pepperharrow has left my emotions raw and my mind reeling. As I walk back to the bus stop, I reflect on what I have and haven't learned. The headline item is that Frank Bolton is most likely Catherine's real father. *My great-grandfather.*

The pieces of the puzzle fit as to why he adopted her, and why he left her – his eldest child – the house. It doesn't, however, get me much further towards clearing him of the accusations. Or proving who the real looter was.

And then there's the mysterious Marina – my great-grandmother. The woman with my eyes, who was always looking over her shoulder in fear, yet seemed to have had her fair share of admirers. Who was she, and how did she come to be in possession of the jewelled bird? Mr Pepperharrow had said she was the Stanley's cook. Could she have been a servant in Russia, stolen the locket from a rich employer and then fled the country? It's possible, I suppose. But after so long, how can I find out the truth that she tried so hard to keep hidden?

I take the bus west past Shoreditch and Old Street. I really should go straight home – there's lots to do before the costume exhibition opens in a few days. But I'm drawn by a strange magnetic force to get off near Chancery Lane and the streets that lead to Chris's workshop.

As soon as I get off the bus, it strikes me that I really should call first, or else give him the heads up that his relative is in a photograph with a would-be looter – or might even be the looter himself. Stalling with indecision, I detour into a shop and get a tuna sandwich and a bottle of sparkling water. Instead of venturing towards Hatton Garden, I walk all the way up to Holborn and up a side street to Red Lion Square. I survey the benches, finally finding one with a small, bird-poop-free area. I sit down and unwrap my sandwich.

'Alex? Is that you?'

I look up, squinting at the tall figure silhouetted dark against the late afternoon sun. My eyes swim like I'm seeing a mirage.

'Chris?' An unexpected warmth washes through my body, purging everything except the here and now.

'I'm surprised to run into you here.' He smiles warmly.

'Yes, well – I was just on my way to see you actually.' I blink my eyes, coming to the unpleasant realisation that Chris is not alone. Standing next to him, looking bored as she checks the screen of her phone, is a woman. A very attractive woman with long blonde hair, cat-shaped green eyes, and a glossy pink pout. 'Um, I was just having a sandwich.'

'We were about to grab a coffee. Would you like to join us? Greta knows a nice little hole in the wall just around the corner.

'Greta.' My voice sounds like fingernails on a blackboard. 'Um, hi, nice to meet you. I'm Alex.'

Barely looking up from the screen of her phone, Greta suddenly grabs Chris by the arm, completely blanking me. 'Look,' she points to the screen. 'Can you believe it? Charles Snodford paid triple the estimate for that Chippendale dining set.'

Chris leans his head down to her level and laughs. 'I thought he was supposed to be downsizing?'

'I'd better be going.' I stand up, my sandwich feeling like a rock in my stomach. 'Must get the next train. It was nice to meet you, Greta.'

'Yes.' Greta smiles – at Chris, not at me.

What is it about lithesome young blondes being attracted to an eccentric clockmaker with a penchant for vintage band T-shirts and faded jeans? My eyes accidently wander downwards towards the latter. As gangly as he looks from a distance, up close, he's a solid, very attractive man. I feel a spark shoot down my body. My eyes meet his pale blue ones and I blush.

He steps forward, freeing his arm from Greta's crimson claws. 'There's a big sale going on at the auction house – Greta's one of the handlers. One of Dad's best clients is supposed to be downsizing, and he's seriously bidding on everything.'

'Oh,' I say, glad to be let in on the joke.

'Listen, Gret,' he says. 'Alex doesn't get down to London that often, and we've got some things to discuss. In private.' He takes out a thin wallet and peels off a ten. 'But get yourself a coffee, okay?'

Greta looks at me with daggers in her eyes. I stare right back at her. Chris watches me, and I have an uncomfortable feeling that he's perfectly aware of what's going on.

Greta takes the money in her talons. 'Whatever,' she shrugs. 'Maybe we can grab dinner later.'

As she clicks off in her high heels, I suddenly feel annoyed and wish I'd never come. 'You didn't have to do that,' I say. 'She's clearly very taken with you.'

He laughs and murmurs something in a voice so soft that I have to lean closer to catch the words. 'She and I won't be having dinner,' is what he says. His breath ruffles the hair by my ears, his lips so close to my skin that I think it must be an accident. I look straight ahead and smile.

*

When we reach the door to his workshop, the chiming clocks bring me back down to earth. He goes in before me to one of the tiny rooms off the corridor – a little kitchen. 'Coffee?' he says.

'That'd be great.' While he's boiling the kettle, I recount my meeting with Mr Pepperharrow. We chat for a few minutes about the books and the model spitfires. Then, Chris hands me my mug of coffee and I follow him into the Aladdin's cave of his workshop, allowing my eyes to adjust to the dim light. He pulls up a chair for me at his worktable. I tell him about 'Marina' and what Mr Pepperharrow said about her, leaving out one crucial fact – who she worked for.

'So Mrs Fairchild really is Frank Bolton's daughter?' He immediately grasps the nettle.

'It explains a lot,' I say. 'Like why he adopted her and why he left her the house.'

'Yes.' Chris sits back in his chair and steeples his fingers. 'It would seem so.'

I lean forward. 'But there's one more thing you should know, Chris. It's about that photograph – the one I couldn't find.'

'The one of Frank and two other men? Did it turn up?'

'Not yet. But I asked Mrs Fairchild about it. She knew who the third man was.' I take a breath. 'He was called Jeremy Stanley.'

Across the table, his pale blue eyes widen like pools. I feel a sudden shift in the air between us. I suddenly wish that I could rewind the clock by thirty seconds; a minute. Take everything back.

'Jeremy Stanley is my great-grandfather. The original clockmaker.'

'Yes.'

His eyes sharpen. 'You knew?'

'I didn't know the exact connection. But Mrs Fairchild told me that he's a relation of the Heath-Churchleys. And Mr Pepperharrow mentioned clocks.'

'Jeremy Stanley is my mum's grandfather. My great grandfather.'

'Yes, but—'

'It looks like you have a new suspect,' he says soberly.

'Really, Chris. I had no idea. It's such... I don't know – a coincidence. And I, for one, don't believe in coincidence.'

He shakes his head. 'But we both know it's not a coincidence, don't we? My great-grandfather and Frank Bolton were good friends.'

'No – I mean, you can't assume that just because they're in a photo together. It was probably something to do with the ambulance brigade, or some kind of group they belonged to. Something blokey – with nicknames.'

His eyes are opaque as he stares past me at the row of grandfather clocks. 'It's not because of the photo. They were long-time friends. Didn't Mrs Fairchild tell you that?'

'Sort of...' My voice wavers.

'That's the reason Cee-Cee was having her wedding at Mallow Court. Daddy arranged it with Mrs Fairchild.'

'No,' I clarify, now on more solid ground. 'That's not right. Cee-Cee and her fiancé came to a wedding fair. I remember, because it was the first one we ever held, and I was so determined to get everything right. I met each of the couples individually.' I smile faintly. 'Cee-Cee complained about the venue – the great hall was too small; there wasn't enough accommodation for all of her guests; the ceiling on the marquee was too low...' I wave my hand, 'and that's before she even looked at the catering options.' I wince at the memory. 'If I'm honest, she kind of knocked the stuffing out of me.'

'I'm sorry,' Chris says. A hint of a twinkle has returned to his eye at my description of his half-sister. 'She can be like that. She had her heart set on the Orangery at Blenheim Palace. That was where the first wedding was to have been held. For the second one, my father convinced her to have it at Mallow Court. He knew Catherine was trying to get the wedding business off the ground and that he could muck in. Dad may be many things, but he does honour family connections.'

'Oh.' I look away, feeling unexpectedly hurt.

'So where does that leave us with Jeremy Stanley?'

I wrest myself back to the present – or, in this case – the past of sixty years ago. 'All I know is little titbits. Apparently he was Frank Bolton's business partner for a short time after the war. Your great-grandfather and mine were both into ladies knickers it would seem.' I give a hollow laugh.

Chris doesn't smile.

'But your great-grandfather wasn't really a businessman so he sold Frank his interest.'

'My great-grandfather was a clockmaker. I don't see how he could have invested any money in Frank's factory. The big house on Larkspur Gardens was destroyed, as was his shop. His father, Lord Stanley, was in banking – and that took a big hit during the war too. After the war, my great-grandfather was skint. It was the Heath-Churchleys who were wealthy. They were family friends all along, but it wasn't until his daughter married, and then his granddaughter – my mum – married Charles Heath-Churchley that the Stanley fortunes were in any way revived.'

I'm aware of the hurt in his voice; the worry that his beloved great-grandfather might not have been the man he thought. Though in this case, I guess he'll just have to join the club.

'There's nothing to suggest any wrongdoing on his part,' I say, trying to reassure him. 'And I may as well tell you the other thing too.'

'What, there's more?'

It's like an impenetrable wall has come between us.

'My great-grandmother – the Russian woman – was a cook for the Stanleys. She died when their house was hit by the bomb. Her name was Marina.'

'Marina.' He speaks the name quietly, drooping his head. And at that moment, I realise with a stab of despair that whatever there might have been between us – unless that was all my imagination too – is now at an end. I've cast new aspersions on – in his Dad's words – 'one of the nation's oldest, proudest families'. Christopher Heath-Churchley may be a black sheep… but he's still a sheep.

'I should go now,' I say, drinking down the last of my coffee. 'I've got a lot to do for the costume exhibition. It's opening in a few days. I hope maybe you'll come and see it.'

He nods noncommittally.

I stand up, wanting to reach out to him. But I'm too afraid – the gap between us has grown too wide.

'I should give you back the locket and the key,' he says, his voice low.

Before I can respond, he turns and goes through the door to the auction house. He's gone several minutes. I look around a final time, my heart welling up with sadness.

He returns with the velvet bag and a copy of the receipt. 'Please sign here that I returned your property,' he says, not looking at me.

I do so in silence, no longer taking any pleasure in the description of the item written on it – 'jewelled bird mechanical locket, possibly Russian' – that had once been filled with such promise. I tuck the velvet bag in my pocket.

'Okay, well, thanks for the coffee – and… um… everything.' It's difficult to keep my voice from breaking. I smile awkwardly and walk down the corridor to the door. A black despair seeps into my bones. Is he not even going to say goodbye?

Turning back, I find that he's there behind me. We stand a foot apart, me looking up and him looking down.

'I suppose I should try to find out exactly what my great-grandfather did during the war.' His voice catches. 'I mean, I really ought to know, shouldn't I?'

I shake my head. 'I'm sorry, Chris. None of us could have foreseen this. I've lived my whole life without knowing who my real mother was, let alone what any of my relatives did during the war.'

He leans forward and takes hold of my arms. I'm hyperaware of every elemental particle in my body orienting itself towards him like a magnet. The incandescent heat radiating between our skin as his face comes close to mine, the delicious sharpness of his stubble on my cheek. And then his lips as they mould to mine, soft, exploratory... wanting. And I long to disappear inside him; give in to the rushing sensation that wants to sweep me away. My body wants to stay here, in this new alignment, this unexpected half of the same whole. But the clocks speed on relentlessly.

'Goodbye, Alex,' he whispers. He brushes his long fingers gently through my hair, then turns away and disappears back inside the workshop.

I stand in the loading bay of the auction house, willing the ghost of him to become flesh. For all this to be over – or maybe never to have begun – because right now, it's as if the wheels and cogs of the earth have ground to a juddering halt, and all I can feel is the loss of him. Our moment was sweet and beautiful, and, I'm certain, never to be repeated.

A tear leaks from my eye as I turn back towards Hatton Garden. The Clockmaker's kiss still lingers on my lips and in my memory. As does the finality of his 'goodbye'.

Thirty-Three

On the train home, I grip the velvet bag in my pocket, and settle into a deep state of mourning. Maybe I was deluded into thinking that Chris and I might have had something... a future, even. But now, a long-buried past has inserted a wedge between us. I wish I could snip Jeremy Stanley out of that photograph, and remove him from the fabric of that time. But of course that's silly and pointless. It's even more imperative now that I find out the truth once and for all so that everyone concerned can put the past firmly where it belongs – in the past.

When I arrive home from the station, I go straight up to my flat. I know I need to speak to my grandmother, but right now, I want to be alone. As soon as I enter, I sense that something is different – a very slight, almost imperceptible scent that I don't recognise.

In the sitting room everything is just as it was – books on the shelves, a few spread out on the table. My pictures, my sofa, the TV. The kitchen is also just the same.

At the door of the bedroom, I stop, my heart quickening. My bed is rumpled and unmade – just like I left it – but propped up on the pillow is a photograph in a silver frame. A photograph of three men linking arms: 'Flea', 'Badger', 'Spider'.

I run back out to the sitting room and grab a poker from the fireplace. Holding it before me, I check the flat: the cupboards, behind the door, under the bed. My chest pounds with panic as I check behind the shower curtain. No one.

Setting down the poker, I return to the bedroom. I pick up the photograph, turning it over in my hands. There's no message from the 'uninvited guest' – other than the fact that he's been here. *That* message is loud and clear.

The idea that someone has violated the sanctuary of my flat makes me feel unclean and uneasy. Instead of remaining, I go over to the main house and just manage to catch Edith on her way out. I ask her if there have been any suspicious goings-on – without telling her what has happened. She assures me that everything has been going smoothly in my absence, and tells me that Mrs Fairchild has gone out for dinner with her 'friend', David.

'Thanks for letting me know,' I say. 'See you tomorrow.'

I spend the evening alone in the main house doing the final preparations for the costume exhibition due to open in now only two day's time. If there are any intruders lurking in nooks and crannies while I'm there, they graciously remain hidden.

Around ten o'clock, my grandmother returns home. I've left the lights on in the great hall to alert her to my presence, and I call out to her so she's not startled.

'Oh, hello, Alex,' she says. 'Burning the midnight oil, I see.'

'I want everything to be perfect for the grand opening,' I say. 'Did you have a good evening?'

Her cheeks flush like bright apples. 'Yes, thanks. We had a lovely dinner at a new Italian restaurant in Oxford.'

'Nice,' I say.

My grandmother yawns. 'It was, but I had a few glasses of wine. I probably should be getting off to bed.'

'Can I make you a cup of tea?'

'Well, I suppose.'

She follows me down the dimly lit corridor to the staff kitchen, our footsteps making the old floorboards creak grumpily. I can tell she's tired, so I put the kettle on and immediately get down to business.

'I found the missing photograph,' I say. 'Someone left it on my pillow.'

'On your...' She raises a hand to her mouth. 'Oh Alex. You mean they came into your flat?'

'Yes.'

She purses her lips. 'Do you think we should call the police?'

'I don't think they'll take it seriously, and besides, we do have the security company. Maybe I should get an alarm put in over at the coach house.'

'Yes, do that. I don't like the idea of someone lurking around.'

'Me neither, but so far it's only been mischief.' Even to me the words sound lame and unconvincing.

'Hmm... maybe.'

I make us both a cup of tea and sit down opposite her at the table. She seems pensive, staring down at the liquid in the cup before taking a sip.

'I went to London today,' I say. Now seems as good a time as any to broach the *other* subject.

'Oh? Is this about the locket again?'

'Indirectly. Have you ever heard of a man called Miles Pepperharrow? He's a neighbour of Sally Dawkins.'

She wrinkles her nose. 'I don't think so.'

'He's been living on Larkspur Gardens all his life. He remembers you and...' I pause, 'your mother.'

'My mother?' This time, the cup doesn't make it to her mouth. She clatters it down on the saucer.

I take a breath and continue on. 'According to him, there was a big Georgian house at the top of the road owned by Lord Stanley – Jeremy Stanley's father. They had a Russian cook who lived in a room off the kitchen. Her name was Marina.'

'Marina. The name was in the diary. She was...'

'*Mamochka*,' I say.

'Marina,' she repeats, lost in a memory.

'He couldn't tell me much.' I say. 'Just that she was very

beautiful.' I smile. 'I think he was a little in love with her.'

'That's nice to know, I suppose.' Her face is soft and dreamy.

'But there was one other thing. He didn't have any proof, of course, but according to him, Frank Bolton was your real father.'

'My real...' She folds her hands in her lap, staring down at her cup.

I wait in silence for almost a minute while she tries to process what I've told her.

Finally, she looks up. 'Well, that would explain a thing or two, I suppose. The questions you were asking about why he adopted me, and why he left me the house. Though,' she frowns, 'why didn't he tell me the truth?'

'Perhaps he didn't know himself? Maybe Marina didn't tell him.'

'Even if what you say is true, and he is my... *real* father... I'm not sure that it changes much.' Her sudden radiant smile belies her words.

'No. But I thought you should know.'

She takes her half-empty cup over to the sink and washes it out.

'Thank you for that,' she says, her back to me. 'It... well, it really shouldn't matter after all these years. But somehow... it does.' She turns to me then, and holds out her arms. I go into them and she hugs me tightly. 'But I suppose that you, Alex, more than anyone, know how it feels to find your family at last.'

'I do, Grandmother.' I kiss her cheek. 'I know exactly.'

X

13th November 1940, 5:30 a.m.

'Badger,' Spider said, his cut-glass vowels strangling from his mouth.

I knew I should comfort him, but I stayed in my chair, paralysed.

'Everything is gone,' he said. 'The house... everything.' His shoulders drooped. 'But there's worse. There was a servant. She didn't survive.'

'I know,' I said, finally coming to. 'I pulled her out. She didn't make it. But her daughter did.'

'Her daughter?' His eyes widened.

'I took her someplace safe,' I said.

For a moment, he looked less stricken. But then he seemed to remember something else. 'And what about the clock?'

'The clock? What clock?'

'I... I repaired it for her. She had me... Oh God. I suppose that was destroyed too. Or stolen. The house – the wreckage – had been looted.' He shook his head violently.

'Looted? Are you sure?' But as soon as he'd said it, an image of Flea popped into my head. I tried to shake it away – how could he be capable of something like that? A day ago, I would have thought it was crazy. But now... images from my boyhood flashed before my eyes. Flea was always jealous of Spider. But even so...

How would he have done it? Could he have doubled back

after he dropped off the dead... pawed through the wreckage like a rat in the garbage? No. It's not possible.

I turned away from Spider and then, speaking of the devil, Flea walked into the room.

'Spider, mate!' Flea boomed. 'God, dreadful business – just dreadful.' Flea went up to Spider and gave him a great squeeze.

Spider flinched, drawing back. 'Were you there too, Flea?' Spider asked.

''Fraid so. Lost everything, did you? Mighty have fallen and all that.'

'You bastard,' I said under my breath.

Flea met my eyes for a long second. 'Aren't you the pot calling the kettle black.' He turned on his heel and walked out.

'We have to do something.' I banged my fist on the table making the coffee cups skitter. 'I'm not going to stand for this.'

Spider looked up, startled. 'What do you mean?'

'I'll explain later.' I stood. 'For now, just trust me.' I gestured for him and Robbo to follow. 'We have to stop him.'

'Hold your horses,' Robbo said softly. 'You need to think this through. Not tonight – it's almost dawn.'

'When then?' I bristled.

He shrugged in that infuriating way of his. 'Tomorrow night?'

'Check the roster,' I barked. I turned and punched the wall.

Thirty-Four

The day I've been preparing for for months finally arrives – the grand opening of the costume exhibition. It's been two days since the 'uninvited guest' left the photograph in my flat, and luckily there's been no further 'mischief'. Which is a good thing, since I've been caught up in a whirlwind of preparations.

The PR company I've hired has arranged for journalists from all over the country to come to Mallow Court at various times to take photographs and interview the three curators from the V&A and the Costume Museum in Bath who are also scheduled to come up for the day. I've also got a lorryload of champagne and a French canapé chef for the occasion. Best of all (or, perhaps most worryingly), Karen is driving up from Essex to offer me moral support (and also, no doubt, to prop up the bar with any long-suffering male visitors accompanying their partners to the exhibition).

The long gallery looks smashing – a cross between Madame Tussaud's and a fancy-dress shop. Each mannequin has been carefully costumed and posed in a tableaux. There's a group of medieval ladies listening to a lutist, a coterie of Elizabethan dancers, a group of Regency men and women playing cards, a gathering of Edwardian ladies, several 1930s women trying on hats, and my personal favourite: a group of lithesome mannequins dressed up in Mrs Fairchild's Swinging Sixties clothing for a night out in Soho.

Each piece has been carefully researched and catalogued,

but I've gone one step further and written a dossier for each of the 'characters' and printed them out on laminated card for visitors to read as they go around the exhibition. I've also written out a short 'I-spy' book for children, and photocopied some pages from a fashion colouring book that I've placed on a table along with colouring pens, crayons, scissors, glue sticks, and a big box of scraps of different fabrics for them to design their own fashion masterpieces.

I'm proud of the exhibition, and I'm hoping that it will double visitor numbers for the three months that it's on. As well as the PR company, I've hired in extra staff to handle the expected numbers in the café, gift shop, and the exhibition itself. I'm relieved when they all turn up at nine o'clock sharp to help get things ready. Edith and the normal staff are on hand also. The house is closed to visitors for the morning, and the first of the journalists is due at noon. At half eleven, I open a bottle of champagne for the staff and we all toast the success of the exhibition.

At ten minutes to noon, I hover at the ticket desk in the great hall waiting for the first of the visitors to arrive. By 12:10, no one has arrived, and a flicker of alarm kindles in my mind. But then again, journalists may well be fashionably late, though I had expected the women from the V&A to be on time.

At 12:20, Edith comes in. When she sees me alone, pacing back and forth on the wide polished stones of the floor, her smile vanishes. 'Where is everyone?' she says.

'I don't know. Just running late, I hope.'

'Right.' She looks unconvinced.

'No one called to cancel, did they? I mean, everyone knows we were planning on starting at noon?'

'No one phoned the shop,' Edith says. 'Do you want me to go to your office and check?'

'I'll go,' I say. 'The PR company handled all the invites. I've got a list of everyone – they sent it to me the day before yesterday. And I can't think what's keeping the women from the V&A...'

Edith remains behind in the great hall. I go down the corridor to the estate office. Inside, the message light on the phone is blinking. I listen to the first message – from a London journalist. 'I'm so sorry you've had to delay the opening,' she says. 'Please keep me posted if the exhibition is still on.'

'What?' I say aloud, flabbergasted. My stomach clenches with dread. Picking up the phone, I ring the PR company. They came highly recommended by the V&A and the Historic Houses Association, and have already sent me a hefty invoice for their services to back it up.

A well-spoken receptionist answers the phone.

'This is Alex Hart here from Mallow Court,' I say. 'I need to speak to my account rep urgently.'

'Alex Hart?' The girl sounds confused. 'But... sorry, this is awkward. You called yesterday didn't you? Except you were... umm... a man.'

'I didn't call yesterday!' I say loudly. 'And I'm certainly not a man!'

'One moment please.' In a split second I'm on hold with the normally calming strains of a Beethoven piano sonata drifting down the phone line. Just as I'm about to spontaneously combust with frustration, my mobile phone rings. It's Karen. I answer it, juggling phones with both hands.

'Alex, what the hell is up?' she yells into the phone, obviously stopped somewhere along a road. 'I just got to your gate. It's chained shut and there's a sign on it that says "House and Exhibition closed due to diseased livestock".'

I hold my mobile away from my ears. On the landline, the voice of my contact from the PR agency comes on but I barely take in the panic and protestations about new receptionists and a male 'Alex' calling to cancel my event. Along with the fury and panic germinating in my chest, there's also a tiny seed of admiration. The 'uninvited guest' has struck again, and this time he's cut me to the quick.

*

'Look on the bright side,' Karen says, swigging down her second flute of champagne. 'That PR agency you hired must be pretty darned efficient. Cancelling everyone at short notice like that.'

I toss the empty bottle hard into the bin. 'It's criminal,' I say. 'Identity theft.'

'Well, I assume you've got the full PR machine working on rescheduling – and at no cost to you, right?'

'The agency said they'd call everyone, but things have been in the works for months. People can't adjust their diaries just like that.'

Karen shrugs. 'Maybe not. But at least the champers will keep.'

I pop the cork on a second bottle, remembering Churchill's words: '*In defeat, need it...*'

'The thing is,' I lament, 'how did he know which agency I was using?'

'He must have hacked your computer and then taken a punt that his bluff would work at the PR agency.'

'But WHY?'

Over the first bottle of champagne, I'd filled Karen in on my falling-out with Tim and his nutty gran, her accusations against Frank Bolton, and the possible royal origins of the jewelled bird. Her response was predictable: 'God, Alex. Since when did your life start to get *interesting*?'

I've refrained from telling her about Christopher Heath-Churchley, however, and the feelings I'd developed for him. I don't want to relive the joy I'd felt in his presence and then explain how I haven't heard from him, won't be hearing from him, and that my family mystery has killed off something powerful and elemental.

'It all seems like a lot of mischief,' Karen says. 'At least the "uninvited guest" hasn't done any real harm.'

'No real harm!' I pour myself another glass and hug the bottle to my chest. 'He locked me in the loo and I practically got arrested. That's false imprisonment. Then he stole a photograph and left it on my pillow. That's theft, and breaking and entering. Then he cancelled my grand opening. And then there's the diary entries that are upsetting my grandmother.'

'So you think this Tim chap is responsible?'

'He admitted that his grandmother sent the diary entries. She and Mrs Fairchild apparently have some past animosity between them. But she can't be the intruder – you'd understand if you'd met her. So it's got to be him.'

'Okay, okay,' Karen says. 'So maybe you need to send him a message right back.'

'How do I do that?'

'Get the police out. Let him know that you're taking things seriously.'

'No,' I say flatly. 'No police.'

'Why not, Alex? If you're that worried about it. It doesn't make sense.'

'Because…' I turn the glass around in my hands, wanting to snap the stem in frustration. 'As you've pointed out, it's all just mischief, really. I don't want the police here, and I don't want the bad press it would lead to.'

'So you're going to sit back and do nothing?'

'No. I mean – I don't know!' The familiar sense of panic rises to the surface. 'I don't want to give the intruder any ammunition until I know the truth about Frank Bolton. Once I prove his innocence, then it won't matter what anyone says. Tim – or whoever – won't have anything hanging over us. But if

I go to the police, it will be in the papers. That might force his hand, and who knows what he'll do?'

'Fine, I get it – sort of.' Karen holds out her glass for a refill. 'I'm just not sure I see how solving your decades-old mystery will help.'

I rub my temples, trying to massage away the headache I feel coming on. 'I'm sure I must be missing something. Something important.'

'I think you need to deal with what's in front of you. Phone up this Tim chap and resort to some good old-fashioned threats if he doesn't behave.'

'Maybe.' I shake my head, trying to picture Tim Edwards boldly driving up to the gate, chaining it shut, and putting a sign on it about sick livestock. Or calling a PR agency and pretending to be me. 'But I just don't know how he could be responsible. He's a barrister for Christ's sake. You'd think he'd be too old – or just too damn busy – for schoolboy pranks.'

Karen gives me a sideways glance. I've unwittingly steered her back onto her own familiar territory.

'In my experience, they're never too old or too busy for mischief.' She winks. 'God Alex, you're making me wish I'd met your delightful Tim Edwards first. I'm a sucker for chocolate brown eyes and a devious black heart.'

'You're welcome to him,' I say. I clink my glass to hers and drain the rest of my champagne.

Thirty-Five

All I can do is put on a brave face and move on. Tipsy from the champagne, I go about rescheduling the event. I personally call a long list of people that I'd invited before the PR agency got involved, and apologise for the 'unfortunate mistake'. I also reopen the house to tourists, and have a trickling of visitors who haven't heard about the special event or the 'livestock disease' and are perfectly happy to traipse through the long gallery and admire the exhibition. I tell my grandmother that there was a 'mix-up at the PR agency' without elaborating on the cause. She gives me a reassuring hug, tells me 'don't worry, dear Alex – these things happen' – and leaves for an 'early dinner' with a 'friend'.

By the end of the day, I feel exhausted from damage control and the adrenalin rush of indignation petering out. Karen tries to persuade me to get away – go for dinner and a catch-up. But by the time I'm done with my phone calls, she's fast asleep and snoring on the long leather sofa in my office. She wakes up a while later, has another glass of champagne from a bottle on the floor next to the sofa, mumbles, rolls over, and goes back to sleep. I tuck a blanket around her and place a pillow under her head.

I wait up until I'm sure that my grandmother has returned home safely, and then I let myself out of the main house. I don't bother to set the alarm – it doesn't seem to be making the slightest bit of difference to the intruder's activities. Returning to my flat, I try to sleep, but I'm too restless and on edge. After a long, hot bath, I end up watching television far into the night.

The next morning, I still feel very low. Karen comes over to my flat and I make us both breakfast. Then she leaves – back to Essex where she's running a 'Forever Love and Marriage' course that afternoon. Given her 'involvement' with the Churchley-Thursley wedding, the irony is not lost on me. 'Call me if there's any more mischief,' she says through the window of her Smart car.

'I will,' I say. She peels away, engulfing me in a cloud of dust.

As the pieces of the cancelled exhibition are well on their way to being picked up, I'm kept busy throughout the day giving sound bites and interviews to journalists about the scope and importance of the exhibition, escorting groups through the long gallery, and making sure that the champagne is free-flowing. It's all very anti-climactic compared to the grand event I'd thought we were having, but in a way, the low-key nature is a relief. As I go through the motions of my job, I ruminate over the still-unanswered questions. Could Tim really be the 'uninvited guest'? And if not, who is? As the day comes to an end, I feel light-headed – as though I've been holding my breath. Waiting for something to go wrong. Relieved when it doesn't, but knowing that tomorrow is another day.

*

Over the next few days, word of mouth spreads, several journalists come by to write up their articles, and the house and the costume exhibition begin to draw greater numbers. The only incident of any note is a loose railing on one of the disabled ramps that causes an elderly woman's knee to buckle, and I have to get a bandage out of the first aid kit. Fortunately, the woman is satisfied with a free tea and scone for recompense. Behind the scenes, my mind jumps to the panicked conclusion that the loose railing must be the work of the 'uninvited guest' again, though there's no evidence of it. Nonetheless, I call a handyman out to check every railing, stair, carpet runner, floor plank and stone to make sure they've not been tampered with. He finds nothing amiss. But still, the worries buzz in my head like angry bees.

On the fourth day after the cancelled grand opening, I'm just sitting down with a glass of wine after a long, tiring day, when my mobile phone rings. I groan with irritation – there's no one I want to speak to. But when I pick up the phone and see on the screen that it's Chris calling, I experience a surge of emotion that brings me near tears. I've missed him. And whatever fledgling ideas I might have been harbouring about 'us' – well, I miss those too.

'Alex,' he says when I answer. Immediately, his voice is practically drowned out by a chiming of clocks that brings a sad smile to my face.

'Hi Chris,' I say. *I've missed you.* I bite my tongue to stop the words from leaking out. 'How are you?'

'I've been better.' He sounds distant and strange. Though I'd no reason to hope that things could be sorted between us, my heart feels heavy with disappointment.

'Oh?'

'Listen, Alex. I've found something you should see. Can you come by the shop? I think it would be better than trying to explain over the phone.'

'I umm…' I picture his shop – how quaint and clever it is. Seeing it in my mind's eye gives me a visceral sensation of warmth – of safety. A bubble of calm where time is suspended; the clocks acting as guardians against the outside world. A bubble that, as of our last meeting, has well and truly burst.

'I know you're busy with the costume exhibition and all,' he says. 'But it might be important.'

'I'll come down to London tomorrow,' I say, suddenly deciding that there's nothing more important than whatever Chris has to show me. I'm a moth and he's a bright, shiny hot flame. 'Shall we say 11 o'clock?'

'Fine.' The line crackles and goes dead.

14th November 1940, 11:55 p.m.

The moon cast an eerie, rose-coloured glow as we pulled out of the dispatch the following evening. The bombs had been falling hard and fast, and I felt guilty for shirking my duty, and angry at Flea for making me do this.

'Where are we going?' Spider asked, clearly uncomfortable with my plan.

'Wherever he goes.' I pointed in front of us. I'd already told Spider – briefly – what I suspected. He didn't believe me, of course. But he would – when the time was right.

'He'll be dangerous,' Robbo said, cradling his camera in his lap.

'No!' Spider said. 'We've known him all our lives.'

'Have we?' I fixed my eyes on the dark road. 'Do we really know him?'

'Well—'

'Let's just see.'

We followed the ambulance in front around Highbury Fields, towards Angel, then up towards Camden Town. I almost missed him as he took a sharp left through Primrose Hill, to the edge of Regent's Park. He pulled into the service drive of a newly derelict terrace of once-grand houses. The street sign was blackened over. I turned down the nearest side street and stopped the ambulance.

'Now what?' Spider said.

'We confront him.' In my head, guns are blazing.

'Wait a second, son.' Damn'd Robbo laid a hand on my arm. 'Have you thought this through?'

I jerked away. 'What's to think about? We talked about this – we had a plan.'

'Assuming you "catch him" – what then? As I see it, you have two options: turn him in to the police, or take over his turf?'

'What?' I stared at him.

He shrugged offhandedly. 'Of course, I'm sure you'll do the "right" thing – grass on your mate. Make things hard for him and his family, if he has one. I'm not sure the powers that be will thank you for it, but you'll have a clear conscience.'

'Damn right,' Spider said.

'Just something to think about.' Robbo got out of the passenger side, and lifted his camera.

'You stay here,' I said to Spider. 'In case we need to make a quick getaway.'

'Are you sure?' He looked relieved.

'I'm sure.' I turned to Robbo. 'I'll handle this. You just stay in the background. Shoot what you can – but don't let him see you.'

He sniffed. 'I'll send you a bill for the film.'

Thirty-Six

As I enter the workshop, the clocks chime. But this time, it doesn't sound like a greeting. Compared to the outside world, the workshop is dim and shadowy except for the circle of bright light that illuminates Chris's worktable. I blink a few times until my eyes adjust. Chris is hunched over his books and doesn't look up. I take in the planes of his face, the slight curl of the ends of his dark hair brushing the top of his shoulders. I want to go to him, mould myself to him, feel those strong arms around me and the heartbeat in his chest. Those sensitive lips on mine. But when he finally looks up and sees me, there's a subtle distance between us that wasn't there before.

'Hello, Chris,' I say.

His brief smile disappears all too quickly. 'Alex... thank you for coming.' His tone is formal and lacking warmth. Even so, I'm glad to see him.

'You said you found something.'

'Yes... maybe.' Standing up, he gathers a sheaf of papers and moves them to the centre of the worktable. I notice an absence of tools and wood and metal shavings – like he hasn't been doing much clockwork. That makes me sad – and a little bit angry too. As things seem to be over between us – if there ever was a 'thing' – I may as well get it off my chest.

'You know, Chris,' I say sharply, 'just for the record – I've never had any intention of dragging your family name through the mud.'

His face narrows. 'What?'

'I guess you've got a right to be angry – me waltzing in to your cosy little workshop behind Daddy's big auction house and setting a cat among the pigeons. I guess you must think I'm no better than the Edwards – worse even. At least they have a wrong to right.'

'Is that really what you think of me, Alex?' His eyes darken. 'That I'm just some rich toff idling in the back of my father's business, driving fast cars and chasing women?'

'Well, you certainly do seem to have a lot of women "friends".' As soon as the words are out of my mouth, I regret them.

He moves around the desk towards where I'm standing and crosses his arms firmly across his chest. Then, without warning, he begins to laugh.

'What's so funny?' I demand.

'You.'

And a moment later, I'm swept up in those arms, and I'm drinking in his mouth, his tongue, my fingers wandering through that soft hair and down his back. I press myself against him. We stay like that for a long moment, but I can sense his hesitation and tension. I stiffen and push him away.

'This is ridiculous,' I say.

He looks down at the floor. 'You're right,' he says. 'It is.' He moves back around the desk.

I feel stunned and hurt, like I've just been dumped or jilted. I want to run away from this place – and the humiliation I feel. While there might be a strong attraction – on my side at least – I sense that he's humouring me. And I hate him for that. I press my lips tightly together, not trusting myself to speak.

'I said I had some information.' Avoiding my eyes, he resumes his business-like manner. 'Do you want to know what I've found out?'

I open my mouth, and close it again without speaking. I

want to cover my ears; walk out. Clearly, this is all just a game to him. But I remain there, rooted to the spot.

'I had a good snoop through the records for Churchley & Sons. I went back as far as 1960.' He points to the stack of papers. 'Remember I told you about provenance? The paper trail for every piece of art auctioned off has to be complete – i's dotted and t's crossed.' He takes a few pieces of paper off the top of the stack that are each marked with a yellow sticky and hands them to me. 'These all have the correct paper trail,' he says. 'That is, until you start looking a little more closely.'

I flip through the papers. Each one of them is a dossier for an artwork or piece of jewellery – a cover sheet charting the dates that the item was bought and sold, stapled to the original or carbon copy invoices backing up each entry.

'What am I looking for?' I say.

'All these lots were inserted in the sale the day before the auction. The seller was a Mr D Kinshaw of Grand Cayman. We're talking fifteen different works sold between 1960 and 1980.'

'Is that unusual?'

'Not in itself. And the items all have invoices for when they were purchased – a provenance. Mostly in France, though a few from elsewhere. It's just... the signature...'

I look at the scrawl across the bottom of the documents from Churchley & Sons approving the item to be included in the auction. 'Whose?' I say.

'My great-grandfather Jeremy was never involved in the Heath-Churchley auction business. He sometimes did repairs and valuations – like I do now. But that's it.' He taps his finger on the scribble. 'So why is his signature on these lots, and no others?'

'I don't know.' I feel a bit thick for not grasping the significance. 'Maybe he was filling in for someone.'

He shakes his head. 'No. It must have been more than that.'

'Well… what?'

'There are no records of D Kinshaw after 1985.'

'Maybe he died?'

'That's the year my great-grandfather died.'

I shake my head. 'I don't understand what you're saying, Chris.' I wish I had the right to take his hand, wipe the stricken look off of his face.

'Don't you?' His pale blue eyes flash like sunlight on ice. He writes the letters D Kinshaw on the paper in front of me. 'One of my annoying little foibles, as my father would say, is that I like to take things apart and put them back together – clocks, electronics, words…'

'Words?' I look harder but don't see anything.

'It's an anagram.'

Crossing out D Kinshaw, he scribbles: H Dawkins.

Thirty-Seven

I stare at the pencil-written name. 'Hal Dawkins? But how can that be?'

'You tell me,' Chris says. 'I thought you said the poor bloke was sent to the front—'

'... where he was shot and killed,' I finish for him. 'I saw the telegram informing his next of kin of his death.'

'Though...' Chris muses, 'we're talking about criminal acts here. If Hal Dawkins really was a looter, then what's a little forgery on top? A paper trail for art, a telegram he sent himself...' He spreads his hands. 'The sky's the limit.'

'And how convenient if everyone thinks you're dead.'

We stare at each other and I feel like we can read each other's thoughts. But right now, all I can focus on are the permutations and possibilities.

'But maybe D Kinshaw forged your great-grandfather's signature on the auction documents,' I say, 'to get his looted goods into the auction.'

'That seems pretty far-fetched.' Chris's shoulders droop. 'He wouldn't have had access.'

'I suppose not.'

'Another possibility is that either Jeremy or...' he winces, 'maybe Frank Bolton – could have used Hal Dawkins's identity to sell their looted property.'

'Yes, but why take on the identity of a man who's dead?'

'Isn't that what criminals do?'

'Yes...' My brain hurts trying to process this new information. 'So you're saying that Jeremy and Frank –"Spider" and "Flea" – or vice versa – were looters who framed their mate Hal Dawkins, aka "Badger"– who wrote the diary – and got him killed. Then over a span of thirty or forty years, they sold their spoils though the auction house?'

He nods. 'In a nutshell. Though perhaps Frank wasn't involved. That part, I don't know. All I have is the paperwork I've shown you.'

I shake my head. 'I don't know. It just seems too improbable. And besides, the items could be legitimate – I thought you said the paperwork for the provenance was all in order.'

'It looks that way,' he says. 'So I think the Heath-Churchleys are in the clear at least.'

'That's a relief. Otherwise I might have been rounded up and shot at dawn by your father.'

He nods absently, which doesn't make me feel much better. 'Here,' he says, 'I made you a copy of the paperwork.'

'You've thought of everything.' I shove the papers into my handbag. 'Thanks – I think.'

'Umm, Alex...'

'Yes?'

'You didn't mean all that you said earlier, did you? About my wanting to protect the family name and keep my nice little life in the back of "Daddy's" auction house.'

'I just... I don't know.' I shake my head. 'You keep pushing me away. What am I supposed to think?'

His pale eyes penetrate mine. I wait for him to move – to bridge the gap between us. But he doesn't.

The clocks tick on for a good few seconds before he finally speaks. 'Am I allowed to set the record straight, Alex? Would you believe me if I said that it's not about your family secrets – or mine. Honestly, I couldn't give a fig about those things.'

'That's fine, Chris,' I raise my hand, embarrassed. 'I can

understand if you don't fancy me. I mean, you're spoiled for choice aren't you? You don't have to explain.'

He laughs again. 'It's funny, Alex, that you suspect me of running around with dozens of women. Is that what you really think?'

I hesitate, realising that I'm on dangerous ground. 'Well, there's your Dad's PA – the blonde – and then there's Greta – blonde again, and Sidney-from-the Isle-of-Wight...' I shift from foot to foot. 'And those are only the ones I know about.'

'It's ironic, isn't it?' he says. 'I spend my time in this workshop, practically a hermit – according to my dad, at least. I emerge occasionally to go for a coffee, or sometimes I'm required at the auction house – though you can imagine that they try to keep me hidden away like some kind of embarrassing spinster aunt.'

I laugh. I *can* imagine.

'And you happen to run into me on the very rare occasions when I happen to be seeing a friend from school, or someone from front of house.'

'I'm a woman – I see the way they look at you.'

'Well, there's nothing between me and them.'

'I'm sorry,' I say. 'I was out of line.' *In so many ways.*

He picks up a file from a roll of tools next to the lamp and begins whittling away at a tiny piece of metal. I watch him silently.

'There was someone once.' He stares down at his work. 'Someone I met at uni. We almost got married.'

'Almost?' My insides squeeze with jealousy.

'In hindsight, the story is very dull. For me back then, everything was about rebellion against Dad – and the rich girls from good families he'd spent years parading me in front of like I was some kind of pedigree hound. Hannah was just a normal, middle-class girl from up north. That's what drew me to her.' He shakes his head. 'Plus the fact that she was a bit older than me and looked like Lauren Bacall.'

'Oh!' My self-esteem takes a swan dive.

'Dad hated her instantly, which was the icing on the cake. We got engaged. There was a huge brouhaha over announcing it – or not announcing it – like I cared about things like that! Anyway, to make a long story short, Dad hired a private investigator. Turns out my "normal, middle-class girl" was a con artist.'

'Really?'

'That's a simple term for it. Dad's words were a bit more poetic. "Gold digger", "strumpet", "foreign whatnot". Turns out, her family had been some kind of East Prussian nobility. She came to England when the Berlin Wall came down. She was after a good, solid English name, and money to restore some bombed-out old schloss in God-knows-where.' He pauses. 'She and her husband, that is.'

'She was married?' My own inner wound begins to throb.

He shrugs. 'So you can see why, after that, I decided to stick to my clocks.'

'Yes, I can see.' All of a sudden, I start to laugh.

Chris looks up, puzzled. 'Okay, I guess I was a lovesick puppy back then, but it wasn't that funny at the time.'

'No, it's not that.' I swallow a hiccup. 'What happened to you was dreadful.' I proceed to 'make a long story short' and tell him about Xavier, the married poet. The reason that I too swore off relationships and became a recluse in my bookish little coach house flat on the grounds of Mallow Court. For some reason, here, in this place, with this man, the whole charade seems ridiculously funny.

When I've finally finished laughing and telling my story, I gather together my papers and stand up. 'I should leave you to your work, Chris,' I say. 'Thanks for the papers.'

He sets down his file and stands up. 'Alex,' he says, coming around the long worktable. My breath catches as he stands close to me, without touching me, his tall frame solid and commanding. 'When can I see you again? I mean... properly?'

The heat rising between us is delicious and almost unbearable. 'I... I'll call you,' I stammer. I turn and rush towards the door before I can do anything that might spoil the moment.

'You do that,' he says.

As I reach the door, I turn back. 'For what it's worth, Chris,' I say, 'I can guarantee you one thing.'

'What's that?'

I give him a slow, languid smile. 'If you're still looking for a normal, middle-class girl – then that's me. As your dad is already well aware, I'm a nobody through and through.'

He laughs softly as I go out the door and his words follow me. 'I must admit, that *is* a relief.'

XII

15th November 1940, 12:03 a.m.

I walked alone down the icy street. The sickly wisps of moonlight barely penetrated the gloom. The street must have once been opulent – white terraces with shiny black doors, London plane trees carpeting the pavement with orange and gold leaves. I pictured the ghosts of people walking, expensive cars purring by. A life I could only have dreamed of.

And now, the buildings were silent and dark – taped windows blacked out, some boarded up. There were no signs of life. Were the people asleep, or evacuated? Or all dead?

At the end of the terrace, one of the houses was still smouldering. It may have been hit earlier tonight, or perhaps it had been burning for a day or more. The upper floors had caved in, leaving exposed rafters to cut across the red glow of the sky.

I heard a noise then, a scraping sound, coming from around the side of the bombed-out house. I went to look. And even though I was expecting it – even though I knew what was going to happen – the moment I saw him, my stomach roiled with shock and disgust.

Thirty-Eight

On the train home, my mind is full of Chris Heath-Churchley. We may come from different worlds, but both of us have had our hearts broken in the past. Like me, he withdrew from the world to hibernate and heal. I close my eyes and remember the feel of his lips on mine. Just a short time ago, I'd convinced myself that my life was complete and anyone who thought I was hiding away was wrong. But all along, they were right. And now, I am *so* ready to come back to life.

But as the colours of the countryside blur by through the window, my thoughts drift to the obstacles. Like the fact that his father already dislikes me – and that's before I or Mrs Edwards potentially drag his family name through the mud. Or the fact some unknown person out there is determined to wreak havoc at Mallow Court.

I take out the papers Chris gave me and reread them, trying to fit the pieces together. Could D Kinshaw and Hal Dawkins really have been one and the same? There's very little concrete evidence, but I'd at least thought I could rely on a death notice. But what if Hal Dawkins did survive, take on a new identity, and was alive and well in 1985.

He would have been in his sixties then, I suppose. Did he stop auctioning things the year Jeremy died because he no longer had an insider in the auction house? It's possible. Which means, it's also possible that he could still be alive now, albeit in his eighties. Could he be the 'uninvited guest'? It's much too far-fetched, I decide. While we have elderly men and women touring Mallow Court on a daily basis, I just can't see how an old man making mischief would fail to be spotted.

Which brings me full circle around to the same old questions: who? why? And how the heck am I going to get to the bottom of things?

*

When I return to Mallow Court, there's a silver BMW parked in a no-parking area in front of the house. My stomach clenches, thinking that it's Tim come back to 'check up on me'.

But just then, Mrs Fairchild comes out followed by a middle-aged man in an immaculate pin-striped suit, his brown hair slicked off his forehead with gel, and they walk together to the car.

'Oh, hello, Alex.' Mrs Fairchild looks flustered when she sees me. She turns to the man. 'As I was just saying, my granddaughter is the manager here. She's the one you'll need to speak to about the estate accounts.'

I raise a cool eyebrow. 'The accounts? They're all filed at Companies House.'

'Of course.' He gives me a coy wink which I find distasteful. 'But how rude of me not to introduce myself. I'm Alistair Bowen-Knowles. Of *Tetherington Bowen Knowles*.'

He says the name like I ought to know it, and proffers his hand. I reluctantly shake it.

'It's the management accounts I'd like to see.' He fiddles with a right cufflink shaped like a golf club. 'The day-to-day running of the estate. That way a purchaser will know the turnover numbers, the employee and maintenance costs, and exactly what they're taking on.' He gives me a smarmy smile.

The bottom falls out of my heart. 'A purchaser?'

My grandmother looks at me with round, pleading eyes.

288

'Alex, can we discuss it later?'

'You're what, exactly?' I turn and face the man full on.

'Sorry?' His close-set eyes narrow. 'I'm Mr Bowen-Knowles. Of *Tetherington Bowen Knowles*.'

'So you said. I'm afraid I haven't heard of your firm. We aren't looking to change auditors that I'm aware of.'

'I'm the estate agent.' His obsequious manner slips, and for a second, he views me with rife hostility.

'The estate agent.' I wave a hand casually, pretending I have even the slightest clue what's going on. 'Of course you are. I'm afraid I'm not going to have any time this afternoon to go over anything with you. Can you ring and make an appointment?'

'But can't you just email me the—'

'And by the way...' I cut him off and begin to walk away, flicking him a bored glance over my shoulder, 'can you please move your car? As the sign clearly says, it's no parking.'

I go inside the heavy studded doors to the great hall – a double-high panelled room with a huge fireplace at one end, and tiny windows set high up along the two long walls. My breathing is shallow and laboured as I lean against a carved wooden coffer chest, and stare up at the ribbed plaster ceiling. My grandmother called an *estate agent* – here – to Mallow Court. A day or two ago it would have seemed unthinkable. But now...

The door opens and closes. I stand up, steeling myself as she comes inside for whatever she has to say. Unwittingly, I notice the hunch to her shoulders – years of back-breaking work in the garden, I suppose – and how – in a word – *old* she looks.

She stops in the centre of the room and stares up at the ceiling just as I've been doing. The heraldic bosses between the geometric ridges of plaster seem to frown down on both of us, as though the house too is feeling the tension.

Without looking at me, she sighs. 'I'm sorry, Alex. I just couldn't bring myself to tell you.' She turns and looks at me, and I see the tears running down her cheeks.

Part of me wants to rush over and hug her, but the other part... I put my hands on my hips and stare at her. 'Tell me what, Grandma?'

'Oh Alex.' She goes over to one of the long upholstered benches positioned around the edge of the room and sinks down onto it. She wrings her hands together. Her nails are crusted with dirt from the garden. Her beloved garden...

Again, I remain where I am.

'These came earlier today.' She reaches into the pocket of her cardigan and takes out a few folded pieces of paper. 'For a while, the diary entries stopped, but I knew it wasn't the end. I didn't know what was coming. But...' her voice quavers, 'now I do.'

I take the papers and unfold them, skimming quickly over the words written in a cramped hand. A diary entry describing in great detail, Badger catching Flea red-handed in the act of looting. Though I've been expecting that my grandmother would be confronted with this, I'd hoped to have more time to find evidence to counter the eye-witness truth that's staring up from the page. But the upshot is, I'm too late.

'As soon as it arrived and I read it, I knew what I had to do. Mr Bowen-Knowles is an ex-colleague of a friend's granddaughter-in-law who used to be an estate agent. I called him in to start the process of selling the house.'

The words are like knives to my ears.

'For so long I've felt so muddled about everything,' she says. 'I know it's nothing compared to what you must be feeling – and I'll say it again – I'm sorry that things were kept from you. But now...' she hesitates, 'now everything is perfectly clear.' She shakes her head. 'It's just so hard to believe that my father – who I loved so much – could have done what he did.'

'Whoa, wait a minute.' I hold up my hands. 'What do you mean, "what he did"? We don't know that he *did* anything.' My heart begins to thud in my chest.

'Look around you,' her tone is exasperated, 'this place

says it all. I've often wondered – well, maybe not often…' she corrects, 'but I *have* wondered how my father who, by his own admission, came from nothing – no money, no status, and no family name – could ever have bought this house and all its contents.'

'He was a self-made man,' I assert. 'He had a successful factory. I'm sure it was possible for a young man with a grain of ambition to pick up a factory cheap after the war. Not to mention a run-down old house. And then he built up the business using grit and determination.'

'Grit and determination.' Her eyes darken in disgust. 'I wonder how he did it? Did he rush in when all the other paramedics and emergency services were trying to save people? Did he take what he could fit in his pockets, or did he pile things into his ambulance and not bother taking casualties to hospital? Or did he pick the rings and jewellery off the corpses and remove their gold teeth, just like the Nazis did?' Her voice drips with venom. 'Or… maybe he wasn't really bothered if they were dead or not. Maybe he "helped them on their way" with a hand over the mouth or a quick blow to the back of the head.'

'Grandmother!' In a few strides I'm over to her. I sit on the edge of the sofa and try to take her arm but she turns away from me. Her body begins to shake with sobs. I know she's beyond comfort, but I stay with her as she cries, sitting next to her without speaking. After my own childish displays of late, I'm more than ready to get back to crisis management mode.

Eventually, she begins to calm down. I put my hand on her back, letting her feel its warmth. She wipes her tears on the sleeve of her cardigan and lifts her head.

'You knew already, didn't you? About the looting.' She sighs. 'You must hate the way I've dragged you into this family.'

'Of course I don't hate it. I love you.' The words feel right.

'How long have you known? How did you find out?'

I grip her hand tightly and explain briefly about meeting Tim and Sally Edwards, nee Dawkins.

'Sally Dawkins,' she snorts. 'I tried, but I could never bring myself to like her. She had a face like a rat, and a personality to match. She and her mother used to turn their back on us in the street whenever Frank took us back to his old stomping grounds. He wanted to make sure his children knew that we weren't born with a silver spoon in our mouths. I hated those trips – the noise and the smells; all those people living on top of each other. But I guess...' she sighs, 'I guess I was just a stuck-up snob.'

'I doubt that's true. And as for Sally, I suppose she was upset about what happened to her family – that much I can understand. But the diary isn't conclusive proof.' I keep my voice soft and no-nonsense. 'And we may never know for certain. I don't know what Sally Dawkins was like when you knew her, but now, well... I don't think the elevator quite reaches the top floor, if you know what I mean.'

'Maybe so. But if there's even a chance that I'm – *we're* – related to someone who could do that.' She exhales in a gasp. 'I can't be a part of it. I can't keep living here in this house – always wondering if it came from... what he did. The whole thing makes me sick.'

'I understand.' I take her hand in mine. 'But you've stuck by Frank Bolton for all these years when he was your adoptive father. Now, it's even more important. We both have to be brave – there are lots of holes – things I'm trying to find out, and things we may never know. And some things may come to light that are...' I choose my words, '... difficult to accept.'

She sighs, glancing down at our intertwined hands. 'I was so fortunate to be brought up like a little rich girl. In this pretty bubble.' She gestures with her free hand. 'But perhaps all along it was destined to burst.'

'It was your right to be brought up here. You were Frank Bolton's daughter. That's why he left the house to you.'

'Maybe.' She lifts her chin. 'His sons – my brothers – were much younger than I was. Frank got married a few years after I was… after he got me from the orphanage. He told me that he wanted to give me a mum. His wife, Mabel, had a wealthy grandmother. When she eventually had children, the boys each got a trust fund. Neither of them had any particular affinity for Mallow Court – other than to carve their initials in the old wood, or track mud all over the antique rugs. They both went off to boarding school, and then uni. After that, both of them wanted to live in London. We were never close, though we're still in touch – Christmas and birthdays – that sort of thing. On some level, I suppose they do resent my inheritance. But they've never been short of money, and besides, Dad's will – Frank Bolton's will – was unassailable. He always said that he liked the fact I came from nowhere, just like him. "You and I come as a package, he used to say".'

'That makes sense. And in any case, the house is yours. He left it to you, and you've got a perfect right to be here.'

'Even if it came from ill-gotten gains?' Her voice rises. 'All those things I said. All those things in there…' she points at the papers in my hand, 'you don't think they matter?'

'Of course they do. I feel sick too – just thinking that someone did those things during such a dark, terrible time.' I shake my head. 'But for all the digging I've done, I haven't found anything to prove if Frank was guilty – or innocent. I'm afraid we may never be able to prove it one way or the other.'

'The diary is pretty damning.'

'I need to read it. All of it. You have it back right?'

'Yes.' She sighs. 'They're all there – the ones from a few weeks back, and the new lot too.'

'And did your policeman friend make anything of them?'

'I… haven't seen him for a few days.' She turns away. I can tell she's upset. There must be trouble in paradise.

'I'm sorry.'

'Things were moving a little fast for me.' Her laugh is hollow. 'In fact, he bought me a ring. I mean, really – at my age?'

I feel an odd mixture of panic and relief. 'Do you love him?'

'Oh Alex. How should I know? This is hardly the right time, is it?'

'I don't know.' I think of Chris – to me it feels like exactly the right time.

She shrugs. 'I suppose I should be grateful that he hasn't seen this new entry. He's a very moralistic person. I like… liked that about him.'

'Maybe. But no matter what the diary says, remember, it's not conclusive. It lacks… provenance. In my view, it's not enough to justify giving up everything you love – this house, your garden. The place you've lived all your life.'

Her lip quivers but she remains stoic. 'I do love it here. But it wouldn't be right to keep the house if there was even the slightest question. I couldn't walk through these rooms, tend to my garden, sleep in my bed and have tea in my kitchen, with all those ghosts swarming around.' She shudders. 'When you read the diary – you'll see.'

'I understand – really I do. So in that case, I'll keep looking – dig even deeper.' I stand up. 'I just need a little more time.'

She sighs. 'I don't know, Alex. Everything feels so raw right now.'

'I know. But we've got each other.' I reach out and take her hand. 'Let me make you a cup of tea. Surely even the swarming ghosts won't deny us a cuppa.'

'Okay, that'd be nice.' She smiles.

'And if I can't prove Frank Bolton's innocence, then by all means, call back the toff in the suit.' As soon as the words are out of my mouth, I begin to wonder – if I've just doomed my grandmother's beloved home to death by *Tetherington Bowen Knowles*.

15th November 1940, 12:05 a.m.

I ran over to the bottom of the ladder. 'What are you doing, Flea?' I hissed as he jumped down.

He put a finger to his lips. 'You didn't see me, Badger.' With a bold smile, he took a diamond bracelet from his sinewy wrist and tossed it to me. 'Right?'

'You're a goddamn looter,' I said. 'The rest of us are out risking our necks to save people, and you're dripping with diamonds like a two-shilling whore.' I threw the bracelet into the gutter.

'What the hell?' he snarled. He grovelled around in the rubble for the glittering bracelet and slipped it in the pocket of the coat.

I turned away, my heart battering my chest, rage blinding me to any danger. But a second later, I realised my mistake. He clicked open a switchblade that was still sticky with blood.

'What's this?' I said, my gorge rising.

'Don't worry – I swear she was already dead.'

'My God. I... I don't know you.'

He laughed. 'Good ol' Badger. You know that I can't let you just walk away.'

'What? Do you think I'll grass on you?'

'Do you think I can take the risk – I mean, since you "don't know me" and all?'

I laughed uneasily. 'Put that away,' I said, indicating the knife. My mind was tying itself in knots over what to do next. I hadn't realised it before, but now I knew – Flea would do *whatever it took to make me keep quiet.*

He took a step towards me. The knife didn't waver. It took all my courage to stand my ground. 'You won't do it,' I gasped.

His eyes were dark pools as he laughed. 'The problem with you, Badger, is that you're so naïve,' he said. 'You don't know what you'd be capable of if you weren't so selfish. If you had other mouths to feed.'

'Selfish?' I snorted. 'You think I'm selfish?'

'Oh yes,' he said. 'Nothing's more precious to you than your moral high ground. But if you had a child – a daughter say – you'd do anything for her – I promise you. You want her to grow up like we did? Stitching the crotch into some grannie's knickers till her fingers crook and her eyes go square? You want her living in some two-bit shit-hole with a privy out the back and hot water every other Sunday? You want her to live where you did – with lowlife boys hanging round the corner shop whistling and waiting to pick her cherry?' He shook his head. 'Or do you want to own the factory? Set her up in a nice big house, with a bit o' garden, and fresh air. Going to church in a little white dress and satin ribbons in her hair. Saving herself for a bloke with a title – hell, maybe even royalty.'

I met his eyes over the blade of the knife. 'You're mad.'

'No,' he said forcefully. 'I'm not. I'm realistic. My girl's got one "in the oven", so to speak. I already love that little bean more than life itself. I want more for her – or him. I want everything. And if that's at the cost of some dead git's signet ring or his wife's diamond bracelet, then I'm all for it. As they say, "all's fair in love and war".'

'No – I don't believe that. It's not the war that made you a lowly, two-bit crook.' I stepped forward until the blade was practically touching my chest.

His laugh rang with bitterness. 'I'll be a lowly two-bit crook living in that nice, big ol' house, running my own factory. No more clocking in and clocking out, getting spittle in the face from some fat foreman with a stick up his arse.'

I shook my head. It sounded crazy – deluded. But I could feel a crack widening inside me. I thought of the girl – Catherine – catching snowflakes on her tongue amid the ruins of her life. More than anything, I wanted to take her in my arms, fill her life with happiness until there was no more room for the pain. Flea's words rang true. Where would we live? And what kind of life could I give her?

He seemed to read my mind. 'You thinking of that girl, ain't you? The one you pulled from the wreckage and pitched up on ol' Sadie's doorstep?' He gave me a look – he knew. Somehow – he knew it all. 'I went round there earlier,' he continued, 'to make sure the little mite had settled in.'

'And had she?'

'She was crying her eyes out. Kept going on about some trinket her mum gave her. Thinks she lost it. It was all she had left.'

'No!' I said.

'Course...' he smirked, 'it could be that someone took it off o' her. You pulled her out, right? You see any of that sort around who could have done something like that? Stealing from a child who'd just lost her mum?'

It wasn't like that! I wanted to scream. But what would be the point? If I told him that I was going to give it back – and I am going to give it back – he'd just laugh in my face. He thinks I'm like him... And suddenly, the fog lifted from my mind and I knew what I had to do.

I reached out and grabbed his wrist. 'Put that knife away, Flea. Let's talk man to man.'

He tried to twist away and I let go. It wasn't a battle of strength – just of wills.

I looked him in the eye. 'I said... put that away.'

The change in my manner made him hesitate.

'You're right – I did take the girl's trinket. You're right about *a lot of things – but not about me. You think I'm here to arrest you – grass on you?'*

For the first time he took a step backwards. He tucked the knife into his belt. 'Why are you here, Badger?'

'You think I'm stupid, don't you?' I hissed. 'You offer me some goddamn bracelet when you're dripping with jewels like the Queen of Sheba?'

'Oh.' Understanding dawned in his eyes now that we were speaking the same language. 'So – you do want a slice of the pie.' He chuckled. 'But you want a bigger slice, is that it?'

'Bigger – yes. You could say that.' I patted the lapel of his fur coat. 'Nice,' I said. 'But I'm allergic to fur. You can keep the coat.'

'What? You think I'm going to give you this lot?' His hand went to the jewels around his neck. 'Why would I do that?'

I smiled slowly, thinking how satisfying it would be to walk into a police station and dump a pile of looted jewels down on the counter. Maybe I'd get a reward for turning in a thief. And reuniting the owner with their property. But first I needed to walk away from here... 'Because I've got something you don't have.' I pointed to the top of the alley. 'Evidence.'

He turned and looked – at the cold, unfeeling eye of the camera filming him.

'You bastard,' he hissed, reaching for the knife again. But there was fear in his eyes now. I'd won.

'Give me the lot,' I said. 'And I'll have Robbo there destroy his film. You'll walk away.'

'How do I know you'll do that?'

'You don't.' I shrugged. 'As they say, "there's no honour among thieves".'

Slowly, he uncoiled the beads from around his neck. He bared his teeth at me. 'You'll regret this, Badger.'

I smiled grimly. 'I already do.'

I untucked the knife from his belt. He handed me the jewels, including the diamond bracelet he'd offered me earlier.

'Here – you keep this.' I tossed him a plain gold ring. 'Think of it as a little gift for all your hard work.'

Thirty-Nine

Even though I'm not one jot clearer to solving anything, I feel much happier having cleared the air between me and Mrs Fairchild. But there's a dagger hanging over my head ready to drop at any moment and sever my new-found connection with my grandmother, her family – criminals or no – and Mallow Court. A dagger in the form of a sheaf of papers, shoved into a Manila folder. The diary entries.

That evening, there's a small corporate drinks party taking place in the library. While the party is going on, I lock myself in my office and sit down at my desk with a glass of red wine from the open bar. I take a pen and notebook out of the drawer – making it feel like 'research' somehow makes it easier to stay detached.

But when I start reading through the entries one by one, I can't stay detached for long. With each page, I become more and more overwrought – horrified even by the possibility that I'm related by blood to someone who could have acted with such unfeeling cruelty. And not just related, but reaping the benefit of his criminal activities. I'm managing a house that was bought by ill-gotten gains; living in a flat on the grounds. My grandmother owns the house. Someday, I might even inherit it. My stomach roils at the very idea. The more I read, the more I completely understand why my grandmother called in the estate agent. The foundations of the life I've built for myself have begun to shudder and crack.

I glean that Hal Dawkins, 'Badger', teamed up with the photographer, Robert Copthorne to follow Frank, 'Flea' and gather evidence. Most likely Flea looted the Stanley house because he was jealous of Jeremy, 'Spider', and his superior class and prospects. They followed him to another bombed-out house where he looted jewellery and furs. Though it isn't spelled out, I infer that Flea may have hacked off a wrist from a dead woman's body to remove a diamond bracelet. Like a rat crawling from a sewer, nothing was sacred or off limits.

Eventually, I throw down the stack of papers. I feel unclean and can't read any more. I go to the window and look out at the view – twilight settling in over the idyllic gardens, a sliver of moon rising just above the coppice of silver birch trees. All of it seems tainted now.

I find myself wishing that Chris was here, while at the same time grateful that he's not. Anyone who read through the diary would be bound to come to the same damning conclusion. Despite his weak attempts to justify his actions to his friend Badger, Frank Bolton was a scumbag through and through.

Just as I'm about to go and check on the guests, the office phone rings. I answer it and am subjected to the cut-glass tones of the estate agent – Alistair Bowen-Knowles.

'I was hoping to speak to Catherine,' he says. 'Would that be possible?'

'She's out,' I lie.

'Well, in that case, Ms Hart, please can you let her know that I have someone interested in viewing the property.'

'What? Already?' The words shoot out of my mouth. 'We haven't even decided to put it on the market.'

'Of course. If you just let her know, I would appreciate it.'

I can sense he's humouring me. 'Goodbye.' I slam down the phone and put my head in my hands. Just five minutes ago, I was adamant that my grandmother was right to sell the house. So why am I being so obstructive? I push the wine away. Think… I need to think. There's something niggling in my mind – something that I'm missing. I'm sure of it. What is it that I've missed?

I put my head down on the desk, resting it on my arm. The sound of my wristwatch is like a time bomb ticking in my ear.

*

The next day is dull and rainy, reflecting my mood. While a few individuals come to take the self-guided tour of the house and the costume exhibition, I'm not expecting any coaches. I dust some of the porcelain, tighten the screws on a loose door handle, and replace one of the strips of high-visibility tape on the disabled access to the gift shop. I chat for a bit with Edith and help her tidy up the back storeroom. I go about it on autopilot – still thinking about everything I have – and haven't – discovered. There has to be something – some clue that I haven't found yet. But where to look?

The answer is obvious: I need to snoop.

I continue with odd jobs while I wait – for my grandmother to go off to her WI meeting in the village. If I'm going to snoop through her bedroom and her things, obviously, I can't have her around.

She's later than usual leaving. Normally, she takes the footpath and walks to the village, carrying a hessian bag full of biscuits or jam. But today she seems to have made other arrangements. I stand at the window, periodically checking my watch. At last, a muddy Land Rover comes into the drive – her friend Doris. My grandmother runs out to the vehicle wearing a raincoat and carrying her hessian bag. The Land Rover sits there for what seems like an age, but is probably less than a minute. Finally, it leaves, its tyres squeaking over the wet gravel. I slip silently past a couple who are looking closely at the old fireplace in the Stewart Bedroom, the woman reading out the laminated leaflet. The man is running his hand over the carved wood. I give him a look and he jerks back his hand.

My grandmother's bedroom is at the end of the hall, through a door marked Private. I've been inside lots of times – to bring her a cup of tea, or the newspaper, or just to have a chat. But today, I'm trespassing.

I use my master key to unlock the door and go inside. The room is an odd mixture of feminine and masculine: cushions and curtains in candy floss pink, wallpaper with alternating stripes of white and china blue roses, but also heavy dark wood furnishings and a huge carved canopy bed hung with thick draperies in nautical blue and gold. In front of the window is a dressing table, with a silver-backed hair brush and vanity set arranged over a glass top. Everything is very neat and tidy and, except for a few paperback novels and a box of paracetamol on the nightstand, looks like the bedrooms that are on show to the public. I check the dressing table, the nightstand, and the closet, looking for any papers or letters that might be of interest. There's nothing. No old boxes of photographs or documents that belonged to her dead father. Inside the lining of her jewellery box, I find a single photograph – of me dressed for my prom. A prickling sensation goes down my spine. Mum or Dad must have sent her the photo. How did she feel when she received it? Grateful for them to think of her – or angry that she wasn't part of my life? With a shudder, I put it back and leave the room.

Admittedly, I wasn't really expecting to find anything pertinent to the search. To my grandmother, the past is a delicate and painful subject. She wouldn't keep anything out in the open where it might be found by staff or cleaners, or... me. So where does she keep her memories?

Unfortunately, by process of elimination, I have a fair idea. I climb the back stairs – the servants' staircase that was added in the 1700s when the original Tudor house was expanded.

The banister is polished wood, but unlike the main staircase, it lacks the deep, lifelike carving. In a way, I prefer its simplicity. I follow it up to the third floor, where it narrows, bends sharply, and ends at a landing. Off the landing are a number of eaved attic rooms that were once servant's bedrooms and are now earmarked for wedding guests when extra accommodation is needed. Another room is used for furniture storage – extra chairs and lamps, broken bits of furniture that someday I'll get around to having repaired. The bit I need to tackle today is much less pleasant – another warren of attic rooms reached via a hatch high above the top of the staircase.

I position the wobbly wooden ladder underneath the hatch. Steeling myself, I climb up and squeeze through. The space is cramped and stiflingly hot, with dangerous low beams jutting at every angle. I switch on my torch and crawl to the very middle where the roof peaks. I straighten up, shuddering as my hair finds a shower of dust and cobwebs. I shine the torch around. There's a colony of greenfly above one of the windows, and mice droppings that I've already crawled through. Boxes are shoved under the eaves, most labelled in black marker: books, toys, clothes, taxes. The writing is neat, and I recognise it as my grandmother's. Everything here is still too modern.

At the back of the attic is another door. As distasteful as it is poking around up here, I have to keep going. I make my way over, swearing loudly when I whack my head on a beam hidden behind another beam. This door leads to a long space that stretches a good ten metres away from me, maybe even further. I duck down to crawl through the low door. I shine my torch into the room… and gasp.

The room has been ransacked! Everywhere, domestic detritus has been heaved to the side: pieces of an iron bed frame, an ancient-looking hoover, some large picture frames. Every box has been opened and tipped out: old books, trophies, horse riding gear. And papers – endless papers. With a shaking hand, I pick up a few of them. Children's drawings and old mimeographed homework, a few old bills. Someone – probably Catherine's stepmum Mabel – kept just about everything. I know for a fact that Mrs Fairchild rarely comes up to the attic, and certainly would never have left such a mess. So that means that someone else – an intruder – went through it all looking for something. My skin crawls with the knowledge that the 'uninvited guest' has clearly been making himself busy at Mallow Court without anyone's knowledge – like a rat that crawls out from between the floorboards at night, gnawing at the fibres of the past. But what was he looking for?

And more importantly, did he find it?

I riffle through more of the papers, but quickly decide that there's no point. Even if I knew what I was looking for, I'm too late. I'll send one of the cleaners up here with some bin bags to clean up the mess. There's nothing else I can do.

Wiping the sweat from my forehead, I sit back on my heels. The silence is thick and cloying. The only sound is a slow drip coming from a cold water tank underneath the eaves. I crawl towards the drip and shine my torch over the black plastic covering on the tank. The last thing I need is a leak ruining the plaster ceiling in the room below.

I move the plastic aside. There's no visible leak, but shoved between the tank and the wall I see another archive box with a battered top, and signs of water damage on the sides. Cobwebs brush my face as I squeeze into the small space. The cardboard practically disintegrates as I pull the box out, and the dust and mildew sends me into a coughing fit. I'm sure of one thing, though: it's a box that the intruder didn't find.

I open the battered lid and shine my torch inside. There's something on top – at first glance it looks like a scuba mask. But as I lift it out, I realise that it's a gas mask. In the dim light, the dusty grey mask looks like the head of a monster designed to frighten small children. How awful it would be to have to carry one everywhere, never knowing when it might save your life. I set it aside with a shudder.

Underneath the mask are sheaves of old papers and newspaper clippings. The damp cardboard is ready to split, so I unload some of the things, wishing I'd brought a bag. At the bottom of the box, I encounter something smooth and metallic – a large flat cylinder about the size of a dinner plate. I move the other things aside and pull out the cylinder. It's an old film canister for a reel-to-reel projector. Underneath are several more – I count five film canisters in all. It may well be nothing, but my pulse accelerates. What could be on these films kept in a long-forgotten box? Family home movies of a summer picnic, a day at the beach, a cricket match, or excited children on Christmas morning? Or something else? Could this be what the intruder was looking for?

I pile as many of the papers and photos as I can carry on top of the film canisters. If the intruder was after any of the things I've found, then I have to keep them safe. By the time I'm finally back to the hatch, I've hit my head twice more on the low beams, and am seeing stars. But I've got an armful of treasures – or junk – to show for my troubles. I take everything down the ladder, and out of the house. My stomach flutters with nerves as I return to my flat and pile everything on the bed. Though I'm desperate for a shower to wash off the years of cobwebs and dust that are clinging to my hair and my skin, I can't wait to find out exactly what I've discovered. I begin sorting through the pile of papers. There are lots of old photos – men in military uniforms drinking at the pub; women in floral cotton dresses posing for the camera with smiling painted lips. A few of the photos are signed R. Copthorne with a date scribbled in pencil. Then there are the newspaper clippings: mostly headline articles mentioning various Allied victories and advances, and the occasional obituary with a name circled in red pencil. I'm about to give up when a tiny article catches my eye. I read through it, the breath catching in my chest.

Lost Romanov Jewels Hidden in London?

On Thursday night, a Russian national was washed ashore in Northern Scotland after his boat was torpedoed. Suffering from acute hypothermia, he was found by a local resident who notified the authorities. According to the resident, while in a delirious state, the man spoke of being on a mission to London to find a Russian princess who was the illegitimate daughter of Grand Duke Michael Alexandrovic, brother to Tsar Nicholas II. According to the unnamed man, the young woman escaped Russia during the 1918 Revolution with a fortune in family jewels. The man is currently in police custody, after admitting that he is a spy working for Soviet secret police.

In the margin of the clipping, a note is penned: *Marina?*

I flip anxiously through the rest of the clippings, but there's nothing – no follow-up article, and no more marginalia.

Marina? Could this Russian princess referred to in the article really be *the* Marina that Mr Pepperharrow knew? My great-grandmother? Surely not.

Yet, I remember what he told me about her – how she always seemed frightened; how she lived her life constantly looking over her shoulder. Though, as he'd said, that would have been the case for many Russians who escaped the Revolution to come to the west. But certainly for someone who was hiding a fortune in jewels.

A fortune in jewels?

I touch the jewelled locket that I've now taken to wearing around my neck, tucked inside my top, along with the tiny gold key that I've put on the chain. The metal warms up in my hand like it contains its own life force.

No.

I fire up my laptop and do a web search for 'Marina, Russian Princess'. A few sites come up – the kind that I don't open for fear they'll give my computer a virus. I then do a search on Grand Duke Michael Alexandrovich. This time, real information is more plentiful.

In a nutshell, Michael Alexandrovich was fourth in line to the Russian throne at birth, but at the time of the Revolution was third in line following his brother, Tsar Nicholas II and the Tsar's son, Alexei. Michael Alexandrovich apparently caused a scandal by marrying his mistress, Natalia, with whom he had his 'only child', George. Before that, he also had an affair with Princess Beatrice, Queen Victoria's daughter, who later married into the Spanish royal house. I swiftly jot down the main facts, specifically noting that he's not officially credited with fathering any other children. Certainly not a daughter named 'Marina'.

I learn that prior to the 1918 Revolution, Michael Alexandrovich left Russia for a time, living, among other places, at Knebworth House in Hertfordshire! Excitement bubbles in my chest. I *know* Knebworth House – we used to take school trips there sometimes; and later, I saw a few outdoor concerts there. I read on: Michael Alexandrovich returned to Russia with his family to fight in the Russian forces in World War One. But when the political situation in Russia became untenable in 1916, Nicholas II signed a document abdicating the throne in favour of his brother. Michael Alexandrovich refused to accept the honour until a provisional government had ratified his appointment – which never happened. Michael Alexandrovich was eventually arrested by the Bolsheviks and murdered in 1918. His family, however, managed to escape to the west.

My mind is a maelstrom by the time I'm done reading. I

draw out a little chart starting with Tsar Alexander III, father to both Nicholas and Michael:

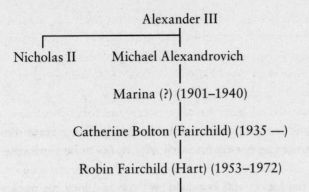

Alexander III

Nicholas II   Michael Alexandrovich

Marina (?) (1901–1940)

Catherine Bolton (Fairchild) (1935 —)

Robin Fairchild (Hart) (1953–1972)

I can't bring myself to fill in the last blank as I stare at the family history I've made. Blood rushes to my head. I've no proof and I may never have any proof. But it's all there in black and white. I recall telling my grandmother that we have to be brave – that some of the things we discover may be difficult. For me, this is one of them.

I hold up the locket and release the catch. 'Are you sure about this?' I ask, as the bird rotates and sings its song. Humming the melody that each time seems to stick in my head, I pick up my pen. Underneath 'Robin', I add my own name.

Alex Hart (1972 —)

Who, by some strange twist of fate and accident of birth, might just be a real Russian princess.

Forty

The irony is not lost on me – fate works in strange ways. I'm just about the last person on earth who wants to be a princess. And yet...

I tuck the locket and key inside my top and lock the papers in a drawer, smiling to myself as I imagine what Dad's reaction would be. Disbelief, horror – he would probably disown me. Or at least make me buy every round down the pub for the rest of my natural life.

And then there's Chris – at our last meeting, I'd assured him with hands on heart that I was a little nobody. Yet, history might have made a liar of me.

I pick up one of the large metal film canisters I brought down from the attic and turn it over. There's a faded sticker on the bottom with something scribbled on it: *R Copthorne 1940*. Could this be the proof that will settle things one way or another, once and for all?

I have to find out, even if it means signing the death warrant for Mallow Court. I take out my mobile phone and scroll down to Chris's details.

As unsettled as I feel, I'm happy for an excuse to call him again. Not to gloat, grovel or even to share confidences. But because he's the one person I know who, in a shadowy corner of his workshop, has a reel-to-reel film projector. Whatever is on those films – if anything – we may as well face it together.

Fortunately, Chris answers his phone and we arrange a

meeting the following evening. I feel dizzy with excitement and fear as I hang up the phone. I put the film canisters in a rucksack along with the newspaper article on the Russian spy, and hide the bag in my dirty clothes hamper just in case the 'uninvited guest' decides to come calling.

My giddy feeling is short-lived when I return to the main house to meet up with a wedding couple. As I'm about to enter the dining room, I overhear my grandmother, returned from her WI meeting, on the phone.

'I'm sorry she isn't cooperating, Alistair,' she's saying. 'Alex just feels this very deeply – we all do.'

I know I shouldn't listen in, but I can't help it. I know she's talking to the horrible estate agent whose emails I've tagged to go directly to my junk folder. I grit my teeth as she continues on.

'But it's… nice… that someone is interested in the house already.' Her voice has a slight tremor in it. 'You should definitely bring him round for a viewing while the roses are at their peak. Just… let me arrange it for a time when she's out.'

Blood rushes to my head as she hangs up the phone. I hurry away down the corridor back towards the great hall. Somehow, since our last conversation, I'd deluded myself that something miraculous would happen. That I'd prove Frank Bolton's innocence in time for her to call off this plan to sell the house. But I haven't done so. In fact, I hold the evidence that mostly likely will prove his guilt.

I rush to the nearest window, fling it open, and breathe in the warm, fresh outside air. It's a hot day, the sun is out, the garden is lovely, a group of visitors are disembarking from a coach. At this moment, everything seems right – running smoothly, like well-oiled clockwork. As Karen once said: 'It's practically running itself.'

But nothing can stave off the chill I feel in my heart. This time next year… will all this have come to an end?

Forty-One

As arranged, I get on the train to London the following evening. I'm still wearing the jewelled locket around my neck, tucked safely away inside my top. Whatever happens – whatever I discover on those film reels with Chris – the locket is part of it too. All day long I've felt the weight of destiny on my shoulders – that one way or another, I'm coming to the end of my quest.

By the time I emerge from the Tube at Chancery Lane, the evening rush of commuters is nearly ended and the warren of streets off Hatton Garden seems darker and more confusing than usual. I pass the odd shady-looking character lurking in a doorway, and a few drunken day traders in suits taking a shortcut to a back-alley pub. Eventually, I reach the marble monolith of Churchley & Sons Fine Art Auctioneers, glowing like a pale jewel underneath the street lights.

I suddenly wonder how many works of art auctioned off there had a dodgy past, regardless of their precious 'provenance'. Art can be forged – so skilfully that even experts are fooled. So how much easier must it be to forge paperwork and records? I look up at the sky, imagining the terror of planes flying overhead, dropping their deadly cargo. How handy wars must be for people with criminal tendencies. But of 'Flea', 'Badger' or 'Spider', who was such a person?

The alleyway round the back is completely dark, but as I carry on towards the building, I hear the comforting noise of a thousand clocks, ticking together like a mechanical armada. The door is ajar, and behind it is a thin quadrilateral of light. As I approach, the door opens in front of me and Chris appears, his tall frame taking up most of the doorway. As the clocks tick on, time seems to float in a bubble around us. We stand there staring at each other for a long moment, and then he takes me in his arms and nuzzles his face into my hair.

'Alex,' he murmurs. 'God, I've missed you.'

I stay there like that, breathing him in, enjoying the sense of peace and rightness that I feel when I'm with him. His heart beats against my chest, the locket sandwiched between us. He twines my hair and the chain of the locket through his fingers, as if it's somehow part of me. The clocks begin to chime the hour, first one, and then another, and then all of them together making a right racket. We both laugh.

Holding my hand, he leads me down the corridor into the workshop. It's the first time I've been here in the evening. At this hour, the shop is lit by all sorts of eclectic light fixtures – an old gas street light now wired for electricity, intricate brass Moroccan lanterns hung from the ceiling, a Tiffany glass desk lamp, a dusty crystal chandelier with half the bulbs missing. The grandfather clocks cast long shadows, and in the corner, I spot the projector.

'I brought the entertainment,' I say, taking the film canisters from my bag. 'That is, assuming that works.' I point to the projector.

'I went out as soon as you phoned yesterday and got the missing part,' he says. 'It should be as good as new.'

'That's what I was afraid of,' I joke.

He laughs. 'I also took the liberty of ordering a couple of pizzas. They should be here any minute.'

'Great.' I seem to have developed a knack for going on slightly odd 'dates'.

A sheepish grin crosses his face. 'And I thought we could drink this.' He holds up a bottle of red Burgundy. 'It's from Dad's cellar.' He puts a finger to his lips.

'I won't tell,' I whisper, realising that the bottle of wine is probably worth more than all my worldly goods put together. As much as 'Daddy' Heath-Churchley and his aristo way of life is anathema to me, I have to admit that there are some perks to falling for the 'black sheep' of the family.

There's a space cleared on one of the tables in the room that's normally covered with tools and clockwork bits. It looks antique – oak with carved legs. He's set around it a couple of French chairs with mismatched upholstery. 'I found this table and the chairs in a skip,' he says, noticing my interest. 'I had to fix a few wobbles, glue some of the struts back on, and French polish the top, but I just can't believe some of the things that people throw away!'

'Beautiful,' I say appreciatively, referring not just to the table, but also to his long, deft fingers as he removes the cork from the bottle and pours the wine into two cut-crystal glasses. We clink glasses and the wine goes down as smooth as butter. The pizzas arrive, and we eat them straight from the box, talking and laughing. Despite whatever we may be about to find out about our families and their past, I feel happy just being within him. There's a definite *something* fizzing in the air between us. Every cell in my body is on high alert, just waiting for our fingers to touch as we both reach for the bottle to pour more wine, and I feel his leg brush against mine under the table.

We finish the pizzas and he removes the boxes. 'Let's start the show,' he says, standing up to get the projector ready.

'I guess we should.' Suddenly, I'm apprehensive. We've been having such a lovely time, but what might the films reveal to spoil everything? Am I ready to face whatever they contain?

He brings the bottle and our glasses and sets them down on

a table next to a worn blue crushed-velvet sofa with a carved wooden frame.

'Did you find that in a skip too?' I indicate the sofa.

'No.' He smiles. 'That's a nineteenth-century Louis XV divan that once belonged to the Queen Mother at Sandringham.'

I punch him playfully in the arm. He grabs me and pulls me close, kissing me everywhere on my face except my lips. My whole body sizzles like a firework.

He touches a finger to my lips. 'Hold that thought until later,' he says, stepping back reluctantly. 'Or else these film strips will never get watched.'

'Yes, you're right.' I sit down on the sofa and pour each of us another glass of wine.

Chris goes to the projector and flips it on. The fan begins to hum, and a bright light projects onto a white area on the wall opposite the sofa. He takes the first reel of film out of the canister and places it on the front reel, threading the loose end of cellulose through a smaller reel at the back. Finally, he flicks a switch on the wall and the other lights dim in the workshop.

'Okay,' he says, 'ready to roll.'

'Now or never.' I take a sip of wine to strengthen my resolve.

The white wall flickers with black and grey lines as the projector continues to hum and click. Chris turns a few knobs, adjusting the focus. As the images begin to appear on the wall, he sits down beside me, his warm solidity a buffer against whatever might be coming.

The film is mostly shots of a family playing tennis in a garden, and having a picnic by the river. There's no sound, but it's obvious that they're enjoying themselves, laughing and horsing around. The images then shift to another family by the seaside – playing cricket; building a sandcastle that gets washed away by a rogue wave. My heart begins to droop. As much as I'm glad there's nothing incriminating, I'm also no closer to the truth. Are all the reels just someone's home movies – people I don't even recognise?

We watch the film to the end. The final frames are grainy and white. The images sputter out and the projector gives a high-pitched whine and seems to shut off.

'It's not broken, is it?' I say, sitting forward.

Chris gives the stand a kick. It hums back to life. 'All systems go,' he assures me.

The next reel shows an urban street. A group of children are standing around a one-legged man playing an accordion. Two girls toss him money, and one boy seems to be jeering at him. The impromptu 'concert' continues. I snuggle closer to Chris on the sofa toying with the chain of the locket and the tiny gold key. If I'm not going to learn anything, then I may as well enjoy his company.

The reel ends with a group of uniformed men launching something large and metallic into the sky.

'What is it, do you think?' Chris asks, his hand distractingly caressing my leg.

I remember something I'd seen on TV. 'I think it's a barrage balloon. To ward off enemy planes.'

'Ah. Clever girl.' His hand moves higher.

By the end of the reel, I have very little appetite to watch any more. But in an act of delicious torture, Chris gets up and puts on the next film.

This time, the frames are much darker – it must be night. There are a few shops in a terrace, and in the middle, a building that's totally collapsed. Someone runs in front of the camera. I sit forward now, my attention on the screen. More people run into the frame and past where the cameraman's standing. A woman desperately drags three children by the hand, chivvying them along. An old man limps swiftly by, carrying a cat in his arms. Then, a policeman goes past, herding stragglers. And then, the screen goes black – something has fallen from the sky obliterating everything. I gasp, certain that the film will end there. But a moment later, the images resume, shaky now and blurry with dust. A man is rolling on the ground, his coat on fire. There are dark objects on the ground – bodies. I concentrate on Chris's hand on mine – sitting here now, I know I'm safe. But seeing the suffering before my eyes, I feel anything but.

'We don't have to watch this,' Chris whispers.

I shake my head. Whatever these films show – or don't show – I know that I *do* need to watch them. That sixty years later, Chris and I are witnesses – maybe the only witnesses – to the last moments of these people's lives.

The images flicker off and back on again. This time, the camera is in a moving vehicle, racing past burning and ruined buildings at breakneck speed. The image is jerky and dizzying. The vehicle stops. The camera follows as two men in paramedic uniforms come into view. The vehicle must be an ambulance.

One of the men turns towards the camera and I jump to my feet. 'That's Frank Bolton.' I point at the fuzzy image.

'Which one?' Chris says.

'The one with the sandy hair.'

I watch rapt as Frank Bolton goes over to a body writhing on the ground. He checks the pulse and shouts to his colleague. Together, the two men lift the casualty onto a stretcher and into the back of the ambulance. Then Frank and the other men seem to be having some kind of discussion – a disagreement, maybe. Frank points at the bombed-out terrace where there are other bodies lying. The other man shrugs and gets back into the driver's seat. The ambulance roars off, leaving Frank and the cameraman. I perch back down on the edge of the sofa, barely able to breathe. The camera stays put as Frank checks each body for a pulse. He looks back at the camera and shakes his head. Then he looks up at the sky. In the light of the burning buildings all around, something on the screen begins to glisten.

'It's snowing!' Chris says. 'Look.'

I watch as Frank signals for the camera to follow him. He's clearly seen or heard something. Frank rushes towards something at the edge of the screen – a pile of debris. All of a sudden, a small girl crawls out from under the rubble, the building around her half-collapsed. She looks up at the sky and sticks out her tongue, catching the first snowflakes of winter.

'It's her – it's Catherine!' I stare at the flickering darkness, captivated and heartbroken by this moment of tragedy – and hope. Frank goes up to the girl, takes off his uniform jacket, and puts it around her shoulders. She points back to the rubble and Frank goes over to investigate. There's someone lying there – a woman – her torso is partially obscured by a large timber that's lying on top of her. The girl bends over her as Frank Bolton checks her pulse and shakes his head. There's a long moment as the woman appears to speak to the girl and hands her something. The object flashes bright for a split second.

'Look!' I exclaim. 'It's the locket!' I grip the lozenge-shaped piece of silver around my neck. Chris's hand clasps over mine. The screen goes white with black and grey lines as the end of the film flicks around the turning reel.

For a long second, neither of us move. The cogs in my mind whirl, trying to make sense of what I've seen. Frank Bolton – not Hal Dawkins – rescuing young Catherine. All there in flickering, irrefutable black and white. Chris rises from the sofa and rewinds the film reel. The fan continues to run noisily.

'So what does it mean?' he says.

'I think it means that the diary entries are fakes.' I stare at the white wall. 'Either that, or everyone's mistaken as to who kept the diary. My grandmother and Mrs Edwards said it was Hal Dawkins's diary. But maybe they were wrong.'

'What made them think that?'

'An inscription inside the front cover. It said Diary of Hal "Badger" Dawkins.' My brain hurts from trying to make sense of it all.

'But we already know that there was funny business going on,' Chris reminds me. 'Whoever sent the entries could have engaged in a little "misdirection".'

'But why? I can't see Sally Edwards doing it.'

'We'd better watch the other reels,' Chris says. 'Maybe the film tells more of the story.'

'Yes, let's.' I feel shaken to the core, but I have to see this through.

Chris puts on the next reel, and we both lean forward watching with rapt interest. The image is shaky and distant, as if the photographer was trying to stay out of sight. A person in a woman's fur coat is climbing down a ladder. The light catches the flash of jewellery on her wrists and fingers.

A man steps out of the shadows. 'Look!' I grab Chris's arm. The man goes up to the woman – they're clearly arguing. A second later, the woman draws a blade.

'I don't think it's a woman,' Chris says.

'What?'

The faces turn towards the dim streetlight. The man is Frank – and the 'woman'... Hal.

The photographer films what is clearly an altercation between the two men. Eventually, Hal takes off the jewels he's wearing and hands them to Frank. Frank walks away. The reel flickers off.

'Unbelievable,' Chris says. He turns to me tentatively. 'Did Frank just get away with the loot?'

'In the diary it says that "Badger"– who we now know must be Frank – took the loot to the police station. "Spider"? – your grandfather, Jeremy, drove Frank. He wasn't involved in the looting. The film was taken by Robert Copthorne. It must have been the evidence they used against Hal – also known as Flea.'

'Well, well...' Chris gives me a dazzling smile. 'It looks like you've proved that Frank Bolton is in the clear then.'

'Yes.' I smile back and the world seems to close in around us.

I know that there are still unanswered questions. But for now, I lie back on the sofa, enjoying the relief I feel, and the arcing of electricity in the air between us, as Chris puts on the last reel.

The final reel is a victory parade – fitting under the circumstances. A huge crowd shouts and waves flags as the troops roll through the streets of London.

I lay my head on Chris's shoulder. He tilts my chin up and brushes my lips with his. His tongue explores my mouth as his hand moves over my body. Every nerve ending begins to glow incandescent. I lie back as he removes my top but leaves the locket around my neck. He kisses my breasts, my throat; my stomach. And my hands caress his strong, muscular body, and I savour the feeling of him wanting me. And I sink back into the sofa that once belonged to the Queen Mother, and somewhere outside of time the clocks tick and chime. But all I'm aware of is the beating of our hearts resonating together and the soaring feeling of our bodies opening up to each other.

The film comes to an end and the screen flickers with black and white lines. And with slow and delicious deliberation, the Clockmaker takes me apart and puts me back together again.

Forty-Two

Eventually I sleep, and eventually I wake. I know it's morning by the blizzard of dust motes sparkling in a shaft of light coming in from one of the high windows of Chris's workshop. My body is entwined with his and I breathe in the smell of warmth and wood and skin. I feel like I'm shimmering from inside. I lie perfectly still for a long time watching him sleep. A strange, deep-seeded contentment has taken root inside me. It's unlike anything I've ever experienced before.

Chris murmurs and shifts. I brush my hand over his smooth chest. Without opening his eyes, he smiles. He repositions himself against me, and I can feel the desire rising in him again. He takes his time with his lovemaking, every move languorous, and skilful. When I finally sink back onto the divan, happy and spent, he gets up.

'Coffee?' he says.

'Mmmm,' is all I can manage to say.

When eventually he returns with two cups of steaming coffee and a bag of assorted croissants, I'm sitting up thinking about the film strip we watched.

'So, is the mystery solved?' Chris says.

'A good part of it.' I smile, feeling like a great weight has lifted off me. My grandmother will be so relieved – and happy – that her beloved father is in the clear. But then I remember something else... I swing out of bed and get my rucksack. 'Though, I found something else in the attic that you need to see.' I rifle through the pocket and take out the newspaper clipping. I return to bed, watching his face as he reads over it, his eyes growing wider and darker. Eventually, he looks up at me, incredulous.

'Is this saying what I think it's saying?'

'Well...' I can't stifle a little smirk. 'It means there's a strong possibility that I might have lied to you last time. You know, when I said I was definitely a nobody.'

He inspects me carefully in a way that makes me blush – especially since I'm wearing only my pants, an old T-shirt of his, and the jewelled locket around my neck.

'You're a Russian princess,' he says, twining the chain around his fingers and caressing my neck. 'I mean – not to put too fine a point on it.'

'Well, I... I mean...'

I'm relieved when he begins to laugh. 'And all along you've been judging *me* for my upper-crust family connections.'

'I wouldn't say judge, exactly...'

But he doesn't let me finish the thought – or, for that matter, any other thought – for a good long time.

*

When we finally return to reality, I suggest we leave the workshop and get a meal so that we can have a serious talk without getting 'distracted' again. Chris puts the film reels in the safe, and we go to a little hole in the wall off Theobald's road that serves, in Chris's words, 'the best bacon butties west of Hackney'.

We find a table by the window and a waitress brings us coffee. 'Now,' I say, 'let's get a few ground rules straight. First off – no using the "P" word.'

'Ah, you mean "Princess".' He leans close to kiss me over the table.

I scowl playfully. 'That's the one.' I rummage in my bag and take out the article on the Russian spy. He reads through it again, stroking the faint stubble on his chin thoughtfully.

'So assuming that the Russian "word-that-shall-not-be-mentioned" is Marina, then I suppose it makes sense that she was frightened. She was worried that the Russian secret police were after her, and it looks like she was right.'

'Yes, that makes sense,' I say.

'And the jewelled bird – it fits too.' He beams. 'We can surmise it may have been an imperial court piece from Fabergé that belonged to Marina as a girl – or at least a member of her family. It's so beautiful and special – just like you.'

'Don't start,' I scold.

Our food arrives. He tucks into his bacon butty like it's going out of style.

'But the article mentions jewels plural.' He takes a sip of his coffee. 'Did Marina have more precious items hidden away?'

'I don't know. My grandmother mentioned something about a wooden box *Mamochka* kept under the bed, I think. But surely that must have been lost in the bombing.'

He nods. 'Probably.'

I take a bite of toast, studying him carefully. 'You don't look convinced.'

He pauses to chew and swallow. 'I don't know if the jewels still exist or not. But it's possible that someone might think they do.'

'What do you mean?'

'I was thinking of your "uninvited guest"? You said he's broken in a few times.'

'Yes – I think so. And I know that he ransacked the attic.'

'Could he have searched the entire house?'

'For what? Jewels?' I laugh. 'For secret rooms? Hidden cupboards behind the panelling?'

'Do you have those things?'

'Of course. It's an old house. We have the odd priest's

hole and a few secret cupboards.' I cross my arms in mock displeasure. 'Which you'd know if you'd bothered to take my tour.'

'Okay, okay.' He laughs. 'Maybe I can schedule a private visit.' His hand caresses my thigh under the table.

'Anyway, though,' I reach under the table and remove the all too welcome distraction. '*Someone* will have time to do all the searching they like. The estate agent said that someone is already interested in buying the house.'

I've already told Chris about my new bête noire, Alistair Bowen-Knowles, and the firm of upper-crust estate agents, *Tetherington Bowen Knowles*. Not surprisingly, he's heard of them – there was even mention of a cricket match somewhere before I cuffed him on his posh arm. His advice was to do exactly what I'm doing – ignore them.

'Hmm, that was quick,' he says. 'I thought it wasn't even on the market.'

'You're right – it's not.' I mull this over. Trying to buy the house seems like an extreme step for an intruder to take. Unless he or she really thinks a fortune in jewels might be hidden there.

'You should talk to the estate agent again,' he says. 'Try to find out who's interested in the house. You may not find any jewels, but you might just find your intruder.'

'Yes,' I agree. 'I might just.'

*

Chris accompanies me to the train station. I have a fleeting memory of a lifetime ago, when Xavier would sometimes disappear for days or weeks on end, supposedly for 'research' but later, I learned that he was really meeting his wife for a holiday in Madrid. Each time he left, I'd feel hollow and empty, a worm of doubt gnawing at my insides. A part of me always knew that the end was just a matter of time. But that was then. This is now...

At the ticket barrier, Chris kisses me long and hard on the lips and then gives me one of his quirky, unselfconscious smiles. Instead of a worm of doubt, I feel an inner glow that, if anything, seems to be growing in intensity with every moment we spend together. Chris is real; solid. A man who makes love like a true romantic but without the drama and heartache attached. I'm more than ready for such a grown-up kind of lover.

I put my ticket in the slot and go through the gate. Just inside the barrier, I turn around, lean towards him, and grab him by the scruff of his Joy Division T-shirt. A disgruntled queue of commuters grows behind me, and a few people whistle as we kiss again. 'I'll call you,' I say playfully when our lips finally part.

'You'd better,' he replies, as I turn and walk towards the waiting train.

Forty-Three

My glow lasts the entire train ride, where I replay every moment of the last twenty-four hours, and my skin tingles with the archetypal memory of Chris's touch. When I think of my favourite things – a long, hot bath, a great novel, a glass of wine – preferably all three together, I know that I'd forego them all in a millisecond for this new pleasure. The pleasure of having a future to look forward to, a recent past that makes me happy, and a present that – well... nothing's perfect. The train is crowded and the journey takes forever due to a signal failure further up the line.

I use the delay to ring the awful Alistair Bowen-Knowles, but he informs me that, of course, the identity of his client is 'confidential'.

'Fine,' I say, not bothering to hide my irritation. 'But don't expect me to facilitate any viewings.'

'I believe my client already has a general familiarity with the premises,' he says.

'Oh?' Anger boils in my chest at the idea that the unnamed client might be the 'intruder' and this man won't reveal his identity.

'It is open to the public.'

'So it is,' I say through my teeth.

The call ends and I try to go back to thinking about Chris, but by then the train has finally arrived at my stop.

It's nearly dark by the time I reach Mallow Court. I go first to the main house to check that Mrs Fairchild is okay – I can't wait to tell her the great news that Frank Bolton is innocent. I let myself in (noting that she hasn't set the alarm).

The great hall is dark and empty, and I don't turn on the lights. I go down the corridor to my office and dip inside. The message light on the phone is blinking. I set my bag and my folder of information – the newspaper clipping, the auction house records, and my notes on the Romanovs – down on the desk and listen to the messages. There are several from Tim Edwards asking me to call him that I delete immediately, and a few more from vendors and suppliers. With a sigh, I jot down the callers on a notepad. Leaving the folder on the desk, I go in search of my grandmother.

I go down the corridor to the green salon where my grandmother likes to sit at night. The door is closed, and just as I'm about to open it, I hear a sound from inside – heavy breathing. In a split second, my instincts tell me to barge in and make sure nothing's wrong. But then there's another sound: 'Catherine,' a man's voice, gasping. My heart slams to a halt.

It's one thing accepting that my new-found grandma has a 'special friend', but quite another to catch them in the act of doing 'it'! Obviously, whatever rift there was between them has been duly mended. My news will have to wait. As quickly and quietly as I can, I reverse my steps and get out of there.

Though the last twenty-four hours have brought vast changes for me (and, perhaps, my grandmother too) on the romantic front, I'm relieved to see that inside my flat, at least, nothing has changed. Everything is where I left it, and there are no misplaced photographs propped on my pillow. I may have left half of my heart in London, but here, in my own flat, I have the prospect of bath, book, and wine. I start with the latter. Going into the kitchen, I take out a bottle of Zinfandel from the rack next to the fridge, and find a corkscrew in the drawer. I'm just about to remove the cork when my mobile phone begins to ring in my pocket. Maybe Chris is calling to check that I got home all right…

When I check the screen, I'm surprised to see Mum's name come up. Though we normally talk every few days in the evening, she rarely calls me on my mobile.

'Hi Alex,' she says.

'Are you okay, Mum?'

'Yes.' There's a hesitation in her voice that immediately puts me on edge. 'Yes, everything's fine. Your Dad's working at the pub tonight. There's a dart's tournament going on. So I thought it would be a good time to call.'

'It is. I just got home from London.'

'London?'

'Yes, I was seeing… a friend.'

I expect her to ask me who, and at that moment, I feel fully prepared to tell her. She's my mum – she just wants me to be happy. She deserves to know that right now – I am. But I immediately sense that she's flustered and preoccupied.

'Do you remember,' she says, 'that day a while back when we talked about your grandmother. And her daughter Robin?'

'Yes,' I say. 'At the chippie.'

'That's right. Well, I really didn't think it would come to anything, but I said I'd help if I could.'

'Yes…?'

'I couldn't find anything on your grandmother, so I thought I'd try Robin. I did some digging through the insurance company records. You know, we have lots of records going way back. Some of that stuff – well, I don't know why we keep it.' She rambles on. 'I didn't find anything – which isn't surprising. But I called a friend – do you remember Sharon? You met her at Dad's fortieth.'

'Um, maybe.'

'Well, she works in the NHS archives. They're computerizing

all the old records, tracking certain medical conditions and whatnot.'

'Yes?'

'She didn't find anything either. But she called her friend Rachael. Rachael works for... oh, I can't remember.'

'And?' I try to hide my impatience. After being up for most of the previous night with Chris, I suddenly feel very tired.

'She called in a few favours too. Up your way. A friend of a friend was a retired receptionist at the hospital in Aylesbury. It was a long shot, really.'

A pulse beings to throb in my head. 'And?'

'Well, to make a long story short... she found something.' There's a long pause. 'And afraid it's not good news.'

'What?' The temperature in the room seems to plummet.

'She found some old records. Robin was in and out of hospital a few times as a girl. She had a rare blood disorder. It's called haemophilia.'

'What's that? It sounds familiar.'

There's a beep on the other end of the line. 'Oh Alex, I'm sorry. I've got a low battery on my phone. I'm going to have to hang up now. Anyway – haemophilia. It's something to do with blood clotting. That's all I know, really. But I hope it helps.'

'Yes, Mum. That is helpful. Thanks so much. I can take it from—'

The phone goes dead.

'Here,' I mutter. I stare down at the phone, or rather, the hand holding the phone. My hand. I turn it over so I can see the lacing of veins on the top; some a pale blue just under the skin. The blood, pulsing inside, ebbing and flowing with every heartbeat. Something that I take for granted. But maybe I shouldn't. I hug my arms around myself, wishing that Chris was here to hold me; make love to me; brush the hair back from my face; whisper that everything is going to be fine. But what if it's not? I should go to a doctor and get checked out. Make sure I don't have the same disorder as my... mother. Haemophilia. Why does that sound so familiar?

I set my phone down on the library table, and finish opening the wine. I pour the dark, burgundy liquid watching as it splashes and fizzes against the smooth glass. Blood...

The truth snaps into place, hard and painful like an elastic band. I suddenly remember why what Mum told me sounds familiar. That day at the British Library when I was researching Fabergé and the Russian Imperial Family, I read about how the Tsar's son and heir Prince Alexei had a rare blood disease. Haemophilia.

I rush over and find my handbag – only to realise that I've left the folder with the Romanov research in my office over at the main house. But I don't think I'd written down much except the name of the disease. I plug in my laptop and start it up. I type the word haemophilia into the search engine. There are thousands of entries, but I start with the NHS information website. I read that haemophilia is a genetic disorder that interferes with blood clotting. Some people are carriers of the disease and have no ill effects from it, but suffers are easily bruised and prone to internal bleeding. For some sufferers, a trauma like childbirth might well be...

Fatal.

I'm instantly flooded with guilt and pity. Poor Robin – stupid Robin. There are medical records of her condition, so she must have been aware of it. I think of the signs there may have been: childhood scrapes that took longer to heal, bleeding heavier than other girls with her period. And her mother must have known of it too. I think back to our conversation – about Robin being a strong-willed child, but not physically strong, bruising easily. My grandmother being reluctant to let her go away to study. I suppose most parents would have felt the same way. But my grandmother must have been doubly worried.

But as I read on, I learn that the disease is often less severe in women. It's possible that neither Robin nor her mother realised just how serious it could be. Also, because it's a recessive genetic trait, often females are only carriers, not sufferers.

My thoughts wander back over my own life. Did I ever feel tired, bleed a lot, or bruise easily? Not that I know of, and surely Mum would have said. Maybe I've got lucky. But just to be sure, I'll make an appointment with the doctor.

I stay up until almost 4 a.m. reading accounts of haemophiliacs and their sufferings. It's unpleasant, and yet grimly fascinating. In the nineteenth and early twentieth century, haemophilia was known as the 'royal disease' because it affected several of the royal houses of Europe. Apparently, the gene was passed on by two of Queen Victoria's daughters and one of her sons, who married into other royal families. Queen Victoria's granddaughter, 'Alix of Hesse' was a carrier of the disease, and it was she who married Tsar Nicholas II and gave birth to Prince Alexei, the heir apparent. The prince suffered from the disease, which placed many restrictions on his life. Had he survived, would he have had the wherewithal to correct the errors of the past and restore the people's faith in the Russian monarchy? Or would he have sunk into the same decadence and brutality of his father ruling a country on the brink?

History will never have an answer. Instead, he and his family were imprisoned, and taken out into a snowy yard and shot. The accounts differ slightly, but one thing seems certain – they all died.

Not necessarily true, however, for their cousins – including the child, or children – of Michael Alexandrovich Romanov, who was mentioned in the newspaper article as the possible father of Marina. According to my research, he had one legitimate child – a son. But if Marina was his illegitimate child, how could she have inherited the defective gene?

As I read on, a possible – the only possible – answer presents itself. Michael Alexandrovich had a love affair with Queen Victoria's ninth child – her daughter Princess Beatrice. The two would have married, but were denied permission because they were first cousins. Princess Beatrice later married into the Spanish royal line, where she was the mother of several children with haemophilia.

It sounds crazy, but it explains everything. A doomed love affair that led to an illegitimate daughter – Marina. A child raised at the Russian court, who managed to escape during the revolution. Not a child of the Tsar, but a Romanov through and through, as well as a granddaughter of Queen Victoria. A royal child, right down to the defective gene. A gene passed on to my grandmother, who seems to not show any effects, and to my mother, Robin, who did.

I close down the website and go over to the sofa, sprawling out on it. I stare up at the slanted skylight, grey with near-dawn light. I know I won't sleep so I don't even bother to try. I feel like I've been hit by a very large bus. I untuck the jewelled locket from my shirt and grip it tightly in my hand. I can feel the blood – pulsing, pulsing, pulsing, in my veins...

XIV

15th November 1940, 12:14 a.m.

I turned and walked away, expecting to be knocked from behind at any moment – a blade plunged into my back. Robbo lowered his camera and moved out of the alleyway. The blood screamed in my head. He grabbed my arm to keep me upright.

'Did you get that?' I gasped. 'On film?'

'Yeah.'

His words made me stumble in relief. Spider jumped out of the ambulance – our getaway car – to help me.

'We... need...' I tried, 'we... need... to go to the police.'

As I collapsed on the seat, Robbo grabbed me by the collar. 'You sure that's what you want to do? You think the police are going to bother trying to find the rightful owner of that loot?' His laugh was bitter. 'You could put a decent little nest egg away for yourself – and your family if you have one.'

I coiled back my arm and tried to punch him. I missed, of course, and hit the dashboard instead. I put my head in my hands and began to weep. Spider, grim and silent in the driver's seat, put the siren on, and we sped away.

As we raced through the desolate city, Flea's voice drifted in and out of my head: 'All's fair in love and war', and 'I've got one in the oven'. And then I thought about the girl, 'crying her eyes out' for her trinket – that I took from her. Granted, it was for her own good – to keep it safe. But since then, I'd held it in my hands, feeling the heat of it, the power. I'd wrestled with demons inside myself. 'All's fair in love and war'...'all's fair...'

I drifted – everything unreal as we drove through the familiar streets. And then we stopped, and I was walking, though I couldn't feel my legs beneath me. Spider spoke to a man behind a desk, and we were ushered into a small room. And Robbo was talking to someone, and he gave them the film from his camera. There was a clock on the wall – a plain white face with large numerals. I watched the second hand go round and round, the minute hand jerking onwards.

Another man came in and took my statement. He frowned at me – like I was the criminal. I was grassing on my friend; turning in a fellow public servant. I don't know if I was expecting some kind of reward or pat on the back, or not. Either way, I wasn't going to get it.

Eventually, it was over. I'd done my bit – turned in my friend, handed over the evidence. Robbo stayed behind, and Spider and I went to my flat. We didn't speak – we'd both lost too much. In the dingy kitchen, I poured each of us a slug of brandy. Tears ran down his face. 'They'll string him up, Badger,' he said. 'He was our friend.'

I slammed my fist on the table. 'He's a disgrace,' I said. 'And so is the judge who will give him a few months in Holloway, then he'll be back out on the streets. Him – and all the others like him. And meanwhile, they'll prattle on about the "Blitz Spirit" and how brave we all are. Such a crock of shit.' I think of Marina, lying there in the wreckage. I think of a little girl... Catherine – a girl without a mother. A girl with my eyes. Suddenly, I feel weighted down. By the jewelled bird in my pocket, and by... what I feared I might be capable of, when all was said and done.

Forty-Four

It's fully light by the time I wake up, exhausted and disoriented, feeling like a too-tightly wound spring. The locket – I'd fallen asleep with the chain coiled around my neck, the key digging into my skin – feels heavy and portentous. As reality filters back, I sit bolt upright. I need to tell Mrs Fairchild the good news about Frank Bolton – and the bad news about what I've learned about Robin and her condition. Both things are an important part of our shared history and, at the very least, she has a right to know. Then I remember the previous night – when I'd gone into the main house and found her... I shake my head. I don't want to think about it. As I get in the shower, I resign myself to finally meeting her 'friend' if he's around at breakfast. Now that things are back on between them, I'll have to, sooner or later.

Instead of going in the staff entrance, I go around the back to my grandmother's little private kitchen where she and her friend might be having breakfast, but I don't find them. Following my nose towards the smell of fresh baking coming from the café, I ask Chloe if she's seen Mrs Fairchild, and am told that she's already up, and out gardening. Reading between the lines, I conclude that the 'friend' must have left either very late the previous night, or early this morning. The relief I feel makes me a little ashamed. Why can't I just be happy for her new relationship?

I take a bite of the scone that Chloe gives me, and savour

its rich, buttery fluffiness on my tongue. Maybe I'll feel better about the whole thing when I finally meet the mystery man and start getting to know him. I'll ask my grandmother if she'll arrange it.

On my way out to the garden, I duck into the estate office to check for messages. As soon as I step inside, my heart jars out of rhythm. There's that feeling – that slight change in the current of the air that tells me someone's been here. That *he's* been here.

I rush over to my desk and start riffling through the piles of papers, but I know it's futile – and my own fault. What he's taken was left out in plain sight. The folder with the newspaper clipping, my notes on the Romanovs, and the auction house records from Chris.

My skin prickles with goosebumps as I rush out of the house. I must find my grandmother – the 'uninvited guest' has made it even more urgent that I tell her everything I've found out. The day is grey and cool with a strong northerly wind. The silver birch trees along the river bow and sway. A few early-bird tourists are browsing the plants for sale outside the gift shop, and I glimpse a coach pulling up in the car park. But for the moment, the garden seems unusually quiet. Even the bees seem to be holding their breath in case it starts raining.

'Grandmother?' I call out, but there's no reply. I check each of the various garden rooms, making my way through the arches in the hedges. The white garden is past its peak, but the roses in the secret garden that Mrs Fairchild keeps so carefully deadheaded are at their peak. Just beyond is the water garden. The focal point is a rectangular lily pond flanked by topiary dolphins and a curvy-backed sea monster. I enter through the arch, just in time to catch a glimpse of a person going out the opposite end – a dark blur that is quickly gone. I peer around the topiary dolphins expecting to see the familiar wide-brimmed hat. 'Grandmother?' I call out again. 'Are you there?'

I'm almost at the other end of the garden when all of a sudden, I *do* spot the hat – lying on the ground behind the edge of the fountain and sprinkled with red petals. It's only then that I spot my grandmother lying motionless on the grass. My heart freezes. The 'petals' on the hat are drops of crimson blood.

'No!' I scream, running towards her. I kneel down and fumble to remove her glove and feel for a pulse on her wrist. There's a faint flicker beneath her blue-veined skin. A moment later, she begins to stir. 'Don't move, Grandma,' I say. 'I'll get help.' I grope in my jacket pocket for my mobile phone. But I forgot to put it in my pocket this morning after talking to Mum last night.

'Help!' I yell. I check my watch. There should be some visitors wandering through the gardens by now. I try again, 'Help! I need an ambulance.'

After what seems like time immemorial but is probably less than half a minute, a couple in matching tweed hats and Barbour waxed jackets come through the arch.

'Can you go for help?' I call out frantically. 'There should be someone in the gift shop. My grandmother needs an ambulance.'

But the couple goes one better. The woman reaches into her pocket and takes out a mobile phone. She rings 999 and hands the phone to me. The man bends over Mrs Fairchild and checks her pulse.

By the time I've given the information to the ambulance dispatch, more people have come into the garden in response to my yelling. Having got there first, the tweed hat couple take charge of the scene. 'Please keep back,' the man shoos the onlookers. 'Give her some space.' The woman helps me to a bench. From another pocket of her raincoat, she produces a small thermos of tea.

'Thank you for helping,' I half-gasp, half-sob. I sip from the cup she hands me. The tea is hot and sweet. 'I... I can't lose her. I just can't.'

'There, there.' The woman pats my hand. 'Us oldies are tougher than we look.'

'But there's so much blood.'

Blood. A chill wracks my body. *So much blood.* Based on what Mum told me, I have to assume my grandmother has the gene for haemophilia. But is she a carrier or a sufferer?

'Here.' Reaching into another pocket the woman takes out a silver flask and pours its contents into the tea. I take a sip, my face crumpling from the strong taste of brandy. The burning sensation in my throat is oddly calming.

'Alex!' Edith comes running into the garden, white-faced and stricken. Behind her, two paramedics in green uniforms come through the arch carrying a stretcher. 'Is she going to be okay?' Edith says.

'I...' I drown out my lack of an answer with another sip of brandy tea. Jumping up from the bench, I rush over to the paramedics and let them know that my grandmother may have a blood disorder.

'Thanks for the heads-up,' one of them says. 'We'll handle her carefully.'

I hover as the paramedics load Mrs Fairchild onto the stretcher. The next few minutes are a blur of green and colour as I lead them out of the maze of bright beds and hedges, around to the front of the house where the ambulance is parked, its blue lights flashing. I bend over and kiss my grandma's pale, cool cheek and summon a silent prayer from the murky depths of fear. The men load her into the back.

'Do you want to ride along?' one of the paramedics says to me.

'Yes,' I say, then hesitate as the next few hours of my life flash before my eyes. Sitting in a hospital waiting room wringing my hands – or – staying here and doing my job – managing the crowds, offering everyone a free cup of tea and a scone or a slice of cake the way my grandmother would have wanted...

The decision is taken out of my hands as a police car pulls up. I turn to Edith who has stuck by me the whole time, her presence solid and comforting. 'You go,' I say to her. 'I'll need to make a statement.' *And make sure the culprit has left the premises,* I don't say. While I'm fairly sure that having accomplished what he set out to do, the 'uninvited guest' will have long scarpered, I have a duty to make sure that the visitors are safe. 'I'll come as soon as I can,' I say.

'Okay,' Edith says. She climbs inside and the paramedic shuts the door.

I turn away, tears flooding my eyes. The ambulance roars off with its siren wailing.

Forty-Five

The next hour is an unpleasant blur. Somehow I manage to marshal the staff together to manage all the moving parts. While the visitors are being offered free tea and ten per cent off in the gift shop, I show the two policemen where I found my grandmother, and tell them that I saw a person in dark clothing leaving the garden at the other end towards the orchard. As they analyse the 'scene' and take the statements of Mr and Mrs Tweed Hat, I spill the beans on the fact that we've had an 'uninvited guest' about the place before.

The older officer looks at me sharply. 'And have you reported this "uninvited guest's" activity to the police?'

'No.' I carefully avoid any recount of my arrest. 'It just seemed like someone making mischief.' I think of the upsetting diary entries, the cancelled grand opening, the ransacking of the attic, stealing the photo and my folder, and all of the other little pranks that seemed meant to annoy – or, at most, frighten – us. 'That is, until now.'

'And you say that you have security cameras?'

'That's right,' I confirm. 'But there are no cameras out here.'

The older policeman closes his notebook as the younger one takes a picture of the place where my grandmother was found.

'To be honest, Miss Hart,' the older officer says, 'I don't think there's much here to pursue. It seems most likely that your grandmother slipped and hit her head on the fountain.'

'What?' I gape at him, astonished. 'No – someone hit

340

her from behind. I told you, I saw someone leaving through the arch —'

'I think we have all we need here.'

'That's it? You're going?'

The older man nods to his colleague. 'Write this up as an isolated incident. Most likely an accident.'

'But you're wrong!' I yell. 'If she hit her head on the fountain, then where's the blood?'

'Make a note that the scene was contaminated prior to arrival,' he says to the younger man.

'You're useless!' Fury surges in my chest. 'An elderly woman is attacked – practically murdered, and you say it's an accident? She needs to be guarded – she could still be in danger.'

'If anything else occurs, Miss Hart,' the older policeman says, 'I suggest you call us.'

'Between you and me,' I snap, 'I don't think I'll bother.'

'Suit yourself.' Gesturing for his colleague to follow, he turns and walks out of the garden.

I stay behind, struggling to compose myself. How dare the police be so dismissive of what happened? And what of the danger to my grandmother? I hurry back to my flat and get my mobile, then go back to the main house. I check that everything is okay at the gift shop and café, and then ring Edith at the hospital.

'And they just did nothing?' she says when I tell her what happened. 'That's appalling.'

'You got that right,' I say.

She tells me that Mrs Fairchild has been seen by the doctor, and that she has a mild concussion. 'She woke up briefly,' she says. 'But they gave her some morphine for the shock, and she's sleeping now.'

'They stopped the bleeding?'

'Yes,' Edith confirms. 'Apparently it's just a shallow wound. She's going to be fine.'

'Thank God.' Silently, I do just that. 'I'll be there as soon as I can. I've got to cover the gift shop at lunchtime, so I should be there around half one.'

'Okay,' Edith says. 'I'll call you if there's any change before then.'

I hang up, feeling a little better. Then I call Chris, just needing to hear his voice. But I only get his voicemail. I leave a message asking him to call me.

At lunchtime I cover the gift shop, answering questions about whether the nettle soap is hypoallergenic, which *Horrible Histories* book I recommend for a 'grand niece', and whether I can order a pair of men's Scottie dog wellies in a size thirteen. As I'm in the middle of ringing up a Tudor-house-shaped tea cosy, my mobile rings next to the till. I jump about two feet in the air before grabbing it, expecting it to be Chris, or maybe Edith. At that thought, panic sets in. Has my grandmother taken a turn for the worse?

I spot the name on the screen – Tim Edwards. Suspicion grips me like an icy fist. Has Tim somehow 'heard' about my grandmother's attack and is now calling to console me? Could he be the real culprit?

'Excuse me, can I have my card back?'

'Sorry.' The phone rings off. I give the customer back her card and wrap up the tea cosy with shaking hands.

Tim Edwards. I think back to my last encounter with him – when he came to see me at Mallow Court. He had an answer for everything – a rational explanation for why I should trust him – all reinforced by a doleful look from those big brown eyes. And then his subsequent call – telling me that he wasn't going to 'let sleeping dogs lie'. All along, he's been the person who's had the best opportunity and motive. Despite what he said about believing in his great-grandfather's guilt, it stands to reason that he could have been raised to resent Catherine Fairchild – hate her even. So he devised a dual strategy – making

342

mischief to try and drive her out, while in parallel, trying to win me over. Having failed so far with both, he decided to get serious and take her out with a good whack on the head. If he is the mysterious 'buyer' who has contacted the estate agent, what better way to incentivise my grandmother to sell up than to scare her out of her own home?

As the phone rings again, I grit my teeth. How could I have been so swayed by appearances and the fact that Tim knew how to 'talk the talk' that I would warm to? 'Widows and orphans', 'us against them'. Why couldn't I see through the amateur dramatics to the real man underneath—?

'Alex? Are you okay?'

I look up. Chloe from the café leans in and whispers behind her hand. 'People are getting fed up.'

'What?' I stare at her like she's speaking Martian. Only then do I realise that there's a long queue of people waiting to buy their soaps, their tea towels, their greeting cards...

'I've got to go.' Snapping to my senses, I run out of the shop.

*

I jump in my car and drive to the hospital, fear pounding in my head like a brass band. Smooth-talking, soul-melting Tim Edwards. What if he's already talked his way inside the hospital to 'finish the job'? I pull into the car park, nick a parking space and rush to the front desk and ask at reception for Catherine Fairchild.

The receptionist takes an age typing in the name, clacking the keys with long pink nails. 'She's in the Hessel Wing,' she says at last. 'Follow the blue line.'

I thank her and walk quickly through the corridors, following a blue line painted on the floor. Those deep, drowning eyes... Am I going to be too late?

The blue line ends at a set of double doors. I burst through them, expecting the worst. But instead of witnessing murder and mayhem, I see Edith sitting in the waiting area, calmly reading *Home and Garden* magazine. She looks up.

'Oh hi, Alex,' she says.

'Where is he?' I demand. 'Is he here?'

Edith's smile turns to bewilderment. 'Who?'

'Tim Edwards – the barrister. You know – tall; light brown hair and dark brown eyes. He and I... umm... we dated once. I think he might be the "uninvited guest" – and out to harm Mrs Fairchild.'

'Must have been a pretty bad date.'

Her flippancy brings me some way back to my senses and I almost smile. 'Yeah, I guess you could say that.'

'Your tall, brown-eyed man isn't here. But there is someone with her – her policeman friend.'

'You mean the man she met at the WI meeting – the detective inspector?'

'Yes. David.' She looks confused. 'You know him, right? He said he heard the news about Mrs Fairchild on the police radio and came right over.'

'We haven't been introduced.'

'What, really? I mean, I was sure that you...'

'Um, no.' I shrug off the awkward moment. 'Which room are they in?'

'One twelve.' Edith points down the corridor.

'Thanks.'

I go down the hallway and stand before the closed door. Feeling like an 'uninvited guest' myself, I knock softly. 'Grandma?' I say.

'Do come in,' a deep male voice answers.

I open the door and enter the small room. My grandmother is lying propped up in the bed, a wide bandage wrapped around her head and an IV in her arm. Her eyes are closed – she's asleep. Sitting in the chair next to her bed is a man in his mid-seventies, I would guess, with a thick mop of white hair and a rugged, but surprisingly wrinkle-free, face. His eyes are large and brown, and as he smiles up at me, his teeth are white and straight. He's wearing a pair of jeans and a blue and white striped shirt.

'Hello,' he says, with a friendly lilt in his voice. 'I'm David.' Standing up, he offers his hand. 'You must be Alex. Is it okay if I call you that?'

'Yes, fine.' We shake hands and he offers me the chair. I'm impressed by his manners. Oozing with polite, old-school charm, he's just the kind of man my grandmother should have to keep her happy in her old age. I want to like him – I mean, it's churlish not to. When I saw them together having the picnic, she looked so happy. And based on the shenanigans I overheard, whatever rift there was between them must be well and truly patched up. My grandmother mentioned something about a ring, I think. My eyes dart to her hands. Nothing on her fingers...

I glance at him again, narrowing my eyes. On the day of the picnic, I was too far away to get a good look at him. But now that we're here in the same room, something about him seems familiar.

'I've been looking forward to meeting you,' he says, moving past me. 'Catherine has told me so much about you. I just wish it hadn't been...' he glances worriedly at Mrs Fairchild, 'like this.'

'Me too.'

'Anyway, I expect you want some time with her alone.' He goes to the door. 'You must have been so worried.'

'Thank you.' As much as I want to 'vet' him some more, now isn't the time.

Whistling softly, he goes out of the room, closing the door behind him.

345

Forty-Six

'Grandma,' I whisper, sitting down in the still-warm chair. I take her hand in mine and trace the veins with my finger. I sit there with her, tears running down my cheeks.

'Alex?' After a few minutes, she stirs in the bed.

I quickly wipe my eyes.

'Oh Alex, I'm so sorry.' She squeezes my hand weakly.

'Shh, Grandma, it's okay. How are you feeling?'

'I've been better.' She manages a little chuckle. 'My head hasn't hurt like this since last time I went clubbing in Soho.'

I laugh, glad that she seems to be taking it so well. 'Can you tell me what happened? The police think you fell and hit your head. But it seems obvious to me that you were attacked. Can you remember anything?'

The heart rate monitor suddenly blips faster. Immediately I worry that my questions are too much for her. 'I was trimming the grass around the base of the fountain,' she says. 'It hadn't been done all summer, and was starting to look unkempt. I really must speak to the gardeners...'

'Yes?' I urge.

'Anyway, I was humming. Some song from the sixties that came into my head. I can't remember the words.'

'And then...'

'And then I woke up here.'

'That's it?' I struggle to hide my disappointment at her lack of recall. 'So you don't remember anyone sneaking up on you – hitting you over the head?'

She shakes her head. 'No, Alex. Nothing like that.'

'So it *is* possible that you could have fallen?' I feel the wind leave my sails. Could I have got it all wrong?

'I... I don't know.'

'Either way, I was so worried. You could have been killed. I know that Robin – my mother – suffered from a disease called haemophilia. It interferes with blood clotting. I worried that you might have it too.'

She shudders visibly. 'As you can see, the wound has stopped bleeding. I can't tell you how many times in my life I wished that I could be the sick one, not my daughter. I tried to bargain with God; ask him to take anything, but just make her well. But in the end, it didn't work. All it did was make her think I was overprotective – an interfering, out of touch, annoying mother of the worst kind. We loved each other, but she wanted to be allowed to make her own mistakes. So I tried to let her.' She lets out a sob. 'She was so young when she died. Not even twenty.'

'I'm so sorry,' I say.

'Just after you were born, I told your father – straight away. I told him what killed Robin could be genetic. He took you for a screening test when you were little – I'm not even sure Carol knew about it. So as far as I know...' she gives a relieved smile, 'you're okay.'

I'm okay. Despite the fact that I ought to feel aggrieved for yet another thing that I – and Mum – should have been told about, the words wash comfortingly over me like waves lapping a beach. I'll get a test done myself, of course, but it seems that neither I nor my grandmother have the defective gene, as a dominant trait anyway.

'That's good to know,' I say.

'And genetic disorders aside, if someone meant to kill me,

then they made a meal of it, didn't they?' Her tone is brisk. 'As I've been lying here, I've been doing a lot of thinking. About the offer on the house and all.'

'The offer?' I say. 'I... didn't... Well, I guess you didn't want to tell me.'

Her smile is brittle. 'The house isn't officially on the market – not after you told the estate agent where to go. But someone approached my solicitor and got the estate agent's details.'

'That sounds very odd.'

She shrugs, wincing at the pain of physical movement. 'It was all very sudden. I said I'd need time to think about it. Which is what I've been doing.'

I grip the edge of the chair, knowing full well what the outcome of that thinking must be. How on earth can I blame my grandma for wanting to sell Mallow Court when her life is in danger because of it? And yet—

Her laugh startles me. 'The funny thing is, Alex, that before this little incident, I might have come to a different conclusion. I might seriously have considered selling. But now...' she shakes her head. 'That house is your inheritance – just like the locket. There's no way I'm going to be bullied by anyone into selling it. I was mad to even let the thought cross my mind.'

'Really?' My heart does a flip. 'But what about the danger?'

'I don't think there's any real danger. As soon as I'm able, I'll go and see Sally Edwards. I'll try to make things right between us if I can. But if I can't, then I'll tell her to do her worst. If she has proof, then she should take it to the police. If Frank Bolton was a looter, and there are any victims out there who want restitution, then the law can deal with it. That's the right way to go about this – not veiled threats and subterfuge. And then...' she hesitates, 'whatever comes, we'll manage it together.'

'We won't have to, Grandma.' I squeeze her hand firmly. 'Because Sally Edwards has got the wrong end of the stick. When I found you in the rose garden, I was coming to tell you the good news. I've found evidence – real evidence – not just conjecture, that clears Frank Bolton.' I take a breath. 'Frank wrote the journal, not Hal Dawkins. Frank's the one who pulled you from the wreckage.'

She gives a little start, but sinks back weakly into the pillow. 'But I saw the inscription. Are you absolutely certain?'

'Yes. Frank Bolton is innocent. It's even caught on film.' I give her a shortened account of the box with the film canisters that I found in the attic (though I decide not to tell her that someone had been up there ransacking the place).

'I... I don't remember that night,' she says, shuddering. 'Though when I read the account in the journal, I almost imagined that I did remember. All I know was that it was dark and cold. I was so scared...' A tear rolls down her cheek. 'And I lost *Mamochka*.'

'I'm so sorry,' I say. 'Sorry that it happened, and sorry that you had to relive those memories.'

'Actually, I think it's been a good thing. All these years there's been a little part of my mind that's been fenced off from the rest. It's been hard, of course, confronting what's inside. But it's freeing too.' She swallows hard. 'And after all, it's my duty to remember her, along with the rest of my loved ones who have gone before. If I don't, who else will?'

'There is someone else who remembers Marina.' I remind her briefly of Mr Pepperharrow. 'Which reminds me – I found something else up in the attic.'

I tell her about the newspaper article about the Russian princess, and the note written in the margin: *Marina?*

My grandmother is understandably dismissive. 'A princess? Pish. I thought you said she was a cook.'

'But you – we – know nothing of her life before, her life in Russia – isn't that right?'

Her eyes narrow. 'That is right.'

'Well,' I spread my hands, 'maybe someday, I'll go to Russia and try to find out more about her.' Speaking the words, it's the first I've even imagined doing such a thing. But the idea – it's exciting.

'Yes,' she brightens. 'It would do you good. When all this is over...'

'Of course. But I did want to clarify one other thing. Other than the locket, did Marina have any other jewellery?'

Her eyes close, and I fear my question is one too many. I squeeze her hand as she breathes in deeply. When she speaks again, her voice sounds far away.

'She had a gold ring she wore sometimes,' she says. 'And then there was the box under the bed. The wooden box with the face and the key. The lock was broken and she asked the man upstairs to fix it. He fixed clocks. That's the only time I ever caught a glimpse inside.' Her lips blossom into a beatific smile. 'It was full of shiny things.'

I brush a strand of white hair from her forehead and sit back in the chair, holding her hand. Less than a minute later, her grip slackens, and she's asleep.

XV

16th November 1940, 9:24 a.m.

One by one, the dominos began to fall. Flea was arrested when he returned to Sadie's house. I heard about it the next day when there was a knock at my door and a policeman was standing outside.

'What about the girl?' Was all I could say when he told me about the arrest. 'She was there – with his landlady.'

He shook his head. 'The landlady took the girl to the church. From there, she was evacuated to a home for orphans.'

'No!'

The policeman shrugged.

'I need to find her.'

'You've got to come with me first,' he said.

'What? Why?' My hands were clammy with fear. Had Flea somehow managed to turn the evidence around? Did he mention the jewelled bird?

'There's someone who wants to see you,' he explained. 'In person.'

'Who?'

He looked me over – I was still wearing the same tattered trousers, sweat-stained shirt and blood-crusted shoes from the night before. 'You'd better shave first and put on a suit,' he said, frowning. 'And for God's sake, let's see some spit and polish on those shoes.'

*

The dark-wood corridor smelled of varnish and cigar smoke, my feet sank into the plush carpet runner. A woman in a prim grey suit led us to a door at the end of the hall. She knocked softly.

'Mr Churchill?' she said.

Blood thrummed in my ears. The next thing I knew, I was standing inside a vast office – all leather, chrome, and wood. But my eyes were drawn to the man standing at the window, his hands in the pockets of his trousers, his large frame blocking out most of the light.

When he turned towards me, it was like all the air in the room was sucked in his direction. He commanded the space – and everything and anyone in it.

'Sit down, sir.'

As he greeted me, I was struck by the look on his face. Disgust, plain as the jowls under his chin. Disgust with Flea – of course – but just as strong was his distaste of me – a grass. A snitch. My words snuffing out the Blitz Spirit like a humidor for his fat cigar.

I sat down. He remained standing, and didn't offer to shake my hand. There was a rumbling sound – like the distant drone of the bombers. But I soon realised that it was his voice, resonating through the hollow of my skull. I tried to focus on what he was saying...

'... our duty is to preserve public morale during these desperate times...'

I nodded vigorously, though I can honestly say that I didn't understand.

'... I can assure you, the matter is being dealt with...' his lip curled in disgust. And then he called for the secretary to escort me out.

Looking at the floor, I followed her towards the door.

'One more thing.' He stopped me with his voice. I raised my eyes to his. 'You will say nothing. We never had this conversation, and you know nothing of this. And if you ever violate this mandate – then you will be dealt with in the most severe manner. Do you understand?'

I nodded again. The secretary escorted me out and the door closed behind me. It was over almost before it began. And later on, as I write these words, the memory seems like a bubble frozen in amber. I replay his words in my head, try to remember every second. But it's no use. I'm struck not by the things the great man said – but by what he didn't say.

He never said 'thank you'.

Forty-Seven

I sit there holding her hand as she sleeps; watching the rise and fall of her chest and feeling the slow coursing of her pulse. I think about what she said – how she has a duty to preserve the memory of those that came before, as one of the few remaining witnesses from that time. And how close the 'uninvited guest' came to being able to rewrite history to serve his own purposes.

But as much as I've learned, I still don't know what exactly he was after – the films? The jewels? The house?

I kiss my grandmother on the forehead and return to the waiting area. Edith is sitting in the same place reading a magazine and drinking tea from a plastic cup.

'How is she?' she asks.

I slump into the chair beside her. 'Asleep. Is David still here?'

'No, he had to leave.'

'Oh really? What did he have to do that's so pressing?' Maybe it's my prejudice against him, but it's almost like he's avoiding me.

'I don't know. He said he'll come back later – swing by Mallow Court and pick up some of her clothes and books to bring her while she's here.'

'I could have done that.'

'Sorry, I'm just telling you what he said.'

'Yeah, sorry, I don't mean to snap at you.' I realise I've been giving Edith the third degree because there's no one else. Other than the odd doctor or nurse, there's no one else around. No one to keep guard over my grandmother if the police happen to be wrong.

I don't even realise I've spoken aloud until Edith answers. 'I feel a bit bad for earlier,' she says. 'It didn't even occur to me that you hadn't met David. I assumed she'd introduced you.' She gives a little laugh. 'I remember that time when I saw him in the stockroom and thought he was a burglar.'

'What?' I straighten up. 'He's the man you saw?'

'Yes.' She smiles. 'It turns out that he was just helping out an old woman who was looking for the loo and got lost. He's such a gentleman.'

'Yes,' I say drily. 'He seems it. Maybe I should ask him if he knows who locked me in the loo – that same day, remember?'

Edith frowns. 'It was, wasn't it?' She stares at me, her eyes wide. 'You think David had something to do with it?'

'He's a dark horse, isn't he?' I shrug. 'Turning up at a WI meeting, and sweeping my grandmother off her feet. He even offered her a ring, did you know that? But she turned him down. Maybe he thought he'd convince her by a blow to the head.'

'Really Alex, I know there's a lot been going on, but that sounds preposterous. I mean, why would he do that?'

'I don't know. But I'd really like to ask him. Except...' I stare back down the corridor at the door to my grandmother's room. 'Someone needs to stay here in case she's in danger.'

Edith shakes her head. 'I know you're strong, Alex. And independent too. But you can't distrust everyone.'

'Right now, I'm struggling with that.'

'I know, and I care about Mrs Fairchild – your grandmother – too. If you really think that she's in some kind of danger, then why don't I call Paul? He could send someone from the police to keep an eye on things here. Not the local police – but someone from his station in Oxford.'

'That'd be good,' I say. 'I'd feel a lot better.'

'And I could get back to work.'

I check my watch. It's nearly four o'clock. 'You should go home, Edith – you've been such a great help today.' I give her the best smile I can muster. 'Thank you so much.'

'No problem.' Edith stands up. 'But are you going to stay here?'

'For now. I don't want to leave her alone.'

'Well here, take these.' She hands me her stack of magazines. 'I bought them earlier in the shop. Everything around here was either medical or out of date.'

'Thanks.'

'I'll call Paul now. And if there's any change with Mrs Fairchild, ring me right away, okay?'

'Sure. Of course.'

'And Alex…' she purses her lips, 'you will be careful, right?'

'Right.'

*

Time ticks on. Chris finally calls me back, apologising that he's been at an antiques fair all day with his dad. I tell him what happened as best I can – in between his bursts of anguish that he wasn't there for me.

'God Alex, I can't believe this. Is she going to be okay? How are you doing? Let's see – I'm driving up from Portsmouth now and I need to swing by my workshop. I can be with you by nine maybe. I'm so sorry. This is just awful…' I let him gabble on for a minute.

'I miss you,' I say. 'And if you could come tonight it would be good. I just feel so… tired.'

'I'm sure. Damn it! This traffic is terrible. I'll be there as soon as I can.'

We ring off and I feel better knowing that Chris will be with me later. Then Edith calls and tells me that her boyfriend will send someone round. I read the magazines that she left from cover to cover. There's an article about a house in London where three teenage girls found an unexploded bomb in the back garden and managed to save their father who was about to dig it up. There's also a news item about a Georgian house near Bath that's about to be opened to the public. It makes me think about how I felt when Mallow Court had its grand opening – pride that I'd got everything ready in record time; trepidation that something would go wrong; and above all, determination that I could – would – make it work.

And I have. Now that I've cleared Frank Bolton's name, and my grandmother has agreed to keep the house, I feel a renewed energy, like it's a new start. But there's a niggle in my head that won't go away. Does my new start involve staying on as manager of Mallow Court, or turning the job over to Edith and going in a whole new direction?

I shift in the uncomfortable chair, my eyelids growing heavy. In my mind's eye, I picture a young girl standing in front of the Winter Palace in St Petersburg – its elegant green and white facade and hundreds of windows dwarfing her as she stares at it in wonder. She cranes her neck upwards as snowflakes begin to fall, lightly at first, and then in a flurry. Something drones in the air above – planes. She stands there, paralyzed as silver incendiary bombs begin to rain down all around her. And the sky shimmers with jewels and bombs and snow and the world is burning and freezing and exploding all at the same time, and I open my mouth to scream and the whole world shifts on its axis around me.

'Alex Hart?'

My eyes snap open, the terror of the dream dissolving into the dark maze of memory. My heart is galloping in my chest and I breathe deeply until the panic subsides.

'Sorry,' I say to the uniformed police officer who is standing in front of me. 'I must have nodded off.'

'No problem,' he says. 'Paul asked me to hold the fort here. So you can go home.'

'Thanks.' I rub out a crick in my neck. 'What time is it anyway?'

'Just gone half seven. Sorry I couldn't get here earlier. Had to help give the baby a bath.'

'No worries.' I stand up, my right knee feeling like a rusty gate hinge. 'How long are you going to stay here?'

'Well…' he hesitates. 'I checked the file. The lads who visited the scene said it was an accident.'

'Look,' I say firmly, 'I know that's the official line, but can you stay here a few hours until I sort one or two things out?'

'Of course.'

'Give me your mobile number, and I'll phone you when it's okay to leave.'

'Fine.' He takes out his phone and I copy down the number. 'But you're not going to do anything stupid are you?'

I shake my head, thinking back to Mrs Fairchild's brave statement about needing to confront the danger head on. She said that when she was well, she would go and visit Mrs Edwards. Try to make things right. But with everything that's happened, I can't wait until my grandmother is better and finds the time to confront Sally. Not now that I've learned the truth about the diary. Frank Bolton's diary, not her father's. I need to know exactly how Sally Edwards came by it. It has to be Tim – it just *has* to be. And if not… My head aches as I put two and two together, and feel a little closer to getting four.

I give him my meekest smile. 'Whatever gave you that idea?'

*

I leave my grandmother under guard at the hospital, make a quick stop back at the house, and drive to the train station. The London train is delayed, and as I wait on the platform, I take out my mobile phone to input the policeman's number. I have four missed calls – after speaking to Chris I put my phone on silent at the hospital. My heart judders as I scroll through the numbers – three of the calls are from Tim, and one from Chris.

I press play, determined to listen dispassionately to anything Tim has to say, and forward anything important on to Edith's policeman boyfriend.

'*Alex, it's Tim here. Please can you give me a call? I think you might be in danger. I'll explain more but we need to talk. Can you meet me?*'

Beep.

'*Alex, please call. I heard what happened to Mrs Fairchild and I think I know who did it. Seriously – you won't believe it. Give me a call.*'

Beep.

'*Hi Alex, it's Chris.*' My stomach flutters like a bird taking off at the sound of his voice. '*Traffic is awful. I'm still not even back in London yet. Give me a call. I'm so sorry I haven't been there for you today. Shit – idiot!*' In the background, a horn honks. '*Sorry about that, I—*'

Beep.

'*Alex – Tim. Listen, I know you don't want to talk to me, but it's important. I'm at Gran's house. Give me a call as soon as you can.*'

Beep.

I quickly call Chris back and get his voicemail. 'Listen, Chris, there's been a change in plan. Don't come up to Bucks – I'm coming to London. The train's delayed, but give me a call when you get back to your shop.'

Hanging up, I scroll down to Tim's number. Should I call him back – arrange to meet him? Or just turn up at his gran's and confront him. Obviously, I shouldn't go there alone, even though I still can't believe in my heart of hearts that he's responsible for knocking my grandmother on the head. A part of him, at least, is a competent, professional barrister with a lot to lose from shenanigans like that. Could he really be the clever arch villain that I've conjured in my mind? I mean, what does he – or someone else – have to gain from all of this? It's not like there's a fortune in Romanov jewels hidden somewhere, that managed to survive the London Blitz.

Or is there?

The train limps into the station, grinding to a halt at the platform. I climb aboard and move through three carriages until I finally find an empty seat – a middle seat occupied by a handbag – the owner of which is none too pleased when I ask her to move it so I can sit down. Ignoring the sharp elbows on both sides, I continue my speculation.

What if the 'uninvited guest' assumed that Marina had given the jewels to Frank Bolton – the father of her child – to take away for safekeeping? It makes sense that he might have used a few of them for 'seed money' to buy his factory, and hid the rest at Mallow Court. Is that why the intruder is so desperate to get rid of Mrs Fairchild – so he can buy the house and do a proper search? It seems like an extreme measure for something so speculative. But who knows what lengths a criminal might go to?

The train crawls along, punctuated by frequent announcements from the guard apologising for the delay due to a broken train further down the line. My mind, at least, is racing onwards. Everything hinges on what happened on a bombed-out London street in November 1940. A girl crawls from the wreckage as it begins to snow. A man rescues her, but can't save her dying mother. A mother gives her daughter a jewelled locket...

The jewelled locket. I'm still wearing it, tucked under my shirt, with the small gold key dangling from the chain. I can no longer feel it's weight – it's part of me now...

And later on, the girl's rescuer adopts her. He gives her a nice life, a nice family, and a beautiful house. He's also a hero in another way – he informs the authorities of a colleague on the ambulance service who is abusing his position and looting corpses and bombed-out buildings. The looter's actions are hushed up without a trial, and he's sent to the front lines to die. But his daughter grows up bitter and hateful of the little girl pulled from the wreckage. She finds a journal somewhere – I'm still not clear where she got it – that seems to clear her father's name. But the journal wasn't written by her father at all. This is proved by a film hidden in the attic.

My head hurts with the effort of trying to puzzle everything out. As the train limps along, I check my phone again, but neither Chris nor Tim has called back.

The train comes to a dead halt at another station. My heart revs with tension at the delay. I stare out the window at the people on the platform – a few looking angry, but most looking resigned. The guard makes another announcement – we'll be stuck here for ten minutes. Ten minutes. I glance at an old style clock (one with hands and numbers) hanging on the platform next to the electronic board. Eight p.m. – I've been stuck on the train for almost forty-five minutes, like a wild beast in a cage. I stand up, debating whether to abandon my quest and get a train back home. But those trains aren't running either. With a sigh I sit back down and look at the platform clock again. It still says eight p.m. I notice that the second hand isn't moving. It's broken, just like the bloody train down the line. A stopped clock...

I reach for the chain around my neck and feel its pulsing, elemental electricity. There's a rumbling sound as the train lurches slowly forward. But my mind is racing like a bullet train. I reach for the key dangling from the chain and hold it up to my eyes. I unclasp it from the chain and slip it into my pocket. A key that unlocks the answer to the mystery.

A jewelled bird, a wooden box, my great-grandmother Marina, a Russian princess, who fled the revolution with a treasure trove of jewels.

And I know where they are...

Forty-Eight

I curse, I cajole, I silently *will* the train to move forward more quickly and reach its destination sometime this century. Another twenty minutes feels like twenty years. And just as we're finally pulling into the platform at Euston, my mobile rings.

I pull out my phone and check the screen: it's Chris. All of a sudden I want nothing more than for this all to be over, so we can snuggle up on his old sofa, watch more films on the reel-to-reel, and take all the time in the world to explore each other's bodies the way we already seem to know each other's souls. I savour the feeling of happy, bubbly warmth, in just seeing his name on a screen; the feeling of promise, like with the two of us together, anything might be possible. Possible, that is, once my murky, star-crossed past is finally resolved into something coherent.

'Hello,' I say breathlessly.

'Alex, I just got your message. I'm at the auction house. Are you in London?'

'Just got here,' I say. 'I'm on my way to Larkspur Gardens.'

'No, Alex.' He whispers into the phone, sounding panicked. 'Don't go there. Not alone. I've found out something else.'

'What?' I say, worried by his tone.

'I had my PA – Dad's PA – check through all the records. Up to the present. It turns out that just three months ago some pieces were listed – some American Impressionist paintings and some items of jewellery.'

'And...?'

'They were put into the auction by a D Kinshaw of Grand Cayman Island.'

The train judders to a halt and the world seems to tip on its axis. The truth – or the version I wanted to believe – turns on its head. The other people in the train carriage hurry to stand up and get off the train, but I sit still, unable to move. 'D Kinshaw' aka Hal Dawkins – is alive. Hal Dawkins – still engaging in 'mischief' and criminal activities all these years later. Still creeping out of the gutter to exploit the ruination of people's lives, and 'help them on their way' as necessary. And this time, those people are my grandmother and me. He messed with her house, her head, and her heart. But what I find completely infuriating is that he didn't even bother to change his first initial.

'D Kinshaw'.

David.

'Alex, are you still there? Do you think he could be your "uninvited guest"?'

I realise I've dropped my hand to my lap. I put the phone back to my ear. 'Thanks, Chris, that's really helpful information. I'll see you later.'

'OK, where? Can you come here—?'

'No – I can't. There isn't time.'

'God Alex, don't go—'

I press the button to end the call, and join the queue to get off the train, my pulse drumming in my head. As I'm rushing through the crowded station, the phone rings again. I press the reject button on Tim Edwards's call, and switch off the phone.

Forty-Nine

I don't bother with the tube or the bus. Outside the station, I get a taxi and ask the driver to take me directly to Larkspur Gardens. My head is galloping as we drive past crowds of pub-goers in Shoreditch, and continue east to the less salubrious wilds of the city. I phone the policeman at the hospital and tell him that in the event that my grandmother's 'boyfriend' turns up, he should keep him away from her. As the cab reaches the top of Larkspur Gardens, I hang up, pay the driver and get out. Right now, the element of surprise is my only advantage.

Pulling the hood of my jacket up over my head, I walk down to the end of road. There's a light on behind the brown curtains in the Edwards's window and I can hear the noise of the television from several houses away. Tim's message said that he was at the house. I could go there, knock on the door, ask to see Sally like I'd originally planned to do. But in doing so, I might well be walking into a trap. Instead, I detour up the narrow walkway that leads to Mr Pepperharrow's house. My stomach plummets when I see that the windows are dark. How can he not be at home? Where on earth can he—?

A sharp bark startles me. 'Down, Winston,' an old man's voice says from behind me.

I turn. 'Oh, hello.'

Mr Pepperharrow frowns at me. 'No soliciting.' He points a finger to the sign next to the door.

'It's me, Alex Hart,' I remind him. 'Marina's great-granddaughter.'

The old man takes a pair of glasses from the breast pocket of his coat, wipes them, and puts them on. 'My apologies, young lady. I didn't recognise you with the hood.'

'Sorry.' I take down the hood, glancing furtively up and down the road to make sure that no one is following me.

'One can't be too careful these days.' He takes out a set of keys and unlocks the two deadbolts on the door. 'There are Bolshie spies everywhere.'

'Oh – right.'

I seem to have caught him in one of his 1940s 'fugue' moments, and I'm unsure how much to play along. It's a relief when he holds open the door so I can enter. Winston gives me a good 'sniff down' in the narrow hallway, but I seem to pass muster. He wags his tail, and I pat his head. Mr Pepperharrow sends the dog off to the kitchen and closes the door.

'I thought you'd be back again, young lady,' he says. 'At least, I hoped so.' He cocks his head. 'My old eyes have seen things you can never imagine. I've got pictures burned into my head of terrible things. Pain, suffering, and so much death. But when I look at you...' he holds out his hand to usher me into the sitting room, 'it's like all those things are wiped away; erased. All I can see is *her* once again.'

He follows me as I walk into the sitting room, staring at the books, the model airplanes, and ultimately, the plain wooden clock on the wall, its brass hands frozen at a moment in time, its springs wound down, its pendulum hanging limp.

'You told me before that Marina gave you that clock, didn't you?' I walk over and stand in front of the boxy wooden case, staring at the brass escutcheon and the dark, empty keyhole.

He comes over and stands next to me. I can sense his hesitation – and his regret. 'I did,' he says.

'Did she have it on the wall when you knew her, or did she have it hidden away? Under her bed, maybe?'

He shrugs but doesn't respond.

'Do you have the key to the case, by any chance?'

He stares at me for a long moment. 'No,' he says finally. 'I think you do.'

Nodding slowly, I reach into my pocket and grasp the key in my palm. It seems to grow warm against my skin. 'You put it inside the jewelled bird,' I say. 'When you left to go on your mission. You wanted to help Marina keep it safe.'

'I didn't put it there,' he says. 'I told her to take it to Jeremy Stanley. He was into fixing clocks – I knew he'd sort it for her.'

He moves away from me, lowering himself into the armchair. 'She confided in me. Told me who she really was. Told me she grew up in a palace. But then the world went to hell. She had loyal servants who helped her escape. One of them had relatives in England and helped her start a new life.'

'So she was royalty,' I say. The excitement I feel at having this confirmed is tempered by sadness at the loss and the waste. 'She could have relied on her connections to the British throne and lived here as a princess in exile. Why didn't she? She might have survived.'

He shakes his head. 'Don't think I didn't tell her that. I pleaded with her to go and claim her rightful status. But she wasn't interested in fancy clothes and garden parties and balls. Those things were the cause of everything she'd lost – her family, her homeland, her way of life. Instead, she threw herself into the care and protection of the few things she had left. Her daughter, whom she loved dearly, and the few treasures she'd brought with her. It was a hard life, but she was quick to laugh, and quick to love – maybe too quick. But Marina was happy, in her own way. Maybe you can tell your grandmother that...' He wipes a tear from his eye.

'She'd like to hear that.' I smile. 'And I will tell her – or maybe I can arrange for you to tell her yourself.'

He smiles. 'Little Catherine – such a wee mite she was then. I kept tabs on her from afar, you know. I never wanted to make myself known – didn't want to upset her nice life.' He frowns. 'Maybe that was wrong.'

'I'm sure she would love to know you. When this is all over.'

'Aye,' he says.

I go over to him and take his arm, feeling a strong connection with this man who helped my great-grandmother. For them, there was no 'happily ever after'. On a dark London night, their love died a cruel death. But when he smiles at me, I can see happiness and relief in his eyes – that something of her lives on in me.

'Did you bring her locket?' he says. 'I'd like to see it again. It was Marina's favourite. She...' he pauses for a moment and swallows. 'She used to sing the words to the song it played. Her voice, it was so beautiful. Deep and pure...' He takes out a handkerchief and dabs his eyes.

I take the chain of the locket and draw it out from beneath my top. I undo the clasp. The bird flips up onto its perch and begins its slow rotation. The jewels glitter in the light; the music box makes its melodic tinkling sound. Mr Pepperharrow watches, mesmerised, humming softly under his breath.

'She was so...' but he doesn't finish the sentence. Winston lets out a whine and a bark from the kitchen. From the hallway just outside the door, there's a sound of soft clapping. I turn, as a man appears in the doorway. My heart bangs in my chest.

A man holding a gun.

Fifty

'Hello, David,' I say. 'Or, should I call you Hal?'

'Such a touching sight.' When my grandmother's erstwhile boyfriend sneers, his smooth, tanned skin cracks into a mass of wrinkles. Instead of looking early seventies like I'd originally thought, he's definitely older than that. 'But then,' he says, 'it's always nice to see people on the side of the angels. So sorry to break up the party.'

I stare down at the hard black metal of the gun, knowing I should be feeling desperately afraid. But instead, it's like the curtain has come up in some kind of surreal pantomime. The thought flashes into my head that at least while this man is here, my grandmother is out of danger.

Mr Pepperharrow leans forward, rigid in his chair. 'Harold Dawkins.' He grimaces as he says the words. 'It's an evil day when the dead start to walk again.'

'Yes,' I say. 'Especially someone who deserved his punishment.' I look from Mr Pepperharrow to Hal Dawkins. 'Frank Bolton gave evidence against you, but your case was hushed up. You were sent to the front. Where you obviously didn't die.'

'You worked that out then – congratulations. Now, where are Marina's jewels?' His question is punctuated by a wave of the gun in my direction.

My heart sprints in my chest, but I stand my ground. 'Well,

I assume they were destroyed in the bombing. Why would you think any differently?'

'They weren't destroyed. That pretty bitch was too smart for that.'

'I hope you're not using that language to refer to my great-grandmother,' I say. 'Because that might make me angry.'

He laughs. 'You know, Alex Hart, I like you. You have spirit. And I liked Catherine too. Sometimes, I almost wish things had been different.'

I snort a laugh. 'What – that you weren't a lying thief who's pretended to be dead all these years, and who wormed his way into my grandmother's life and heart so that you could search her house?'

'That's one way to put it.' He shrugs. 'You young people are so cynical these days.'

Mr Pepperharrow makes a move to stand up. His hand begins to shake atop his stick. 'Can someone tell me what is going on here? Why is this scoundrel in my house; this sewer rat?'

The gun swings towards him. I edge over to the old man and step between him and the gun. I press him on the shoulder so that he sits back down. I don't want him to endanger himself. I've done enough on that score already.

'For Mr Pepperharrow's benefit and my own,' I say, 'let me just make sure I've got this straight. It was Mallow Court that you were after all along, right? You suspected that Marina had a treasure trove of Romanov jewels with her when she came to London, and she'd hidden them somewhere. When the house on Larkspur Gardens was bombed, you searched and looted the wreckage but found nothing. You assumed that she'd given the jewels to Frank – the father of her child.'

He laughs. 'I didn't know about any jewels until you started asking Catherine about them, and I saw the article in your office. So – thanks for putting me onto that.' His lip curls. 'And for your information, it was the house I was after – Frank's house. The house that should have been mine. And the life. A nice life in a pretty place with lots of green, and a factory where I was the boss, not the lackey. The life that my girl should have had – not his. I was the one who put the idea in his head, you know?'

'So?'

'Oh, I know what Frank thought – with his highfalutin morals – he'd turn me in, and I'd cool my heels in Holloway a few months having learned my lesson. But he was wrong, wasn't he? Sent me off to die – and, I'll have you know – I almost did.' He turns to Mr Pepperharrow. 'Shot in the back, I was – when I was doing my bit.' He grins. 'Just didn't hit anything vital.'

'Despicable,' Mr Pepperharrow mutters.

Hal's face twists into a snarl. 'Shut up.'

Mr Pepperharrow clenches his gnarled fists. I put my hand on his shoulder to keep him in the chair.

'So when you searched the house,' I continue, trying to diffuse the tension, 'you found Frank's diary, is that right?'

'God, Frank and his pretty words,' he rails. 'I was gonna use it as kindling. But then I saw he'd only used our nicknames from when we were kids. They called me Flea because I was always scratching. Badger – because Frank saw one in the rubbish bin once. And Spider... because Jeremy once kept one as a pet in a jar under his bed.' He laughs. 'Frank was such a sentimental fool back then thinking we would always be friends. But I saw how I could use it. I wrote my name in the front cover, and sent photocopies of some of the entries to my Sally. Nice girl, but not the sharpest knife in the drawer. She put two and two together and got five.'

I roll my eyes in disdain. 'You fuelled your own daughter's anger against Mrs Fairchild. You involved her in your little scheme – got her to call the police pretending to be Catherine and have me arrested. You searched the house – ransacked the attic. Were you looking for the film reels?'

'They were the only thing that could disprove my "little scheme" as you call it. The only real evidence. I knew Frank would have kept them. But I didn't find the damn things.'

'The films made for interesting viewing – but I'm not sure the fur coat suited you.'

Hal snorts. The gun doesn't waver.

'And when Sally eventually came to her senses and stopped sending the diary entries,' I continue, 'you took over yourself. And you decided to plan some "mischief". That would surely do the trick. And it almost did, didn't it? My grandmother called in an estate agent. She was serious about selling. You may not have a conscience yourself, but you're a damn good judge of character. Her weakness was that she was a good person – perfect for exploitation. In fact, so perfect, that you decided to try a dual approach. You waltzed into her life like a fake-tanned, face-lifted prince charming. You told a cock and bull story about being an ex-detective inspector, and swept her off her gardening clogs.'

'She was up for it, believe me.' He snorts. 'And for your information, I was a DI – in the Caymans.'

'So why attack her? If your plan was working so well.'

Hal ignores my question. 'Do you know, I actually proposed to her? I had a ring and everything – the ring I took from her mother's finger, all those years before. I thought it was a nice gesture my giving it back to her. But that daft cow said she didn't want to marry again – she had a granddaughter now, and that was enough for her. She said that things between us were "a bit of fun" but nothing more. I realised that it had all been a waste of time.'

I shake my head. 'For shame.'

'Paah! Shall I get down on my knees and say I'm sorry?'

'That'd be a start.' I glare.

But I've gone too far. He takes a menacing step towards me, holding the gun just inches from my chest. 'That's enough chat. You've obviously got everything figured out, clever clogs. So now, you're going to do two things. First, you're going to give me that pretty pendant around your neck. Frank stole it, you know – took it off the neck of his own child while she was asleep. If it wasn't for me, I doubt he would have given it back.'

'He would have, and he did.' I cover it protectively. 'Frank wasn't like you.'

'Ha! You just keep on believing that.'

I gasp as he lurches towards me, grabs the edges of the chain and yanks hard. For a split second I think the chain is going to cut through my neck. But it breaks in his hand. He bends down and picks up the locket.

'Like candy from a baby,' he says with a sneer. 'And the second thing...' straightening up, he presses the gun sharply into my chest, 'is that you're going to tell me where the rest of the jewels are.'

As surreal as the whole thing is, the gun is painful as it presses against my ribcage. I wish, fleetingly, that everything didn't depend on my dubious acting ability. I've two choices – one: to collapse into a cowering heap, whimpering protestations of innocence; and two: think of something else. I punt for option two. I lift my chin, stare Hal Dawkins in the eye, and lean forward into the barrel of the gun.

'Read my lips – I. Have. No. Idea. – you scumbag!'

Maybe that last bit was too much, but I'll never know. Winston begins to bark again and just then, the door bursts open. A cricket bat makes an appearance. Held by the trembling hands of Tim Edwards.

'Put the gun down,' he bellows in his deepest 'court voice'.

'Well,' Hal sneers, 'if it ain't "widows and orphans boy" come to save the day.'

'I mean it great-granddad. It's over.'

Suddenly, the pressure is released from my chest as Hal wheels around and points the gun straight at Tim. 'You little pussy,' he says. 'If you hadn't made a right muck of everything from the start, then we'd be living the high life by now. But no – you had to go and spring her out of jail. Get her snooping around and asking questions. And taking her to meet Sally. Where were you when the brains were handed out, boy?'

'I had no idea what was going on.' Tim bristles. 'Gran started going on about an old friend – someone she had a score to settle with. I was worried she was going to get herself in trouble. You told her you regretted not being in her life, but really, all you wanted to do was involve her in stirring up trouble.' He shakes his head. 'You should have stayed away – left well enough alone. Stayed put on your sunny island with the women and the daiquiris. Instead, you're here waving a gun around looking for some treasure that doesn't exist.' He shakes his head.

'What do you know about it?' Hal snarls. As the two of them stand off against one another, I look around for something I can use as a weapon – a letter opener or a fireplace poker. But all Mr Pepperharrow has in his sitting room is a whole lot of books. My eyes come to rest on something else – a model of a Spitfire that's propping up a section of books on The Great War. I inch over towards it but it's too far away. Too far away unless I can keep him talking.

'You're grasping at straws,' I say. 'If the jewels did exist – and, it's a huge if – then the most likely scenario is that they were buried or destroyed when the house was bombed. You've never had any reason to think anything different.'

'You didn't know Marina.' He swings the gun back at me. 'She would have made sure they were safe – she was like that. I reckon those jewels were her insurance policy – the only proof that she was royalty – like that article said. And who knows… if she'd lived, one day she might have been first in line.'

I inch closer. 'And what about Jeremy Stanley? Was he in on it with you?'

'Spider? In on it?' Hal laughs. 'He had his arse stuck up a clock – weren't interested in anything else. He wouldn't have gone to the police. And later on, I took a chance – that he'd feel sorry for poor old Flea, banished and exiled. Asked him if he couldn't help out a poor bloke sell a few whatnots he'd picked up in France. He did it too…' his laugh turns hollow. 'And I've got a strange suspicion, it weren't the first time.'

'What do you mean?'

374

With the hand not holding the gun, he reaches into his pocket and pulls out a few loose sheets of paper. 'The final diary entries. Don't you want to know how Frank's story ends?'

'That's enough!' Tim says. 'This needs to end once and for all.' He reaches out and grabs the pages in his great-grandfather's hand. Hal jerks his hand away. There's the sound of ripping paper. Hal is left with a fragment of a page in one hand. And a gun in the other. He levels the gun at his great-grandson, looking murderous.

I move within touching distance of the Spitfire. It's made of metal – simple, but strong. Just like the real plane would have been.

All of a sudden, there's the sound of running footsteps outside. 'Alex!' a voice calls out. I freeze in horror. I may have absolutely no control over the situation, but I can take care of myself. But if Chris gets hurt or killed... I'd never forgive myself.

The front door bangs open. Hal cocks his gun.

'Alex!' Chris calls out again.

Taking advantage of the distraction, I grab the Spitfire and jab the point of its nose into Hal's arm. The world seems to shake on its axis, shuddering into slow motion as a gun goes off in a deafening explosion. 'No!' I scream. At that moment, I know that Chris has been hit, and he's dead, and my life is over... and that knowledge gives me superhuman strength. I leap at Hal and wrestle the gun from his fist. It explodes again and there's a crack of wood splitting open and something heavy showering to the floor. And the pain blooms under my skin and my ears are ringing so much that I can hardly hear the sirens outside and the armed police unit rushing in and taking over the scene. I feel like I'm running through water as I try to reach Chris but instead find myself tumbling to the ground over the clock that's been shot open and fallen to the floor. Marina's clock. And there before my eyes, the world begins to sparkle and glow in the colours of shimmering jewels – red, green, blue, gold, silver. And the snow begins to fall, light and crisp in front of me, and I shiver in the cold and stick out my tongue to catch the crystalline flakes, as everything around me fades to black…

Part 5

The strongest of all warriors are these two — Time and Patience.

—*Leo Tolstoy*, War and Peace

XVI

1st December 1940

I've done what I've done. The bombs keep falling, people keep dying. I go to work each night, swallowing back the same fear over and over again. But there's a new fear too. Fear of the seeing the light go out in Catherine's eyes when she looks at me. She... who has become my everything.

I tracked her down – it wasn't hard. Most of London's orphans had been evacuated. I found her in a beast of a place out Essex way. Cold, grey – a building that might benefit from being levelled by a bomb.

When the matron brought her to me, I wanted to shout that she'd got the wrong girl. I didn't recognise the dull, sallow skin, the dank yellow hair, the slump in her shoulders. Or the eyes – hollow and haunted. She'd been crying – skinned her knee – so they said, anyway. My fist itched with the urge to punch the matron – and anyone else who helped to put that look on the girl's face. But instead, I knelt down and brushed the tears from her cheeks. I made the decision then and there – the right decision – and I couldn't believe I'd wavered even a little...

I reached into my pocket and touched the heavy silver locket on the chain. As I drew it out, her eyes changed – animating, slowly beginning to glitter with life.

'Oh!' she cried out, putting one hand to her mouth. She took the locket and held it up to her face and kissed it. 'You found it?' she said.

'Yes.' I ruffled her hair. 'I found it. And it's yours always…'
I swallowed back a tear as somewhere inside me, a tiny spark
of hope flickered to life, '… and I'm yours too – if you'll
have me.'

*

I signed the adoption papers and we left the building hand in
hand. 'Today is the first day of the rest of your life,' I said.

She looked at me with eyes the colour of a summer sky.
'Thank you,' she said, 'for everything.'

Not everything – I wanted to say, but instead I just squeezed
her hand.

Fifty-Two

I wake up in my bedroom – not the bedroom in my flat in the coach house under the skylight, but my childhood bedroom. I'm lying under the glow-in-the-dark stars that Dad pasted up on the ceiling the summer I turned ten. When I try to turn my head, it feels like cement. Mum is there, sitting in a chair next to the bed reading a novel. A mug of tea is steaming on the bedside table.

'Mum?' I say groggily.

'Alex! You're awake!' She puts down the book and picks up the mug. 'Here, drink this.' She holds the cup up to my mouth and I take a tiny sip. 'It's builder's with two teaspoons of sugar,' she whispers. 'Dad said I should give you chamomile or lemongrass.' We both wrinkle our noses. 'But what he doesn't know won't hurt him.'

'Thanks, Mum.' I try to sit up but the room spins. 'And how is...' my heart seizes with worry, 'Chris. My umm...'

She gives me a reassuring smile. 'He's fine. So is your grandmother.' She presses her lips together. 'I can't speak for the other one – the one with the gun.' She shudders. 'A neighbour – I think her name was Sally Edwards – called the police.'

'She did?' I add this to the bank of information I'm struggling to process. 'And how did I get here?'

'Your friend Chris called an ambulance. You were in hospital for two days – they had to operate to remove the bullet in your shoulder.'

Oh. So that's why everything hurts.

'If the morphine is wearing off, I can get you another injection. But I insisted that you come home.' She wipes a sudden tear from her eye. 'I hate hospitals.'

'Thanks, Mum.' I try to reach for her hand. A sharp pain shoots from my shoulder all the way down my arm. I give right up.

She reaches out and brushes the hair away from my face. 'I just can't tell you how worried I was when they phoned. I thought...' her voice quivers away to nothing.

'I'm so sorry for putting you through that.'

'I'm just glad it's over.' She hesitates. 'It *is* over, isn't it?'

'Yes, Mum,' I say. 'And I'll tell you all about it – it's quite a story. But right now...' the stars begin to swirl above me, '... I think I need another little sleep.'

*

Hours later – or maybe it's days – I wake up, still in pain, but slightly less hazy. This time, it's Dad sitting in the chair next to my bed. 'Alexandra,' he says solemnly. 'How are you feeling?'

'Like I've been shot in the shoulder.'

He takes my hand in his. 'Think of the pain as a balled-up fist. Then think of the fist releasing and the pain and tension drifting off into the universe.' He traces a circle on my palm.

'Um, yeah. Are there any more of those painkillers?'

'Yeah, sure. They're around here somewhere.' With a grin, he rummages in the drawer of the bedside table.

'Did they get him?' I ask. 'The man who shot me – Hal Dawkins, aka David Kinshaw?' Just thinking about the smug look on Hal Dawkins's face as he levelled the gun in my direction brings a fresh wave of pain to my shoulder.

Dad chuckles as he takes out a blister of tablets. 'You wounded him badly enough to put him in A&E. They took him into custody from there. When you're up to it, they'll come and take your statement. What was it you stabbed him with? A model Spitfire?'

I nod.

'Glad to see our good old British planes saved the day again. Did you know, Alex, without people like your friend Miles Pepperharrow, we'd all be speaking German today?'

I raise an eyebrow at Dad's uncharacteristic show of patriotism. 'Or Russian,' I can't resist adding.

'Yes, well...' Dad bows his head a little. He hands me two tablets and a glass of water. As I swallow them, his tanned brow furrows, like he's trying to figure out if he knows me.

'I'm sorry, Dad,' I say. 'About... who I am, you know?'

To my surprise, he begins to laugh. 'I guess having a daughter who's actual royalty is my comeuppance for not telling you about your birth mother. The world works in mysterious ways, doesn't it?'

'It sure does,' I smile. 'So you're not... disappointed?'

He ruffles my hair. 'How can I be disappointed? To me, you'll always be the daughter of Rainbow and your mum – not to mention, yours truly.' He points to his chest. 'It's the best combination of nature and nurture I could imagine.'

I laugh. Humility was never Dad's strong suit.

'Though...' he muses, 'I hear your young man is quite the toff. Not sure I approve of that.' He smiles.

'Um, but Rainbow was...' I trail off as the painkillers start to kick in and my eyelids grow heavy.

'Yes, well... come the revolution we'll all have a lot to account for.'

*

In my dream the sky is red, the buildings are black. I look up at the bomber's moon darkened by arrows of planes flying across. I brace myself for the flash, the earth-shaking blow. But all of a sudden clouds appear, the planes scatter without dropping their deadly cargo. And the rain begins to fall, washing away the sins of the past. Dawn breaks over the horizon and I hear music. Humming; words in a strange language; low and powerful...

'Alex?'

I blink awake. My grandmother wipes away the tear that's fallen onto my cheek as she leans over and kisses my forehead.

'Grandmother,' I say, still groggy. 'Are you okay?'

She laughs and cries and smiles, all at the same time. She squeezes my hand like she'll never let it go. 'Oh Alex, I'm fine. It's all over now... isn't it?'

A torn piece of paper in his hand.

'Yes, grandmother. It's over. I... I'm sorry about your "friend" – David.'

She laughs. 'Well, as it turns out, he was just too old for me. But when I visit him in jail, I must get the name of his plastic surgeon for if I ever need a little nip and tuck.'

I laugh. My good, sunny, happy grandmother. She's back.

'Also, I had a long chat with Sally Edwards earlier today.'

'Oh?'

'She's mortified by the whole thing. When her father waltzed back into her life about six months ago, she thought he was Lazarus returned from the dead. Gave her a line about taking care of her, getting to know her and Tim after all these years. But she didn't tell Tim he'd returned – not until after the incident that put me in the hospital. She asked me to let you know that Tim was as in the dark as the rest of us.'

'Hmm,' I say noncommittally. 'But why did Hal come back after all these years? Why now?'

'Turns out he'd made a nice life for himself in the Caymans with his ill-gotten gains. He really was a police inspector there for a time. But he was homesick for England – apparently, and the money was running low. He heard that I was a widow, and a plan formed in his mind.'

'Gosh,' I say. 'To think he's been out there all this time.'

'Anyway, Sally's come to her senses now. She's younger than me, you know – though you might not know it to look at her. She wasn't even born until after her father was sent away. We're going to meet again for coffee – get to know each other.' Her face colours. 'I told her I'd got used to having a man about the place again. She mentioned this new thing they're doing in London – speed dating. We might give it a try.'

'Speed dating? With Sally Edwards?'

'Well, Alex, I think we've all learned that you only live once.' Her smile fades suddenly. 'And something tells me, that you may not be at Mallow Court forever – not now that you've got yourself a young man.' She winks.

'I... I don't know...'

I think of Mallow Court and the affinity I've had since the first moment I came there. It's only now that the ties of family and history connecting me to the place have become visible. Could I really leave now after all I've discovered? I shift in the bed. On the other hand, even if I do move on – now, or in the future – I can take comfort in the fact that those ties will remain, and even if I leave the nest I'll always be able to fly back again. And although I still don't feel completely comfortable with my 'upper crust' roots, hopefully Chris can help put me at ease.

Chris... Maybe it's the morphine, but a vision pops into my head. Him working in his shop taking things apart and putting them back together, me with a little desk set up in the corner doing research and writing articles. Learning more about art and my Russian history. Maybe even travelling there together...

She brushes her hand over my forehead. 'You don't need to figure it out now. Just rest, and get better. You've had quite a shock. We all have. But what's most important now is that we have each other. Family...'

She takes something out of the pocket of her cardigan. A piece of paper yellowed at the edges.

'What's that? Another journal entry?' Alarmed, I try to sit up.

'No.' She smiles sadly, patting my shoulder. 'This was inside the clock. Along with... the jewels. I'd like to read it to you.'

'Okay.'

Holding the paper close to her face, she reads:

My darling Dochka,

I am penning these lines in haste – so that I may give them to Miles on his leave and he can keep them safe. I no longer trust in anything I do, and will rely on him. He is the best of men, and I love him dearly. He would have been willing to raise you as his own if I had let him. But I know that he is destined for a better life than he could have with me. I am not strong, and my time may be short.

Your father is a man called Frank Bolton. Also a good man and he was a comfort to me in my loneliness before I met Miles. But I have not told him the truth of you. He would have wanted to 'do the right' thing, and would have married me out of obligation and duty, not out of love. And love – of you – is the sole ray of light in this life of mine. And so, we will muddle along, you and I, for as long as the fates – and our enemies – allow.

Our enemies – ah yes, my darling. I am sorry to tell you that they are many. In another life I was someone else, a princess like in one of your story books, with gowns and jewels and horses and servants. I did not ask for these things, nor did I value them. Above all I valued my father, and my cousins and relations, though I was not 'officially' acknowledged as their kin. That hurt, as did the fact that I was never allowed to know my mother. But it hurt less than what came after. There was... so much death.

I was lucky, or so I was told, to have escaped to this dull, grey island. Miles told me I should seek out my relatives, claim what was rightfully mine. But I didn't listen. I saw what having such 'things' did to my family while the people starved – it got them killed, including my beloved father. But I was too vain and greedy to give up all my treasures. And this has placed our lives at risk.

There are people seeking me. People from the darkness of that glittering past. So I have remained hidden in the trappings of the simple life of a servant. If I am jumping at shadows, looking over my shoulder, it is to protect you. Because they would not hesitate to take away everything I love...

And so, little daughter, let me end with the words to the song played by the bird so beloved of you.

> Fly little feather across a field
> And brush away my sorrows.
> Brush the dust from my face
> And turn into my wing.

Your loving mother... Marina

She stops reading. We're both in tears. I pull her close to me and we sob together over poor, troubled Marina, blood of our blood, who, in fleeing one war, came to a tragic end in another.

'I'm sorry...' I say, when the tears have subsided.

'Don't be, child.' She smiles like the first ray of sunlight after a fresh, spring shower. 'I have a few, small memories of her, and now I have her words.' She folds the paper. 'It's enough. My only regret is that I didn't meet that lovely old man – Miles Pepperharrow – sooner.'

'You've been to see him?'

'Yes. Just after I saw Sally Dawkins. I showed him this letter.'

'It must have meant everything to him.'

'Yes,' she smiles. 'It did. I've invited him up to the house for tea. He says he'll come – next time he "has leave from the RAF".'

I laugh. 'Well, that's good.'

She reaches into another pocket. 'And he gave me this – I think you dropped it in all the kerfuffle.' She holds up a shiny jewelled locket on a broken silver chain.

'Oh, I'm glad it's safe!' I say.

She stares at it, mesmerised as she flips open the catch and the bird pops out, singing its song, the precious stones on its wings glittering in the light. Then, she closes it again.

'Here.' She places it in my hand. 'It's yours.'

'But are you sure?'

'Absolutely. All this princess business… well… I'll leave that to you.'

'Thanks,' I grimace. 'I think.'

She laughs. 'Now, you need to get some rest, and I need to get back to my garden. Those roses aren't going to deadhead themselves.'

I reach out for her hand at the same time she reaches for mine. She leans in and gives me a kiss, then turns and leaves the room. I fall back on the pillow, exhausted, and close my eyes.

*

Once upon a time, on a slow train from London, I had a dream – or a vision maybe – of Tim Edwards in his expensive suit coming up the path to the house in Abbots Langley, drinking tea with Dad in the spiritual garden, and generally, spending an hour in awkward non-conversation that's painful for both of them. Which is why, hours later – or maybe it's days – when I manage to prop myself up on my elbows and look out the window into the back garden, my whole body gives an electric jolt as I see who's there in reality.

Dad is sitting at the responsibly sourced teak table with a Raku cup in one hand and a bottle of Scotch in the other. Across from him is a tall man with dark hair, stretching out his long legs and drinking a beer. I can hear the faint sound of talking and laughing filtering up through the open window.

I watch for a while, unable to suppress a smile. I'm sure that neither is what the other expected. Eventually, my visitor stands up and he and Dad shake hands, and then Dad gives him a hard pat on the back. My insides fizz as he turns and walks towards the house and out of my field of view.

Frantically, I try to finger comb my hair and pinch my cheeks to add some colour. Not that I've looked in a mirror for days, but I can only imagine how awful I must look. I glance around the room – there's an old Duran Duran poster up on the wall, next to a print of the Chi Ro page from the Book of Kells. There are a number of photos tacked onto the bulletin board – mostly unflattering family shots of me with big hair and acne. But as footsteps come up the stairs and down the hall to my door, I don't feel self-conscious at all. I feel happy.

'Alex,' Chris says, his voice lighting up the deepest corners of my soul. 'How are you?' He sweeps over and kisses me gently on the mouth. Every cell in my body begins to melt.

'I'm... okay,' I say. 'Better now that you're here.'

'I'm sorry I didn't come up to see you sooner. I had some... um... business to conduct.'

'Oh?' I pretend I didn't see him talking to Dad. 'And what might that have been?'

'Well, first I had to convince *someone* that I'm not some kind of irritating toff. That I'm a down-to-earth-guy. I wore my John Lennon "Imagine" T-shirt just for the occasion.'

I admire the contours of his chest just visible underneath. 'Good move.'

'And after I'd done that, I had to ask that same someone for his blessing to "court" his daughter, who happens to be royalty.'

'Sounds daunting.' My skin tingles all over. 'And how did you get on?'

'Not so well on the blessing bit,' he admits. 'Turns out he's an atheist.'

I raise an eyebrow. 'And the daughter?'

'Don't even get me started – there was lots of talk about heads rolling "come the revolution" and things like that. Mostly mine if I ever did anything to hurt a hair on her royal head.'

I laugh so hard that my shoulder starts to throb.

'But all in all,' his pale eyes twinkle, 'it went rather well. Now there's just one thing left to do.'

'Oh?' I shiver. 'And what's that?'

He reaches into the front pocket of his jeans and pulls out a velvet bag. 'I know it can't compare to the amazing jewels that you found,' he says, sitting down on the bed. 'But this belonged to my mum. It has sentimental value.' He takes out a gold band set with pavé diamonds and a trefoil of seed pearls and sapphires in the middle. 'It's a medieval style, I think.' He scratches his head. 'Come to think of it, I'm not sure where she got it – she loved trolling around little antique stores.'

'Sounds like another mystery,' I say, bursting inwardly with joy.

'Yes, it does,' he takes my hand and stretches my fingers out. 'So all that's left then, Alex Hart, is for me to ask you – if, at some point in the near future, you might consider riding away with me on a white horse into the sunset?' He smiles, and I feel like I'm shimmering all over.

'Of course, Chris. As long as you're there to give me a leg up into the saddle.'

He slips the ring on my finger, and caresses the top of my hand. As he's bent over me, I give in to the feeling of rightness – and desire. I pull him down and our mouths lock together – not so gently this time – and we stay like that – entwined together on my single bed as the day turns to night and the fluorescent stars on the ceiling above us begin to shine and glow.

XVII

25th December 1942

Catherine plays on the floor twining her jewelled locket around the neck of the doll I bought her for Christmas. I close the newspaper and crumple it up in a ball.

I have sent a man to his death.

I toss the ball of paper into the fire, but the words leap from the flames and brand themselves behind my eyelids. The name in the obit column: Harold Timothy Dawkins, Private. Killed in action. Many men would have wanted that kind of death, I suppose. But not Flea. He would have wanted his life. I took that from him.

'Look, Daddy, she's dressed for town.' She holds up her doll. In addition to a tiny handbag and red velvet hat that matches her coat, the doll has a miniature gas mask cut out of paper. It's a gruesome reminder that although the daily bombardments have stopped since Jerry invaded Russia, in the streets outside this cramped, dingy flat, the war rages on.

Maybe it's the boys who hang out by the corner shop whistling at every girl that walks by. Maybe it's the thin broth she's forced to eat because I don't have time to stand in line for rations. Maybe it's this decrepit, soul-destroying neighbourhood, a flat with a privy out the back and hot water every other Sunday. Maybe it's life on the wrong side of the tracks, that will eventually drain the colour from her hair, the laughter from her face, and the hope from her eyes. And when that happens, what will I have to show for my selfishness? My high falutin' morals?

'She looks lovely,' I say. 'What's her name?'

'Robin,' she says. 'Because of her red coat.'

'What a lovely name. Have you ever seen a real robin?'

'No,' she shakes her curls. 'Have you?'

'No – I don't think so.' Maybe there's a catch in my voice, that makes her cock her head sideways to consider me.

'Are you crying, Daddy?' she says.

I blink hard and smile. 'No, darling. It's just a bit dusty in here, that's all.'

'Oh.' She looks unconvinced.

'In fact, now that Robin's dressed, why don't you get your coat on too. Let's go out and get some fresh air.'

She jumps up excitedly. 'Where are we going?'

'You'll see.' I stand up and put on my coat.

Flea's gone. He's really gone – his name was there in black and white.

She puts the doll in its pram and gets herself ready. I check the pocket of my coat to make sure the advertisement is there – the particulars for the property auction to be held the following week. Among the lots is a partially derelict textile factory in North London, and a sixteenth century country house in Buckinghamshire in need of refurbishment...

[Paper torn off]

Fifty-Three

Mallow Court, May 2001, one year later...

It's the perfect day for a wedding. The wisteria twining around
the arbour is in full bloom; the sprigs of white roses hand-
tied with lavender silk ribbons have a hint of dew on their
petals. The weather is warm with the slightest of breezes to
ruffle the organza chair bows just so. High wisps of clouds
decorate the sky like celestial confetti. There's a steady hum
of bees in the borders and an iridescent butterfly floats from
flower to flower. Daisies and buttercups dot the field where the
white and silver striped marquee has been erected amid grazing
sheep.

Perfect.

Most importantly – from the perspective of the wedding
planner hired by the Heath-Churchleys, at least – the posh
Portaloos, the five-tier cake, the sushi chef from Nobu, and a
whole lorryload of Pol Roger arrived early this morning, right
on schedule. And I made sure that our chosen vicar – Karen –
was kept far away from the village pub where the groom and
his party were staying.

Or at least, were supposed to be staying...

I roll over and nestle into the warmth of Chris's back. I kiss
the place between his shoulder blades and he begins to stir.
Some brides might be superstitious spending the night with the

groom before the wedding, but not me. Life is short, and I want to enjoy every moment.

'We'd better get up,' I whisper into his soft hair.

He nuzzles my neck sending bolts of lightning through my body. 'I feel a little bad, but it's the right thing, isn't it?'

As he caresses me, I think back to last night, when Chris had turned up at the door of my flat about ten p.m. looking positively green.

'What's wrong?' I'd said, my heart in fight or flight mode. Immediately, I knew the truth – he didn't want to go through with it. My future flashed before my eyes – the future we'd been planning – together. I'd spent the last several months curating an exhibition on the life and work of Robert Copthorne – my last contribution at Mallow Court before Edith takes over as manager. After the wedding, it was arranged that I'd move to London with Chris. We'd start out in his little flat near the British Library, and look together for a bigger flat or a house – once we'd saved up enough for a deposit. I feel sad leaving Mallow Court, of course – especially now that it's truly become my family home. But it's only a train ride away, and Chris and I are looking forward to striking out on our own, without the help of our families. In that regard, I've even managed to line up a few job interviews – it seems that my credentials as a manager at a historic house count for something among independent art foundations, museums, and historic home associations. It had even crossed my mind that I might finish my long-abandoned thesis and see where that might lead. But the most important thing – the thing that I'd thought we both wanted – was just to be together.

But as he stood there before me, I felt like a child holding a snow globe; watching it slide from my hands and smashing to the floor in a million glittering pieces. I forced myself to meet his eyes – whatever he had to say, he'd have to say it to my face, no holds barred. I just couldn't believe it though. We were so in love... I thought...

'Umm,' he shifted from foot to foot, 'there's something – something I didn't tell you.'

'What?' I'd said, ushering him in. I braced myself for the worst: he'd accidentally killed someone, he was 'bi-curious', he used to be a woman – but as long as he still loved me, I knew that nothing mattered. 'Is it your family?' I blurted out, knowing full well that some feathers were still ruffled. After all, I'm hardly 'Daddy' Heath-Churchley's ideal daughter-in-law-elect. After Chris brought the dodgy auction records to his attention, 'Daddy' called in a firm of independent auditors who undertook a thorough investigation into the connection between Churchley & Sons, D Kinshaw / Hal Dawkins and possible looted artworks. There were several nail-biting weeks on the home front as boxes of records going back sixty years were checked and rechecked with a fine-toothed comb.

Unsurprisingly, nothing conclusive turned up. The official position of the auction house was that the listings signed by Jeremy Stanley were 'a failure of risk management at the time that allowed a few isolated rogue acts' – the subtext being that the perpetrator was 'not quite right in the head'. There were a few negative articles in the press, but these were overshadowed by positive press engendered by several hefty donations given to charities for war veterans, the elderly, and Jewish interests. In the end, the house of cards remained standing. Which made it a little bit easier for me to look my future father-in-law-to-be in the eye (he even gave me a brusque apology, once Chris advised him of my true origins), but only just.

'No, nothing like that.' Chris's shaky smile gave me little comfort. He sat down beside me on the settee. 'It's just... well, it's kind of embarrassing.'

I braced myself for a new worst: he'd caught a loathsome disease, he'd slept with the vicar, he was really my brother...

'It's okay,' I coaxed, my spirits sinking like lead. 'Whatever it is, I'll try to understand.'

He enfolded my hand in his. 'I really, really love you, Alex, and I really, really want to marry you.'

'Okay...'

'But in truth, the thought of getting up in that church in front of all those people and being the centre of attention is making me feel positively ill. I've got terrible stage fright.' He hangs his head sheepishly. 'Always have, I guess.'

Stifling a laugh, I stopped his words by leaning forward and kissing him hard on the mouth. 'Look mister, you really scared me there for a second.' My insides bubbled with relief.

He ran his fingers through my hair. 'I don't want to ruin your special day. I know you've been so busy making preparations.'

I shook my head. 'You know none of it was my idea. Your dad and stepmum have had their hand in everything. I thought it was what *you* wanted. I mean...' I gestured at his Kraftwerk T-shirt, 'not wanted exactly. More like, were tolerating on their behalf.'

'You mean you really don't mind.' There's a flame of hope in his eyes.

'No – it's wonderful.' His return kiss took my breath away. I reassured him with my lips, my hands, and finally, my words. 'I feel the same way,' I said. 'This big wedding isn't "us". I want our families to be happy, but at the end of the day, shouldn't we get the final say?'

He lifted me onto his lap, using all of his considerable powers of persuasion to reassure me that he agreed completely.

*

A very distracting while later, a knock on the door startled me. I hurriedly made myself decent, looking around in vain for a place to hide the groom. 'Who's that?' I said worriedly.

'Umm, I took the liberty of asking your friend Karen to come over.'

'What? Why?'

Warily, I got up from the sofa and opened the door. Karen was standing outside at the top of the narrow staircase, wearing her dog collar, a smart black suit jacket, and a less intelligent black micro mini-skirt.

'Hey ho, Alex,' she said. 'Happened to run into the groom down the pub – but don't worry,' she gives me a wink, 'nothing untoward happened!'

'Come on in,' I said. 'Glass of wine?'

'Oh no,' she waved her hands. 'Lots to do before the wee hours – he told you, right?' She eyed me – and my swiftly reassembled clothing – critically, and knowingly. 'Or... not?'

Chris took my hand. 'I was just about to.'

'Never mind.' Karen takes over. 'The thing is, Alex, as your friend and vicar, it's my duty to ask if this wedding business is what you want.'

'You know it isn't. I wanted a small ceremony – just family.'

Chris gave Karen a thumbs up. She walked over and plopped a few sheets of stapled papers onto my lap.

'What's this?' I asked warily.

'Your new itinerary,' she'd said. 'You'll have time early tomorrow morning for a quick wedding ceremony – just your parents, your grandmother, Miles, and Chris's mum. Then, it's off to the airport with you.'

'Really?' I looked at Chris.

'Um, I moved our flights forward. Hope that's okay?'

He looked so sheepish, and quirky, and drop dead sexy. I launched myself forward into his arms. 'Yes, it's fine. It's brilliant.'

'Whoa, tiger.' Karen tugs me away from him. 'Are you all packed?'

'Yes, I think so.'

Chris holds me at arm's length, his eyes shining. 'Thank you, Alex, love.'

'You're welcome.' I stand on tiptoes and kiss his neck just below his chin. 'But you're sure you don't want your dad at the ceremony as well? Won't he be angry?'

'I think we'd better leave well enough alone.'

'I agree,' Karen says. 'I'll break the news to him that another one of his children won't be attending their own reception at Mallow Court.'

'Thanks.' I hug her swiftly.

'No problem. God forgives a multitude of sins. But for everybody else, I find that free-flowing champagne helps a lot.'

Epilogue

St Petersburg, Russia, May 2001

The midnight sun dances orange on the rippling current of the river. The view – from the Peter and Paul Fortress on the opposite bank; to the elegant bridge, slowly lifting up to let the night boats float underneath – literally takes my breath away.

Holding me close with his arm around my back, Chris – my husband as of a lovely private ceremony at seven a.m. this morning – senses my intake of breath. 'Are you okay?' he says.

'I'm fine,' I say. 'I just can't believe we're here – it's just… so amazing.'

The bridge lifts further and for a second the sun is behind it. As the tresses continue to move, the sun reappears – as if someone up in the sky has just given us a great big wink. Maybe it's my fated ancestors, or maybe it's all just a trick of the light. In either case, Chris and I have agreed that we'll spend at least six months here, so that I can learn more about my history first-hand (and also pick up a bit of my 'mother tongue').

I turn and look towards the Winter Palace, now the Hermitage museum, its long, elegant facade and hundreds of windows dominating the waterfront. On the second floor, ten windows in, is a small gallery where the recovered Romanov jewels are on display – beautiful, precious objects, several by Fabergé. When the discovery first came to light, 'Daddy' Heath-Churchley got involved. He recommended a lawyer friend to help me sort out the ownership. But after a heart-to-heart discussion with Mr Pepperharrow, my grandmother, and Chris, we decided that they rightfully belonged to the Russian people. I had the lawyer draw up a bequest to the Hermitage, setting out certain conditions, including that they allow the jewels to be displayed at certain English venues, including Mallow Court. But one piece was kept out of the bequest – the jewelled bird. For now, at least, that's going to stay in the family.

I reach up to my neck and draw out the locket on the heavy chain that Chris repaired after I was shot last summer. The little gold key is reattached to the chain. Marina's clock, however, was beyond even his skills to salvage. Chris brushes a windblown strand of hair from my cheek as I undo the clasp and the bird springs up on its perch, its jewelled feathers glimmering in its native light. Together we watch as it begins its slow, mesmerising rotation to the tinkling melody. As usual, Chris's eyes light up like a kid in a candy store.

'Do you believe in genetic memory?' I ask.

'What do you mean?' His hip presses against mine.

'When my grandma was in hospital, I dozed off in the waiting area,' I say. 'I dreamed of a little girl standing here, in this spot. Bombs were falling... and then snow.' I shudder. 'Maybe that girl was me – or my great-grandmother, Marina, or some member of my family before me – I don't know. But I've got this weird sense of déjà vu. That I've been here before.'

He covers my hand with his and closes the locket. The skin on my neck tingles with electricity as he tucks it back inside my shirt, caressing me with his finger.

'I don't know if I believe in that or not,' he says. 'I never found a lot in common with most members of my family, except my great-grandfather, Jeremy. I wish he'd kept a journal too – he must have known about Marina, or at least guessed. But I do know that you've been through an awful lot. That diary... what was it that Hal Dawkins said in his statement? That it was so vivid, he almost convinced himself that the memories were his.'

I nod, unable to hide a shudder. In this case, not all of the 'bad' ended up 'unluckily'. Following his arrest, Hal Dawkins managed to get himself a very good lawyer – his great-grandson Tim. I've come to terms with the fact that Tim isn't really a bad apple – he got swept up in the murky depths of his own family history, same as I did. And while his wily great-grandfather isn't exactly one of his usual 'widows and orphans', Tim did his job well enough to get him released on bail. It may have come as a surprise to the court but not to me – that Hal didn't turn up for his trial – he 'disappeared' once more into thin air. But not completely – unfortunately. A week before our wedding, a brown envelope arrived, postmarked Grand Cayman. It contained an unsigned compliments slip with a one-line message: 'A wedding gift – this is the original' and a ripped piece of paper – the final diary entry that got torn the day I was shot. I read it through many times – the final part of Frank Bolton's story. Eventually I plucked up the courage to show it to Chris, so that there would be no secrets between us. He suggested that I bring it here. I take it out of my pocket now, staring down at the words on the paper.

'Did I do the right thing? Not telling my grandmother, I mean?'

'I think so.' Chris steadies me with a hand on my back. 'I can't see what good it would have done. Not after so long. None of them were saints – they were just human beings living in unimaginable times.'

'Maybe by adopting Catherine, Frank was trying to atone for what he did.' I sigh. 'I hope that by donating the jewels, I've done the same...'

A tear trickles down my cheek as I tear up the paper and throw it into the dark waters of the River Neva. The tiny pieces eddy and swirl, and gradually sink away. A secret lost to all but memory.

'I would have liked to have seen him brought to justice,' I say.

'You mean Hal?'

I sigh. 'Yes. Him too. But in some ways, I think Hal did get his comeuppance – living most of his life in exile from his family and his English homeland. Just like my great-grandmother, Marina, was exiled from hers.'

Chris puts his arm around my shoulder and pulls me close. 'Hey, it's going to be all right. It's a powerful feeling, being here.'

'It is.' I lay my cheek against his chest, listening to the sound of his heart, steady and regular like clockwork. And I know that whatever happens – whatever emotions I still have to go through in order to come to terms with the past – he'll be at my side every step of the way.

'I guess history is written by the survivors,' I say.

'Sometimes.' Chris nods. 'But I think equally, the truth has a strange way of coming to light. I mean, just imagine – never in my wildest dreams, did I, a lowly clockmaker, guess that I'd be here in St Petersburg standing next to a Romanov princess!'

'Hey,' I nudge him with my elbow. 'You're forbidden to use that word, remember?'

'Yes, your highness.' He gives a mock bow.

'That's it then – you're toast!' I raise my fists so that he has to grab them and pull me close. His kiss is overwhelming, and I can feel my body mould to his and begin to glow, luminous, as the love sparks and flows between us.

He takes me by the hand, and together we begin to run – away from the river and towards our suite in the Astoria Hotel. And the city blurs before me and the last year flashes before my eyes. And I realise that although I'm the same Alex Hart that I always was – I'm now so many more things than I'd ever dreamed was possible. Because in finding the secrets of the past, I've created my future, too. *Our* future. And in the end, isn't that what matters most?

XVIII

25th December 1942 (Fragment)

'Please, Daddy,' Catherine says. 'Tell me where we're going.'

I laugh at her spirit. 'We're going out for cake and hot chocolate.' I ruffle her soft hair. 'Just after we stop by Uncle Jeremy's, okay?'

'Oh good!' She pushes the doll's pram across the small room and opens the door.

I pick up the advertisement for the auction of the factory and skim over it again. I've already told Jeremy what I need him to do – we need cash – and he has friends in high places.

On my way out, I go to the kitchen and reach into the flour tin, drawing out a small velvet bag. Through the cloth, I feel the hard stones of the diamond bracelet that Flea stole that night. Silently, I mouth a prayer. God give me the strength not to do this thing I'm about to do.

'Come on, Daddy,' my daughter shouts.

As I join Catherine outside on the grey, filthy London pavement, I know that this time, my prayers have fallen on deaf ears...

'Come on,' I say. 'Let's go.' I shove the velvet bag into my pocket.

After all, he's dead and gone, and no one will ever know...

Author's note and acknowledgments

Thank you for reading *Finding Secrets*. If you are a fan of old houses and historical mysteries like I am, please let me know what you thought of the book by leaving a review or a rating – your feedback really helps!

This book is a work of fiction, however it does have a basis in historical fact. The period of intense German bombing known as the London Blitz began on 7th September 1940. For the next fifty-seven days and nights, German bombs fell on London and other cities, with attacks continuing until May 1941, when the Luftwaffe was redeployed to attack Russia. I often wonder how people managed to live through such terrible times, and go on about their daily lives with such fortitude and courage. I'm not sure I would have been able to do so. And while there were countless acts of bravery and self-sacrifice, unfortunately, the Blitz did create many opportunities for criminals.

Looting was carried out in the aftermath of air raids by civilians, gangs of children, and occasionally even by public service workers. Incidents ranged from stealing WWI medals and coins from gas meters to a notorious incident following the bombing of a popular London nightspot, the Café de Paris, in March 1941, when looters cut off the fingers of the dead in order to steal their rings and jewellery.

One early incidence of looting took place in October 1940, when six London firemen were accused and convicted of looting from a bombed-out shop. Winston Churchill himself ordered that the conviction be 'hushed up' in order not to damage public morale.

There are many excellent books and articles written on this period of history, and it is thanks to writers like Gavin Mortimer, Joshua Levine, Juliet Gardiner, and others, that many eye-witness accounts and anecdotes have been recorded and preserved. I have consulted books by these and other authors, and any mistakes and embellishments in my descriptions of events from this period are purely my own.

The other historical event that I refer to in this book is the murder of Tsar Nicholas II, his wife Alexandra, and their children Alexei, Anastasia, Olga, Maria, and Tatiana. The execution was carried out by Red Army soldiers in the basement of a house in Ekaterinburg on the night of 17ᵗʰ July 1918. The alleged reason for the death order was the strong following that Nicholas (who had already abdicated the throne) still had among Lenin's White Russian opponents. There is anecdotal evidence that not all of the family members died swiftly due to the bullets ricocheting off jewels sewn into their clothing.

Through the years there were rumours that one or more of the royal children had escaped execution, and several 'pretenders' claiming to be the Grand Duchess Anastasia surfaced over the years. While this notion may be poetic, unfortunately it is not based in fact. Five bodies were exhumed from the main grave site in 1991, but it wasn't until 2007 that the last two bodies – of Prince Alexei and one of his sisters were discovered nearby. DNA testing has shown that all of the family members (and a number of their retainers) are accounted for.

That said, many members of the extended Romanov family did survive. A large number escaped Russia to Europe and beyond, and indeed, Prince Phillip and the current line of heirs to the British throne have Romanov blood. Among the escapees in 1918 were the wife, son, and stepdaughter of Grand Duke

Michael Alexandrovich Romanov, the younger brother of Tsar Nicholas II. While Michael Alexandrovich did not manage to escape (he was executed by the Bolsheviks on 13th June 1918) his family was smuggled out to safety.

During the nineteenth and early twentieth century, haemophilia, known as 'the royal disease' affected several lines of European royalty. The carriers were several of the children of Queen Victoria who married into European royal houses in Germany, Russia, and Spain. Among them were Queen Victoria's granddaughter Alexandra Feodorovna ('Alix of Hesse') who was married to Tsar Nicholas II of Russia, and mother to Alexei who suffered from the disease. Another carrier was Princess Beatrice of the United Kingdom, the ninth child of Queen Victoria, who passed the disease to several of her children via her marriage into the Spanish royal line. Prior to her marriage, she did have a love affair with Michael Alexandrovich, but the couple was not allowed to marry due to the fact that they were first cousins. My character Marina who is purported to be a child of these two royals, is completely fictional. The disease is now considered to be extinct among European royalty.

Finally, while the jewelled bird is (alas!) also fictional, the treasures created by the House of Fabergé are truly spectacular works of art. This seminal firm of Russian jewellers was founded in St Petersburg in 1842 by Gustav Fabergé. While the firm is best known for making jewel-encrusted Easter eggs for the Russian imperial family, they also created a full range of other decorative items and jewellery, and at their height in the early twentieth century, employed over five hundred craftsmen. Although the firm was nationalised by the Bolsheviks in 1918, Carl Fabergé went on to found other branches of the company in Paris and elsewhere. The brand has since changed hands a number of times, but the Fabergé jewellery and egg-making tradition has recently been revived.

Today, treasures made by the original house of Fabergé can be worth millions, and some large collections have reportedly been sold for hundreds of millions. For the rest of us mere mortals, we are fortunate that despite the vicissitudes of war and history, many beautiful Fabergé pieces and Romanov treasures still survive, and many can be viewed today in museums such as the Hermitage in St Petersburg and the Victoria and Albert Museum in London.

I'd like to thank the many people who helped me bring this book to life. Specifically, Caroline Ridding and her team at Aria (Head of Zeus) and my agent Anna Power who believed I could write it. I'd also like to thank my writing group: Lucy Beresford, Ronan Winters, Chris King, Dave Speakman, and Francisco Gochez who critiqued some of my early ideas for the book (they also opined that my looter wasn't bad enough unless he cut off some body parts) and provided invaluable moral support. I'd also like to thank my parents, Suzanne and Bruce, and also Monica Yeo, for their love and encouragement. And last but not least, thank you to my family: Ian, Eve, Rose and Grace, who make my life meaningful and my writing worthwhile. This book is dedicated to you.

Lauren Westwood x